［明］程敏政　著　阮東升　校點

程敏政文集

第一册

華東師範大學出版社

圖書在版編目(CIP)數據

程敏政文集/[明]程敏政著;阮東升校點. —上海:華東師範大學出版社,2022

ISBN 978-7-5675-6946-1

Ⅰ. ①程… Ⅱ. ①程…②阮… Ⅲ. ①程敏政(1446—1499)—文集 Ⅳ. ①Z424.8

中國版本圖書館 CIP 數據核字(2022)第 219208 號

程敏政文集

著　者　[明]程敏政
校 點 者　阮東升
責任編輯　呂振宇
技術編輯　金莉萍
責任校對　時東明
裝幀設計　劉怡霖

出版發行　華東師範大學出版社
社　　址　上海市中山北路 3663 號　郵編 200062
網　　址　www.ecnupress.com.cn
電　　話　021-60821666　行政傳真 021-62572105
客服電話　021-62865537　門市(郵購)電話 021-62869887
地　　址　上海市中山北路 3663 號華東師範大學校内先鋒路口
網　　店　http://hdsdcbs.tmall.com

印 刷 者　蘇州工業園區美柯樂製版印務有限公司
開　　本　890 毫米×1240 毫米　1/32
印　　張　92.875
字　　數　1796 千字
版　　次　2023 年 1 月第 1 版
印　　次　2023 年 1 月第 1 次
書　　號　ISBN 978-7-5675-6946-1
定　　價　600.00 元(全六册)

出 版 人　王　焰

(如發現本版圖書有印訂質量問題,請寄回本社客服中心調换或電話 021-62865537 聯繫)

本書爲
二〇一五年度「全國高等院校古籍整理研究工作委員會規劃項目」成果（項目編號：一五〇一）

本書受
「興義民族師範學院學科建設經費」資助出版

目録

第一册
校點説明……一
篁墩文集序……一
篁墩程先生文集卷一
青宫直講
大學……一
中庸……一〇
篁墩程先生文集卷二
青宫直講
論語一……二三

二 …… 二八
三 …… 三〇
篁墩程先生文集卷三
青宫直講
尚書 …… 四四
篁墩程先生文集卷四
青宫直講
尚書 …… 六三
文華大訓 …… 八一
篁墩程先生文集卷五
經筵講章
中庸 …… 九〇
尚書一 …… 九一
二 …… 九三

三……九四
四……九六
五……九七
春秋……九九
綱目一……一〇一
二……一〇二
經筵日講
孟子……一〇四
篁墩程先生文集卷六
經筵日講
尚書……一一三
篁墩程先生文集卷七
經筵日講
尚書……一三四

篁墩程先生文集卷八

經筵講章

中庸一……一六二
二……一六四
三……一六五
孟子……一六七
尚書一……一六九
二……一七〇
三……一七二
四……一七四
五……一七六
春秋一……一七八
三……一七九
通鑑綱目一……一八〇
三……一八二

篁墩程先生文集卷九

制策……一八五

篁墩程先生文集卷十

奏議　表　策問

奏乞省親……一九四
奏乞終制……一九五
奏考正祀典……一九六
龜山先生從祀議……二〇二
擬武成王廟配享名將議……二〇四
代衍聖公謝修闕里廟庭表……二〇五
謝賜鮮果……二〇六
應天府鄉試策問一……二〇七
二……二〇八
三……二〇九

四 …… 二一〇
五 …… 二一一
考教職策問一 …… 二一二
二 …… 二一三
三 …… 二一三
私試策問 …… 二一四
會試策問一 …… 二一五
二 …… 二一六
三 …… 二一七
四 …… 二一七
五 …… 二一八

篁墩程先生文集卷十一

考 論 説 辨

詩考 …… 二二〇
老氏論 …… 二二三

伍員論 …… 二二五
陳平論 …… 二二七
孔明論 …… 二二九
士農説 …… 二三〇
報應説 …… 二三二
辨河間志程知節墓 …… 二三三
宋太祖太宗授受辨 …… 二三四
關羽爵謚考 …… 二三八
論董公徐洪客 …… 二三九
論曹操 …… 二四〇
隋論 …… 二四一
狄仁傑論 …… 二四一
貍奴論 …… 二四二
祀神考 …… 二四三
太古軒辨 …… 二四六

篁墩程先生文集卷十二

辨

辨祁譜世次自周秦迄五代了無一闕可疑……二四八
辨祁譜稱漢歷簡侯黑至晋新安太守元譚世次太遠紀述太詳可疑……二四九
辨祁譜不知程氏初遷江南出吴都亭侯普之後誤據元和姓纂以爲出魏安鄉侯昱歐陽文忠公碑銘亦從其誤……二五〇
辨祁譜書新安太守元譚以下世次絶與陳留譜不同及書忠壯公二十二子可疑……二五一
辨祁譜不知元皓與皓爲一人誤分滄州中山爲二房及謬增荆杞一人爲河南房祖……二五三
辨祁譜行褒以上世系訛舛當正行褒以下世系明白當從及祁續譜所載者諸房多不之見或誤加增損亦略辨之……二五四
辨龍山譜稱沚公始遷開化及所載諸錯誤……二六五
辨仲節徙居歙之古城山非休寧古城巖……二六六
辨德興祖琮即唐忠臣宗楚諸譜更置之誤……二六八
辨婺源種德坊德興海口樂平東湖及湖州四程氏皆自西北來遷非出忠壯公後……二七〇
辨河南程氏新居休寧建康陪郭程氏舊居休寧及遷徙承繼之由……二七一

篁墩程先生文集卷十三

記

月河梵苑記……二七五
宋丞相程文清公墓祠記……二七七
河間府真武廟記……二七八
承澤堂記……二八〇
同年會記……二八一
朝陽樓記……二八二
王朔州政績記……二八四
蔓庵記……二八七
篁墩書舍記……二八八
世肖坊記……二八九
樂清軒記……二九一
遊九龍池記……二九二
嵩縣重修程氏兩夫子祠記……二九三

夜度兩關記……二九五
遊齊雲巖記……二九六
齊山書舍記……二九八
休寧烏龍山汪越公廟田記……三〇〇
寄寄亭記……三〇二

篁墩程先生文集卷十四

記

休寧縣儒學先聖廟重修記……三〇四
績溪縣重修曹渡橋記……三〇六
趙氏祠堂記……三〇八
績溪縣城隍廟記……三〇九
休寧汊口世忠行祠記……三一一
祁門善和程氏重修報慈庵祠宇記……三一三
休寧山斗世忠行祠記……三一五
休寧重修二程夫子祠記……三一七

唐歙州兵馬先鋒使程府君墓記……三一九
德興瀘口程氏世忠行祠碑陰記……三二〇
程氏貽範集目録後記……三二二
休寧縣方興寺重修記……三二三
嘉興縣東塔寺四進士題名記……三二五
旌德縣重修王山禪定寺記……三二六

篁墩程先生文集卷十五

記

婺源胡氏明經書院重修記……三二九
西湖聯句詩卷後記……三三一
遺愛亭記……三三二
文會軒記……三三四
臨安縣牧愛橋記……三三五
具慶堂記……三三七
棣萼聯輝樓記……三三八

太湖縣便民倉記……三四〇
溪山行樂記……三四一
恩壽堂記……三四二
臨城縣重修儒學記……三四四
友恭堂記……三四六
壽慈樓記……三四八
瘦石野亭春集圖記……三四九
碧雲深處記……三五〇
祁門善和程氏世墳記……三五一
懷鳳堂記……三五三
慕椿養萱記……三五五

第二册

篁墩程先生文集卷十六

記

重修南山庵記……三五七
新屯寺鐘樓并續置土田記……三五八
仙遊張氏遺像風木圖記……三六〇
廣對鷗閣記……三六一
重建觀音寺記……三六二
瀛州行樂圖記……三六四
静軒記……三六五
淳安縣儒學重修記……三六六
忠孝道院記……三六八
休寧率口程氏世忠行祠記……三七〇
婺源縣廟學重修記……三七一

道一編目録後記……三七三
兖山汪氏重建祠堂記……三七四
恭謙堂記……三七六
春風堂記……三七八

篁墩程先生文集卷十七

記

浙江湖州府新置孝豐縣記……三八〇
翕樂堂記……三八二
蘄水縣南門浮橋記……三八三
松巖記……三八五
桂巖記……三八七
清風亭記……三八八
祁門孚溪李氏先祠石橋記……三八九
著存堂記……三九一
保訓樓記……三九三

定宇先生祠堂記……三九四
尚德堂記……三九六
治績亭記……三九八
展墓圖記……四〇〇
不瑕堂記……四〇一
桂巖書院記……四〇三
友恭堂記……四〇五
竹窩靜趣記……四〇六
懷德堂記……四〇八
務本堂記……四〇九
留春軒記……四一〇

篁墩程先生文集卷十八

記

徽州府婺源縣重建廟學記……四一三
竹南書舍記……四一五

耕讀記……四一七
李源書院記……四一八
重修仁王院記……四二〇
靜軒記……四二一
休寧縣蓀溪程氏忠壯會記……四二三
�谷幽居記……四二四
壺天秋月記……四二六
梅竹軒記……四二七
挹秀樓記……四二八
時習齋記……四二九
古城書屋記……四三一
香山永安禅寺觀音閣重修記……四三二
敕賜廣惠寺記……四三四
禄養堂記……四三五
保翠堂記……四三七

天津重修湧泉寺記……四三八
義塚記……四四〇
董子祠堂記……四四二

篁墩程先生文集卷十九

記

先壠碑陰記……四四五
壽徵圖記……四四七
客星亭記……四四八
慕親堂記……四五〇
洞元觀重修記……四五一
義路亭記……四五三
竹窗記……四五四
訥庵記……四五五
重造休寧縣廳事記……四五七
祁門縣重修平政橋記……四五九

重修龍宫寺記……四六〇
同知寧國府事姜公去思記……四六二
靜定山居記……四六三
靜壽堂記……四六五
陳塘寺彌陀殿重修記……四六六
延齡橋記……四六八

篁墩程先生文集卷二十

記

黟縣重修縣治記……四七〇
瑞蓮記……四七一
佘氏義宅記……四七二
節壽堂記……四七三
鄭氏四節堂記……四七五
德徵堂記……四七六
復真軒記……四七八

杭州府儒學科目題名記……四七九
宜興徐氏義塾記……四八一
吕梁洪新建工部分司記……四八二
濟美堂記……四八四
臨清州觀音閣下浮橋記……四八五
立本堂記……四八六
翠筠軒記……四八八
明遠樓記……四八九
敬齋記……四九〇
依竹軒記……四九一
太監鄭公壽藏記……四九二
太監何公壽藏記……四九四

篁墩程先生文集卷二十一

序

瀛賢奏封録序……四九七

皇明文衡序……四九八
送河間縣令孫良臣序……四九九
送張彦質赴南京户部主事序……五〇〇
送醴陵縣令汪世行序……五〇一
河間府志後序……五〇二
送南京工部主事金公器序……五〇四
送吴思齊還治遼州序……五〇五
送内兄林文秀之官淮陰序……五〇六
壽吴孺人序……五〇七
送晉寧州邵醫官序……五〇九
文母王宜人輓詩序……五一〇
送方君引……五一一
洪氏族譜序……五一二
贈廣東按察副使張君詩序……五一三
送范邦祥知嶧縣序……五一五

送太學生于君還鄆城序……五一六
贈兵科都給事中章君序……五一七
贈鄧州守禦千户党侯序……五一八
贈工部主事吴文盛序……五二〇
宋遺民録序……五二一

篁墩程先生文集卷二十二

序

贈三氏學録孔君序……五二四
山川鍾秀圖詩序……五二五
送孔君廷佐知環縣序……五二七
贈覺義祖庭上人序……五二八
送湖廣布政司參議林君序……五二九
贈同知徽州府事張君序……五三一
東谷遺稿序……五三二
椿萱齊壽堂詩序……五三三

慶通政使司右參議王君序……五三五
存思四詠序……五三六
西巡紀行詩序……五三七
送湖廣按察僉事汪君詩序……五三八
無逸子詩序……五四〇
戚里重慶録序……五四一
篁墩十二詠序……五四三
贈朱克紹處士序……五四四
壽汪君尚愉夫婦六十序……五四五
志雲先生集序……五四六
恩養堂八詠送王世英員外南還序……五四八
壽封刑科給事中怡庵楊先生八十序……五五〇
送南京户部主事汪惟中序……五五一

篁墩程先生文集卷二十三

序

贈都昌令吴君廷端考績南還序……五五三
審濟録序……五五四
壽段叔誠先生八十序……五五五
績溪坊市程氏族譜序……五五七
詩壇叢韻序……五五九
太守孫侯政蹟録序……五六〇
唐氏三先生集序……五六二
重訂丹溪心法序……五六三
麻衣相法序……五六五
雪心賦句解序……五六六
諫議遺芳序……五六八
新安程氏統宗世譜序……五六九
祭掃録序……五七三

歙槐塘下府程氏續編譜序……五七四
詠史絶句序……五七五
徽州府同守張公輓詩序……五七六
雙清圖壽汪君克敬序……五七八
送翰林五經博士朱君南歸序……五七九
送新城僧會奭上人序……五八〇
程君志亨輓詩序……五八一

篁墩程先生文集卷二十四

序

贈福建按察副使胡公序……五八五
贈錢揮使序……五八六
贈南京太僕少卿唐君序……五八八
贈馮君克遠知建安縣詩序……五九〇
贈崔君廷佩判歸德州序……五九一
文昌坊程氏族譜序……五九三

王同守贈行詩序……五九四
贈周君德中同知蘇州府詩序……五九六
贈宋君廷貴知秦安縣序……五九七
封奉直大夫知薊州汪先生七十壽詩序……五九八
户部郎中官君輓詩序……六〇〇
贈葉君茂卿通判廣平府序……六〇一
贈平江伯陳公還鎮詩序……六〇三
怡雲錢翁六十壽序……六〇四
吕母太夫人壽序……六〇五
驄馬行春詩序……六〇七
贈守禦滄州正千户趙良玉詩序……六〇八
張氏世美集序……六〇九
贈知婺源縣事董君序……六一〇
贈麻城縣丞張君序……六一二
贈監察御史汪府君孺人江氏輓詩序……六一三

篁墩程先生文集卷二十五

序

赠都督李公承恩展墓西還詩序……六一五
汪君自吏部待選還新安省覲送行序……六一七
贈魯君知膠州詩序……六一八
送都閫蕭君赴四川行都司序……六一九
贈監察御史汪君序……六二〇
贈中書舍人姚君歸省詩序……六二二
北觀序……六二三
贈工部主事程節之序……六二五
贈五官保章正周君序……六二七
贈葉君與謙南歸詩序……六二八
贈中書舍人楊君序……六二九
太子太保襄城侯李公壽詩序……六三一
賀禮部侍郎康公序……六三三

贈知易州羅君考最復任詩序 …… 六三四
賀順天府通判馬君序 …… 六三六
贈太學生郭君南歸詩序 …… 六三七
贈南京太常卿翟君詩序 …… 六三八

篁墩程先生文集卷二十六

序

陝西河東都轉運鹽使雷君贈行序 …… 六四一
贈苗君知合江縣序 …… 六四二
推府陳公考最榮還贈行序 …… 六四四
贈無錫醫學訓科施君克文序 …… 六四五
思遠詩序 …… 六四七
雲中寄興詩序 …… 六四八
應天府鄉試録後序 …… 六四九
贈應天府學教授黄君序 …… 六五一
慶戚里張君榮授鴻臚卿序 …… 六五二

贈黄君宗鎮同知處州府序……六五三
贈沙縣丞葉君致政南還序……六五五
贈知松陽縣事謝君致政南歸序……六五六
贈陝西按察司僉事潘君序……六五八
贈温州教授汪君序……六五九
雙桂堂詩序……六六一
奉送沈君出判徽州府序……六六二
贈徽府儀衛副黄君序……六六三
慶許孺人吴氏七十壽序……六六五

篁墩程先生文集卷二十七

序

贈李君知大名府序……六六七
贈鄭君知臨高縣序……六六九
侍衛承恩詩序……六七〇
旃溪十景詩序……六七一

順德堂詩序……六七三
却金詩序……六七四
贈甘君同知徽州府序……六七六
壽處士汪君廷悦七十序……六七七
城北汪氏譜序……六七八
贈南京吏部主事吴君序……六八〇
贈豐潤伯曹公奉勑總南京操江兵序……六八一
壽蔣翁八十序……六八二
奉使湖南詩序……六八四
贈大理左寺副汪君歸省序……六八五
贈推府李君之任徽州序……六八六
白太夫人六十慶序……六八八
奉使贈言序……六八九
太叔父三處士士熙甫壽七十慶序……六九〇
送禮部司務方君南歸序……六九二

陽湖八景詩序……六九三
壽吴節婦汪孺人八十序……六九五

篁墩程先生文集卷二十八

序

贈刑科給事中吕君使安南序……六九八
奉贈南京吏部尚書王公序……六九九
半山亭後序……七〇一
前御史劉君受封編修贈行序……七〇二
送邢揮使襲職還蒞嚴州序……七〇四
英國太夫人稱壽序……七〇五
慶封翰林侍讀學士成齋李先生暨其配宜人徐氏序……七〇七
慶太僕丞方君序……七〇八
送辨上人詩序……七一〇
瓜祝倡和詩序……七一〇
金坡稿序……七一一

東軒十事詩引……七一三
葆貞堂序……七一四
謝令君張公禱雨活民序……七一六
林泉養浩詩序……七一七
道一編序……七一九
水晶宫客詩引……七二〇
新安送別詩序……七二一
梁園賞花詩引……七二二
竹洲文集序……七二三

篁墩程先生文集卷二十九

序

新安文獻志序……七二七
重恩堂詩序……七二八
休寧志序……七三〇
城北查氏族譜序……七三一

應詔揮毫詩序……七三三
毅齋熊公夫婦輓詩序……七三四
歙江村江氏族譜序……七三六
篁墩録序……七三八
丘先生文集序……七四〇
公餘愛日詩序……七四二
靜軒序……七四三
紫陽紀別詩序……七四四
湖上青山詩序……七四六
絃歌清政詩序……七四八
松蘿山遊詩序……七四九
送汪承之序……七五一

篁墩程先生文集卷三十

序

心經附註序……七五四

慶致政同守李公八十壽序……七五五
壽吴君世美六十序……七五七
程氏節壽堂序……七五八
慶封監察御史謝公壽序……七五九
慶雲溪孫君復興六十序……七六一
慶雲源王君夫婦六十序……七六二
慶寧國葛君廷馨六十壽序……七六四
慶鮑君時瑩六十壽序……七六五
壽意圖慶髦田吴處士及其配汪孺人序……七六七
槐堂程處士慶七十壽序……七六九
送浙江大參陸公還昆山詩序……七七〇
贈浙江按察使閻公赴任序……七七二
贈王君寧之知交河縣序……七七三
贈張君廷曙知孝豐縣序……七七五
贈進士汪君知永新縣序……七七六

贈工部主事張君序……七七七

第三册

篁墩程先生文集卷三十一

序

奉送太子少保工部尚書賈公致政榮還序……七八一
都尉周公贈行詩序……七八二
贈貴州按察使汪公序……七八四
贈四川按察使洪君序……七八五
贈康君召和赴曹州判官序……七八七
瞻雲遠意圖詩序……七八八
大司馬致政薛公八十壽慶序……七九〇
贈知霸州徐君考績榮還序……七九二
贈南京刑部員外郎白君序……七九三

贈成都太守魯君序 …… 七九五
送學士曾君之任南京序 …… 七九六
送馬君知堂邑縣序 …… 七九八
新昌縣尹佐時姪壽六十序 …… 七九九
贈進士徐君赴寧國推官序 …… 八〇一
太淑人江母陸氏八十壽詩序 …… 八〇二
送揚州同守方君考績還任序 …… 八〇四

篁墩程先生文集卷三十二

序

贈河間太守謝君考績序 …… 八〇六
參政李公二親壽詩序 …… 八〇八
送高君赴光山縣尹序 …… 八〇九
陸君廷玉哀詩序 …… 八一〇
贈福建按察使朱君序 …… 八一二
贈侍御陳君知松江府序 …… 八一三

贈營繕所正張君壽七十序……八一五
慶處士汪君本忠孺人洪氏壽詩序……八一六
贈編修吴君克温南歸序……八一七
澄江文集序……八一九
贈雲南按察副使謝君序……八二〇
贈方君知濟南府序……八二二
慶豐李翁七十壽序……八二三
秋江別意圖詩序……八二五
送南京太常祠祭署祀丞武君序……八二六
送都閫徐弘範南歸詩序……八二七
樊母賈孺人七十壽序……八二九
古林黄氏續譜序……八三〇
憲副朱公暨孺人王氏偕壽圖詩序……八三二
慶沈母太孺人榮膺恩壽序……八三四
潞州志序……八三五

篁墩程先生文集卷三十三

序

辭金詩序……八三八
端友齋録序……八三九
壽前侍御黄公序……八四一
慶太守涂公七十壽詩序……八四二
萱榮堂詩序……八四四
送太守李君考績還嚴州序……八四五
送行人王君使朝鮮序……八四六
送太常少卿沈公廷美考績還南京序……八四八
南征紀績序……八四九
贈陳君伯謙赴湖廣布政司理問序……八五一
贈沈君良臣知南雄府序……八五二
賀大理卿王公六十壽詩序……八五三
送王汝璋醫官南歸詩序……八五五

元萬户吴公與富溪程北山處士詩引……八五六
南舒秦氏家譜序……八五八
慶滋陽韓君受勑封禮科給事中序……八五九
壽汪翁六十詩序……八六一
贈進士李君知宣城縣序……八六二
聖賢像序……八六三
壽鮑君從遠六十序……八六四

篁墩程先生文集卷三十四

序

旌功録序……八六六
慶方伯魏公壽七十序……八六八
程孺人七十壽序……八六九
張母吴太孺人七十壽慶序……八七一
望萱樓詩序……八七二
李忠文公家乘序……八七三

程彦綱夫婦同壽序……八七五
地理囊金註序……八七七
知止吴君夫婦偕壽七十序……八七八
三叔祖母汪孺人八十壽詩序……八七九
平盈文會録序……八八〇
貽範集詩序……八八一
黄山圖并詩爲羅君夫婦偕壽序……八八二
巖鎮謝氏家譜序……八八三
休寧流塘詹氏家譜序……八八五
五箴解序……八八七
太傅兼太子太傅平江伯陳公壽詩序……八八八
奉送少師兼太子太師吏部尚書華蓋殿大學士徐公謝政南歸序……八八九
送于千户序……八九一
送潘君玉汝同知金華府序……八九三
送鄭君萬里知南城縣序……八九四

壽封翰林編修吴君七十詩序……八九五
東海遺愛録序……八九七
蕬溪程氏族譜序……八九八
慶孫君士寬六十壽序……九〇〇
五城黄氏會通譜序……九〇一

篁墩程先生文集卷三十五

序

少師兼太子太師吏部尚書華蓋殿大學士徐公壽詩序……九〇六
贈參政龐君之任福建序……九〇八
休寧東門邵氏族譜序……九〇九
棠樾鮑氏傳家録序……九一一
壽封吏部稽勳郎中周先生七十序……九一二
萃英集序……九一三
明威李公哀輓詩序……九一五
怡静居士葉君八十壽序……九一六

遊黄山卷引……九一七
滿道清風圖卷詩引……九一八
地理發微序……九二〇
南山留題詩卷引……九二〇
壽封太子太保吏部尚書松窗屠先生詩序……九二一
奉送張公之任徽州府序……九二三
吴興陸氏族譜序……九二四
布政李公輓詩序……九二五
贈遂昌訓導陳文元序……九二七
賀推府王君母葛夫人壽序……九二八
西堂雅集詩序……九三〇
兵科給事中王君二親壽詩序……九三一
王氏二親哀詩序……九三二
贈太子洗馬兼翰林侍講梁公使安南詩序……九三三
贈知歙縣事熊君南還序……九三五

林下清風卷引……九三六
太監陳公榮賀序……九三七

篁墩程先生文集卷三十六

題跋

書諸葛忠武侯傳後……九四〇
題明良慶會卷後……九四一
題續文章正宗後……九四四
林月鑑江湖勝覽卷跋……九四五
題文公梅花賦後……九四六
題先世文清公贊御書儒碩字後……九四六
跋宋嘉定十三年直學士院莊夏誥後……九四七
題所校脉經後……九四七
題錢尚書爲劉御史作奉思堂記後……九四八
題唐張旭草書真蹟……九四八
書懷古録後……九四九

題沈生作時感烏卷……九五〇
題宋李龍眠白描淵明圖後……九五〇
題宗老學可所藏元人卷後……九五一
書亡弟克寬所贈族姪貢士佐時詩後……九五二
書趙松雪千文帖後……九五二
跋績溪仁里程氏譜……九五三
書汊口宗家承德堂後……九五三
題族祖宋端明公所爲范可起字説後……九五四
跋婺源環溪宗家思家録後……九五五
題王太守所和宗姪逸民詩後……九五七
書程氏統宗譜後……九五七
書蘇氏古史朱子漫記所載程公孫立孤事後……九五八
書方虛谷所撰先太守墓碑後……九五九
書先忠壯公贈誥後……九六〇
書元吕中丞所撰藏山祠記後……九六〇

書宋嘉定中請立忠壯公祠狀後……九六一
書先忠壯公封王宣命後……九六一
書先輔烈侯贈誥後……九六二
書先太守公及忠壯公夫人長子忠護侯追封三誥後……九六二
書李北海所撰先長史府君碑後……九六三
書舊唐書横海藩鎮列傳後……九六四
書韓義賓所撰先别駕府君墓誌後……九六七
書唐人所撰先都知府君碑後……九六八

篁墩程先生文集卷三十七

題跋

書族祖文清公所撰古城宗祖墓銘後……九七三
書先文簡公宋史本傳後……九七四
書宋鑑長編所紀先文簡公事後……九七六
書先太中公宋史附傳後……九七七
書明道先生墓誌後……九七八

書伊川先生年譜後……九七八
書元勑賜伊川書院記後……九七八
書朱子所與先世二書後……九七九
書王雙溪楊慈湖書記後……九八〇
書吕竹坡所撰族祖文清公墓誌後……九八〇
書建昌宗家草庭先生逸事後……九八一
書婺源龍陂宗家前村先生傳後……九八一
書績溪仁里宗家宣慰公誌後……九八二
書建昌文憲公所受四制後……九八二
書先縣尉公所受至元勑牒後……九八三
書洪武欽定康郎山功臣廟位次後……九八三
書先高祖萬户忠愍侯碑銘後……九八四
書程氏貽範集目録後……九八五
題先襄毅公與曾叔祖尤溪府君手書後……九八六
書文丞相真蹟後……九八六

題元李雪庵大字後……九八八
題唐賀鑑孝經真帖後……九八八
題蘇東坡率子廉傳真蹟後……九八八
題雪梅畫册……九八九
書祖筵分詠詩後……九九〇
題分寧遠溪程氏譜後……九九〇
題雪樓遺墨後……九九一
書儀禮逸經後……九九三
題四明鮑原禮畫卷後……九九四
書米元章墓表後……九九四
題歙陸氏先祠記後……九九五
書葉文莊公手書後……九九五
書朱子鄉約後……九九六
書餘杭教諭羅先生墓銘後……九九六
題吴庶子原博所藏放翁帖後……九九七

敬題先公薦朱揮使奏草後……九九八
題蘄水程氏所藏南宋録用伊川先生子孫誥後……九九九
題仇司訓東之所藏雪庵帖後……一〇〇〇
書月河梵苑記後……一〇〇〇
題趙子昂與大台楊處士書後……一〇〇一
題先襄毅公哀范主事詩後……一〇〇一
敬題先祖尚書府君遺像……一〇〇二
題周院判原已送行詩卷……一〇〇三
書近作後……一〇〇三
瘦竹卷跋……一〇〇四
書率東程氏譜後……一〇〇四

篁墩程先生文集卷三十八

題跋

書瓊臺吟稿後……一〇〇六
榮感堂詩後……一〇〇七

敬書先襄毅公賀馬恭襄公得子詩後……一〇〇八
書釣臺集後……一〇〇八
書古穰續集後……一〇一〇
書朱陸二先生所論無極書後……一〇一〇
書朱陸二先生鵝湖倡和詩後……一〇一一
書朱子答吕子約書……一〇一二
書朱子答吕子約蔡季通二書……一〇一二
書陸子與朱子及陶贊仲鄭溥之三書……一〇一三
書朱子答劉季章書……一〇一三
書朱子與黄直卿書……一〇一四
書陸子與李省幹張輔之書……一〇一四
書朱子答劉公度書……一〇一五
書陸子記荆公祠略……一〇一五
書朱子答張敬夫書……一〇一六
書朱子與陸子静書……一〇一六

書朱子答吕伯恭書……一〇一七
書朱子與林擇之書……一〇一七
書張南軒先生與陸子書……一〇一八
書朱子白鹿洞書堂講義跋……一〇一八
書朱子祭陸子壽陸子祭吕伯恭文……一〇一八
書朱子表曹立之墓略……一〇一九
書朱子答項平父書……一〇一九
書朱子答陳膚仲書……一〇二〇
書朱子答吕子約何叔京書……一〇二〇
書朱子答吴伯豐書……一〇二一
書朱子與周叔謹書……一〇二一
書朱子答吕子約書……一〇二二
書朱子答陸子七書……一〇二二
書朱子答滕德章符復仲書……一〇二三
書虞道園所跋朱陸帖……一〇二三

書鄭師山送葛之熙序及與汪真卿書……一〇二三
書趙東山對江右六君子策……一〇二四
書趙東山陸子像贊……一〇二四
書兖山汪氏族譜後……一〇二四
書劉教諭所註武夷棹歌後……一〇二六
題南山賞梅聯句詩後……一〇二七
題王克恭駙馬所贈程國輔卷後……一〇二七
題西山真氏跋傅正夫所編慈湖訓語……一〇二八
書汪廷潤贈行卷……一〇二八
書二沈墨跡後……一〇二八
題樹萱堂卷……一〇二九
書汪道全所書千文後……一〇二九
題友梅軒卷吴山雲詩後……一〇三〇
題夜績教子圖……一〇三〇
題閔川幽居記後……一〇三一

題蕠田程氏所分統宗譜後……一〇三一
書王太守卷……一〇三二
書程氏三節堂詩後……一〇三二
書馮憲副聯句詩後……一〇三三
題李推府卷……一〇三四
跋陳定宇先生小學字訓註……一〇三四
書施秋官行卷……一〇三五

篁墩程先生文集卷三十九

題跋

跋真西山先生心經附註……一〇三七
書鄭時雍草書千文後……一〇三八
題朱子所書敬齋箴後……一〇三八
書朱子所書易繫辭後……一〇三九
跋西門汪氏所藏名公翰墨……一〇三九
書所題小金山詩後……一〇四二

書所題鄭公釣臺詩後……一〇四二
書雲遨摘稿……一〇四三
書寧庵卷……一〇四三
題范文正公手書伯夷頌後……一〇四四
書李雲陽先生進思堂記後……一〇四四
題謁陵倡和詩卷後……一〇四五
書尚約文集後……一〇四六
書論語或問……一〇四七
題龜山先生文集鈔……一〇四八
書大雅堂卷後……一〇四八
題范太史文集鈔……一〇五〇
題汪文定公集鈔……一〇五一
書湯東澗妙絶古今文選後……一〇五一
書齊雲巖記後……一〇五二
書艾郎中所藏山谷真蹟後……一〇五二

書所題汪尹四景畫詩後……一〇五三
書伊川先生真蹟後……一〇五三
書重訂程氏世德碑銘後……一〇五四
書孝義處士閔君墓銘後……一〇五四
書統宗譜後……一〇五五
書先祖行狀後……一〇五五
書蕭氏祖塋詩卷後……一〇五七
書吴氏所藏先世遺墨後……一〇五八
書左朝奉郎將作監丞汪公若庸墓誌銘後……一〇五九
書新安文獻志後……一〇五九
書敬義堂後……一〇六〇
書胡子知言後……一〇六一
書經禮補逸後……一〇六一
書儀禮逸經後……一〇六二
書家譜後……一〇六三

書南京太常少卿長沙夏公傳後……一〇六三
書古城山古蹟……一〇六四
書先公潤河莊遺囑後……一〇六五
題葬書後……一〇六五
書本宗譜後……一〇六六
書萬川閩節婦輓詩後……一〇六七
書戴文進菊花卷……一〇六八
書南山雜咏後……一〇六八
書王若水畫……一〇六八
跋廬陵曾君所藏穎濱蘇公手帖……一〇六九
企庵跋……一〇七〇
書所録遊黄山詩後……一〇七〇
書魏氏家譜後……一〇七一
書東海草書後……一〇七二
書録遊黄山詩後……一〇七二

跋鶴山小隱卷……一〇七三
書率口程肯堂心宇墓誌銘後……一〇七三

篁墩程先生文集卷四十

行狀

光禄大夫柱國少保吏部尚書兼華盖殿大學士贈特進光禄大夫左柱國太師謚文達李公行狀……一〇七六
潭渡處士黄君行狀……一〇九二
封奉政大夫通政使司右參議趙公行狀……一〇九四
資德大夫正治上卿南京刑部尚書致仕贈太子少保謚莊懿周公行狀……一〇九六
驃騎將軍左軍都督府都督僉事董公行狀……一一〇一

篁墩程先生文集卷四十一

行狀

資德大夫正治上卿南京兵部尚書兼大理寺卿贈太子少保謚襄毅程公事狀……一一〇五
故嘉議大夫詹事府詹事兼翰林院侍讀學士贈禮部右侍郎陸公行狀……一一一六

英國太夫人吴氏行狀……一一一九
故妣夫人林氏行狀……一一二一

篁墩程先生文集卷四十二

碑誌表碣

槐瀕先生程君墓碑銘……一一二五
歙處士汪君墓碣銘……一一二七
處士黄君景高墓誌銘……一一二九
孺人吕氏墓誌銘……一一三〇
唐處士茂本墓銘……一一三二
承德郎應天府通判林君墓表……一一三三
陳母林孺人墓誌銘……一一三五
贈武略將軍錦衣衛副千户孫公墓誌銘……一一三六
一品夫人常氏壙誌銘……一一三八
明威將軍神策衛指揮僉事致仕黄公墓誌銘……一一四〇
孝友徐君墓誌銘……一一四二

崇府審理正孫君墓誌銘……一一四三
榮禄大夫同知中軍都督府事贈左都督張公神道碑……一一四五
文思院副使金君墓誌銘……一一四七
昭勇將軍錦衣衛指揮使孫公墓誌銘……一一四八
奉議大夫同知汀州府事程君墓表……一一五〇
亡弟克寬壙誌銘……一一五二

篁墩程先生文集卷四十三

碑誌表

正議大夫資治尹兵部左侍郎滕公墓誌銘……一一五四
湖廣宜章知縣贈文林郎馬君封太孺人徐氏合葬墓銘……一一五七
醫顧翁墓表……一一五九
圻子壙誌……一一六一
通奉大夫河南左布政使程公墓碑銘……一一六二
方孺人墓誌銘……一一六五
黄巖陳處士墓誌銘……一一六五

中順大夫淛江按察司副使張公墓誌銘……一一六七
槐塘程府君墓表……一一七〇
義官金君墓誌銘……一一七二
洪宜人汪氏墓誌銘……一一七三
先高祖徵士府君阡表……一一七五
祁門處士汪君墓表……一一七八
尋樂處士程君墓表……一一八〇
筠軒處士程君墓誌銘……一一八一

篁墩程先生文集卷四十四

誌　碣

太保兼太子太傅掌左軍都督府事定西侯追封涼國公謚敏毅蔣公墓誌銘……一一八五
承德郎户部山西清吏司主事吕君墓誌銘……一一八九
朝列大夫湖廣布政司右參議段公宜人楊氏合葬墓誌銘……一一九一
贈懷遠將軍同知武成後衛指揮使司事李府君太淑人邢氏合葬墓誌銘……一一九三
趙淑人李氏墓誌銘……一一九五

承德郎東城兵馬指揮閻君墓誌銘……一一九七
孝義處士閔君墓誌銘……一一九八
承事郎華君墓碣銘……一二〇〇
彰武侯夫人汪氏墓誌銘……一二〇二
孫母汪氏孺人墓誌銘……一二〇三
養恬處士吴君墓誌銘……一二〇五
澤富王處士墓誌銘……一二〇六
復齋錢君墓誌銘……一二〇八
明威將軍瀋陽中屯衛指揮僉事程公墓誌銘……一二一〇
處士高公墓誌銘……一二一二

篁墩程先生文集卷四十五

碑誌表碣

會昌侯母張夫人墓誌銘……一二一五
華守正妻吕孺人墓碣銘……一二一七
傅君克修墓表……一二一八

曾叔祖尤溪府君墓表……一二二〇
處士吳君孺人謝氏合葬墓誌銘……一二二三
程孺人墓表……一二二五
女月仙壙銘……一二二七
程用光墓誌銘……一二二七
亡弟從仕郎故詹事主簿判蘄州事程君墓誌銘……一二二九
豐城涂孝子墓誌銘……一二三一
故宋中書舍人程公墓祠碑……一二三三
武略將軍新安衛千户于公宜人葉氏合葬墓誌銘……一二三五
善和程處士墓表……一二三八
李處士景瞻及其配方孺人墓誌銘……一二四〇
程君用堅墓誌銘……一二四三
汪君本亨墓誌銘……一二四四
前奉訓大夫鄭州知州洪公墓誌銘……一二四六
太孺人黄氏墓誌銘……一二四八

第四册

篁墩程先生文集卷四十六

碑誌表

故奉政大夫常德府同知致仕李公墓表……一二五一
翠環處士胡君墓誌銘……一二五四
溪東孫處士及其配吴孺人墓誌銘……一二五五
休寧儒學生程公昭墓誌銘……一二五八
處士李公墓誌銘……一二五九
沙溪處士汪君墓誌銘……一二六一
故唐孝子黄府君祠堂碑銘……一二六四
孫君以寬墓誌銘……一二六六
處安汪翁墓誌銘……一二六八
資德大夫正治上卿掌通政使司事太子少保禮部尚書致仕張公墓誌銘……一二六九
驃騎將軍右軍都督府都督僉事李公墓誌銘……一二七一

懷遠將軍忠義前衛指揮同知凌公墓誌銘……一二七四
汪承之墓誌銘……一二七六
恭人鄭氏墓誌銘……一二七八
指揮魏君墓誌銘……一二七九
中奉大夫宗人府儀賓郭公墓誌銘……一二八一
石丘處士吴君墓碑銘……一二八三
贈文林郎雲南道監察御史周君暨封太孺人張氏墓誌銘……一二八五
宋尚書職方郎中兼權中書舍人查公墓表……一二八六

篁墩程先生文集卷四十七

碑誌表

驃騎將軍後軍都督府都督僉事李公墓誌銘……一二八九
太恭人强母袁氏墓誌銘……一二九二
義官高君墓誌銘……一二九四
貞靖先生秦君墓誌銘……一二九五
大中大夫資治少尹南京太僕卿張公神道碑銘……一二九七

迪功郎陝西狄道縣丞周君墓碣銘……一二九九
大同中屯衛百户徐君墓誌銘……一三〇二
義官岑君墓表……一三〇四
劉氏二親墓表……一三〇六
孺人宋氏墓誌銘……一三〇八
順德府儒學教授黄先生墓誌銘……一三〇九
贈文林郎監察御史吴君孺人汪氏合葬墓誌銘……一三一一
默齋先生鄭君墓誌銘……一三一三
承事郎譚君墓誌銘……一三一五
孺人馮氏墓誌銘……一三一七
歙黄處士徐孺人合葬墓誌銘……一三一八
百歲程君墓表……一三二〇
一樂汪君墓表銘……一三二二

篁墩程先生文集卷四十八

碑誌表碣

中奉大夫江西等處承宣布政使司右布政使致仕秦公神道碑銘……一三二五
贈文林郎監察御史于公封太孺人孫氏墓表……一三二八
宜人潘氏墓誌銘……一三三〇
吴氏親塋表……一三三一
賓山劉君墓誌銘……一三三三
朴庵陳君墓誌銘……一三三五
河間衛正千户贈明威將軍僉指揮使司事張公墓碑銘……一三三七
敬恕處士程君墓誌銘……一三三九
義官方君墓誌銘……一三四一
明故奉訓大夫工部屯田員外郎高君墓誌銘……一三四二
項孺人墓碣銘……一三四四
恬退老人畢君墓表……一三四五
贈中憲大夫河間知府謝公墓表……一三四七

淑人周氏墓表……一三四九
明封徵仕郎户科給事中鄭公墓表……一三五一

篁墩程先生文集卷四十九

傳

湯胤勣傳……一三五五
慕青餘民傳……一三五八
橘泉翁傳……一三五九
謝節婦傳……一三六三
石鍾傳……一三六四
滹源先生傳……一三六六
安東縣簿林君傳……一三六八
長史程公傳……一三七一
書濟寧王翁事……一三七三
兵馬副指揮蔡公傳……一三七四
冰蘖老人傳……一三七六

栖芸先生傳……一三七八
孝義汪處士傳……一三七九
孫處士春殷傳……一三八〇
唐君傳……一三八二
程貞婦傳……一三八四
鄭君傳……一三八五

篁墩程先生文集卷五十

傳

楊文懿公傳……一三八八
僉憲楊君傳……一三九四
徐處士傳……一三九六
前鄭州守洪公傳……一三九八
汪節婦傳……一四〇〇
鄒氏傳……一四〇二
華處士傳……一四〇三

藺州同知封翰林修撰錢君傳……一四〇五
參政陸公傳……一四〇七
仝景明先生傳……一四一〇
汪義士傳……一四一二
鄒佑之傳……一四一三
封監察御史王公傳……一四一五

篁墩程先生文集卷五十一

祭告文

補漢昭烈皇帝伐孫權告廟文……一四一八
祭婦翁大學士李文達公文……一四一九
祭妻母夫人周氏文……一四二〇
闈院祭大學士彭文憲公文……一四二〇
奉遷五世祖考妣祭告先祠文……一四二一
奉安顯祖尚書府君遺像告文……一四二三
祭亡弟克寬文……一四二三

賜假還河間掃墓告文……一四二三
南山庵祭亡弟克寛文……一四二四
祭槐塘族兄克和貳守文……一四二四
卹典命下奠告几筵文……一四二五
吴山陰侯賀公廟告文……一四二五
至家告几筵文……一四二六
奉誌奠章告几筵文……一四二六
諭祭遷主告文……一四二七
祔葬告亡弟文……一四二八
祔主告亡弟文……一四二八
告先世祖忠壯公廟文……一四二八
重作家廟奉安神主告文……一四二九
奉安五祀諸神告文……一四三〇
小祥告文……一四三〇
祭從祖母曹氏孺人文……一四三一

赴京謝恩告文……一四三二
元日設主告文……一四三二
過河間告祭先塋文……一四三三
男壎授官告文……一四三三
祭衍聖公太夫人王氏文……一四三四
祭林舅文……一四三五
代瑩姬祭衍聖公夫人文……一四三六
大祥告文……一四三六
謝恩還家告文……一四三七
禫祭告文……一四三八
代母夫人祭兄文……一四三八
祭告顯考襄毅公文……一四三八
修復先塋告文……一四三九
太師徽國文公闕里告文……一四四〇
祭武進致政郎中金公文……一四四一

清源祭鄉友查以忠文……一四四二
滄州祭趙氏妹文……一四四二
祭崑山陸先生文……一四四三
南京使還過河間告先墓文……一四四三
祭都督董公文……一四四四
祭禮部侍郎新昌俞公文……一四四五
祭陸職方文量母宜人文……一四四五
先祠初作神板告文……一四四六
祭亡弟克儉文……一四四六
月河寺亡弟啓殯告文……一四四七
祭定西侯蔣公文……一四四七
祭太醫院使錢君宗嗣文……一四四八
祭襄城侯夫人汪氏文……一四四九
祭太僕卿韓公世安文……一四四九
祭都憲東安李公文……一四五〇

陞官祭告先祠文……一四五〇
祭土地文……一四五一
祭叔父明威府君文……一四五一
南歸過河間告先墓文……一四五二
告叔父明威府君墓文……一四五三
祭嬸母恭人劉氏文……一四五三
祭錢氏妹文……一四五四
告謝南山后土文……一四五四
祭告五祀衆神文……一四五四
聞三叔祖處士之訃告文……一四五五

篁墩程先生文集卷五十二

祭文

南山賜塋填塘告文……一四五六
代塏姪葬父告先墓文……一四五七
亡弟啓殯告先祠文……一四五七

祭亡弟文……一四五八
代塏姪啓殯告文……一四五八
先祠奉安告文……一四五九
改門告文……一四六〇
玄帝告文……一四六〇
祭臨塘范處士文……一四六一
祭汪孺人文……一四六一
祭武昌尹汪璽親家文……一四六二
祭常德同守致政李公文……一四六二
祭先師宮保尚書殿學劉公文……一四六三
男壎畢姻告先祠文……一四六四
祭甘母夫人文……一四六五
壬子冬餞歲告復官文……一四六五
鄧州新建李文達公祠堂時祭文……一四六六
祭魏參將文……一四六六

新居祭五祀文……一四六七
祭親家凌揮使文……一四六七
祭故叔祖三處士文……一四六八
祭宫保尚書昌黎張公文……一四六八
祭金吾百户李公文……一四六九
祭家生子武文……一四六九
祭刑部周員外妻安人文……一四七〇
祭宫保尚書大學士丘公文……一四七一
祭壽寧侯祖塋文……一四七一
開壙告文……一四七二
開壙告后土氏文……一四七二
開壙告先考襄毅公文……一四七三
開壙告后土氏文……一四七三
祭李處士文……一四七四
伐木告文……一四七四

告爲顯妣樹碑文……一四七五
祭儒學生汪君承之文……一四七五
祭侍御吴公文……一四七六
祭祁母太孺人文……一四七六
誥封恭人叔母劉氏祭文……一四七七
祭少保于公文……一四七八
聞士欽李公訃位哭告文……一四七八
弘治十年歲除告文……一四七九
奠故太常少卿李君尊親文……一四八〇
祭太淑人熊母龍氏文……一四八〇
祭張公文……一四八一
祭從叔處士彦華甫文……一四八一
至京轉官告文……一四八二

篁墩程先生文集卷五十三

書簡

擬酈食其上漢王書 …… 一四八三
擬朱子答王晦叔書 …… 一四八四
簡羅修撰明仲論歐公九射格義 …… 一四八五
與何憲使廷秀書 …… 一四八七
寄安福吴學士先生書 …… 一四八八
簡太守武邑王公而勉論諭祭禮書 …… 一四八九
寄李尚寶士欽書 …… 一四八九
與陸諭德廉伯書 …… 一四九一
簡廣東李憲副廷璋 …… 一四九二
答湖廣何方伯廷秀 …… 一四九二
與林文美表弟書 …… 一四九三
答衍聖公書 …… 一四九三
簡李武選應禎 …… 一四九四

與巡撫南畿尚書三原王公書……一四九四
與提學婁侍御克讓請立二程夫子祠堂書……一四九五
與南安張太守汝弼書……一四九七
與張同年書……一四九七
與太守河汾王公文明論世忠廟產書……一四九八
簡黟縣江尹……一五〇〇
簡德興方尹汝高……一五〇一
簡婺源陳簡教諭……一五〇二
簡太守河汾王公……一五〇二
寄歐陽大尹子相書……一五〇三
簡富溪宗人景宗……一五〇三
與東門四十七叔五十三叔書……一五〇四
與河南宗人博士通譜書……一五〇四
答黃州謝太守文安書……一五〇六
簡復范親家顯道……一五〇七

答汪巖秀才簡……一五〇七
與巡撫南畿都憲莆田彭公鳳儀書……一五〇八
簡樂平宗人貢士楷……一五〇八
答富溪宗人景宗書……一五〇九
簡徐州同知宗姪孫玉……一五〇九
與提學司馬侍御通伯書……一五一〇
簡汪廷器……一五一〇
簡謝昌山人……一五一一
簡纂修袁進士……一五一一
寄閣老壽光先生書……一五一二
簡唐侍御希愷……一五一二
答汊口宗人志端……一五一三
簡山斗族姪孫天相……一五一三
與刑部尚書盱江何公簡……一五一四
簡强憲副廷貴……一五一四

與閣老壽光先生書……一五一五
簡劉貢魁汝利昆仲……一五一五
簡禮部尚書瓊山丘公……一五一六
簡李學士世賢……一五一六
簡辨上人……一五一七
慰余寘貢士簡……一五一七
與河間太守謝公道顯書……一五一八
復族人祖瑗……一五一九

篁墩程先生文集卷五十四

書簡

與林諭德亨大書……一五二〇
簡趙郎中夢麟……一五二一
簡丹徒王尹公濟……一五二一
簡錢宗甫御醫……一五二三
簡錫山致政秦方伯廷韶……一五二三

與姑蘇沈啓南書……一五二三
與司馬侍御通伯書……一五二三
與李尚寶士欽書……一五二四
與嚴州李太守叔恢書……一五二五
簡致政于府尹景瞻……一五二六
答姑蘇劉振之簡……一五二六
簡李尚寶士欽論古穰續集……一五二七
與尚書瓊山丘公……一五二八
與建陽朱博士簡……一五二九
與楊儀曹君謙書……一五二九
與南京禮部尚書華容黎公太樸書……一五三〇
與金希傑汪朝真簡……一五三〇
與張贊善廷祥書……一五三一
答林諭德亨大書……一五三一
與成都太守汪親家文燦書……一五三二

與縣令辭鄉飲書……一五三三
與仇訓導東之簡……一五三三
與李尚寶士欽書……一五三四
簡朱博士……一五三五
簡汪僉憲從仁……一五三五
復莊定山年兄書……一五三六
復李賓之學士……一五三六
與謝鳴治祭酒書……一五三七
復焦孟陽舊寅長……一五三七
復柳邦用太守……一五三八
與婁克讓方伯書……一五三八
與歐陽子相侍御書……一五三九
復丁玉夫通判……一五四〇
簡故弋陽黃憲使子……一五四〇
與侶大器都憲書……一五四一

簡李宗仁太守……一五四一
復羅明仲舊寅長……一五四二
簡蕭文明同守……一五四二
簡沈石田……一五四三
復李宗仁太守書……一五四三
與致政汪世行縣尹書……一五四四
簡劉南金司務……一五四五
簡陸文量參政……一五四五
簡提學王明仲侍御……一五四六
復周仲瞻光禄……一五四六
與李士敬錦衣書……一五四七
與謝于喬舊同寅……一五四七
與鄭萬里上舍……一五四八
復司馬通伯憲副書……一五四九
復汪進之貢魁……一五五一

復黄碩夫縣尹 …… 一五五一
復汪貢魁 …… 一五五二
復蕭昉司訓 …… 一五五三
與尚書盱江何公書 …… 一五五三
與李世賢祭酒書 …… 一五五四
復汪希顔憲副 …… 一五五五
復朱楨司訓 …… 一五五五

篁墩程先生文集卷五十五

書

與鄭萬里書 …… 一五五七
答汪僉憲書 …… 一五五九
寄李祭酒世賢書 …… 一五六二
簡李貞伯太僕 …… 一五六三
辭吴縣長洲史邢二尹却贐禮 …… 一五六三
與沈石田書 …… 一五六四

復山東巡撫王都憲景明書……一五六四
復山東憲副汪希顔書……一五六四
復兖州太守許同年季升書……一五六五
復衍聖公書……一五六五
與于千户文遠書……一五六六
與敏聰弟書……一五六六
與南京守備蔣太監書……一五六七
與南京張學士廷祥書……一五六七
與焦學士孟陽書……一五六八
與王原常僉憲書……一五六九
與富溪用禮宗弟書……一五六九
簡楊維立諭德……一五七〇
與巡撫直隷都憲張同年天瑞書……一五七〇
與楊君謙儀部……一五七一
復陝西提學楊僉憲應寧書……一五七一

與南京羅司成明仲書 …… 一五七二
簡都憲屠同年朝宗 …… 一五七二
復廷祥學士書 …… 一五七三
復南京董尚矩侍郎書 …… 一五七三
答航濟川講經 …… 一五七四
與族姪師魯 …… 一五七四
與致政學士江東之書 …… 一五七五
復巡按雲南都憲張同年汝欽書 …… 一五七五
簡祭酒林同年亨大 …… 一五七六
簡學士李同寅賓之 …… 一五七六
復巡按南直隸何都憲世光書 …… 一五七六
復青州徐中行推官書 …… 一五七七
簡刑部楊主事志仁 …… 一五七七
復王庶子世賞 …… 一五七八
復詹存中簡 …… 一五七九

與致仕邊侍郎先振書……一五七九
簡付諸庶吉士……一五八〇
簡賓之學士……一五八〇
簡學士陸同年廉伯……一五八一
復致仕閣老尹先生書……一五八二
復學士于喬書……一五八二
簡復馬少卿宗勉……一五八三
答福建憲副司馬通伯書……一五八三
與汪大參親家文燦書……一五八四
簡宗伯倪同年舜咨……一五八四
與河間謝太守道顯書……一五八四
答仇東之教授……一五八五
復劉都憲時雍書……一五八五
復通政强同年廷貴書……一五八六
簡皚東白善世……一五八六

簡陳師召太常子貢士舉……一五八七
與太傅殿學慎庵徐先生書……一五八七
與李遜學……一五八八
與大司馬馬先生……一五八八
與楊介夫侍讀……一五八九
與趙太常……一五八九
書與仇訓導……一五九〇
與白司寇先生……一五九〇
與傅亞卿書……一五九一
與楊學士……一五九一
與林祭酒書……一五九二
與周司徒……一五九二
與徐司空書……一五九三
簡顏通守……一五九三
與師魯姪……一五九四

篁墩程先生文集卷五十六

箴 銘 贊

慎言箴……一五九五
廉正平恕銘……一五九五
白石硯銘……一五九六
羅太史明仲像贊……一五九七
張駕部汝弼小像贊……一五九七
刑部過郎中大璞像贊……一五九八
工部吴主事璚林醉歸圖贊……一五九八
績溪宗家守悦處士遺像贊……一五九九
汊口宗家處士雲像贊……一六〇〇
汊口汪君清隱像贊……一六〇〇
退思齋箴……一六〇〇
善慶堂銘……一六〇一
方鸜鵒端溪紫硯銘……一六〇一

王學録先生像贊……一六〇二
王夫人贊……一六〇二
如在軒箴……一六〇三
婺源王慶袒處士像贊……一六〇四
婺源韶軒戴善美處士像贊……一六〇四
故元筠軒三峰二唐先生遺像贊……一六〇四
大畈汪君道全像贊……一六〇五
陪郭十二宗叔處士夫婦像贊……一六〇五
敬養齋箴……一六〇六
新安程氏統宗世譜銘……一六〇六
金醫官萬鎰像贊……一六〇七
故元陳弗齋先生遺像贊……一六〇七
高安宗家處士敬之像贊……一六〇八
故司直汪蓉峰先生遺像贊……一六〇八
止齋銘……一六〇九

永年縣丞致仕朱棶像贊……一六〇九
山斗宗老士修遺像贊……一六〇九
宣聖杏壇圖像……一六一〇
烟溪義渡銘……一六一〇
吴郡李員外應禎像贊……一六一一
吴醫顧翁遺像贊……一六一一
九龍山樵陸棶成像贊……一六一二
潤醫喜君遺像贊……一六一二
五羊鍾太守遺像贊……一六一二
靈玉銘……一六一三
蹇齋箴……一六一三
國學正達君像贊……一六一三
南監太常安成劉先生小像贊……一六一四
河南同守王汝璧像贊……一六一四
宗老文彬處士像贊……一六一五

環溪宗老繆處士像贊……一六一五
婺源胡處士夫婦像贊……一六一六
吕卣進士北闕謝恩圖贊……一六一六
神樂觀史道士像贊……一六一七
立身銘……一六一七
古林黄處士像贊……一六一八
山陽楊孝子像贊……一六一八
大畈封刑部主事汪公像贊……一六一九
福建汪憲副希顔像贊……一六一九
龍山宗家孟堅處士像贊……一六二〇
惺泉銘……一六二〇
弖研銘……一六二一
璇松壑善世像贊……一六二一
鏡川楊學士經筵進講圖贊……一六二二
通政趙先生小像贊……一六二二

諭德林先生像贊……一六二二
禮部尚書瓊山丘公像贊……一六二三
濟庵箴……一六二三
侍御陳君烇小像贊……一六二四
小像自贊……一六二五
汉口宗姪用光像贊……一六二五
汪處士彦容夫婦像贊……一六二五
汪思恭像贊……一六二六
汪維則思仁像贊……一六二六
環谷先生汪公像贊……一六二七
敬德堂銘……一六二八
三叔祖士熙處士像贊……一六二九
三叔祖母汪孺人像贊……一六二九
故宋汪古逸先生像贊……一六二九
大畈汪希文隱君像贊……一六三〇

雲溪族人慎德處士用高像贊 …… 一六三〇
鵬原汪鳳英小像贊 …… 一六三一
林塘范道處士像贊 …… 一六三一
臨溪族人志嵩贊 …… 一六三一
縣丞棠邑李君像贊 …… 一六三二
槐塘族人克明像贊 …… 一六三二
岩鎮汪仕寧像贊 …… 一六三三
婺源高安族人質像贊 …… 一六三三
沂水高縣丞像贊 …… 一六三四
績溪方思讓像贊 …… 一六三四
山斗族人永通像贊 …… 一六三五
汪公文燦小像贊 …… 一六三五
來春汪處士夫婦像贊 …… 一六三六
樂壽謝君子期像贊 …… 一六三六
李君尚絅像贊 …… 一六三七

大尹余君像贊……一六三七
宗叔以尚像贊……一六三八
宗人世昭像贊……一六三八
宗美母金孺人像贊……一六三九
周司訓夫婦像贊……一六三九
處士劉志寧像贊……一六四〇
瞻翠吴處士像贊……一六四〇
溪南吴處士景寧像贊……一六四〇
信行方孺人像贊……一六四一
怡庵鄭君像贊……一六四一
武昌令君贊……一六四二
宗姊程孺人贊……一六四二
大畈汪用畊處士像贊……一六四三
程母方孺人像贊……一六四三
族兄宗汛夫婦像贊……一六四三

宗叔以權處士像贊……一六四四
屠都憲官御史時像贊……一六四四
座右銘……一六四五
錫榮堂銘……一六四五
桃溪潘公烱資像贊……一六四六

篁墩程先生文集卷五十七

疏　致語　啓劄　障語

忠義會疏……一六四七
晝錦坊陪郭義社疏……一六四八
癸卯中秋節宴奉皇太后致語……一六四八
十一月二日慶萬壽聖節致語……一六四九
冬至節宴奉皇上致語……一六五〇
甲辰元夕節宴奉皇太后致語……一六五一
元夕節宴奉皇上致語……一六五二
端午節宴奉皇上致語……一六五三

十月十四日慶皇太后聖節致語……一六五四
十一月二日萬壽聖節暖壽致語……一六五四
乙巳元夕節宴奉皇太后致語……一六五五
中秋節宴奉皇太后致語……一六五六
丁未二月六日皇太子婚禮成皇上奉皇太后宴致語……一六五七
七月三日東宫千秋節皇上奉皇太后宴致語……一六五八
賀少詹學士鏡川楊公壽啓并詞……一六五九
南京使回受誥宴客啓……一六五九
己酉歲休寧送諸士赴秋闈障語并詞……一六六〇
己酉歲迎經魁汪循亞魁方罃障語并詞……一六六〇
壎子定帖……一六六一
聘定啓……一六六二
壎子納徵啓……一六六三
回于宅聘定啓……一六六三

篁墩程先生文集卷五十八

雜著

讀荀子……一六六六
讀將鑑博議……一六六七
先師介庵先生吕文懿公遺事……一六七〇
對客言……一六七二
送疥文……一六七五
原教一首贈程元英司訓青城……一六七七
成齋解……一六七九
同壽堂對……一六八一

篁墩程先生文集卷五十九

雜著

名字説……一六八三
弟敏聰克仁名字説……一六八四

都憲公三孫名字説……一六八五
宗姪孫文模文楷字説……一六八六
戴君名字説……一六八七
胡氏二子名字説……一六八八
李生更名字説……一六八八
王氏二子名字説……一六八九
新安程氏統宗世譜凡例……一六九〇
對佛問……一六九二
新安文獻志凡例……一六九八
休寧志凡例……一七〇〇
動静問……一七〇一

篁墩程先生文集卷六十

賦　詞　誄

瀛東别業賦……一七〇五
歲寒三友圖賦……一七〇七

保齋先生劉文安公哀詞……一七〇九
哀楊化州詞……一七一〇
倪文僖公誄……一七一一
張太原誄……一七一二
彭城廢縣賦……一七一四
哀龍峰詞……一七一六
弔嵇莊詞……一七一七
程逸士士廣哀詞……一七一八
望雲詞……一七一九
忠愛廟四時哀詞……一七二〇
厚德羅先生誄……一七二二
邊先生哀詞……一七二三
屠公哀詞……一七二五
永思堂辭……一七二六

第五册

篁墩程先生文集卷六十一

頌　歌曲　古樂府　詩

平逆頌……一七二九
大明中興鐃歌鼓吹曲……一七三二
黄石操……一七三七
二交頌……一七三八
門有車馬客行……一七四〇
君馬黄……一七四〇
墻上難爲趨行……一七四一
將進酒……一七四一
驅車上東門行……一七四一
銅雀妓……一七四二
辟廱……一七四二

巫山高……一七四三
明妃曲……一七四四
結襪子……一七四五
前旌操……一七四六
仙居書屋操……一七四七
雙瑞……一七四八
雪崖操……一七四九
思親堂……一七五〇
壽鞠……一七五一
芝頌……一七五一
野哭……一七五三

篁墩程先生文集卷六十二

詩

詠史十四首……一七五四
雜詩二首……一七五六

隱士五首 …… 一七五七
古詩二首 …… 一七五八
乙酉歲瀛東別業雜興集古九首 …… 一七五九
憩鄭州 …… 一七六〇
宿資勝寺與王文璵進士夜談 …… 一七六〇
奉送浣齋先生之喪至通州晚渡渾河嘴重宿安仲和家有懷士欽時成化丁亥四月一日也 …… 一七六一
四月五日微雨免朝與李太史世賢步出皇城門喜而有作 …… 一七六一
送黃欽都闞出守洮河岷三州 …… 一七六一
早朝 …… 一七六二
郭主事分司百步洪作雙堤以禦水患行者便之 …… 一七六二
有懷汪希大因其從子守貞南歸賦此奉柬 …… 一七六二
尋梅徑爲許廷冕職方賦 …… 一七六三
八月二日與謝鳴治太史分獻文廟時大學士彭公主祭 …… 一七六三
病中 …… 一七六三
九月十八日與李士敬登樓 …… 一七六四

送安成李君丞休寧縣 …… 一七六四
題小景雜畫 …… 一七六四
約同年諸君子遊梁園 …… 一七六五
送汪孔達同知嘉定州 …… 一七六五
家君南征還次國門宿觀音僧舍予來迎遂憩聰上人所别賦此詩 …… 一七六六
送吴學士先生還安成 …… 一七六六
夜坐 …… 一七六六
成化五年冬至日再與世賢太史陪祀西陵次廉伯惠詩韻 …… 一七六七
與李賓之遊海雲寺後園 …… 一七六九
夏夜有懷二弟 …… 一七六九
送管河陳善僉事考績還張秋 …… 一七七〇
送忻王傅翰林撿討張伯仁從征荆襄 …… 一七七〇
送孫舜卿學士先生致仕還杞 …… 一七七〇
題王秋官文璵所藏三朝制策 …… 一七七一
徐伯輔御史承恩堂 …… 一七七一

送李廷珍行人出使占城……一七七一
輓金芸窗……一七七二
送李士欽符臺册封代府之作……一七七二
西涯十二詠爲李賓之太史賦……一七七三
吴橋張知縣瑞鳩圖……一七七五
輓張世璉舍人……一七七六
保竹……一七七六
題莊子觀泉……一七七六
送李賓之編修展墓還茶陵……一七七七
送南京鑄印局副使張徽兼致意乃父廷端……一七七七
簡汪汝温……一七七七
出塞行……一七七八
元夕燈詩十首應制……一七七八
與亨大懋衡二太史天瑞元益貫之三給事同遊神樂觀是日廉伯有約不至……一七八一
送楊朝用揮使受代還金陵……一七八一

送董尚矩編修省親還寧都 …… 一七八二
題青州先賢祠 …… 一七八二
分得戲馬臺送李應禎舍人還江東 …… 一七八二
中伏日西風大作三日晝寒 …… 一七八三
壽潘貢士父 …… 一七八三
夏月有懷 …… 一七八三
輓余鍾母 …… 一七八四
樂丘八詠分得卧虹橋爲沈時暘主事乃翁賦 …… 一七八四
病起 …… 一七八四
中秋病中時與李士欽叔姪近别 …… 一七八五
雲樂 …… 一七八五

篁墩程先生文集卷六十三

詩

古鏡行 …… 一七八六
侯門怨 …… 一七八六

題楊補之松檜圖……一七八七
六月五日雨後早朝偶然作……一七八八
義軒遺誨……一七八八
齋居次韻世賞廷言……一七八九
立春南郊送駕次韻亨父……一七八九
迎駕次韻亨父……一七八九
次韻原博賓之舜咨鳴治賜宴聯句……一七九〇
題畫……一七九一
送李立之太常先生再赴南京……一七九一
與廉伯世賢同至月河寺……一七九一
過觀音寺和壁上舊日留題……一七九二
元日壽董都督……一七九二
分得荷蕩香風爲周民表評事賦先塋十景……一七九二
題倪雲林小景……一七九三
黄鶴山樵山水爲楊考功宗器題……一七九三

偶作寄王用賓太守……一七九四
偶成……一七九四
送克儉克寬弟省覲南京……一七九四
寧國蔣氏山居四景……一七九五
苦熱與汪汝温露坐樹下悵然有懷……一七九六
東風解凍應制……一七九六
春山雪霽應制……一七九七
癸巳日長至與世賢太史陪祀山陵往反得律詩十首……一七九七
輓西安王太守……一八〇〇
題陳憲章梅花……一八〇一
甲午六月廿二日聞四龍掛空中大雨……一八〇一
盆池蓮盛開……一八〇二
夏月坐柰子樹下……一八〇二
寄坦姪……一八〇二
月夜小飲李符臺家……一八〇三

桃源圖詩……一八〇三
輓丘時雍太守父暉庵先生……一八〇四
夏至日雨病中喜二弟來自南京……一八〇四
卧病……一八〇五
病中不寐簡仲弟……一八〇五
病中喜雨簡季弟……一八〇六
聞南都新開池館之勝漫摘坦姪二屬對成詩二章……一八〇六
送同年友張天瑞之陝西參議……一八〇七
送陸司寇先生致仕還四明……一八〇七
立秋日雨……一八〇八
秋日病中……一八〇九
卧病七旬方起試筆作字適世賢有詩見慰依韻奉酬……一八〇九
病中夜試新茶簡二弟戲用建除體……一八〇九
送江淮衛知事沈德……一八一〇
題牛次人韻……一八一〇

題小景畫……一八一一
題梅送朱伯承都運赴兩浙……一八一一
恩壽堂壽張給事本謙乃尊教授致政先生夫婦受封……一八一一
長至後二日山陵陪祀回適有詔修宋元二史綱目不肖濫預率爾賦此……一八一二
成化癸巳臘月十日予生蓋三十年矣適有史事不克歸省悵然有懷謹步韻家君守壽詩一章録似克儉克寬二弟……一八一二
送趙良輔南遊……一八一三
新居夏夜……一八一三
偶成……一八一四
輓朱維吉……一八一四
送廉伯陪祀山陵……一八一四
送曲阜孔知縣……一八一五
送克儉克寬二弟南歸……一八一五
武昌太守行送秦廷韶考最南還……一八一五
題宗人愈大上舍所藏白描風荷圖……一八一六

浙江參議盧君雍葬其父愛竹君于櫪山廬于墓左産芝十二莖其婿編脩倪君岳求予詩……一八一六
讀宋史……一八一七
成化甲午冬十二月廿一日祈雪齋居適吴興沈用賓寓宿公署分韻得西字……一八一七
借前韻求用賓作晴洲小景……一八一八
齋居喜雪聯句……一八一八
焚香聯句……一八一九

篁墩程先生文集卷六十四

詩

遊月河寺次韻顧光禄……一八二一
挽金陵倪處士……一八二三
鏡中偶見白鬚……一八二三
成化乙未廷試受卷紀事有作……一八二三
壽靈臺郎吴英母九十……一八二三
夜夢家君曉起得家書時家君已得請還鄉……一八二三
瓊島春雲應制……一八二三

季弟克寬來京師適當端午西湖南海之蓮尚未有花而予家盆池特出二萼化工之巧有若爲予兩人者設耳克寬南行有期輒用開讌以酹花因思予在西城時此花亦於五月盛開司寇陸公輩各賦一詩以爲予中舉之徵其後果然今十四年矣故詩及之……一八二四
次韻羅明仲太史中元謁陵僕三度謁陵皆以冬至又兩與李世賢太史行……一八二四
送户部吴廷憲主事赴廣西提學僉事得文字……一八二五
送袁士鎣太守考績還淮安得童字……一八二五
洞黄詞挽黄尚斌先生……一八二六
大病不寐……一八二六
陸廉伯太史家賞蓮得天字……一八二六
八月一日丁祀夜作有懷彭文憲公……一八二七
賀高揮使生子……一八二七
送耿司業先生省親還河南……一八二七
文淵閣大學士彭先生哀輓……一八二八
乙未十一月十六日長至有感……一八二八
尹亞卿家飲散用韻二首　一讀景帝謚議　一謝盛筵……一八二八

臘月念八日得仲弟克儉南京書季弟克寬杭州書報家君已至徽州……一八二九
燕都石鼓題廣人黄瑛江湖勝覽卷……一八二九
白雲深處爲天台趙時暉賦……一八三〇
朔州行送王汝璧太守述職西還……一八三〇
成化乙未元夕觀燈應制……一八三一
十二月十三日大雪……一八三一
挽薛節婦……一八三二
卜築……一八三二
著存堂爲吴節參政賦……一八三二
雨後絶句示小女……一八三三
題姜廷憲中書小景畫……一八三三
哭坦姪二首……一八三三
送徽州謝同知伯儀慶賀建儲禮成南還……一八三四
丙申郊祀齋居次陸廉伯太史韻……一八三四
次謝鳴治侍講韻……一八三四

慶成宴與明中舜咨聯句和韻……一八三五
送刑部郎中陳德修還南京用張汝弼駕部韻……一八三五
送薛志淵御史隨都憲原公處置荆襄志淵舊嘗巡按其地……一八三五
廣人黄昊久客于外夜夢二親自寫其像號其堂永思其父嘗爲主簿……一八三六
錢塘沈德自成化丁亥以來從家君征川貴山都掌之夷又從平江伯出鎮兩廣總督漕運清謹之操三度如一家君薦之始自從事爲選人平江凡七薦之乃自江淮衛知事改隸通政司於是薦紳君子無不嘉君之能獲乎二公也拜命言旋賦詩以贈……一八三六
三月十七同日得王貢士寄來休寧臘月書馬亞卿寄來南京二月書……一八三七
送蜀士趙顯章赴澠池訓導……一八三七
送克寬弟南還至茶庵獨歸……一八三七
題劉廷問舍人所藏夏仲昭太常晴雨二竹……一八三八
送奎文閣典籍許節之東歸……一八三八
送户部石宗海員外赴四川提學僉事宗海予同年嘗爲翰林庶吉士……一八三九
送中書舍人桐城何志廉赴南京刑部員外予較藝禮闈志廉實預事于簾内……一八三九
次南京錢學士先生入朝之作時先生方有少宰之命……一八四〇

新安洪生通今鄭州守有約之少子鄉進士遠之弟而予兄汀州貳守克和之壻也來京師從人受春秋學日以成歲暮欲將往省于鄭且南還入郡學以竢秋試其志可謂健矣道別之際賦詩贈之……一八四〇
邀同館諸公賞盆池蓮……一八四一
題尹正言學士菊……一八四一
題畫……一八四一
講筵命下甚愧疏庸不足以從諸君子之後輒賦一詩録呈舜咨侍講養正伯常二太史……一八四二
爲柳楷序班題壽意圖歸慶其母……一八四二
壽泰和王希誠七十……一八四三
題玉堂散直圖送吴汝賢修撰省覲還閩……一八四三
題安城彭學士山水圖……一八四四

篁墩程先生文集卷六十五

詩

齋居有懷李賓之侍讀次街字如字二韻……一八四五
羅明仲以所和謝鳴治枕上有懷李賓之之作見示倚而和之……一八四六

正月十二日慶成宴後有懷賓之用鳴治紅字韻 …… 一八四六
宴歸忽思明早立春再一日元宵矣節物驚心爲之憮然偶成柬倪舜咨侍讀 …… 一八四六
舜咨有詩見答再用韻復之 …… 一八四七
送陸文量駕部出使河南次留别韻 …… 一八四七
凌季行鴻臚索賦清懶詩 …… 一八四七
題李世賢太史扇 …… 一八四八
分得知字送文公十世孫墩襲翰林五經博士歸奉祀事 …… 一八四八
送提學戴廷珍御史考績還南畿 …… 一八四八
輓王瑞給事父 …… 一八四九
三月一日壽楊司徒夫人六十 …… 一八四九
題張修撰養正所藏王舜耕山水畫 …… 一八五〇
夏日偶成 …… 一八五〇
愚樂庵爲傅曰川太史乃尊賦 …… 一八五〇
題常州卞六行樂圖 …… 一八五一
苦雨漫興 …… 一八五一

坦庵爲鄧州訓導胡直賦……一八五一
泮鄰書屋爲會稽處士賦……一八五二
題鮑栗之通判所藏四景牛……一八五二
次韻蕭文明給事元日早朝之作……一八五三
陪祀南郊借尹先生往歲扈從看牲韻……一八五三
次韻李賓之侍講慶成宴上作……一八五四
上元日承邵文敬主事請遊神樂觀次韻二首……一八五四
剪燈歌元夕同年傅商佐主事家席上作……一八五四
傅家麵食行……一八五五
琴月齋爲姑蘇顧君賦……一八五五
畊讀爲建昌士人賦……一八五六
送陸克深員外知叙州府……一八五六
次韻倪舜咨侍讀省親南歸留別二首……一八五七
次韻羅明仲洗馬新春繙閱經史之作……一八五七
會昌雪亭公子許雨中移竹詩以訊之……一八五八

春雨應制……一八五八
張公子行一首送太倉張漢南歸……一八五八
送雲南府學司訓高宗禮……一八五九
送鄉人吴之寬南歸……一八六〇
送蕭文明給事持節册封唐府得承字……一八六一
陪祀西陵昌平曉行……一八六一
道中偶成……一八六一
夜半出山……一八六二
題李太史世賢梅花圖集古……一八六二
克寬弟南歸小詩二首奉簡淮陰驛令林文秀内兄休寧上舍汪汝温親契……一八六二
題便面小景……一八六三
榖庵爲吴醫沈公美賦……一八六三
蒙巖爲常州邵士忠處士賦……一八六三
題尹性之御史所藏周文靖竹……一八六四
送王司訓之任豐縣……一八六四

張汝弼駕部求椿庭詩壽其兄……一八六五
分得元君丹臼爲安城李珍賦……一八六五
送汪希顔僉事改仕湖廣……一八六五

篁墩程先生文集卷六十六

詩

送張汝弼駕部知南安……一八六七
三樂爲晉陵胡叔虞賦……一八六八
題黄帝廣成子問道圖……一八六八
尼山高一首壽闕里孔公伯處士……一八六九
琴鶴東人爲廣人何式之賦……一八六九
歸田樂卷爲彭彦充儀制賦……一八七〇
春坊齋夜追憶舊時在翰林東署與諸君子喜雪焚香聯句之作奉簡亨甫鼎儀世賢三太史……一八七〇
藻軒爲錦衣千户吴孟章賦……一八七一
送延都運六十致仕得何字……一八七一
挽胡孺人……一八七一

小兒彌月承羅洗馬餉鶴歌以答之……一八七二
奉詔儲材卷送翰長王謝二先生……一八七二
蘭竹圖題贈蕭給事文册乃郎赴秋試……一八七三
送李士欽尚寶持節册封楚府次沈廷美韻……一八七三
送王昱知榮縣……一八七三
送董子仁給事出使琉球……一八七四
清明謁西陵飦昌平劉奉祠家次韻李世賢太史……一八七四
二十五日朝陵次世賢太史……一八七四
謁陵遊九龍池八首……一八七五
成化戊戌四月十一日儲皇御左春坊敏政進講大學首章退宴文華門十二日上御經筵敏政
進講中庸第二十章退宴左順門感愧之餘賦此呈同事諸君子……一八七七
六月廿八日大雨赴齋所……一八七七
廿九日夜晴太廟陪祀作時王惟臣詹事劉希賢汪伯諧二庶子鄭瑶夫羅明仲洗馬俱以疾
在告……一八七八
七月十七夜病起露坐偶成……一八七八

送程醫官詩……一八七九
送陸處士還太倉……一八八〇
輓董尚矩編修父母……一八八〇
追和江東之學士留寓南京上新河徐氏園亭之作……一八八一
送祁門周仲實赴趙州學正……一八八一
送張太史養正陞都憲巡撫宣府……一八八二
追和江翰長先生上新河徐氏園亭病寓之作……一八八三
送何惟一御史赴雲南按察副使……一八八三
會緦庵和謝鳴治侍講乃叔寶慶太守君寄來韻……一八八三
題碧桃便面……一八八四
題張養正都憲小畫……一八八四
送户部趙祥主事奉使便道省其大母……一八八四
戊戌清明謁陵宿齋所次韻江翰長……一八八五
歸途次韻……一八八五
送鄭洗馬赴南京太常少卿……一八八五

早秋遊城南宗家園亭次韻周伯常中允二首……一八八六
送王廷貴祭酒先生考績還南京……一八八六
晚香爲太蒼陸處士作……一八八七
送日者方生還龍游……一八八七
題雜畫……一八八八
挽彭處士夫婦……一八八九
題梅贈山海蕭生赴山東秋試……一八八九
送陳宏知事……一八八九
詹駕部天澤出知建昌便道省母得五字……一八九〇

篁墩程先生文集卷六十七

詩

十月二十七日出都城……一八九一
盧溝别諸親友……一八九一
晚次良鄉……一八九二
早發……一八九二

涿州道中録野人語……一八九二
遇廣東守臣進鸚鵡……一八九四
新城公館夜夢亡弟借邵文敬主事壁上留題韻……一八九四
渡白溝……一八九四
雄縣城南潦水成湖渡二十餘里……一八九五
晚行至任丘……一八九五
過石門橋鋪……一八九五
至河間之明日拜掃先世賜塋……一八九六
發河間出南門拜外祖林處士墓遂至舅家飲別……一八九六
途中寄別官主事廉……一八九七
獻縣望河間獻王墓……一八九七
渡滹沱河……一八九七
阜城晚遇南京户部張彦質郎中附奏江南旱灾……一八九八
阜城南門過御莊鋪乃劉豫始生之地……一八九八
景州望董子祠……一八九八

書所見十四韻…………一八九九
日出入行…………一九〇〇
過永昌橋野老云太宗靖難過橋以舊名晉起不雅特更今名…………一九〇〇
過南鎮店二首…………一九〇一
茌平道中…………一九〇一
入東平山中古墳以百十數殘碑斷碣多有年月可識…………一九〇一
東阿王…………一九〇二
梁顥墓…………一九〇二
汶上…………一九〇三
夜次兖州寄安丘王府教授鄒鈍夫…………一九〇三
寄衍聖公…………一九〇三
兖州東南望孔林居人謂之夫子塚云在九龍山下其山九峰故名…………一九〇四
嶧山歌…………一九〇四
鄒縣城南拜亞聖祠下…………一九〇五
憩滕南郵亭…………一九〇五

九日怨十章……一九〇五
彭城廢縣南謁漢高祖廟……一九〇六
徐州望子房山山上有祠……一九〇七
徐州驛舍竹林可愛……一九〇七
不寐……一九〇七
徐王墳……一九〇八
夾溝山中夜行……一九〇八
同年范嘉龍御史於大店驛相候叙話良久乃別……一九〇八
固鎮驛早發集古二首……一九〇九
渡淮次濠梁……一九〇九
中都形勝……一九〇九
鳳陽南二十里陟小嶺望見環滁諸山……一九一〇
沙磵鋪山行……一九一〇
鳳陽南行失道誤趋定遠……一九一〇
池河驛山行二首……一九一一

途次偶成……一九一一
大鎗嶺……一九一一
晚過大柳樹驛……一九一二
月夜渡清流關……一九一二
次滁陽贈州守劉焕……一九一二
早發滁陽戲題……一九一三
過家君舊任太僕所居聞當時及門者惟典術魏延一人……一九一三
望瑯琊諸山不及遊典術魏延追及誦吾同年莊孔陽司副四十年來方一到之句不覺笑曰孔陽謝病居江浦去滁不百里而近尚半世一至況六六我輩乎馬上次韻一首以示延便中寄聲孔陽未必不爲之撫掌也……一九一三
和州香淋寺浴湯泉……一九一四
渡江次采石……一九一四
李白墓……一九一四
冬至行慶賀禮于太平府中……一九一五
黄池……一九一五

太平山行……一九一五
敬亭山……一九一六
宿宛陵書院……一九一六
寧國縣道中……一九一七
早發湖樂鎮過黄木嶺遇佐時及鄉人來迎……一九一七
過叢山關入績溪界巧溪橋……一九一七
十里巖……一九一八
至家……一九一八
謁先塋于水橋干……一九一八
哭亡弟克寬于南山堂僧舍……一九一九
汪王廟……一九一九
五顯廟……一九一九
拜先世祖梁將軍忠壯公廟于篁墩……一九二〇
拜先世祖晉新安太守府君墓于雙石……一九二〇
紫陽書院……一九二一

拜先世族祖宋丞相文清公元鳳祠宇墓于古城關積慶寺 …… 一九二一
臘月半後祠堂前并後園梅花盛開敬次家君卷中舊韻二首柬克儉 …… 一九二一
先忠烈王遺蹟十二詠 …… 一九二三
東密巖 …… 一九二六
齊雲巖 …… 一九二七
古城巖 …… 一九二七
次宋縣令鄒補之巖口石壁留題之作 …… 一九二七
松蘿山 …… 一九二八
斷石村 …… 一九二八
飲楊浚明推府宅夜歸宿城隍道院 …… 一九二八

篁墩程先生文集卷六十八

詩

二月一日辭親赴京出休寧東門 …… 一九三〇
道中與敏德弟聯句 …… 一九三〇
漁梁壩登舟至浦口初聞雷餞者相賀 …… 一九三一

夜宿綿溪 …… 一九三一
過乳灘 …… 一九三一
宿河上嶺入夜風雨大作 …… 一九三二
淳安道中用漁梁壩韻 …… 一九三二
嚴州道中情思頗適 …… 一九三二
雨中過嚴州與張時禎通判同年叙别 …… 一九三三
嚴州東下兩山高崖瀑布以百十數 …… 一九三三
釣臺 …… 一九三四
過姚文敏公墓 …… 一九三四
登富春山時鄉族商人多以索逋錢寓子陵祠下問其所從索者皆縣官也笑賦一絶 …… 一九三四
夜穿杭城宿吴山驛明日三司故人固請遊西湖又明日遂拜岳王墳飲淨慈寺時顧天錫郎中以公事寓杭不及預會 …… 一九三五
錢唐雜詠四首 …… 一九三五
岳王墓再賦一首 …… 一九三六
皋亭山 …… 一九三六

道中六言……一九三七
過桐鄉晚宿皂林驛……一九三七
望後舟……一九三七
嘉興拜先師吕文懿公家以陳無已丘園無起日江漢有東流詩韻敬賦十首……一九三八
過太湖追和宋蘇舜欽韻……一九三九
李員外應禎吴太史原博約遊虎丘……一九三九
虎丘之遊沈啓南在坐作畫一幅再賦一首……一九三九
雨中次無錫寄秦廷韶太守……一九四〇
寄華守正……一九四〇
秦廷韶太守及九龍山樵陸懋成請遊惠山遂酌第二泉飲聽松庵次少師姚廣孝留題舊韻
一首……一九四〇
留題聽松庵次廷韶韻……一九四一
寄鄒鏞……一九四一
遊惠山與廷韶賦詩看懋成作畫不覺至暮相别未數里風雨大作竟悮一程船窗燈下漫賦一
律奉寄二君子……一九四一

常州飲廉伯家……一九四二
謁京口魏勝將軍廟……一九四二
金山七詠……一九四三
瓜州遇同年鮑栗之通判二絶……一九四四
揚州……一九四五
瓊花……一九四五
憶在姑蘇與顧天錫郎中語次亦有亡弟之感慘然對泣不能自勝因追次其韻一首……一九四五
過高郵湖……一九四六
予謁告還朝道出淮陰方傳漕運總戎平江伯過訪而侍御尹君性之奉命巡貴州艤船之際得解后焉性之出示閣老壽光劉先生贈行之作謹步韻一首奉别而蒹葭倚玉之誚所不能免云……一九四六
漂母祠……一九四七
淮陰侯廟……一九四七
次清江浦邵文敬吴文盛二主事邀飲寄寄亭中夜放舟至清口曉渡淮至清河乃别……一九四七
懷賢詩……一九四八

古城驛遇南京參贊機務兵部尚書薛公詩以送之并謝惠粲 …… 一九四九
宿遷早發 …… 一九五〇
暮雨夜泊 …… 一九五〇
祁州上巳與范嘉龍御史舟中小酌 …… 一九五〇
過吕梁洪遇管洪王主事 …… 一九五一
徐州飯管洪尹珍主事家有懷亡弟 …… 一九五一
夾溝道中 …… 一九五一
歌風臺 …… 一九五二
與提學婁克讓御史飯泗亭驛舟晤言甚洽 …… 一九五二
舟中清明有感寄克儉弟 …… 一九五三
濟寧夜雨感懷聞外叔舅侍御李公已赴山東憲副 …… 一九五三
風入松 …… 一九五三
道中有感 …… 一九五四
遇汪文燦御史南歸報兩小兒汪保祖保俱安好 …… 一九五四
過分水廟戲成櫂歌六章 …… 一九五五

次荆門管河楊郎中求題水墨葡萄……一九五五
過聊城縣境……一九五六
武城……一九五六
乘月夜發二鼓至甲馬營……一九五六
次德州簡管糧張道濟主事同年……一九五七
良店道中大風夜作野泊安陵達曉風息趨連窩……一九五七
留別滄州守禦趙將軍詩……一九五八
爲趙守禦題溪雲居士水墨龍……一九五九
靜海道中地名楊柳青園林隐暎可爱……一九五九
直沽望海……一九五九
楊村逆風通夕……一九六〇
通州道中……一九六〇
張家灣……一九六〇
入都城……一九六一

篁墩程先生文集卷六十九

詩

集李絶句 …… 一九六二
送康用和南歸詩 …… 一九六五
次南京尚寶泰和楊公述職詩韻 …… 一九六七
十月一日進曆青宫叨預執事呈同事羅洗馬 …… 一九六八
寄王而勉太守 …… 一九六八
送張郎中彦質省親還蜀 …… 一九六八
送陸順之赴南京户部主事 …… 一九六九
圯上仙蹤送吏部黄侍郎弟叔衡南歸 …… 一九六九
胡忠安公輓章 …… 一九七〇
半隱爲濮用明教諭賦 …… 一九七〇
送唐御醫致仕還嘉興 …… 一九七〇
分得劍井送濮用昭兵部公差便道還毘陵 …… 一九七一
寄王而勉太守 …… 一九七一

寄孫揮使千户侯……一九七二
題小景寄汪廷器……一九七二
榮壽堂爲會昌太傅公子錦衣瓚賦……一九七二
邢侍郎居敬輓章……一九七三
寄于老千户……一九七三
分得潔蔬供饍爲黄巖謝良温孝子賦……一九七三
題蔡揮使所藏林良雙鵲……一九七四
重慶堂壽戚畹孫錦衣續宗父子……一九七四
調巡撫宣府張養正都憲……一九七五
送汝行敏舍人赴南京武選員外兼簡李應禎……一九七五
送蕭文明給事赴謫……一九七五
楊孝子哀輓……一九七六
虎圖爲艾光禄天錫賦……一九七六
慶孫錦衣瓚……一九七七
分得先字壽致仕謝太守……一九七七

送義門鎮巡檢李廷用……一九七七
題陸諭德鼎儀海榴書屋圖……一九七八
威鳳南飛曲……一九七八
送鄉人方文旭南歸……一九七九
簪字韻和楊維新謁陵之作……一九七九
輓通政沈知事父靜軒母陳氏……一九七九
六月廿二日大暑坐墻西槐樹下有作……一九八〇
送劉尚質舍人乃兄還巴陵……一九八〇
黃浦壽沈尚賨廷美母夫人……一九八一
次山東提學畢廷珍僉憲見寄韻……一九八一
昌平寓館再用簪字韻……一九八一
送劉振之還常熟……一九八二
題謝翰長大韶先生雲山障子……一九八二
僕家徽之篁墩有晉循吏梁忠臣之祠第在焉土人嘗更名黃以避巢賊之荼毒襲稱至今僕近復篁墩之號而翰長鏡川先生作十絶非之僕亦未敢以爲是也謹次韻隨章奉答幸終教之……一九八三

題畫册四時小景……一九八四
謁陵憩土城瑞光寺候李符臺同行……一九八四
道中……一九八五
下陵與李學士賓之聯句……一九八五
贈李士敬錦衣借其夢中舊韻……一九八五
李符臺宅暑夜……一九八六
王封君哀輓……一九八六
送象山凌尹汝聘……一九八七
題四美人圖……一九八七
次韻寄松江張隱君……一九八八

篁墩程先生文集卷七十

詩

出班政門渡濟川橋行南山脚逢梅……一九九〇
斗山宗人汝翼率族衆燕予于世忠行祠是日雨斗山以其所居之前有山如覆斗形故名……一九九〇
大雨雪過黄茅山吴知州克寬邀宿……一九九一

度扶車嶺將至大坂寄汪希顔僉憲……一九九一
小憩三寶寺寺碑乃黄秋江處士立蔡國公張珪書……一九九一
大坂行一首奉輓汪隱君夫婦并贈其子僉憲希顔……一九九二
題汪璽貢士四禽圖……一九九二
大坂往返得詩十絶……一九九三
文公闕里謁後有作……一九九五
予過婺源宿萬壽僧舍住僧敬公有望雲思親圖求予詩因爲下一轉語……一九九六
丁大尹燕予于萬壽僧舍……一九九六
離婺源留别諸士友……一九九六
道中寄婺源陳教諭……一九九七
古箭渡……一九九七
節庵倪先生以經學教于鄉既成其子進賢舉進士爲御史又出其餘以淑鄉之人其在德興孫司馬之塾最久予過婺源望先生之廬尚遠不能往拜漫成一律奉寄……一九九七
夜宿芙蓉嶺下野寺夢京師起坐有懷……一九九八
過五嶺……一九九八

還過斗山遇雨宿以章宗姪家……一九九九
新安人以析居爲常事獨吾斗山宗人周生兄弟同爨至今可嘉也其家有集義堂予爲之作歌……一九九九
雨中訪黄世瑞于古林……一九九九
二月二十六日南山雨中晚歸……二〇〇〇
希仁宗賢来自涇適春霖不已三月二日稍霽遂同至南山小酌時古林黄世瑞與俱……二〇〇〇
新安舊有二程先生祠荷侍御提學婁公克讓許修復之偶於婺源陳簡教諭處得克讓往年過博野祠下之作因借韻一首奉寄……二〇〇一
春草便面爲汪思恭題……二〇〇一
清明前一日至南山……二〇〇一
贈新太守王公……二〇〇二
新推府陳公良至任以久雨弗克趍賀有傳其詩章至休寧者因借韻奉贈……二〇〇二
三月二十六日壽于千户八十……二〇〇二
題宗人貢士迪所藏米畫……二〇〇三
飲張揮使家觀戲……二〇〇三

宗老學可世居歙東關正統中先公奉使新安學可嘗邀至其家南軒同卧七日今且四十年矣重登此軒爲之惘然……二〇〇三
劉揮使宅在南城下新起西樓予將題之曰攬勝先擬寄之……二〇〇四
題宗老文彬南薰軒追和劉邦彦韻……二〇〇四
予成化戊戌歲蒙恩省覲取道績溪入徽城今五年矣復行此途愴然有感……二〇〇四
過新館鋪宗老彦舉邀宿其家别墅彦舉嘗從征湖南有義征圖卷今老矣喜長生之説得其要領……二〇〇五
歙孫揮使家别後有作……二〇〇五
過臨溪曹渡二石橋橋皆殷氏所脩嘗求予記……二〇〇五
留題績溪仁里程氏聚爱樓……二〇〇六
貢士佐時生子彌月予適至焉初予以詩壽新安千户于翁八十翁以錦帕爲謝因以遺兒用爲遠壽之徵……二〇〇六
登源有汪王祖齊司馬墓及王廟廟後有緑照亭有石洞用故侍郎朱大同先生韻示同遊仁里諸宗人……二〇〇七
未至普照寺道中作……二〇〇七

遊普照寺觀石鏡相傳黄巢過此照其形爲異類因縱火焚之久乃復明蘇子由宰績溪日嘗有留題石刻今不存矣……二〇〇七
仁里宗姪素時日侍予于聚爱樓又從遊石鏡諸處勝地情意勤款與他宗人不同時予將重脩統宗世譜且欲編石鏡古今題咏以素時之博學好古也兩以屬之素時其尚有以副予之志哉……二〇〇八
遊問政山至興道觀……二〇〇八
遊白水寺……二〇〇九
遊水西太平諸寺……二〇〇九
遊紫陽山尋許宣平金野仙二真遺蹟次舊韻二首……二〇〇九
遊萬山觀……二〇一〇
贈程都紀宗貴宋相文清公之裔藏有先世誥牒……二〇一〇
贈劉太古……二〇一一
因與于文遠鄭時清同步東城上晚歸得詩六絶……二〇一一
宿閔口畢氏三絶……二〇一二
與閔口臨溪汊川三族人同登東密巖觀遠祖中丞公起兵拒黄巢處晚宿巖下方興寺與汊川宗人逸民用光聯句二首……二〇一三

飲汊口宗家語次偶賦……二〇一四
端午飲汊口汪端家忽記京華舊事……二〇一四
雲水山房……二〇一四
集古八絶……二〇一五
壽楡村宗老以順義官七十九歲……二〇一六
究山汪處士世寧留宿予適有事辭歸別後寄此……二〇一七
黄坑寺……二〇一七
率口族人燕予世忠行祠……二〇一七
黄石謁太母廟……二〇一八
飲率東族家……二〇一八
題錫山孫王廟……二〇一八
宿坑口孫啓先生家次韻時予以疾戒飲故詩及之……二〇一九
過鄭公釣臺……二〇一九
題唐十八學士登瀛圖……二〇二〇
予訪王氏子仁泰于澤富仁泰適以是日生男時予方以疾斷酒爲之喜而破戒賦詩贈之……二〇二一

過余岸拜遠族祖宋樞密正惠公墓遂至城陽寺……二〇二一
邵村張氏子茂植年十二俊穎可爱其父才遣從予遊以其尚幼俾先之于塾師俟少長則收而
教之且勖以詩……二〇二一
題汪本仁處士耕讀軒……二〇二二

篁墩程先生文集卷七十一

詩

過岑山渡……二〇二三
宿萬山觀六言四首……二〇二三
飲萬山觀東明樓贈道庸都紀……二〇二四
宗家貢士迪請詩送其友人還潮……二〇二四
題于文遠山水小景……二〇二五
道庸都紀城市山林卷次韻……二〇二五
范蠡歸湖圖爲師魯姪題……二〇二五
雲嵐山汪王墓……二〇二六
歙北有山曰飛布甚奇山下江氏世居之山舊有主簿廟以結兵禦寇之功而江氏實主其祀今

江氏之老曰嗣器其家以殷實徙京師從子詔入爲京學生嘗及見予予過歙欲訪江氏適以疾不果賦此寄之 …… 二〇二六
宗姪貢士式之求詩壽岩鎮方翁七十 …… 二〇二六
觀槐塘遠祖宋丞相文清公明良慶會卷次王而勉太守韻 …… 二〇二七
再觀丞相奏議復次前韻 …… 二〇二七
寄進士金溪尹黄碩夫 …… 二〇二七
題汪思恭松蘿書屋 …… 二〇二八
雨後與克儉弟聯句 …… 二〇二八
題畫 …… 二〇二九
七月神會飲福 …… 二〇二九
卜算子 …… 二〇二九
拜慶千秋節敬賦 …… 二〇三〇
盆蓮盛開飲中贈潘玉汝王廷璧戴廷器三秀才 …… 二〇三〇
浪淘沙 …… 二〇三〇
贈泰塘畫魚程翁希明 …… 二〇三一

中秋開宴南山宗賢畢集燕後閑步墳庵水次偶成贈同行諸君子……二〇三一
題汪道全愛萱堂……二〇三一
祖保去歲八月二十五日亡于姑蘇暫寄僧舍歸瘞南山今一年矣其母忽於篋中得見舊佩香囊慟不能忍並楮錢焚其瘞處輒賦五十六字志予之悲……二〇三二
心遠軒爲方景茂賦……二〇三二
閏八月二十七日早送何侍御至陽山寺……二〇三三
歸途有作……二〇三三
題貴溪程原宗人濯纓亭……二〇三三
送貴溪宗人世熙會譜西歸……二〇三四
德興瀘口程氏青雲橋爲貢士崧乃尊賦……二〇三四
壽汪處士……二〇三五
贈程瑎……二〇三五
題楚英宗人壽萱圖……二〇三六
寄貴溪致政高都憲……二〇三六
約歐陽令君登高……二〇三七

題汪儀鳳墨梅……二〇三七
題畫……二〇三七
題歐陽令君所藏畫魚……二〇三八
壽仁里宗人景華時會統宗譜……二〇三八
滿江紅……二〇三九
輓洪太守夫人……二〇三九
木蘭花慢……二〇四〇
筠窗靜讀詩爲斗山族孫天相作……二〇四〇
陪歐陽令君奠故宋尚書金忠肅公墓并立石表……二〇四一
寄題婺源沙陽宗家二書院……二〇四一
婺源環溪程氏一樂堂……二〇四二
題吴愷舉人春草……二〇四二
題文富姪萱花……二〇四三
新墟吴亞卿先生哀輓二首……二〇四三
題萬山深處樓……二〇四三

壽南山長老性空頌并序……二〇四四
大雪至南山庵……二〇四五
冬至縣中行慶賀禮……二〇四五
元日……二〇四六
人日喜晴……二〇四六
點絳唇……二〇四六
新歲大雪用元日韻……二〇四七
謝鄉飲分席……二〇四七
小詩六絶寄黟縣汪令君……二〇四七
成化十九年二月一日浦口與王文明太守諸公別……二〇四八
贈淳安丁尹錬……二〇四九
舟次富陽登陸有感……二〇四九

篁墩程先生文集卷七十二

詩

閻文振方伯王景端都閫諸公邀餞靈隱寺……二〇五一

胡文恭僉憲邀遊西湖次張天錫湖船舊韻……二〇五二
馬嵬八景次韻爲閻方伯賦……二〇五二
左時翊大參約出清波門飲石屋寺遂至水篇烟霞二洞次李若虚憲副韻四首……二〇五三
鍾馗騎驢圖爲周可大憲使賦……二〇五四
歙西許良慶自號松谷相會武林求予詩……二〇五四
陳德修太守自金華寄雪窩詩索和……二〇五五
張廷芳李若虚二憲副及江廷諸憲僉約遊西湖左時翊大參後至得聯句十首時成化癸卯三月三日也……二〇五五
景範爲武林施秀才賦……二〇五七
與閻方伯飲紫陽庵次韻……二〇五七
程氏三節婦詩……二〇五八
劉廷訊方伯諸公邀飲紫薇樓次舊韻……二〇五八
與時翊大參若虚憲副同至勝果寺欲尋宋宮遺址雨不克往……二〇五九
武林寫竹裴生奭求晚翠詩……二〇五九

閻方伯爲予言藩省門對吴山有白鷺群飛朝去暮來日以爲常因識一詩且將繪圖以傳遂次韻一首……二〇五九
呈致政大理仁和夏公……二〇六〇
簡劉竹東……二〇六〇
贈嘉興王景福通判……二〇六〇
雙壽爲刑部劉廷臣郎中賦……二〇六一
題禮部吕秉之郎中畫册……二〇六一
題無錫華文吉便面圖詩後……二〇六二
飲虎丘舟中呈致政祝大參顧憲副及受封王太史……二〇六二
楓橋送别圖追賦送劉汝器太守……二〇六二
讀大司馬三原王公奏議……二〇六三
追和虞道園石湖治平寺詩韻……二〇六三
題洞庭吴鳴翰秀才東峰卷……二〇六四
四仙圖爲栗之題……二〇六四
郭忠恕雪霽江行圖爲沈啓南題……二〇六四

結草庵與黃二宣飲……二〇六六
襲廷臣許刻圖書不至詩以促之……二〇六六
夏太常竹爲劉太守題……二〇六六
黃鶴山樵爲沈蘭坡作小景蘭坡孫啓南求題……二〇六七
書東峰吴鳴翰秀才與王太史顧永州華應城聯句後……二〇六七
戴以德侍御行臺清節卷……二〇六八
登金山……二〇六八
聞熊良佐太守復追餞江口不及詩以寄意……二〇六八
謁董子祠……二〇六九
題郭守備畫卷……二〇六九
賦瓊花時與楊成玉太守鮑栗之同知飲無雙亭作……二〇七〇
飲總漕平江伯陳公園……二〇七〇
徐都憲新奉勅至淮上以詩賀之……二〇七〇
題淮人史孟哲所藏趙仲穆蘭……二〇七一
題增光前人卷……二〇七一

篁墩程先生文集卷七十三

詩

思補堂爲畢知縣賦……二〇七三
都廷美參將之子克讓思以經術自奮求詩爲勉……二〇七四
題廣人鍾禧所藏蘇東坡親書率子廉傳後……二〇七四
飲平江伯清江浦别業中有道院及其大父恭襄公祠堂……二〇七四
留題表兄林文秀……二〇七五
大河衛閔恭百户玩韜軒次下郎中華伯韻……二〇七五
題林良畫……二〇七五
邀月軒爲大河衛千户陳鎧賦……二〇七六
題鄉人畢廷馨金臺别意卷……二〇七六
壽邳州致仕都督韓公八十……二〇七六
徐州與客夜酌聯句留别馬瞰貢魁……二〇七七
沛縣端午與同行徐敬夫舍人王去私司務趙夢麟主事……二〇七七
歌風臺……二〇七七

有感 …… 二〇七八
醉中和去私一絶 …… 二〇七八
硯瓦溝 …… 二〇七八
濟寧遇周仲瞻黄門夜酌 …… 二〇七九
望闕里作 …… 二〇七九
聞重修孔廟柬石憲副 …… 二〇七九
寄衍聖公昆弟 …… 二〇八〇
偶成 …… 二〇八〇
劉阮遇仙圖爲提督河道楊克敏通政賦 …… 二〇八〇
臨清飲提督兵備潘廷壐憲副家 …… 二〇八二
飲王氏園亭 …… 二〇八二
贈臨清劉克莊孝子 …… 二〇八三
故城見致政馬太守先生 …… 二〇八三
滄州遇張用光通守題便面贈之 …… 二〇八三
題碧桃翠竹便面贈妹壻趙瑛千户 …… 二〇八四

青縣遇漕運工瑾都閫自云宣城人甚有桑梓之念……二〇八四
題唐馬……二〇八四
弟敏德在新安嘗作折枝海榴過河間從弟敏聰見而説之遂題一絶與之……二〇八五
贈天津吕昂揮使……二〇八五
到京後寄漕運平江總戎……二〇八五
寄浙江閫文振方伯李若虚憲副諸公……二〇八六
寄揚州楊成玉太守鮑栗之同守……二〇八六
與趙通政竹溪先生過定西大總戎筠清軒夜酌聯句……二〇八六
七月朔時享陪祀太廟聽傳制遣祭歷代帝王陵陰雨陡晴詩以志喜……二〇八七
指揮家叔將歸七夕約李士敬昆仲同餞……二〇八七
壽英國公母夫人……二〇八七
謝周草庭都尉惠酒時值戒飲……二〇八八
分得言字送盧廷佐大參赴湖廣……二〇八八
成化癸卯冬至謁陵與李賓之學士聯句二十首……二〇八八
四瑩爲林侍御貴實賦……二〇九四

送陳推府南歸……二〇九六
寄平江總戎二絶……二〇九六
題武侯令伯忠孝二圖……二〇九七
送劉職方時雍赴福建參政巡視海道……二〇九七
舊春齋居聞諸君子用坡公韻有作甚盛今冬祈雪僕方至自江南預宿此房附驥一首録呈寅長鼎儀……二〇九八
題扇贈馮盛時貢士……二〇九八
送馮憲副佩之提學江西……二〇九九
輓謝太守士元母……二〇九九
題汪廷器畫牛圖……二一〇〇

篁墩程先生文集卷七十四

詩

元旦早朝……二一〇一
聽詔……二一〇一
金縷曲月正元日壽董都督……二一〇二

齋夜與汪伯諧庶子陸鼎儀張啓昭諭德聯句 …… 二一〇二
南郊陪祀與鼎儀同宿史道士房聯句四首 …… 二一〇三
慶成宴後有作 …… 二一〇四
上元日與林諭德亨大商懋衡李世賢二侍講餞同年陸叙州克深考績西還聯句十首 …… 二一〇四
題四馬圖 …… 二一〇六
詩例奉送倪學士舜咨清明謁陵之行 …… 二一〇六
送侍御孫公出按南畿用同年戴以德詩韻 …… 二一〇七
送許國用南歸 …… 二一〇七
題畫贈劉揮使還新安 …… 二一〇八
中元送蔡樊二都尉謁陵用草庭都尉韻 …… 二一〇九
送元真觀徐本道士遊武當 …… 二一〇九
寄宋民表同知 …… 二一一〇
送程智南歸 …… 二一一〇
送黄世瑞南歸 …… 二一一一
中秋士欽相邀不赴次韻 …… 二一一二

慶趙竹溪先生子登科兼有弄璋之喜……二一一三
送孝陵衛致政千户覃士英南還……二一一三
段夫人壽詩……二一一三
與倪舜咨董尚規李士欽聯句一首送太子少保保國朱公北征……二一一四
送周儀賓入慶歸藩……二一一四
奉和致政令君洛陽周公見寄韻……二一一五
送敏聰弟還河間……二一一五
問津圖……二一一六
送過副使太璞進表禮成還江西……二一一六
朝陵歲例同寅必有贈行詩以倡和爲禮今次獨無知我不工於此也往來三宿皆天日晴暖詩景滿前竟不能措一辭誠如諸公所料行館早起漫成一律志愧然繼來者免我引玉之勞又不能不自幸也……二一一七
次韻奉送少宰王廷貴先生還蒞南京……二一一七
題畫爲鄭府典寶淳安應君賦兼寄別意……二一一八
送太學生洛陽陳瑀司訓郿縣……二一一八

送三原王天錫赴南京右府都事……二一八
送貴溪宗人淳赴汀州司副……二一九
壽喻君夫婦……二二〇
題畫送敏聰弟還河間……二二〇
輓過野舟六絶……二二〇
飲王陳二真人園亭……二二一
竹茶爐卷……二二一
鞠�圖題壽人母……二二二
題南宋陳樞長江萬里圖……二二二
題大畈汪希大養浩齋卷……二二三

篁墩程先生文集卷七十五

詩

故刑部尚書萬安劉公夫人哀輓……二二四
定海李揮使東溟一覽卷……二二五
有感次高夏官克明韻二首……二二五

喜雨與汪伯諧劉希賢吴原博同寅聯句 …… 二一二六
沁園春壽少詹學士鏡川楊公 …… 二一二六
盆梅爲南園蔣大監賦 …… 二一二七
梅花引 …… 二一二七
分得閣皂山送伍希淵太守考績還廣川 …… 二一二八
三月十七日原博諭德餞汝玉給事于玉延亭會者賓之學士于喬諭德濟之世賢侍講曰川校書道亭編修暨予得聯句四章時黄薔薇盛開復移尊于海月庵酹花酌别又得三章予亦將有餞約而觴汝玉者多刻日有次第不能奪也手録此以致繾綣不已之意 …… 二一二八
畫竹 …… 二一三〇
送丁玉夫舍人謫普安州判 …… 二一三〇
分題得芭蕉分緑 …… 二一三〇
吴人張祚母王節婦 …… 二一三一
題畫菜 …… 二一三一
夏日獨卧西齋陶懋學貢士與克儉弟隔坐寫畫笑語而窻外槐陰與盆石掩映宛如往歲回舟北上時事因成一詩 …… 二一三一

廣平王同守原常治水底績卷 …… 二一三二
七月六日飲北城友人園亭 …… 二一三三
題春山樓觀圖 …… 二一三三
題畫菜 …… 二一三三
丙午六月同黄大器避暑朝天宫李錬師之來鶴軒 …… 二一三四
愛山亭爲趙夢麟主事賦 …… 二一三四
次韻賀李學士賓之誕子 …… 二一三四
送婺源宗人瑎南歸 …… 二一三五
錢君宗甫以素扇索詩寄施君彦清 …… 二一三五
趙夢麟員外瓊林醉歸圖 …… 二一三五
題蒙泉岳先生葡萄 …… 二一三六
送黄進士金還定遠 …… 二一三六
送屠元勳郎中赴南京大理丞 …… 二一三七
送安成歐陽子履進士奉命犒師廣中便道歸省 …… 二一三七
次同年張汝弼韻贈錦衣林公 …… 二一三七

和韻蕭文明給事留別 …… 二一三八
萬福寺送文明與倪舜咨李賓之二學士傅曰川吴原博謝于喬三諭德林亨大修撰陳汝玉給事李士常侍御聯句 …… 二一三八
次韻魏端壁鴻臚述懷之作 …… 二一三九
題南京邵思誼漏月軒有莊孔陽同年記 …… 二一三九
送王汝璧同知自河南督運大同 …… 二一三九
送寧縣張泰省母南歸 …… 二一四〇
六年考滿日偶成 …… 二一四〇
寶澤堂爲吴人陳翥賦 …… 二一四〇
書仁里族姪佐時家慶卷後八絶 …… 二一四一
送鄭太史廷綱赴浙江提學憲副 …… 二一四二
送小彭閣老養疾還安成 …… 二一四三
送敖太史靜之赴江西提學憲副 …… 二一四三
送蔡德馨從父宦遊三衢 …… 二一四三
送盱江宗人正式南還 …… 二一四四

第六册

篁墩程先生文集卷七十六

詩

與李世賢學士邵文敬太守同飲復春楊氏玉河寓館聯句……二一四五
送吴學士汝賢蒞事南京……二一四五
送曾士美侍讀蒞任南京……二一四六
送楊維立侍讀蒞任南京……二一四六
送庶吉士吴儼養疾南還……二一四六
蟠桃圖壽星者王璧母句容陳孺人八十……二一四七
送姑蘇仰彦政同知濱州……二一四七
壽亞參吴文盛母夫人許氏七十……二一四七
贈别徐廷盛親契南行……二一四八
輓工部顔員外涇父母……二一四八
尚書謝大韶先生哀輓……二一四八

送侍御朱朝用副憲山東……二一四九
飲會昌侯公子錦衣池亭……二一四九
雨中飲孫雪亭家看竹留題與雪亭子頤……二一四九
送徐用和御史調平涼鎮原縣令……二一五〇
憶家山有作寄逸民用光道新……二一五〇
分題履壽周原已院判乃尊……二一五一
送侶都憲大器巡撫畿北……二一五一
送翰林檢討方昌言考績還南京……二一五一
丁祭日簡費司業廷言……二一五二
陳通政夫人哀輓……二一五二
西寧侯著色牡丹爲英國公題……二一五二
送徵書紀南遊……二一五三
送定西侯總戎北征……二一五三
寄于文遠户侯……二一五三
題畫二首……二一五四

爲周都尉題沈石田畫……二一五四
送户部葉叔通郎中知寧國府……二一五四
送長洲孫進士林赴南京刑部主事……二一五五
慰李世賢學士喪子……二一五六
李士常侍御瓜祝卷次韻……二一五六
送鄉人方亮南歸……二一五七
題定西侯畫菜次俞振恭侍郎韻……二一五七
南窻遺教爲劉道亨編修賦……二一五八
題周草庭駙馬二小景畫……二一五八
初春嘗晝夢與人遊山甚樂既寤草庭都尉以便面小景索題恍然不知夢之爲畫畫之爲夢也心甚異之爲賦此詩但目中佳處口不能盡發之耳……二一五九
飲王世賞侍講園亭限韻一首……二一五九
過豐潤伯曹公留飲……二一六〇
楊應寧舍人相邀避暑韓太僕園與倪舜咨學士聯句……二一六〇
題王司言儀賓文會軒……二一六〇

送傅揮使還遼陽 …… 二一六一
送同年戴時中侍御謫判雅州 …… 二一六一
次韻沈廷美尚寶考績還南京 …… 二一六二
歸省圖爲宋珍監生賦 …… 二一六二
劉振之自求壽詩 …… 二一六三
壽吴門蔣竹居九十進士 …… 二一六三
孫公子養正求題松贈徵上人南遊 …… 二一六三
和焦孟陽侍講經筵宴退韻 …… 二一六四
因講春秋召陵有感再用前韻 …… 二一六四
張一之除臨城知縣 …… 二一六四
聞趙孟麟主事移居入城 …… 二一六五
題揚州楊成玉太守梅花 …… 二一六五
題四鴿圖 …… 二一六五
鄉舉同年會集武學得請字 …… 二一六六
先公同年之子二十七人作通家會漫成一律 …… 二一六七

壽仙圖壽順天馬汝才通判乃兄汝明……二一六七
送趙文聲知博興縣……二一六七
錢孝子……二一六八
次韻送沈時暘參議提督福建銀課……二一六八
送安成劉靜洙赴曲江教諭……二一六八

篁墩程先生文集卷七十七

詩

菊莊圖爲致仕章元益給事賦……二一七〇
送都憲左公廷珍巡撫遼東……二一七一
定西侯蔣公錡清軒卷次周草庭都尉韻十絶……二一七一
賀東寧伯焦公得男……二一七二
送西隣毛貢士世傑知汲縣……二一七二
送都水姚懋明主事改任南京儀制……二一七三
播州程氏世澤堂……二一七三
追思舊遊寄浙江左時翊參政十絶次草庭都尉韻……二一七三

送馬天禄給事赴雲南僉事……二一七四
次司馬通伯侍御留别韻二首……二一七五
飲慶壽寺兼似聰講經……二一七五
送仰進卿給事僉憲四川……二一七五
挽致仕于千户……二一七六
題傅曰川諭德蜻蜓便面……二一七六
挽西莊畊隱章處士同知廷圭之父……二一七七
分得惠山泉送張公實參議還浙江……二一七七
雨後過文會軒……二一七八
送黄巖黄汝彝赴休寧訓導……二一七八
送宗人德望進士還德興……二一七九
送吴容之進士還歙……二一七九
送族孫鳳翔還浮梁兼柬其兄徐州同守楚英……二一七九
送李知事還蜀……二一八〇
蒲窻清隱爲蔡德馨賦……二一八〇

送岳時雍上舍歸河間……二一八一
金陵十景分題其二爲倪彦達賦……二一八一
賞王司言儀賓府千葉緋桃……二一八二
次周都尉韻寄平江伯……二一八二
送潘玉汝進士……二一八三
周德章駙馬府賞海棠……二一八三
國子祭酒古廉先生李忠文公哀輓……二一八四
樊駙馬大振受詔典禁旅宿衛……二一八五
和副詹楊先生府中齋宿憶弟六言八句詩韻二首……二一八五
次韻題孔融伯隱君畫菜……二一八五
楊叔瓛地官輓歌六章……二一八六
送柳副憲提督松潘兵備便道過家省母……二一八七
贈王真人次倪舜咨學士韻……二一八七
寄壽閔口畢處士……二一八七
送陳訓術還順德……二一八八

和嚴大用尚寶歸省詩韻……二一八八
周草庭都尉李西涯學士兩歲復命同日有詩次韻……二一八八
齋所謝定西侯惠巴茶……二一八九
送顧謙還臨淮……二一八九
冶城篇一首送袁鍊師道欽還住南京朝天宫……二一九〇
送汪侍御文粲出判夔州……二一九〇
贈雲中張守……二一九一
送光州熊騰霄侍御赴山西副使……二一九一
題四景畫……二一九一
題薛九蟾仙……二一九二
和鏡川學士東閣靜坐之什……二一九二
華處士哀輓……二一九三

篁墩程先生文集卷七十八

詩

趋闕承恩圖爲錦衣魯百户題……二一九四

起亭圖爲顧謙作……二一九四
郊壇陪祀夜宿神樂觀聞都尉草庭受命留守承天門賦此奉寄……二一九五
題吴原博諭德醫俗亭……二一九五
並蔕蓮和青谿學士韻四首……二一九五
壽山陽沈廷獻處士八十……二一九六
小飲于喬諭德家與曰川聯句……二一九六
壽襄城侯李公……二一九七
以雲裏帝城雙鳳閣雨中春樹萬人家爲韻集古十四絶爲户部白玢郎中題畫……二一九七
次韻賀李若虚憲副得男……二一九九
南京户部尚書三山黄公哀輓……二二〇〇
送王公濟進士知丹徒縣……二二〇〇
送槐塘族孫濬之上舍南歸……二二〇一
故侍御安城鍾公哀輓……二二〇一
病中齋居兼謝西涯學士見過……二二〇二
次韻原博諭德……二二〇二

楊中書應寧行卷……二三〇二
題冀郎中墨牡丹……二三〇三
瓊林侍宴次定西侯韻二首……二三〇三
王司言儀賓園亭夜酌與李世賢學士李符卿士欽聯句二首……二三〇三
溪西竹屋卷爲陳千户賦……二三〇四
奉寄宫保大司徒余公時總督北征……二三〇四
木假山與李符卿士欽聯句二首……二三〇五
陳高士林亭和韻二首……二三〇五
松月圖爲陳高士題……二三〇六
遊王司言國賓郊園……二三〇六
予馬與司言之馬既脱羈的遂相情好於緑陰青草間有感而作……二三〇六
避暑李符臺宅……二三〇七
司言儀賓邀賞蓮不赴……二三〇七
送沈良臣知歸德……二三〇七
立秋前二日遊溪西竹屋馬上次同遊者韻……二三〇八

送太學生殷質南還……二三〇八
飲靈藏寺……二三〇九
又次壁上舊韻……二三〇九
飲司言儀賓園亭限韻……二三〇九
和石城學士韻送餘姚賈尹宗錫南還……二三一〇
盛子昭小景……二三一〇
司言儀賓府賞蓮二首……二三一〇
題沈石田懸崖松……二三一一
題陳邦濟小景……二三一一
分得聽鶴壽錢侍御承德乃尊……二三一一
司言儀賓府賞菊……二三一二

篁墩程先生文集卷七十九

詩

成化丙午秋七月受命主考南畿秋試辭朝日贈同事汪庶子伯諧二首……二三一三
離京後不暇作詩自儀真遇風渡江至龍潭驛與伯諧夜酌志喜一首……二三一四

鹿鳴宴 …… 二三一四
謁孝陵恭賦 …… 二三一四
玄武湖 …… 二三一五
天界寺留别六部諸公 …… 二三一五
永寧寺留别隆平侯諸公 …… 二三一五
過王尚文給事 …… 二三一六
雨花臺與汪庶子平江伯司馬侍御聯句 …… 二三一六
靈谷寺與汪庶子平江伯司馬侍御王給事嚴正學聯句 …… 二三一六
八功德水 …… 二三一七
登報恩寺塔 …… 二三一八
鷄鳴山上小酌與汪庶子于京兆聯句 …… 二三一八
功臣廟下作 …… 二三一八
梁處士 …… 二三一九
題汪廷器冰雪盟卷 …… 二三二〇
九月八日枕上聞秋風大作有感 …… 二三二〇

石城門外有巨石臨水如伏虎疑即所謂石城虎踞者……二二二一
觀音山……二二二一
渡江至儀真是日微風不興江水如鏡與伯諧伯常緩酌微吟不覺至暮……二二二三
和于府尹景瞻遊金山寺詩八首……二二二三
贈無默子……二二二四
高郵湖遇風予登岸步過湖以詩調伯諧伯常二寅長……二二二五
淮安韓太守太經韓同守宗魯迭餞且有新舟之惠……二二二五
可竹軒……二二二六
蘇墨亭……二二二六
遊桓山……二二二七
歌風臺次韻四首……二二二八
留别楚英節之二宗姪……二二二八
淳安族兄敏恭并孺人方氏輓詩……二二二九
留别臨清諸宗戚之客寓者……二二三〇
寄休寧程上舍用顯……二二三〇

題歙人徐昊所藏十八學士圖……二三三〇
聞中山張進士錞除休寧知縣詩以寄之……二三三一
十月十六日兒壎生辰作……二三三一
德州道中……二三三二
新橋驛登陸之河間拜掃先墓道中作……二三三二
次河間顧太守雙頭瑞蓮詩三首……二三三三

篁墩程先生文集卷八十

詩

贈歐陽令君十二詠并引……二三三四
謁陵出土城贈同行諸君子……二三三八
清河有感并答尚矩侍讀……二三三八
沙河書所見并感中元諸公遇雨之難……二三三九
望昌平作兼答曰川諭德……二三三九
題劉諫議祠……二三三九
發昌平……二三四〇

道中追廷言司業不及……二三四〇
恭賦四陵……二三四〇
望狄梁公祠……二三四一
喜晴……二三四一
至日謁陵畢懷侍班諸君子……二三四一
和屠都憲朝宗見嘲……二三四二
閱舜咨所萃諸公行卷……二三四二
下山憩昌平舊館有懷李學士賓之……二三四二
歸對途有作……二三四三
題清河新寺……二三四三
望狄梁公祠……二三四三
始生日對雪有懷故園梅花……二三四四
自和……二三四五
鎮江熊良佐太守瑞麥嘉禾卷……二三四五
十一月十六夜送衍聖公……二三四六

寄大衍聖公……二二四六
送南京少宗伯尹正言先生奉表入賀禮成還任次南都贈行韻六章……二二四六
送陳粹之憲副南還次都憲彭公韻……二二四七
賜莊八景爲周草亭駙馬作……二二四八
送李黄門孟陽出使占城……二二四八
分得湖水挼藍爲戚里孫雪亭錦衣賦……二二四九
題林良孔雀……二二四九
次韻送左都憲廷珍巡撫大同……二二五〇
題衍聖公畫蘭……二二五〇
壽鄉人方軫……二二五〇
送房驥都閫赴福建……二二五一
與士欽尚寳俱官滿六載次韻一首……二二五一
送貢士阮玘胡煜赴南監……二二五一
鹿鳴燕會圖爲旌德江溥貢士賦……二二五二
題沈石田雪景……二二五二

壽柳文範中書母……二三五二
送徐大參公肅還河南……二三五三
司言儀賓戒酒限韻索詩……二三五四
尹先生入閣有詩次韻……二三五四
青玉案哀郭用章僉憲……二三五四
鷓鴣天壽費司業兄葯軒君六十……二三五五
送李景祥赴台郡教授……二三五五
和韻……二三五六
洗句亭爲仇司訓東之賦……二三五六
梁叔厚太史父母哀輓……二三五六
和韻謝王國賓司言……二三五七
壽葉文莊公夫人……二三五七
湘渚推蓬圖……二三五八
輓大河衛閔恭户侯……二三五八
梅花圖……二三五九

篁墩程先生文集卷八十一

詩

送孔長史……二三六〇
小女以乙巳歲臘月八日生與予生辰隔一日人以爲奇至彌月之旦予適署左春坊印百晬之旦又有賜誥之榮人益以爲不偶因請于母夫人小字之曰恩姐併賦一詩簡尚寶錦衣二賢舅及宫簿弟以私識喜不足爲外人道也……二三六一
雪景二玄兔……二三六一
贈吴遠貢士赴南雍……二三六二
贈方思潤貢士赴南雍……二三六二
送楊郎中志仁赴湖廣憲副……二三六二
錢舜舉清暉堂所寫戲嬰圖爲臨淮顧謙賦……二三六三
送張輝貢士還石埭……二三六三
題柳文範舍人畫右軍觀鵝便面……二三六四
慶志仁李處士六十……二三六四
三月廿六日飲鏡川楊學士後樂園亭……二三六四

帽島籠煙爲尹性之御史賦……二三六五
滿江紅壽盛都憲七十……二三六五
黄通政刈葵種蔬卷……二三六六
送范武選太和出知濱州……二三六六
送陳武選匯之出知青州……二三六七
送王進士元聘之山東分采實録……二三六七
十九日訪馬天禄僉憲于西城不遇馬上戲成四絶録奉一笑從者以是疲憊多不能興……二三六七
貞壽堂壽浮梁范進士玶母……二三六八
送董尚矩侍讀使朝鮮……二三六八
題衍聖公畫……二三六九
送袁進士翺之南畿分采實録便道省其父雪檜君……二三六九
題吴廷端太守山水障……二三六九
慕耕堂爲翟司儀題……二三七〇
壽周近仁稽勳乃尊……二三七〇
題盛舜臣所藏顔秋月鍾馗出遊圖……二三七一

送刑部趙郎中鶴齡赴山東副使備倭海上 …… 二三七一
題畫送金宗德還吴中 …… 二三七二
送周原己院判還南京 …… 二三七二
送陳進士宗之采實録于江西便道省親 …… 二三七二
送黄武選備養疾還黄巖 …… 二三七三
珍姪求詩贈蕭揮使奉表入賀還温州 …… 二三七三
壽王濟之侍講乃尊令君 …… 二三七三
送劉振之還常熟 …… 二三七四
送劉景元侍講使交南 …… 二三七四
送劉述憲赴福建副使督理銀課 …… 二三七五
太乙真人圖 …… 二三七五
過暟東白善世留酌 …… 二三七五
得字送刑部王員外弼歸省 …… 二三七六
感皇恩壽故大司馬白夫人 …… 二三七六
送周駙馬德彰代祀孝陵 …… 二三七七

奉送大司寇何公蒞任南京……二三七七
送同年陳美宣員外知臨安府……二三七七
送同年王世英員外知袁州府……二三七八
待檉居杜生不至用舊韻一首……二三七八
衍聖公四景畫……二三七八
題雜畫……二三七九
送人之官嚴州……二三七九
紅黄二色菊……二三八〇
送魏端璧知寧國縣……二三八〇
中和堂爲無錫醫官華汝清賦……二三八〇
送嗣定西侯蔣公驥使襄府……二三八一
送申揮使寧守備山海關……二三八一
湖海壯遊卷爲宗人養濬賦……二三八一
送劉進士瑱赴南京祠部主事……二三八二
送進士陳亮之赴南京武選主事……二三八二

題小景畫 …… 二三八二
送鄉人孫仲介赴合江簿 …… 二三八三
送人官無錫 …… 二三八三
歸老圖壽致政王璽太守 …… 二三八三
送張上舍赴彭澤教諭 …… 二三八四
送鄉人俞伯大赴雲南憲司知事 …… 二三八四
都憲貴溪高公哀輓 …… 二三八四
丁未二月六日扈從春宫親迎禮成次韻 …… 二三八五
九月六日今上登極禮成聽詔次韻 …… 二三八五
長至日陪祀西陵小憩土城寺 …… 二三八五
昌平宿劉諫議祠 …… 二三八六
謁狄梁公廟 …… 二三八六
望茂陵恭賦 …… 二三八六
十二月七日有事西山陵園宿功德寺航公房次韻二首 …… 二三八七
自金山口奉送孝穆太后仝葬茂陵 …… 二三八七

耶律丞相廟次韻……二三八七
十四日齋宿翰林東署有懷時同寅諸君子多奉送大行赴山陵……二三八八
十六夜南郊看牲有作……二三八八
二月七日右順天門奉雍王殿下講讀及侍書三日賜宴有作……二三八八
戊申二月十二日扈從親耕籍田宴上作……二三八九
清明陪祀西陵二首……二三八九
三月八日扈從視學聽講説命文言有作……二三九〇
視學歸行慶賀禮畢初開史館有詔以敏政爲纂修官首……二三九〇
十二日初開經筵賜宴及白金綵幣寶鏹感而有作……二三九〇
十三日文華後殿早進讀尚書孟子午進講大學衍義日以爲常讀畢賜宴講畢賜茶上皆呼先
生而不名慚感之餘敬賦以志……二三九一
四月二十八日起屢賜鮮筍青梅鰣魚枇杷楊梅雪梨鮮藕……二三九一
五月二十九日起屢賜桃杏郁李蓮房筥上黄封或題上林監進乾清宫八字或題上林苑海子
進乾清宫九字或題司馬苑局進乾清宫茶房上用十一字……二三九一

七月二十日文華殿後講畢上顧中官賜講臣冠帶韡袍臣敏政預賜織金雲雁緋袍一有副金帶一烏紗帽及皂韡面謝訖上顧謂曰先生辛苦共對曰此皆職分當爲頓首而退 …… 二三九二

篁墩程先生文集卷八十二

詩

弘治元年十月十八日得休致之命與李符臺士欽小酌口占 …… 二三九三
留別士欽 …… 二三九三
辭朝出城借宿清化寺 …… 二三九四
得用光宗姪新安寄来書并禄命書一紙有勸予省人事謝應酬及早歸之意時予得遣出城已三日矣喜而有作 …… 二三九四
題先公遺詩後 …… 二三九四
送辨如海上人還松江 …… 二三九五
題陸廉伯庶子所藏墨梅 …… 二三九五
題宗姪節之儀曹味道卷 …… 二三九六
題璇大章善世小米山水 …… 二三九七
臘月八日以青布壽穉女月仙 …… 二三九七

題大畈汪衛幕燕歸小像……二二九七
題盛子昭唐子華小景……二二九八
客請遊望湖亭脩碧軒不及往次韻二首……二二九八
爲鄉人張衛幕貴題遼王九鶯圖……二二九九
任月山五王醉歸圖……二二九九
山水小畫二首爲張尚相題……二三〇〇
送同年陸文量武選赴浙江參政……二三〇〇
題馬圖……二三〇〇
航濟川講經約遊西山不果……二三〇一
題沈廷美尚寶所藏四烈婦圖……二三〇一
送汪大淵赴永州通判……二三〇二
遊西山道中作……二三〇二
過白雲觀……二三〇二
溪西竹屋……二三〇三
觀音寺望湖亭次沈中律舊韻……二三〇三

呂公洞……一二三〇三
欲往香山寺尋皚東白善世不果……一二三〇四
自玉泉亭步至功德寺……一二三〇四
宿溪西竹屋……一二三〇四
西山道中與友人别……一二三〇五
遊歸值雨……一二三〇五
送宗姪式之知朔州……一二三〇五
題畫牛二首……一二三〇六
贈李士敬錦衣進署千户……一二三〇六
贈含春子……一二三〇七
留别清化寺昆東明上人……一二三〇七
幼幼堂歌爲越中朱廷用先生賦……一二三〇八
有畫士人與和尚道士醉戲者曲有思致殆宋本也漫賦一絶……一二三〇八
壽意圖爲蕪城王君怡晚追賦……一二三〇九
留别通州王德明守備……一二三〇九

再別昆上人……二三一〇
上林清趣卷爲嘉蔬署丞兼林衡署事宗姪京賦……二三一〇
與世賞庶子同飲通州致仕袁千户家……二三一一
題老子出關圖……二三一一
別潞河逆旅主人馮大周……二三一二
清明日發舟偶過廣福寺……二三一二
宿瀛東別業……二三一二
輓清源劉孝子克莊……二三一三
鄉人客清源者追餞索詩……二三一三
雲龍山留别宗姪楚英同守……二三一四
黄茅岡……二三一四
亞父塚……二三一四
戲馬臺……二三一五
陵母墓……二三一五
水次倉……二三一五

廣陵驛下與表兄林文秀倉使夜酌……二三一六
遊焦山……二三一六
飲觀音閣……二三一六
登江山壯觀亭……二三一七
書法孝子傳後……二三一七
丹徒王璽家蜜褐蓮卷追賦……二三一八

篁墩程先生文集卷八十三

詩

登多景樓……二三一九
與袁石坡太守遊甘露寺……二三一九
太醫院使錢君宗嗣輓歌……二三二〇
錢宗胤覽翠亭……二三二〇
留别楊應寧僉憲……二三二一
何氏丈蓮卷……二三二一
留别王丹徒公濟……二三二二

乘風夜過無錫寄致政秦廷韶方伯及詩社諸君子……二三二
與王宣谿世賞同至虎丘醉中限韻一首……二三二
用前韻二首與宣谿……二三三
簡沈石田啓南求畫……二三三
與楊君謙儀曹劉振之鴻臚遊靈巖遇雨……二三三
菌生船窗下作……二三四
晚登姑蘇驛樓與瞿剛貢士小酌有感……二三四
留別蔣長洲克明……二三五
三辰堂爲工部顧郎中從善賦……二三五
姚生廣好篆籀之學所居在桃花塢上予與宣溪過之欣然爲刻數印既而予讌南壕楊氏池館生復來贈一印其意甚勤因賦一絶贈之……二三六
與宣溪聯句別振之……二三六
吴江驛得司馬通伯侍御書……二三六
寄湖州王太守……二三七
端午日與致政于景瞻京兆同至孤山……二三七

自岳王墳至淨慈寺……二三二八
湖上待劉邦彦不至……二三二八
賓客樓爲三山陳文用侍御追賦……二三二八
與張朝用太守飲紫陽庵晚至三茅觀……二三二九
飲定惠寺次舊韻調邦彦……二三二九
虎跑泉和宣溪韻……二三二九
爲宣溪題菊留别維揚高憲副……二三三〇
宣溪先出至江口有見懷之作時予尚留杭城依韻奉酬……二三三〇
涵碧亭八詠……二三三〇
姚貢士時舉及其弟中書吉甫送予與宣溪至釣臺下聯句爲别……二三三二
提學憲副東園鄭君廷綱置酒富春驛亭叙舊得聯句三首……二三三三
與東園宣溪瀕江夜坐聯句六韻……二三三三
懷邵文敬太守……二三三四
得蕭文明衢州書……二三三四
東園復請遊天寧寺席上聯句……二三三四

山寺聽雨限韻聯句……二三三五
東園口誦山色雨聲一聯且約爲武夷之行隨足成之……二三三五
近得陸少卿鼎儀之訃慨念不能已因聯句哭之……二三三六
嚴州城下與宣溪别……二三三六
用韻别宣溪弟待魁世選……二三三六
未至茶原梅水横發塊坐三日……二三三七
留别淳安劉尹仲和兼呈大司空胡公大參應公諸鄉舊……二三三七
商茂霖主事請飲魁星樓喜晴……二三三七
應文貞典寶有葡萄便面檀香爲骨意甚愛之因賦一絶……二三三八
題宗姪孫文楷文模二便面……二三三八
教諭許君置酒藏書閣有懷融堂錢先生……二三三八
小金山……二三三九
淳安黄訓導禄養堂……二三三九

篁墩程先生文集卷八十四

詩

己酉六月二日初至南山……二三四〇
南山雜興……二三四〇
邵節婦朱氏……二三四一
踏車行……二三四一
喜雨柬張令君……二三四二
亞卿知郡侶公特書具輿馬見招晚行石嶺道中作……二三四二
亞卿知郡侶公提刑判府沈公邀僕與康亞卿飲席上作……二三四二
坦然歌爲劉貢士武臣乃尊作……二三四三
杭人孫鈍自號一松託人來新安求賦……二三四三
八月五日與程思正醉步溪上有作……二三四四
斷石村秋社作……二三四四
題畫菊壽人母……二三四四
八月九日醉書……二三四五

題道新菊圃卷……一二三四六
淳安司訓王君文博來休寧請予記學宮之成適值中秋方喜對月叙舊而開宴之際涼雨驟至因賦此以申去往之情時汪世行令君吴文盛亞參在座詩併及之……一二三四七
過龍源趙東山先生故居……一二三四七
龍源夜歸……一二三四八
題紅梅……一二三四八
浪淘沙十月十四日病中經宿不寐枕上作……一二三四八
與黄司訓汝彝小酌聯句……一二三四九
成化癸卯冬在京師值始生日對雪思梅有花神應笑未歸人之句今七年矣梅花無恙舊約未寒漫復成詩以見人生去住之不偶云爾……一二三四九
壽査以華……一二三四九
一冬寒甚梅不時開獨吾家南山一株甚盛志喜一首……一二三五〇
慶汪本亨六十壽詞……一二三五〇
庚戌元日縣中隨例望闕行禮因思舊歲是日方在清化寺守凍感時撫躬率然賦此……一二三五二
太守侶公召陞大理少卿因次舊韻奉送四章……一二三五二

築居郡城山麓經始之日正值立春漫賦二絶 …… 一二三五三
王介翁畫梅爲文遠賦 …… 一二三五四
梅竹壽意圖 …… 一二三五四
一剪梅庚戌元夕飲文遠家 …… 一二三五五
元夜與文遠聯句 …… 一二三五五
送前泌陽令丁聲遠自番陽取道新安還遼東兼致意賀克恭給事同年 …… 一二三五五
庚戌正月廿二日偶至率溪書院有作與族姪文杰曾杰 …… 一二三五六
圍爐聯句 …… 一二三五六
飲黄司訓家限韻 …… 一二三五七
南山賞梅與劉教諭孟純黄訓導倫暨汪思恭詹貴汪琳聯句 …… 一二三五七
二月十七日飲水南葉氏晚歸作 …… 一二三五八
寄壽文炳族姪四小詩并謝醫藥 …… 一二三五九
八月十九日大病不寐 …… 一二三五九
病後二首 …… 一二三六〇

篁墩程先生文集卷八十五

詩

抱病經歲不作詩辛亥二月一日登齊雲巖試筆一首……一二三六一
和李太守宗仁二律……一二三六一
贈宋逸清鍊師……一二三六二
夢吉字詠……一二三六二
四月八日彦夫始生日南山小酌……一二三六三
題溪南吴景岑瞻翠卷……一二三六三
六月八日與李推府南山小酌……一二三六三
南山夜坐時壎子初學詩忽請聯句爲易數字成詩……一二三六四
有懷彦夫師魯……一二三六四
族孫天保德吉名字詩……一二三六四
早過車田村……一二三六五
對月獨酌……一二三六五
績溪許生永感卷和康亞卿李太守韻二絶……一二三六五

和許侍御李節推登九華山詩韻二首……二三六六
懷鳳堂……二三六六
約友人遊松蘿山……二三六七
庭萱教曾姪聯句……二三六七
促張令君所許麻油菉豆……二三六七
于千户母夫人哀輓……二三六八
六月十八日忠孝鄉保安醮事請予充首……二三六八
立秋前五日南山晚歸涉溪作……二三六八
與黄司訓汝彝食菱聯句……二三六九
和李太守憫雨詩十絶……二三六九
辛亥秋社作……二三七〇
送徐中行進士……二三七〇
斵石聯句……二三七一
分得石人峰送徐中行貢士……二三七一
題范良璧贇畫説劍餘情卷……二三七二

夜讀定山與汪循貢士詩有感二絶……二三七二
九月五日重至萬山觀觀主宗貴兄留宿東明樓上……二三七三
九日將遊古巖寺道中作方君時勉汪君嚴夫偕行……二三七三
留題古巖寺時汪州守時夫汪進士仲和及二方生經綸兩次候予不至先歸……二三七三
次周太守石上舊韻……二三七四
瑩姬於書室中釀酒一缸予山行歸見大喜以詩求酌不與……二三七四
海陽周司訓教政遺思卷……二三七四
雪篷爲大畈汪君賦……二三七六
兖山圖壽汪令君……二三七六
黄司訓欲到荒園賞菊用韻奉期……二三七六
賞菊得裏字……二三七七
賞菊與黄倫司訓張旭貢士吴顯儒士聯句……二三七七
東干晚眺……二三七八
南山十二詠集古……二三七九
寄題少華山……二三八三

十一月偶至南山黄落頗甚夜宿聞雨作……二三八三
蘆塘山莊今歲始一克到其境實清邃爲留竟日忘返他日略加修闢可以佚老因賦一詩……二三八四
楊村道中……二三八四
題爲師魯姪所作梅竹圖……二三八五

篁墩程先生文集卷八十六

詩

長至前二日聞李錦衣士敬自南陽掃墓取道訪予新安奉迓楊山寺是日相傳皇子誕生有赦將到……二三八六
十一月十四日飲流塘詹存中家晚歸時李錦衣士敬公便過縣同行……二三八六
下紋溪過渡調士敬……二三八七
送周長嵩……二三八七
題李錦衣士敬寫真……二三八八
弘治辛亥歲仲冬念五日在萬山觀作……二三八八
題宗貴道紀族兄清忠世家卷……二三八八
書二張真人詩文後……二三八九

飲樂山閣留別張慎隱君……二三八九
送李錦衣士敬……二三八九
十一月廿七日送士敬至浦口別後賦此……二三九〇
和提學王侍御明仲遊茅山詩韻……二三九〇
和吊梅宛陵詩韻……二三九一
十二月三日早下紋溪待渡不至步過橋行南山中……二三九一
過會里遐富渡宗孫希周來迎……二三九一
家畜一犬甚馴每出入必隨至山斗宗姪希達家戲作……二三九二
四日大雪過新嶺時山斗夢吉姪孫侍行……二三九二
下扶車嶺山行飯三寶寺……二三九二
成化壬寅冒雪至大畈今兹之來雪有加而興不孤夜談及山陰故事因賦此贈諸眷長……二三九三
五日宿浯村明日飲大畈……二三九三
贈文公八世孫上舍楨特授婺源訓導……二三九三
七日與浯村大畈諸眷家別……二三九四
塔坑鋪……二三九四

重拜山斗世忠廟……二三九四
八日遊雙門寺入山觀石門及龍潭愛其奇勝賦短歌以畀寺僧時山斗汝耆文真夢吉德吉守道諸宗彦偕行……二三九五
過五城懷黄世瑞亡友……二三九五
施秋官彦器公務至休寧汝彝黄司訓過予請同登齊雲岩中道值雨少飲陽山寺作時立春前五日……二三九六
限韻一首……二三九六
庭梅盛開與施秋官黄司訓聯句三首……二三九六
冬夜燒筍供茶教子弟聯句……二三九七
壬子元日試筆四首……二三九七
李太守誕日……二三九八
春社謡……二三九九
和答莊定山年兄……二三九九
壽榆村宗人宗本……二三九九
豐城涂處士夫婦哀輓……二四〇〇

約汪仲温過南山……二四〇〇
和答福建提學憲副羅明仲舊寅長……二四〇〇
二月廿八日吕侍御惠新曆……二四〇一
題黄文敬杏林卷……二四〇一
清明日喜壎子至自南山……二四〇一
上巳日修禊南山溪上限韻……二四〇二
三月九日南山小酌限韻……二四〇二
壎子與塏姪採松花作餅供茶喜而成詠……二四〇二
望夜獨坐書院有懷時承之還歙天爵入城敬之還汊口師魯還率口逸清訪彦夫于祁門……二四〇三
新得北山别墅志喜……二四〇三
南山夜酌分題限韻得藝清香……二四〇三
贈世醫詹宗惠……二四〇四
早行過岳廟聞鐘……二四〇四
刑部郎中柳陽何君審刑江南過新安贈别……二四〇五
三月廿一日約人遊松蘿……二四〇五

早過石羊干……二四〇五
涉溪作……二四〇六
松蘿庵視田作……二四〇六
登山聯句……二四〇六
席上限韻……二四〇七
飲汪氏亭子調黄司訓汝彝……二四〇七
歸路……二四〇七
餘興……二四〇八
與謝子期閒步至北山莊作……二四〇八
歙溪道中……二四〇八
送甘同守入賀聖節兼有考績之行……二四〇九
四月六日遊水西喚渡時太愚都綱騎馬徑涉意氣甚都戲作一絶……二四〇九
水西寺與鄭寧時清鄭鵬萬里二上舍聯句三首……二四〇九
郡守李公請宴譙樓上四首……二四一〇
過鄭村訪鄭上舍萬里觀伊川晦庵南軒東萊四先生手帖……二四一一

宋理宗賜福王與芮雪景爲鄭村汪宗裕題……二四一一
謝致政汪世行令君惠塘魚山蕨……二四一二
車田村見摘紅花者時汪九珏侍行書以畀之……二四一二
題扇贈智亨鄭隱君……二四一二
和答李太守禱祈十日晴有驗……二四一三
題溪南吴本忠小景……二四一三
四景樂道辭……二四一三
堂前梅樹忽一枝生入厨簷……二四一四

篁墩程先生文集卷八十七

詩

謝都憲佀公過訪……二四一五
送都憲佀公……二四一五
楊村寺與佀都憲聯句爲别……二四一六
松崖爲縣人胡昭題……二四一六
夢椿卷爲嘉禾金景仁賦……二四一六

王黄門李推府京華冬夜酌别詩次韻……二一四一七
致政馮憲副佩之自上見訪同到南山竹院……二一四一七
與佩之及黄司訓汝彝聯句六首……二一四一七
次佩之汝彝登齊雲岩聯句詩韻……二一四一九
别佩之用其韻……二一四二〇
萬壽聖節隨班行禮後廷貢壎子倡和有詩因次其韻……二一四二〇
古朴行……二一四二〇
有客餽予奇石置庭前盆池意甚愛之一夕被人竊去悵然賦詩且以自慰……二一四二一
題歸隱卷……二一四二三
贈輪老……二一四二三
許生孝感卷……二一四二三
寄方軫隱君……二一四二三
八月六日至南山悵然興懷因就葺整書册賦此……二一四二四
與廷貢汰萬夢吉步至新竹園……二一四二四

雨中自郡城歸至巖鎮承謝廷懋廷彝廷馨昆仲款留夜與壚子聯句置屋壁用酬雅意且紀歲月云……二四二四
中秋夜……二四二五
早過山下有感……二四二五
題吴世良遜齋卷……二四二五
輓程母項孺人……二四二六
和答侶都憲……二四二六
竹園宴集分得築亭限韻……二四二七
秋日雜興二十首……二四二七
和氣致祥卷爲黄州劉太守敬之賦次其韻……二四三一
追輓故少保贈太傅于肅愍公夢中作……二四三一
九日斷石登高……二四三二
自斷石與司訓黄倫汝彝及親契汪錠克成族孫乙汰萬並載竹筏沿溪泛至流塘飲詹貴存中家道中聯句五首……二四三二
九日宿存中家明日與汝彝汰萬同登其屋南感鐘山……二四三三

雙鷹圖次韻……二四三四
和答河間李主事旦……二四三四
林泉清趣卷爲古林黄思復題……二四三四
九月廿八日黄司訓汝彝雨中留宿聯句二首……二四三五
小齋初成喜承之彦夫天爵敬之師魯踵至值冬霖累日不止舉酒相屬以來雨名吾齋分得
　蓬字……二四三五
十月十三日雨中飲長汀寺……二四三六
仆碑行……二四三六
寄墨與淳安新舉子族孫文楷……二四三六
南山精舍理書一月得三萬餘卷喜而有作寄王宗植……二四三七
慶宣和行住坐卧卷……二四三七
人月圓爲人寄壽錢塘王嘉瑞……二四三七
孫閤風竹爲師魯題……二四三八
訥軒爲富溪宗人道宣賦……二四三八
和答吉安顧天錫太守同年……二四三八

雪後至南山精舍……二四三九
一剪梅慶鄭君存良七十壽……二四三九
月波樓爲吴孟實題……二四三九
椿萱圖爲祁門方鋏賦……二四四〇

篁墩程先生文集卷八十八

詩

十二月廿一日得旨昭雪復官感激賦此……二四四一
耕讀遺民爲富溪宗人彦昱賦……二四四一
題臨川曹庭瑞愛蘭卷……二四四二
除夜家燕聽壎子鼓琴……二四四三
南山梅盛開以將北行不得賞立春日始克至精舍與客夜飲聽逸清歌上清詞有作……二四四三
壽績溪宗人景貴八十……二四四三
題殷氏東溪泛舟卷……二四四四
題吴氏知止卷……二四四四
題公明姪江湖覽勝卷……二四四五

李白問月圖爲巡按吴天弘侍御賦……二四四五
贍餅梅爲邵用珍賦……二四四六
題虎圖……二四四六
廿五日北上留别鄉友……二四四六
壽岩寺方彦仁……二四四七
題宋王晉卿畫鵝……二四四七
登歙學歲寒亭和舊韻録寄巖鎮汪君士和……二四四七
訪進士何斯復于歙北黄荊渡不值時斯復方以養親告歸……二四四八
過淳安拜大司空胡公于里第别後奉寄……二四四八
題致政應文貞典寶山水……二四四九
題白頭翁……二四四九
二月六日睦州城東遇雨野泊雜言一首……二四四九
嚴先生祠……二四五〇
赤松山……二四五〇
飯道旁定明寺……二四五〇

出清波門過淨慈寺飲于京兆先祠庵……二四五一
過杭次陸大參同年留别詩韻……二四五一
二月十四日李修撰子陽請飲江北陳家王修撰德輝在座……二四五一
北上過武林再會竹東劉君雖右手痿痺神采勝常酧别之頃因賦此竹東當倚歌而和之舟中把翫如故人之在眉睫也……二四五二
王天禄侍御爲玲姪寫山水便面……二四五二
駐船月洲亭下聞侶都憲將至暮雨有懷……二四五二
鶴山書院兼祀周文襄公今總憲治所……二四五三
小飲承天寺爲沈啓南題林和靖二帖上有謝安撫印記……二四五三
謁范文正公祠二首……二四五三
巡按趙侍御招飲憲臺清風亭……二四五四
侶都憲華誕和韻……二四五四
題倪氏子可竹卷……二四五五
崔孝婦葑門朱存理求賦……二四五五
虎頭記……二四五五

題陸氏子終身之思卷……二四五六
題華氏嚴埭舊業卷……二四五六
上巳日秦廷韶方伯與施彦清盛舜臣迓餞至惠山……二四五七
別君謙……二四五七
趙式畫芙蓉爲鎮江高克明同知賦……二四五八
狠石行……二四五八
永慕卷……二四五九
飲趙夢麟郎中滄江別墅……二四五九
古詩三十六句寄君謙儀部奉寓懷思雲山迢遥不我遐棄春鴻在望用傒好音……二四六〇
題吴天弘侍御畫菜……二四六〇
高郵湖阻風……二四六一
都憲張公淮上所獲四印歌……二四六一
過淮……二四六三
百步洪次吴原博同寅韻贈馮主事……二四六三
沽頭閘下歌……二四六三

留別濟寧周同守……二四六四
題英雄奪錦圖……二四六四
八里灣復會亞卿同行至開河驛始別……二四六五
朱憲副恩壽堂……二四六五
管太僕同年出示往年登樓之作別後次韻奉寄……二四六六
舟中病請醫者劉宗祐與俱至德州贈別……二四六六
李源十景……二四六六
壽汪文好……二四六九
天津提督兵備劉天祐憲副留飲席上聯句三首……二四六九
拱北樓……二四七〇
與林泉……二四七一
四月初六日楊村道中遇暴風野泊入夜尤甚舟人大恐皆不寐待旦燈下有感……二四七一
都城道中憩永明寺次壁上留題韻……二四七一
與劉舍……二四七二

篁墩程先生文集卷八十九

詩

五月一日復經筵日講簡廉伯賓之二學士……二四七三
送門生江寧徐夢麟赴會稽教諭……二四七三
送涂邦祥修撰省親還南海……二四七四
送武選徐仲山郎中赴廣東參政專理餉事……二四七四
五月十二日騎馬北城堤上有感……二四七四
送司馬公輊赴長洲訓導……二四七五
寄用禮汰萬諸宗人……二四七五
自六月來屢賜楊梅枇杷及鰣魚諸鮮……二四七五
送張叔亨侍御巡按雲南二首……二四七六
送程忠顯進士江西公幹便道還新安……二四七六
題畫……二四七七
送陳瑞卿侍御陞山東憲副提督臨清兵備……二四七七
寄錫山秦處士七十……二四七七

送錢與謙修撰歸省……二四七八
送金宗德還太倉……二四七八
閏五月十八夜始得雨枕上作……二四七八
南京工部尚書常熟程公哀輓……二四七九
送進士王恂省親還毘陵……二四七九
送刑部馬金員外赴謫廬州通判……二四八〇
聽濤篇……二四八〇
半間爲武進周處士彦常賦……二四八一
送麻城朱正赴唐縣典史……二四八一
潛川汪惟悦父母雙壽……二四八一
送劉生還遼東……二四八二
題王約鈎勒竹……二四八二
送楊憲副志仁之任山東……二四八二
送中書舍人歐陽子履僉憲廣東提調學政……二四八三
墨竹……二四八三

東莊逸興卷爲衍聖孔公弘泰題……二四八四
竹間凍雀圖……二四八四
踏雪尋梅圖……二四八四
壽蔣封君……二四八五
主一齋爲都憲常熟徐公賦……二四八五
汪希顔親家拜貴州憲使有詩奉賀……二四八六
題扇寄大衍聖公……二四八六
送編修劉可大還廣東省母……二四八六
壽致仕學諭松坡王先生……二四八七
畫蘭……二四八七
送劉仁仲修撰還蜀……二四八八
題吴氏樂義卷……二四八八
八月二十一日飲城東夏氏園……二四八八
送俞濬之侍御赴四川憲副飭兵備于綿安……二四八九
壽致政謝都憲……二四八九

太白騎鯨圖……二四八九
飲英國公凝眺軒……二四九〇
送董學士尚矩赴南京禮部侍郎……二四九〇
十月廿六日大雪約廉伯賓之二學士啓昭庶子小飲……二四九一
壽致仕周二令先生……二四九一
同年小集得雲字……二四九一
小李將軍岳陽樓景……二四九二
段中貴請賞紅梅……二四九三
輞川圖爲段中貴題……二四九三
壽肅州劉參將景昌七十……二四九四
賞雪次韻廉伯學士……二四九四
西涯學士再和東坡雪韻邀予同作四章……二四九五
和吴亞卿道本得孫之作……二四九五
十二月十九日南郊視牲作……二四九六
立春前一日約江文瀾侍讀李子陽修撰小飲……二四九六

喜同年屠朝宗都憲卜居正得賓之舊宅次韻……二四九六
廉伯學士家賞盆梅限韻……二四九七

篁墩程先生文集卷九十

詩

甲寅元日齋居次韻倪舜咨宗伯……二四九八
四日早聽郊戒復陪廟享次韻李賓之學士……二四九八
五日左順門賜金織雲雁紵絲緋袍……二四九九
七日南郊分獻天下神祇壇次賓之韻……二四九九
八日宴奉天殿與亨大祭酒廉伯學士聯席……二四九九
題屠元勳大理鏡妝蠟梅……二五〇〇
飲林亨大祭酒家觀鬧燈……二五〇〇
和屠都憲朝宗止酒之作……二五〇〇
廿八日受命與賓之同教庶吉士于翰林……二五〇一
朝宗都憲聞予教庶吉士有詩見贈奉和……二五〇一
送徐中行進士赴青州推官……二五〇一

送翰林庶吉士許啓衷南歸……二五〇二
和答朝宗都憲問難之作……二五〇二
次韻艾武選奉使朝鮮卷……二五〇三
贈僉憲李君宗元赴河南……二五〇四
題尚書葉公捕魚圖……二五〇四
送汪微之縣丞赴官蒲圻……二五〇四
林良二畫……二五〇五
雪窗蘭……二五〇五
送史主事……二五〇五
寄題蔣令君瑞芝亭……二五〇六
竹鶴老人山水……二五〇七
沈石田小景……二五〇七
畫菜……二五〇七
畫鷹……二五〇八
和答鄭廷綱通政……二五〇八

雙鳳篇……二五〇八
西垣對雨有懷羅明仲祭酒用舊韻奉簡……二五〇九
九橋書舍爲京學教授莆田陳君叙疇作……二五〇九
郭熙雪浦待渡圖爲楊孟瑛主事賦……二五一〇
送平江伯陳公奉詔治水張秋……二五一〇
八角雕花旛石一凷餉暟東白善世……二五一一
泥金蘭蕙圖……二五一一
侣大器亞卿約賞葵于北城……二五一一
翰林公署偶作……二五一二
送馬謙貢士赴許州知州……二五一二
衍聖公自曲阜載奇石一凷至京相餽詩以謝之……二五一三
送釋方策住善權寺……二五一三
題張師夔畫……二五一四
哀靈椿卷爲徐中行賦……二五一四
謁陵承西涯翰長有詩相餞次韻五篇……二五一四

送王懋倫僉事進表還四川提學……二五一六
送常州府知事邵智之任……二五一六
賀徐原一亞卿得雙生子……二五一六
送通守馬金進表還廬州……二五一七
黄子久山水爲陸翰長廉伯題……二五一七
小景便面……二五一八
送唐秀才還曹州……二五一八
送王德潤參政進表還河南……二五一八
送周文良醫從興王之國……二五一九
題山水障子……二五一九
壽林宜人七十……二五二〇
聞績溪高尹被獎勞之典……二五二〇
和答屠元勳都憲……二五二〇
甲寅歲八月廿七日過大監戴公城東清適園亭漫成一律……二五二一
與曹良金吉士……二五二一

孤松挺秀圖爲用禮題……二五二二
壽慶雲侯母夫人八十……二五二二
送俞凝之赴徽郡照磨……二五二二
次陳白沙太史韻送廣東何貢士赴南京光禄署正……二五二三
題泰和吴尹必顯祈雨有感卷……二五二三
九月八日閒步公署西園獨坐亭上有懷……二五二三
題金太僕本清竹……二五二四
輓劉屯田……二五二五
壽錦衣魯宣百户母八十兼受封……二五二五
送汪廷器艮觀……二五二五

篁墩程先生文集卷九十一

詩

和答屠朝宗都憲見贈之什……二五二七
沈啓南畫障爲張通守題……二五二八
壽樊駙馬母夫人……二五二八

賀屠朝宗進左都憲加太子少保……二二五二九
題小景……二二五二九
贈河間丁襄教諭……二二五二九
送戴廷珍侍郎持節册封魯府……二二五三〇
送江文瀾侍讀持節册封荆府兼有壽母之便……二二五三〇
送戈良玉御史赴四川憲副崇夔保順兵備……二二五三〇
李侍御二畫……二二五三一
與莊定山司副潘時用待詔同至李賓之學士先塋登古城……二二五三一
送表兄林文美上舍赴青州訓導……二二五三二
送吴汝德上舍赴澠池司訓……二二五三二
題四小景……二二五三三
送滿城尹劉象謙……二二五三三
同庚會壽施院使欽……二二五三四
題罷獵圖……二二五三四
題田家娶婦圖……二二五三五

壽歙義官王富祥……二五三五
謝方伯輔夫婦輓詩……二五三六
題祝黄門金鯉引子朝天圖……二五三六
題周駙馬所藏小景……二五三七
十二月七日監放官吏俸粮其册云學士程某等共支米二百石初蓋不知當此首選也戲成一律奉寅長西涯先生同一捧腹云……二五三七
題石菊……二五三七
甲寅除夕餞歲有作……二五三八
弘治乙卯正月十一日郊祀分獻東海壇紀事……二五三八
送工部傅曰會員外荆州抽分……二五三九
題墨梅寄陝西巡撫王都憲表倫年兄……二五三九
題志遠兩浙巡宣卷……二五三九
送庶吉士汪抑之養疾南歸……二五四〇
題楊克仁鴻臚公車奏牘卷……二五四一
題戎王出獵圖……二五四一

送魏黄門秉德延綏盤糧有燎黄之便……二二五四二
送張黄門經載兩廣盤糧……二二五四二
請楊貯春太醫爲栽盆蓮……二二五四三
胡氏二親南山遥祝卷……二二五四三
送馬少卿宗勉謁告歸常熟……二二五四三
樗老行……二二五四四
壽李侍御思承母……二二五四四
首夏齋享宿翰林東署作……二二五四五
送傅佐還南京……二二五四五
玩芳亭爲段太監次西涯韻……二二五四五
僕所懸學士牙牌乃文懿公舊物今僕已獲新製者敢用歸之維立寅長侑以一詩用備詞林故
事且以著楊氏之盛云……二二五四六
五月八日翰林前堂坐書所見……二二五四六
送楊志仁憲副謫長沙通判……二二五四六
送尹同道還歷城……二二五四七

蓮沚爲山東周仲瞻參議賦……二二五四七
内閣賞芍藥次少傅徐先生韻四首……二二五四八
五月十二日公署後園偶步……二二五四八
便面題寄秦恭參將……二二五四九
送進士李應靈赴宣城知縣……二二五四九
題洪克正行樂圖……二二五四九
湖廣巡撫韓貫道都憲年兄移治河南有詩見寄次韻奉酬……二二五五〇
樸庵先生何公哀輓八章……二二五五〇
送莊孔暘年兄赴南京吏部郎中……二二五五一
桐隱爲龔鳳賦……二二五五一
故禮部侍郎東嘉章公哀輓……二二五五二
喬烈婦……二二五五二
許由棄瓢圖爲廷殷姪題……二二五五三
遊錦衣章千户彦廣園亭……二二五五三
題大理王卿墨竹……二二五五四

送李宗仁太守赴延安……二五五四
送盧文淵進士赴兖州推官……二五五四
次韻題竹鶴老人畫……二五五五
行臺春意……二五五五
贈工部祝惟貞員外三吴治水還朝……二五五六
西園作假山成約諸僚友小酌……二五五六
慕萱……二五五六
雙鶴圖爲汪東曙題……二五五七

篁墩程先生文集卷九十二

詩

終慕……二五五八
維則軒……二五五九
輓王端之……二五五九
清明拜掃遠祖兵馬府君墓……二五六〇
永思爲夏璋賦……二五六〇

文燦憲長親家將赴任廣東病中無由往拜書此奉別……二二五六一
汪敦善以詹簿弟春草圖索詩强賦一絶不忍復觀也……二二五六一
望雲思親圖……二二五六一
文夫還婺源……二二五六二
積慶堂……二二五六二
雪林爲巖鎮汪道隆賦……二二五六三
約黄司訓汝彝……二二五六三
畫菖蒲爲汪進士乃尊賦……二二五六四
山臞……二二五六四
寄贈嘉興丞……二二五六五
月桂圖……二二五六五
方侍御到京後寄題梅一絶併咏憲臺梅三律勉和二篇……二二五六六
壽汉川宗人隆八十……二二五六六
送王濟秀才還建德祖居祁門……二二五六六
送武康郭令……二二五六七

壽葉時顯……二五六七
贈陸彦功醫士……二五六八
慎德堂……二五六八
寄贈江西段大參同年……二五六九
秋林書屋爲汪尚文賦……二五六九
族人抑昏更名詩……二五七〇
壽祁門宗彦用仁七十……二五七〇
十月廿六日病以酒下木香散立愈……二五七一
守約……二五七一
方侍御受勑有詩見寄奉酧……二五七二
友竹軒……二五七二
棣蕚聯輝樓……二五七三
遠上寒山詩意圖爲汪鎰題……二五七四
題自寫墨梅……二五七四
姪塏本一名字詩……二五七五

遊黄山約二三知舊……二五七六
將發值雨柬同遊者……二五七六
予與文遠爲黄山之遊太守王公至古城相餞俾歌工二人侍行衛使又送鼓吹四人蓋恐入山
荒寒藉此以破幽寂也道中賦詩用備解嘲……二五七六
潭渡過黄孝子家……二五七七
沙溪有懷承之亡友……二五七七
題延齡橋……二五七七
王推府許同遊黄山忽至潛口告别……二五七八
陰晴謡……二五七八
宿楊干寺有先公題詩刻……二五七八
石壁嶺有感王推府之去……二五七九
聞彦夫言有作……二五七九
宿芳村謝氏追和先公留題韻……二五八〇
黄山觀湯泉及龍池小憩祥符寺……二五八〇
黄山遊券既償古詩一章與文遠萬里彦夫别……二五八一

輓富溪族人西疇處士……二五八一
帕一方爲汪廷器母陳孺人八袠之賀物雖甚薄然其中有福壽字共三十數祝望之意則有在也……二五八二
贈喬尹……二五八二
李侯新作秋水亭可望松蘿諸山客有遺之沈石田畫者正會此意……二五八二
題吴季良所藏戴文進山水……二五八三
古賢圖四絶爲臨塘婿范禕題……二五八三
輓汪道全……二五八四
尤美山房……二五八四
覧翠亭……二五八五
葆真軒……二五八五
慕椿爲孫文模賦……二五八五
臘月望日至南山治裝北上梅花盛開獨酌花前悵然有作……二五八六

篁墩程先生文集卷九十三

詩

奉詔北上留别諸鄉舊……二五八七

別鄉友 …… 二五八七
宿水西寺 …… 二五八八
世禄堂爲績溪仁里程佐時賦 …… 二五八八
弘治戊午春正月十三日舟次淳安春霖不止進士維揚張君鳳舉方知縣事以燈節燕予酒後賦此紀事兼致謝意 …… 二五八八
具慶禄壽堂 …… 二五八九
爲文模題西坡卷 …… 二五八九
東田 …… 二五八九
弔劉竹東後賦此 …… 二五九〇
南京户部主事王君彦奇作浮橋于上新河之鈔關 …… 二五九一
塘西行樂詞二首 …… 二五九一
贈都憲彭公 …… 二五九一
司馬司訓延至閶門裏劉氏園亭夜酌席上有作贈石田先生 …… 二五九二
送太守文君赴温州 …… 二五九二
郝侍御作餞惠山 …… 二五九三

題畫……二五九三
次韻贈象謙侍御……二五九四
桃源行爲揚州王彦平太守題畫……二五九四
題郭總戎畫卷……二五九五
古椿绛桃圖……二五九六
船窗新糊喜晴偶得一絶柬鄭萬里……二五九六
次原博少宰詩韻……二五九七
輓襄陽何太守原……二五九七
題雪洲卷……二五九八
贈夏主事……二五九八
別良佐學士……二五九九
夜泊河西務京兆楊君恒叔携酒見過別後賦一律奉寄不棄衰散和教爲佳……二五九九
贈侍郎鄭公……二五九九
贈方太守士華……二六〇〇
送張庭毓赴南京大理評事……二六〇〇

篁墩程先生文集拾遺

考　序　記　墓誌銘　跋　贊

聖裔考……二六〇二
蘇氏檮杌序……二六〇五
送吴君肅清知臨川縣序……二六〇六
翕樂堂辭序……二六〇七
逸庵行樂詩序……二六〇九
慈壽堂記……二六一〇
雲溪程氏宗賢祠記……二六一一
臨淄縣儒學訓導程天爵墓碣銘……二六一三
書大學重定本後……二六一五
唐翰林學士承旨劉公依仁像贊……二六一五
宋秘書丞若思汪公像贊……二六一六
歙巖鎮旌義汪溪雲翁像贊……二六一六
孫母程孺人像贊……二六一七

歙信行方德貴處士像贊……二六一七
與翟尚寳避暑城南郊園晚歸聯句書扇寄汪廷器……二六一七
壽程母唐孺人九十……二六一八
篁墩程先生文集附録
題刊學士篁墩程先生文集疏……二六一九
上太守先生何公書……二六二〇
本府行各縣文移……二六二二
篁墩集後序……二六二四
書篁墩文集後……二六二六
附録一　佚文佚詩
黟縣興修碑記……二六二九
復興堂記……二六三一
象賢堂記……二六三三
淄川縣重脩廟學記……二六三四

剏建沈丘縣記……二六三六
吳君以傑江山覽古詩序……二六三八
送蘇君知任縣序……二六三九
慶宗老存智公榮膺冠帶序……二六四一
流塘歸省詩序……二六四三
明故朝列大夫韓府左長史致仕程公行狀……二六四四
似無念比丘山水卷跋……二六四六
桂坊稿跋……二六四七
留春軒詩跋……二六四七
題王氏宗譜後……二六四八
統宗世譜圖説……二六四九
題尤鳳洲臨睢陽五老圖册……二六四九
與太守王公論重修世忠廟事宜書……二六五〇
黄閣清風詩送商素庵歸淳安……二六五二
送少保商先生致仕還淳安……二六五二

胡僕射祠……二六五三
贈尚寶廣宗崔君舜在持節册封藩王于鈞州獲便道歸故里搢紳榮之……二六五三
武侯祠……二六五三
寄題汉口似雲巢……二六五四
贈開化宗人崇文……二六五四
臨河老父行壽用良公……二六五五
味琴爲宗人□□賦……二六五五
謁亞聖祠林遂漫成一律……二六五六
和復竹茶爐詩……二六五六
懷鳳堂……二六五七
張桓侯廟……二六五七
山水錦雞圖……二六五八
舟次滄州……二六五八

附録二　序跋

篁墩程先生文粹序……二六五九

篁墩程先生文粹跋……二六六〇
篁墩程先生文粹跋……二六六一
四庫全書總目卷一七一集部別集類二四……二六六三

附録三　傳記

薦神童程敏政奏……二六六五
試神童程敏政題本……二六六六
推編脩程敏政脩續資治通鑒綱目……二六六六
詹事府少詹事程敏政纂脩憲宗純皇帝實録勑書……二六六七
程敏政充經筵官及日侍文華殿講讀勑書……二六六八
推詹事府少詹事程敏政教庶吉士奏……二六六八
推太常寺卿程敏政纂脩玉牒奏……二六六九
翰林院編修程敏政授文林郎并封妻李氏孺人勑命……二六六九
誥命……二六七〇
篁墩程學士傳……二六七二
故禮部右侍郎兼翰林院學士贈禮部尚書程公畫像記……二六七九

禮部侍郎兼翰林院學士贈禮部尚書程公像贊……二六八一
贈禮部尚書程公墓誌銘……二六八一
程學士傳……二六八三
書縣志卷後……二六九五
明孝宗實録卷一五一……二六九六
明史卷二百八十六……二六九七
贈禮部尚書篁墩先生程公哀輓……二六九八

校點説明

篁墩程先生文集九十三卷，拾遺一卷，明程敏政撰。程敏政（一四四六—一四九九），字克勤，號篁墩，徽州府休寧縣人。少以神童薦入讀翰林，成化二年登進士第，歷編修、侍講、左春坊左諭德、詹事府少詹事，弘治元年被劾去任，五年起復，遷太常寺卿、詹事府詹事、禮部右侍郎，十二年因科場案下獄，後勒致仕，旋病卒，贈禮部尚書。

程氏著述頗豐，除篁墩程先生文集外，尚有瀛賢奏對録十卷、蘇氏檮杌四卷、宋紀受終考三卷、宋遺民録十五卷、新安程氏統宗世譜二十卷譜辯一卷附録二卷、程氏貽範集三十卷續集十卷、詠史詩選一卷、道一編六卷、心經附註四卷、休寧志三十八卷、休寧陪郭程氏本宗譜不分卷、新安文獻志一百卷先賢事略二卷、篁墩程先生文粹二十五卷、皇明文衡一百卷、大學重訂本等。另編、校他人著作多部。

程敏政身前嘗自定其文稿爲篁墩稿、篁墩續稿、篁墩三稿、行素稿，殁後子侄輩合諸稿爲一，總名篁墩先生文集。弘治十八年休寧知縣張九逵出資刊刻選集二十五卷，名篁墩程先生文粹。① 正德元年三月，程敏政門人程曾作題刊學士篁墩程先生文集疏，請徽人捐資刊刻全集，十一月七日又上書徽州知府何歆，十二日該府發佈本府行各縣文移，將程曾「刊印疏語一首并各縣詩文目録一卷」發付各縣，「拘集有文之家，諭令樂助」，「每文一章資助銀二兩或一兩五錢，每詩一章資助銀一兩或七八錢，共成是集」。② 正德二年三月全集正式刻板，八月蕆事。③ 刻板地點在新安道院，刻工有徽州黄、仇二氏四十餘人，參校者有程敏政宗人程正思、程慶玧，塾師汪尚琳，門人王寵、汪玄錫、胡昭等。④ 是爲篁墩程先生文集九十三卷拾遺一卷，又稱篁墩文集或篁墩集。

① 戴銑：篁墩程先生文粹跋，篁墩程先生文粹卷末，明正德元年刻本。
② 程曾：題刊學士篁墩程先生文集疏，中國國家圖書館藏明正德本篁墩程先生文集卷九十三末，程曾：上太守先生何公書，徽州府：本府行各縣文移，北京大學圖書館藏明正德本篁墩程先生文集附録。
③ 何歆：書篁墩文集後，篁墩程先生文集卷末，明正德刻本。
④ 何歆：書篁墩文集後，篁墩程先生文集卷末，明正德刻本。汪尚琳、程正思、胡昭、程慶玧：王令君命同編篁墩文集於新安道院聯句，程氏貽範集補巳集卷十上，明隆慶刻本。

篁墩集的卷數在編纂之初並未統一，程氏傳記、文集序跋多云百二十卷①，明清以來書目著録尚有一百〇七卷者②，但今存本皆文集九十三卷、拾遺一卷，王重民先生認爲是「惜僅就程氏家藏遺稿上版，編次未盡善也」③。未善者即該書是否有「外集」、「别集」。今藏於中國臺灣臺北故宫博物院、傅斯年圖書館的正德本篁墩程先生文集目録卷九十三之後有「外集、拾遺一卷、行素稿一卷、雜著十卷、别集二卷」，有目無文；「外集」、「别集」高於「拾遺」、「行素稿」、「雜著」一格，合以「文集」則總一百〇七卷。明嘉靖十二年宗文堂翻刻的篁墩程先生文集爲九十四卷，似明嘉靖以後即難見到一百〇七卷之全本，疑相關書目著録一百〇七卷者當以目録爲據。「外集」之「拾遺一卷」今存，「行素稿」、「雜著」、「别集」未見，未見之原因，當係因人事拘忌刊而未行，或已編入文集其他卷次。

① 仇僮云「共百二十卷，行素稿一卷」（篁墩程先生文粹卷首篁墩程學士傳），戴銑云「爲卷百有四十」（篁墩程先生文粹卷末篁墩程先生文粹跋），李東陽云「共百有餘卷」（篁墩程先生文集卷首篁墩文集序），李汎云「百二十卷」（篁墩程先生文集卷末篁墩集後序）。

② 見明朱睦㮮萬卷堂書目卷四、明焦竑國史經籍志卷五、清金檀文瑞樓藏書目卷八、羅振常善本書所見録卷四、鄧邦述群碧樓善本書録卷三。按：明黄虞稷：千頃堂書目卷二十：「篁墩文集九十三卷……；又外集十二卷；又别集二卷；又行素稿一卷，又拾遺一卷，又雜書十卷。」其「又行素稿一卷又拾遺一卷又雜書十卷」當指「外集」之子目而言。

③ 王重民：中國善本書提要，上海：上海古籍出版社，一九八三年，第五七一頁。

「行素稿一卷」子目有「詩、辭、行」三條。程氏文集序跋及其傳記常將行素稿與篁墩集並稱，故當原有此集。林瀚云弘治十二年程敏政因科場案入獄尚有作，「先是二日，予往訪之，公稍支痛，閣淚坐談移時，且出獄中重訂大學及所作履歷諸詩商之」。① 獄中「履歷諸詩」當是行素稿的主要内容，又諸詩當對科場案有或明或暗的解釋，此案牽涉重要官員頗多，故行素稿或係人事拘忌刊而未行，甚或未刊。又今存篁墩集收程敏政詩至弘治十一年春而止，行素稿當録有此後詩作。

「雜著」有十二子目：「春闈紀事、歸省録、北上録、北上第二録、南歸録、家山筆記一、家山筆記二、北上第三録、南畿考試紀行、歸田録、奉詔北上録、讀禮餘録。」以程敏政生平考之，諸録大致可確定寫作年月，其中至少歸省録、南畿考試紀行、歸田録、奉詔北上録等應收之詩作，皆已明確編入文集相關卷次。② 以李東陽雜記十卷之南行稿等所收録詩文並

① 林瀚：贈禮部尚書程公墓誌銘，程氏貽範集補乙集卷十。

② 歸省録係成化十四年省親，其出京至家沿途諸詩作見篁墩集卷六十七；南畿考試紀行係成化二十二年主考南京鄉試，其出京至鄉試結束諸詩作見篁墩集卷七十九；歸田録係弘治二年春被劾罷返鄉，其返鄉沿途諸詩作見篁墩集卷八十二至卷八十四；奉詔北上録係弘治六年復官返京，其北上沿途諸詩作見篁墩集卷八十八；又弘治十一年程敏政也因參與修撰大明會典而「奉詔北上」，其北上沿途諸詩作見篁墩集卷九十三。

未編入怀麓堂集其他卷次之體例視之，篁墩集「雜著」十二子目未見者，似當已編入文集其他卷次或程氏其他著作中。

「別集二卷」有「誥、行狀、墓誌銘、神道碑銘、傳、贊、畫像記、挽詩序、心喪録序、挽詩、年譜」十一條，皆屬程敏政傳記資料。誥、傳、畫像記見於篁墩程先生文粹，墓誌銘、挽詩之部分見於程一枝程氏貽範集補乙集卷十、巳集卷七。行狀或即程氏貽範集補乙集卷十標「府會志」的程學士傳。神道碑銘、挽詩序、心喪録序、年譜未見。墓誌銘係林瀚作，畫像記係周經作，贊、挽詩係友人相關詩文，心喪録序、年譜係程曾作。此部分或刊而未行。

篁墩程先生文集今存版本有四：

一、明正德二年何歆刻本。

半頁十三行二十七字，白口，双鱼尾，四周單邊（卷一至七爲左右雙邊），版心鎸书名、卷次、頁碼、刻工。前有正德二年李東陽篁墩文集序，後有正德二年李汎篁墩集後序、正德二年何歆書篁墩文集後。該版國内外二十餘家圖書館有藏①。筆者寓目之中國國家圖書

① 參見中國古籍善本書目頁一三八一、中國古籍總目集部頁六〇九、日藏漢籍善本書録頁一六五五，另臺灣「中央圖書館」、臺灣大學圖書館、臺北故宫博物院、傅斯年圖書館、美國國會圖書館、德國巴伐利亞公立圖書館有藏。

館(二部,後省作「國圖」)、上海圖書館(二部,後省作「上圖」)、南京圖書館(後省作「南圖」)、重慶圖書館(後省作「重圖」)、北京大學圖書館(後省作「北大」)、臺北故宮博物院(係原北平圖書館所藏,後省作「臺博」)、臺灣「中央圖書館」(後省作「臺圖」)七館所藏本,目録二卷所列篇名與正文所題有簡繁之別,間有一二相異者;正文亦偶有缺頁、錯頁之處;卷九十三之後或有程曾題刊學士篁墩程先生文集疏一文,拾遺一卷之後或有「附録一卷」,收程曾上太守先生何公書、徽州府本府行各縣文移二文。

七館所藏皆爲後印補修本,其中臺圖本似印次較早。如卷十頁一、二、五、七、九、十一、十三、十六、十七臺圖本板框完整,其他六館藏本則有明顯斷裂痕跡;卷十奏考正祀典「其爲闕典或有甚矣」(頁五下行九),其他六館藏本缺「或有」二字,「典甚矣」三字占五字,而據篁墩程先生文粹知原有「或有」二字;卷二十一贈兵科給事中章君序「給事中治門下省」(頁十二下行十),臺圖本「省」上有一空格,其他六館藏本「省」占二字,而篁墩集「省」字他處並無空抬之例;卷二十九送汪承之序「此吾所以拳拳于學者而犯之不韙之罪」(頁十六下行六),「之不」其他六館藏本作「不」字,占二字,而據篁墩程先生文粹知「之」字衍;卷三十六書李北海所撰先長史府君碑後「而不知其所從出　疏脱如此」(頁十三下行十),「出」下臺圖本有一省略符,其餘六館藏本「出」字占二字,無省略符,而據篁墩程先生文粹知「出」下的省略符原作「其」。凡此諸條，皆可證其他六館藏本係後印挖補。

然臺圖本卷三十四缺卷末蕬溪程氏族譜序、慶孫君士寬六十壽序、五城黄氏會通譜序三篇，卷四十七缺卷末一樂汪君墓表一篇，卷末皆有「篁墩程先生文集卷之三十四終」、「篁墩程先生文集卷之四十七終」標記，而此四篇其他六館藏本皆存。卷四十李公行狀「以爲向□臣文」（頁五上行八），其他六館藏本及嘉靖本作「以爲向獲文臣」，據篁墩程先生文粹卷十八知此句原爲「以爲向護文臣」，底本當係「護」訛「獲」，臺圖本以語句不通乙「文臣」二字。卷八十七自斷石與司訓黄倫汝彝及表弟汪壯時春族孫乙汰萬並載竹筏沿溪泛至流塘飲詹貴存中家道中聯句五首之「表弟汪壯時春」，其他六館藏本及嘉靖本作「親契汪錠克成」，弘治初程敏政居鄉曾與黄倫、胡昭（字静夫）、汪錠、詹貴等結社，黄倫考績赴京時，汪錠等「取休寧之景分十二，題爲秋江別意圖，各賦一詩以餞」，請程敏政撰序（卷三十二秋江別意圖詩序），而汪錠也是程敏政親家（卷九十二贈陸彦功醫士）；汪壯與程敏政「有内外兄弟之好」，爲人「却紛華、守儒素」（卷十七竹窗静趣記），但篁墩集中並未提到汪壯有詩才。兩者相較，詩題作「親契汪錠克成」似更爲合理。又臺圖本自卷六十一以後墨釘漸多，與其他六館藏本異。欽定四庫全書考證所列「卷四十六指揮魏君墓誌銘『將移守蜀之松潘』，原本『潘』訛『藩』」條，臺圖本作「潘」，其他六館藏本及嘉靖本皆作「藩」；「卷六十六琴鶴東人爲廣人何式之賦『幽人不賦西崑篇』，原本『篇』訛『崙』」條，臺圖本作「崙」，南圖本字體上半殘損，其他五館藏本及嘉靖本皆作「篇」。從諸種不一之處看，臺圖本當亦係後印補修本。

二、明嘉靖十二年宗文堂翻刻本九十四卷。

半頁十三行二十七字，白口（卷三六頁一、二，卷七十頁一、二黑口），雙魚尾，四周單邊。版心鐫書名、卷次、頁碼、刻工（不全）。前有正德二年李東陽篁墩文集序，後有正德二年李汎篁墩集後序。目録後牌記作「癸巳孟秋宗文堂新刊」。卷九十四合正德本「拾遺」與「附録」爲一。該版中國國家圖書館、天津市圖書館、安徽省圖書館有藏。

與正德本相較，嘉靖本所收篇目最全，其卷三十第五頁與卷三十一第五頁互置，則與南圖藏正德本同，卷七十第八頁與卷七十一第八頁互置，與重圖藏正德本同。翻印亦有訛誤者，如卷二十八頁七上行十一「俾道所以慶之意」正德本「之」下原有省略符，卷四十九頁十三下行十一、十二「選尚書淳安長公主」之「書」正德本係墨釘，卷六十五頁三上行一「仙人魄東梨」之「東」正德本係「枣」，卷七十六頁十一上行十三「右紫鶴袖」之「鶴」正德本係「鵝」，卷八十三頁六上行五「調水可憐人更癖」之「調」正德本係「詷」，卷八十五頁十一上行一「皆富更阪爲是」之「富」正德本係「當」，卷八十七頁九下行二「願□赫赫威」之「□」正德本係「闌」，卷九十一頁十五下行四「公暇留題詩滿擇」之「擇」正德本係「籜」等。

三、清抄本。

二十四册，南京圖書館藏。此本所抄之底本，係重慶圖書館所藏正德本。凡重圖本之缺頁、錯頁、破損、漶漫之處，抄本皆無。重圖本目録頁六十三，正文卷四十一頁十三、卷四十七頁五、卷五十四頁十五、卷九十一頁一缺頁，抄本皆缺。卷七十頁八與卷七十一頁八重圖本互置，抄本亦同。卷二頁二上行一小注「八月十八日温講」、卷二十五頁十三上行一「下之治忽」、卷十頁十三上首三行首三字「元」「撤」「有」、卷三十四頁六下行十三「程彦綱夫婦同壽序」之「彦」、卷三十五頁七上行七八首字「收」「焉」、卷六十四頁二下行五「陪祀頻頻下紫清」之「陪」、卷六十八頁六上行九「笑坐泉亭汲水嘗」之「水嘗」、卷六十九頁九上行四「虎圖爲艾光禄賦」之「艾」、頁十一下行十「詩成鄉國夢」之「成」等字，重圖本破損，抄本皆缺。卷五十四上行十三「不可孤」重圖本破損，抄本作「□□掀」，卷六十九頁九上行五「何由此中伏」之「中伏」重圖本破損，抄本作「家傳」，卷八十四頁七上行四「（得其説以）告曰」之「告」重圖本破損，抄本作「古」。

抄本亦間有訛誤之處，如卷十頁四行一「（今當理）學大明之後」之「大」抄本訛作「而」，卷十二頁十一行一「但謂令洙生承德，承德九世生宋龍圖」之下一「承德」原係省略符，抄本訛作「德德」，頁十三下行一「累累言仲節以光化元年」之下一「累」字原作省略符，抄本訛作

「二」，卷十四頁一下行十三「其隆師重學有如此者」抄本缺「如」字，卷二十六頁三上行一「(伯夷)降典，折民惟刑」之「典」抄本訛作「曲」、頁十六上「督視惟謹」之「謹」抄本訛作「諸」，卷三十五頁十三上行一「而序其編首」抄本缺「編」字，卷四十五頁二上行一「允顯孫氏」之「允」抄本訛作「尤」，卷五十五頁一上「與鄭萬里書」之「鄭」抄本訛作「程」，卷六十七頁十五上行四「胡雏舊曲吹山月」之「雏」抄本訛作「雛」，等等。

四、四庫全書本。

庫本見存文淵、文溯、文津、文瀾四閣本，各閣本之間亦有篇目差異①。庫本的校勘除常見的人名改字及涉及建州女真史實的删改之外，在涉及經、史者頗有更正，但亦有無版本根據的補訂。如卷五十楊文懿公傳「躬親題奏」之「親」字底本殘損，庫本作「閲」，而據篁墩程先生文粹知原爲「親」字，卷七十一木蘭花慢之「苦侵衣袂幾日」、「江湖路穩」、「風生」三處，庫本或因底本殘損而改爲「題名佐岳連宵」、「蓬瀛身進」、「芸霏」等。②

又四庫底本係「兩淮馬裕家藏本」，以王太岳等欽定四庫全書考證所列篁墩集校勘記

① 文淵閣、文津閣本篇目差異見文淵閣四庫全書補遺第六册，北京：北京圖書館出版社，一九九七年，第三—七十二頁。
② 此三處國圖、臺圖之正德、嘉靖本皆全；北大、南圖、重圖、臺博之正德本皆缺；四庫之底本當也是殘缺而後補。

五十四條與今存正德、嘉靖本核對，其中有二十八條並無考證所云的訛誤或所列訛誤之字，此是使用考證所需注意者。

本次校點以北京大學圖書館藏明正德本爲底本，參校寓目他館所藏之正德本、嘉靖本、四庫本、篁墩程先生文粹及相關著作。北大本二十四册，序跋全，有附録。目录卷頁三十六下半頁、頁三十七、頁八十九抄配，頁九十缺；「卷之二十四」等條目下題有「忠、君、悌、長、是、曰、彝、有、順、無、疆」十一字①。正文卷十二頁三，卷二十六頁十一，卷三十三頁九，卷四十七頁九、十缺；卷七十一頁五係卷三十頁五之重出。卷内有「徐安」、「燕京大學圖書館珍藏」二印。

校點的原則，大體遵照中華書局擬定的古籍校點釋例。程氏詩文爲他書收録而署有寫作年月者，校點之中凡檢得亦録入校勘記。篁墩集佚文佚詩、序跋著録及程氏傳記資料，附於書末。校點不當之處，敬請方家指正。

二〇二〇年七月　阮東升

① 分置於卷二十四、三十、三十六、四十二、四十七、五十三、六十七、七十四、八十二、九十、九十三十一條之下。

篁墩文集序

文之見于世者，惟經與史。經主道，史主事。載道之文，易、書、詩、春秋、禮、樂備矣。書與春秋雖亦紀事，而道固存焉。及其漸晦，則孟子擴之；又晦，則韓子發之〔一〕；久而愈晦，則周、程、張、朱諸子大闡明之〔二〕。自是而後，殆無所復事乎作者。紀事之文，自左傳、遷史、班漢書之後，惟司馬通鑑、歐陽五代史。若朱子綱目，則取諸春秋，亦以寓道而非徒事也。道無窮而事亦無窮，故作者亦時有之。若序、論、策、義之屬，皆經之餘；而碑表、銘誌、傳狀之屬，皆史之餘也。二者分殊而體異，蓋惟韓、歐能兼之。吾朱子則集其大成，故雖未嘗極力于史之餘者，而觀其所論議，則可知已。歷代以來，忽于考據者多失之疏略而不該于用，淺于造詣者多失之支離汗漫而無所歸，紛紛籍籍，以就于澌盡泯滅之地，無怪乎其然也。

吾友篁墩程先生，資禀靈異，少時一目數行下。英宗朝，以奇童被薦入翰林，觀中秘書，用經學及第。讀誦常至夜分，遂能淹貫群籍，下上其論議，訂疑伐舛，厥功惟多。及研究理道，求古人爲學之次第，久而益有所見。而於朱子之説，尤深考覈，自以爲得我師焉。賾探隱索，註釋經傳，旁引曲證，而才與力又足以達之。雖皆出於經史之餘，而宏博偉麗，成一家言，質諸今日，殆絶無而僅有者也。顧中遭忌嫉，晚罹奇䑛，經濟之用，不能盡白于世。其所自見，不過進講經幄及于儲宮校正綱目、預修續編之類而已。若全梓所刻，卷帙所録，家藏而人誦，自都邑以遍于天下，貽之後世，則雖巧詆深嫉，亦惡能使之無傳哉？功名富貴，固士之所不道，予獨慨先生年不及下壽，雖所謂文，亦未竟其所欲爲者耳。

先生之文，有篁墩諸稿，共百有餘卷〔三〕。没之七年，爲正德丙寅，其門人輩摘而刻于徽州，名曰篁墩文粹。論者以爲未盡其選。越明年丁卯，知府何君歆暨休寧知縣張九逵、王鍇徵于其子錦衣千户壎，得全稿焉，將并鋟諸梓以示來者。而壎請序于予。予與先生同舉京闈，且同官甚久，冣其爲文，悼其不大用以没，故爲天下道而因以附吾私云。

先生所輯，有道一編、心經附註、詠史詩、程氏宗譜、貽範集、篁墩録、新安文獻志、休寧縣志，共百餘卷，别行于世〔四〕；皇明文衡、瀛賢奏對録、宋逸民録，又百餘卷，藏于家〔五〕，不在集中。

是歲三月既望，光禄大夫柱國少師太子太師吏部尚書華蓋殿大學士知制誥同知經筵事國史總裁長沙李東陽序。

校勘記

〔一〕則韓子發之　「發」，原作「登」，據國圖本改。

〔二〕則周程張朱諸子大闡明之　「諸」，原作「於」，據國圖本改。

〔三〕先生之文有篁墩諸稿共百有餘卷　「共百有餘卷」，底本殘損，據南圖本補，國圖本作「何憾哉復」。懷麓堂集卷六十四篁墩文集序此句作：「先生之文，有篁墩前稿、後稿、三稿、續稿百二十卷。」

〔四〕共百餘卷別行于世　此句底本殘損，據國圖本補。

〔五〕又百餘卷藏于家　此句底本殘損，據國圖本補。

篁墩程先生文集卷一

青宫直講

大學成化十四年四月十日起。

大學大學是古者帝王教人的所在，即如今國子監便是。這一本書，是孔子遺留下的，專記古者帝王教人之法，故名大學。

大學之道，古者，人生八歲，上至王公，下至庶人之子弟，都入小學，教他灑掃應對進退之節、禮樂射御書數之文；到十五歲，自天子之長子、衆子，公卿大夫元士之嫡子與凡民之俊秀，都入大學，教他修己治人之道，如下文所説便是。

在明明德，「明」是教人用工。「明德」是天所賦於人之德性，以具衆理而應萬事，本自虚靈不昧，如明鏡一般。但氣禀有昏濁，又喫物欲蔽了，則有時而昏，如明鏡被塵埃遮了一般。人須要力學用工，重新明了自家「明德」，如明鏡去了塵埃一般，方好。所以大學第一件要「明明德」。

在親民，這一箇「親」字，宋儒程子説當作「新」字，舊本錯寫了。「民」是天下之人。天下之人，也都有這明德，但爲氣稟所拘、物欲所蔽昏了。若既自明其明德，又當推以及人，使天下之人除去舊染之污，也都自明其明德。所以大學第二件要「新民」。

在止於至善。「止」是住在箇處所、不遷動的意思。「至善」乃事理當然之極，凡人行事，極好處便是至善。若既能明明德，又能新民，這兩件又不可苟且便了，須是都造到至善所在。所謂至善，必須一團天理之公，無一毫人欲之私方是。所以大學第三件要「止於至善」。這已上三件，是大學一書之綱領。

知止而后有定，「止」是所當止之地，即指上文「至善」説。「定」是志有定向。人若能知道至善所在，方才志有定向，如射箭的知道正鵠一般。

定而后能靜，「靜」是心不妄動。既志有定向，方才心裏有張主，不肯妄動。

靜而后能安，「安」是所處而安。既心不妄動，方才隨所處而安，無有不自得處。

安而后能慮，「慮」是處事精詳。既所處而安，方才處事精詳，不肯粗略。

慮而后能得。「得」是得其所止。既處事精詳，方才能止於那至善所在。

身修而后家齊，「身」是一家的根本。人能修治自己的身，件件正當，無一些差錯，那一家的人爲父子、兄弟、夫婦、長幼的，便看着樣子，都去學好，家無有不齊的。

家齊而后國治，「家」又是一國的根本。家既齊了，那一國的人，便看這一家的樣子，也都去學好，國無有不治的。

國治而后天下平。「國」又是天下的根本。國既治了，那天下的人，便看這一國的樣子，也都去學好，天下無有不平的。自「物格而后知至」以下七句，是大學八條目的功效。

自天子以至於庶人，壹是皆以修身爲本。「天子」是指人君，人君代天理物，便如天的兒子一般。「庶人」是指百姓每。這「至於」兩箇字，包着諸侯卿大夫士在裏面。「壹是」解作「一切」。言上自人君、下數到百姓每，貴賤雖有不同，一切要以修身做箇根本。

其本亂而末治者，否矣。「本」是指身。「末」是指家國天下。「否」是不然的意思。人的一身既不能修，便是根本上亂了，却要使家齊、國治、天下平，決不可得。

其所厚者薄，而其所薄者厚，未之有也。「所厚」是指一家。「所薄」是指國與天下。「未之有」是說無此理。一家有骨肉之親；國與天下，群臣百姓多是疏遠的人，自然較薄些。若一家骨肉分上既待的薄了，却望他去優禮臣下、愛養百姓，必定無此理。「自天子以至于庶人」與這一節是說八條目中「修身」、「齊家」兩件，最爲緊要。

詩云：「邦畿千里，惟民所止。」這兩句詩出在詩經商頌玄鳥篇。「邦畿」是京畿地方。「止」字解作居字。詩言：「京畿地方周圍有千里之廣，乃百姓每所居止的去處。」引此以見凡百事物，都有箇至善當止的意思。

詩云：「緡蠻黄鳥，止于丘隅。」這兩句詩出在詩經小雅緡蠻篇。「緡蠻」是鳥聲。「丘隅」是山高樹多的去處。詩言：「緡蠻之聲的黄鳥這等微物，都知道做巢居止在那山高樹多去處。」

子曰：「於止知其所止，可以人而不如鳥乎？」「子」是孔子。孔子讀這緡蠻兩句詩，説：「黄鳥微物，尚能知道尋箇好處做巢居止；人爲萬物之靈，豈可反不如這禽鳥知所當止乎？」引此以見大凡人，不可不知箇止至善的意思。

所謂誠其意者，毋自欺也。「誠意」是學者自修頭一件事。「毋」解做禁止。「自欺」是自家欺謾不肯着實。曾子解經文説：「『誠其意者』這一句，只是要人於心上發動時，便着實爲善，着實去惡，常常禁止那自家欺謾的意思。」

如惡惡臭，如好好色，此之謂自慊〔一〕。「慊」字解做快字、足字。凡惡惡，如惡那惡臭一般，着實怕染些惡在身上；好善，要如好那好色一般，着實要得那善在身上。這等，自家心裏方才快足。

故君子必慎其獨也。「獨」是指自家心裏説好善、惡惡着實與不着實，只是自家心裏曉得，别人不曉得。所以君子的人，於這等去處，必要謹慎，不可一毫放肆。

小人閒居爲不善，無所不至，「閒居」是没人看見處。小人在那没人看見處爲惡，無一樣不做出来。見君子而后厭然，揜其不善而著其善。「厭然」是皇恐要躲藏的模樣。小人在背地裏幹了那不善的事，及至見君子的人，不覺皇恐躲藏，要遮掩惡處，顯出他那善來。

人之視己，如見其肺肝然，則何益矣？「視」解做看字。小人的模様，人都看出來，便如看見他肚裏肝肺一般。這等小人，枉費了這一段詐心，有甚麽益處？

此謂誠於中，形於外。故君子必慎其獨也。「中」是心裏。「外」是外面。這「獨」字即是閒居没人看見處。曾子說：「這等小人心裏着實爲惡，自然露將出來，所以君子的人以此爲戒，雖是没人看見處，愈加謹慎，不敢一毫放肆。」

故諺有之曰：「人莫知其子之惡，「諺」是俗語。曾子引俗語說：「那溺愛的人偏不明，他兒子雖有不肖處，也不知道，只是說好。」

莫知其苗之碩。」「苗」是田苗。「碩」是茂盛的意思。俗語又說：「那貪得的人偏不足，他那田苗雖是長得茂盛子，也不知道，只說不大長盛。」

此謂身不修，不可以齊其家。這一句是總結上文之意，言身不修不可以齊家。蓋身是一家的根本，根本既壞，家裏諸事都做不成了。

右傳之八章，釋修身齊家。右是前面說大學傳的第八章，是解釋經文中「修身齊家」的意思。

康誥曰：「如保赤子。」心誠求之，雖不中，不遠矣。未有學養子而后嫁者也。康誥是周書篇名。「赤子」是初生的子。曾子引周書説：「人君保愛百姓，當如保愛初生的子一般。」又解説道：「那初生的子，飢便思乳，寒便思衣，只不會説話。那爲母的，把至誠心去求他，雖是有些不着那赤子的意，也不遠了。不曾有人學了養子的法才去嫁人的。」可見慈母愛子的心，是出于自然，所以那赤子雖不會説話，以誠心求之，也得其意，何況百姓每會説話的？若反不得其意，只是不曾把誠心去求他。

一家仁，一國興仁；人能使一家之中都孝順父母，盡了仁的道理，則一國的人看着樣子，自然孝順父母而興於仁。

一家讓，一國興讓；人能使一家之中都敬事兄長，盡了讓的道理，則一國的人看着樣子，自然敬事兄長而興於讓。

一人貪戾，一國作亂。「一人」指君。説若爲人君的不仁不讓，只要貪財，所行違背于道理，則一國的人不肯心服，便生出禍亂來。

其機如此。一國的人仁讓本於一家，一國的人作亂本於一人，其機括所係如此。

此謂「一言僨事，一人定國」。所以古人説道：「一句言語説的不好便壞無數的事，一箇人行得好便能安定一國。」

堯、舜帥天下以仁，而民從之；堯、舜是古時兩位聖君。堯、舜在當時倡帥天下以仁愛的道理，因此那百姓每都依從着他，也興於仁愛。

桀、紂帥天下以暴，而民從之。桀、紂是古時兩箇無道之君。桀、紂在當時倡帥天下以暴虐的事務，因此那百姓每也都依從着他，以暴虐相尚。

其所令反其所好，而民不從。人君施號令于天下，要百姓每都爲善，自家却不好善，這便是「所令反其所好」，天下百姓豈肯信從他？

是故君子有諸己而后求諸人，「有諸己」是有善于己。君子之人，要教百姓每爲善，須要自家先有這善行。如自家能孝父母、敬兄長，方可責人去盡孝弟事。

無諸己而后非諸人。「無諸己」是無惡于己。君子之人，要禁百姓每爲惡，須要自家先没有這惡行。如自家没有不孝不弟的事，方可去正那不孝不弟的人。

所藏乎身不恕，而能喻諸人者，未之有也。人若自家身上藏着不善，却要教别人爲善；自家藏着惡，却要禁别人爲惡：這便是「不恕」。不恕的人曉喻百姓每能遵守號令，決無此理。

故治國在齊其家。這一句是總結上文，説要整理那一國的百姓，必先要整齊這一家的人。可見齊家是治國的根本。

詩云：「樂只君子，民之父母。」詩是詩經小雅南山有臺篇。「樂」是懽喜的意思。「只」是助語詞。曾子引詩説：「可喜可樂在上位的君子，便是百姓每的父親母親一般。」

民之所好好之，民之所惡惡之，「好」是喜好。「惡」是憎惡。曾子解詩説：「百姓每心裏所喜好的是飽煖安樂，君子之人都順着他的心，常恐奪其所好；百姓每心裏所憎惡的是飢寒勞苦，君子之人也都順着他的心，不肯把可惡的事加與他。」

此之謂民之父母。君子之人，於那當好的、當惡的，都順着人心，如此是愛百姓每如愛自家兒子一般，所以百姓每愛他，亦如愛自家的父母一般。以此見得爲人上者，不可徇私情好惡，拂逆了下頭的人心。

康誥曰：「惟命不于常道。」善則得之，不善則失之矣。康誥是周書篇名。「命」是天命。曾子引康誥說：「只有天命去就無常，全看人君所行如何。」又解書說：「人君若賤貨貴德，所行都是好事，則人心歸向，便得了天命；若貪貨敗德，所行都是不好的事，則人心離叛，便失了天命。」這一節是言上文引文王詩的意思。

楚書曰：「楚國無以爲寶，惟善以爲寶。」楚書是楚國史官所記的書。楚書說：晉大夫趙簡子曾問楚大夫王孫圉說，你楚國的寶物如何？王孫圉對他：「我楚國不以金玉爲寶，只是賢臣便當做寶。」

舅犯曰：「亡人無以爲寶，仁親以爲寶。」舅犯是晉文公的母舅。晉文公做公子時出亡在外，其後他父獻公薨逝了，秦穆公勸他歸國，舅犯教文公對說：「出亡在外的人，無可以爲寶，只以愛親爲寶。」若不能孝思其親，且去爭國圖利，便不是了。這兩節申明不外本而内末的意思。

秦誓曰：「若有一个臣，斷斷兮無他技，其心休休焉，其如有容焉。秦誓也是周書篇名。

「一个」是挺然獨立的意思。「斷斷」是誠一的模樣。「技」是材能。「休休」是易直好善的意思。秦誓説：「如有一个挺然獨立的大臣，爲人誠一，也無别様材能，只是他心裏易直好善，無比的有度量，容得人。」

「人之有技，若己有之；人之彦聖，其心好之，不啻若自其口出。寔能容之。「彦聖」是有美德的人。「不啻」猶言不但。「若大臣見那人有材能的，便相他自家有這材能一般；見那人有美德的，心裏着實喜好，不但相口裏稱道他。這等實是他度量寬洪，能容那有材有德的人。」

「以能保我子孫黎民，尚亦有利哉！「利」是利益。「若任用了這好賢樂善的人，必能保我子孫常享富貴，保我百姓常安生業。如此，庶幾有益於國家。」

「人之有技，媢疾以惡之；人之彦聖，而違之俾不通。寔不能容。「媢疾」是妬忌。「若大臣見那人是有材能的，專一妬忌憎嫌他；見那人是有美德的，便與他不合，阻隔他，使他到不得君上的根前。這等，實是他度量窄狹，不能容那有才有德的人。」

「以不能保我子孫黎民，亦曰殆哉！」「殆」是危殆。「若用了這嫉賢妬能的人，必不能保安我的子孫與我的百姓國家，豈不危殆？」

唯仁人放流之，迸諸四夷，不與同中國。「放流」是發去遠方，便象而今流罪一般。「迸」是斥逐的意思。曾子又説：「只有仁者之人，曉得這嫉賢妬能的人最爲國家大害，深惡痛絶他，務要發去遠方，斥逐到外夷地面去，不容在中國，恐怕貽害於人。」

此謂「唯仁人爲能愛人，能惡人」。曾子又引孔子這兩句言語説：「只爲仁者之人，至公無私，所以他愛的、惡的，都得其正。如斥逐那妨賢病國的小人，便是能惡人；小人去了，君子進用，百姓才得安樂，便是能愛人。」

中庸

子曰：「舜，其大知也與！舜是古時聖君。「知」是人的見識。孔子説：「舜是箇有大見識的聖人，非常人可及！」

舜好問而好察邇言，隱惡而揚善。「邇言」是淺近的説話。「惡」是説得不好的。「善」是説得好的。「舜雖是聖人，他心裏常喜懽咨問人。人的言語，雖是淺近，也喜懽去審察，不肯輕忽。那説得不好的便掩匿了，説得好的便播揚於衆，以此人都喜把那善言告與他。」

「執其兩端，用其中於民。「兩端」是衆論不同之極致，如小大、厚薄之類。「人的説話，雖是好了，其中却有兩端不同處。舜又把這兩端的説話自家酌量，看那箇合乎中道，然後取用他。」

「其斯以爲舜乎！」這一句結上文，説這等取衆人的見識合爲自己的見識，若非大舜聖人，誰能如此？

右第六章。前面説的這一段是中庸第六篇書。

子曰：「人皆曰予知，驅而納諸罟、擭、陷阱之中，而莫之知辟也。」「罟」是網，「擭」是機檻，「陷阱」是坑坎，這三樣都是人設下擒取禽獸的。「辟」是迴避。孔子説：「人人都自家説我有見識，其實常不知不覺陷在禍機裏面也不知道，便如禽獸被人趕逐在網裏、機檻裏、坑裏，全不知道迴避一般，豈是有見識？」

「人皆曰予知擇乎中庸，而不能期月守也。」「擇」是揀擇的意思。「期月」是一箇月。孔子又説：「人人都自家説我有見識，曉得揀擇、尋究那大中至正、日用常行的道理，却不知這道理既曉得了，須要守着行，若行時不能持守得一月之久，便與那不曉得的一般，豈是有見識？」這一段是將那知禍而不知避的人，比那能擇而不能守的人，都不得爲知。

右第七章。前面説的這一段是中庸第七篇書。

子曰：「天下國家可均也，」「均」是平治的意思。孔子説：「天下國家，人情不齊，最是難整理的。若資質明敏的人，他立起紀綱、定起法度來，使人人遵守奉行，天下國家便也可以平治了。」故曰「天下國家可均也」。

「爵禄可辭也，」「爵」是官爵。「禄」是俸禄。「爵禄最是人難捨的，若資質廉潔的人，見上頭人待得他禮貌不誠，或是言不聽、計不用，便飄然去了，不愛他官爵，也不受他俸禄。」故曰「爵禄可辭也」。

「白刃可蹈也，」「白刃」是鋒利的刀劍，最是人難犯的。若資質勇敢的人，他或遇着國家有些危急，骨肉有些患難，便捨了身命向前去救護，就在刀劍上過也不肯躲了。」故曰「白刃可蹈也」。

「中庸不可能也。」「中庸」是日用常行恰好的道理。「若凡事都處得停停當當，無一些過處，也無些不及處，便叫做『中庸』。看着雖是容易，其實非積學工夫到那極處，無有一毫人欲，一團都是天理的人，如何做得？蓋三者看着難，其實易；中庸看着易，其實難。」故曰「中庸不可能也」。

右第九章。前面説的這一段是中庸第九篇書。

子曰：「舜其大孝也與！「孝」是孝順父母。孔子説：「帝舜他是箇大孝的人，與尋常人孝順不同。」下面説的五件，便是他大孝的事。

「德爲聖人，「大凡人，誰不要有賢子？惟帝舜他有聖人的德性，無所不通，天下人都不如他，豈不是大孝？」

「尊爲天子，「大凡人，誰不要有貴子？惟帝舜他以聖德受天命，帝堯傳位與他，爲天下君，豈不是大孝？」

「富有四海之内。「大凡人，誰不要有子致富？惟帝舜他有天下了，自西自東，自南自北，四海之内，都做臣妾，都来貢獻他，豈不是大孝？」

「宗廟享之，「大凡人，誰不要祖宗光顯？惟帝舜他用天子禮樂立了七廟，四時祭享，又把祖父来配享天地，豈不是大孝？」

「子孫保之。」「大凡人，誰不要子孫長久？惟帝舜他恩德在人深了，不止在當時子孫做諸侯，後来夏、商、周三代，也都封他子孫，把賓客来待他，如虞思、陳胡公之屬，守着祭祀，綿綿不絕，豈不是大孝？」

「踐其位，行其禮，奏其樂，敬其所尊，愛其所親，事死如事生，事亡如事存，孝之至也。」「其」字是指先王。孔子説：「人君身之所踐履的，是先王之位；行的禮數，是先王之禮；奏的音樂，是先王之樂。一行一動都依着，不敢有所更改。祖宗是先王尊敬的，也尊敬他，不敢有所怠慢；子孫臣庶是先王親愛的，也親愛他，不敢有所憎惡。先王雖已死，奉之恰如生時一般；先王雖已亡，奉之恰如存時一般。人君事其先王，這等樣繼志述事，可謂極其孝矣。」

「郊社之禮，所以事上帝也；宗廟之禮，所以祀乎其先也。明乎郊社之禮、禘嘗之義，治國其如示諸掌乎！」「郊」是祭天。「社」是祭地。宗廟之大祭謂之「禘」。四時秋祭謂之「嘗」。孔子又説：「郊社的禮，所以祭昊天上帝及后土，報其生物成物之功；宗廟四時的禮，所以祭祖宗，盡報本追遠之意。人君這等祭天地、祭祖宗，其中有許多禮數，又有許多義理。若全曉得這禮義，那治國家的道理即此而在，如看自家的手掌一般這等易見。」蓋幽明無二理，都只在仁孝誠敬上，故曰「治國其如示諸掌乎」。

右第十九章。前面説的這一段是中庸第十九篇書。

哀公問政，子曰：「文、武之政，布在方策。其人存則其政舉，其人亡則其政息。」哀公是魯國之君。「方策」是古時的史書。「其人」指當時君臣説。昔魯哀公問爲政之道於孔子，孔子對他説：「比先周文王、武王所行的政事，至今一件件都在方策上，明白可見。若有那比先的君臣，這政事便都舉行；若無那比先的君臣，這政事便都息滅了。」

「人道敏政，地道敏樹。夫政也者，蒲蘆也。」「敏」字解做速字。「蒲蘆」即蒲葦，最是易生之物。孔子又説：「以人立政，如以地種樹，其成甚速。然政之易舉，只相那蒲葦一般，朝種夕生，其成尤速。」這一段是説人存政舉之易如此。

「故爲政在人。取人以身，修身以道，修道以仁。」「人」是賢臣。「身」指君身説。「道」是人所共由的道理。「仁」是人心之全德。孔子又説：「人君爲政，惟在得賢臣，能用了賢臣，則政事無有不舉的。」故曰「爲政在人」。「取用賢臣，又當把自家身子来做箇準則，能修其身，則所取用的都是賢人，不誤認小人爲君子。」故曰「取人以身」。「若要修身，又當以道爲本，能於君臣、父子、夫婦、長幼、朋友這五件道理盡了，身豈有不修的？」故曰「修身以道」。「若要修道，又當以仁爲要，能使一心之中全是天理，無一些人欲，道豈有不修的？」故曰「修道以仁」。

「仁者，人也，親親爲大；義者，宜也，尊賢爲大。親親之殺，尊賢之等，禮所生也。」「人」指人身説。人有了這身子，具此生理，便自然有箇惻怛慈愛的意思，這便是仁之性，故曰「仁者人也」；仁的道理，必先親愛至親，故以親親爲大。「宜」是事理各有箇當然處。人具此生理，靈於萬物，自然能分别那事理的當然處，這便是義之性，故曰「義者宜也」；義的道理，必先尊敬賢人，故以「尊賢爲大」。親親中間，又有不同，如在父母當孝敬，在宗族當和睦，自有箇隆殺；尊賢中間，也有不同，有當尊做師傅的，有當把做朋友的，自有箇等級。這隆殺等級，乃是人稟得禮之性生發出來，故曰「禮所生也」。

「在下位不獲乎上，民不可得而治矣。這一句本在後面，因傳寫差了，重在這裏。

「故君子不可以不修身，思修身不可以不事親，思事親不可以不知人，思知人不可以不知天。」承上文説爲政全在得人，取人的準則又在君身，故曰「君子不可以不修身」；修身必須以仁道爲要，仁莫先於愛親，故曰「思修身不可以不事親」；人若常與賢人在一處，則親親的道理越講究得明白，若與那不肖的在一處，必至辱其身害及於親，故曰「思事親不可以不知人」；親親有隆殺，尊賢有等級，都是自然天理，若不知這天理，豈能辨人的賢否？故曰「思知人不可以不知天」。

「齊明盛服，非禮不動，所以修身也；這一段以下是説「九經」的事。「齊明」是齊潔自家的心思。「盛服」是整肅自家的衣冠。「非禮不動」是不肯做不合禮的事。人君長能「齊明」以一其内，「盛服」以肅其外，凡事都依着禮法行。這便是修身的道理。

「去讒遠色，賤貨而貴德，所以勸賢也；「讒」是顛倒是非的小人。「色」是美色。「貨」是財利。「德」指賢人君子説。人君長能斥退小人，不使讒謗得行；疎遠美色，不使政事妨悮；輕賤財利，不使百姓傷害，只是貴重賢人君子。這便是勸賢的道理。

「尊其位，重其禄，同其好惡，所以勸親親也」；「位」是爵位。「禄」是俸禄。人若常能體念宗室，不問疎戚，都與高爵使他貴，與厚禄使他富，心裏好的與他同好，心裏惡的與他同惡。這便是勸親親的道理。

「官盛任使，所以勸大臣也」；「官盛任使」謂官屬衆多，足以備使令。蓋大臣不當親細事，人若長優禮他〔二〕，使凡事只總箇大綱，其餘庶務，自有屬官分頭整辦。這便是勸大臣的道理。

「忠信重禄，所以勸士也」。「忠信」是待之誠。「重禄」是養之厚。人君於群臣若相待不誠，則心志不相孚；俸禄不厚，則不足以養其父母妻子。若待之既誠、養之又厚，這便是勸士的道理。

「凡爲天下國家有九經，所以行之者，一也」。「九經」即前面修身以下九件事。「一」即是誠。孔子説：「人君治天下國家，有這九件經常的事。行這九經，又本乎一誠。蓋誠則實，不誠則虛，若有九經的名，無九經的實，便都是虛文，如何能治天下國家？」

「凡事豫則立，不豫則廢」。「凡事」指前面達道、達德、九經説。「豫」是素定的意思。凡達道、達德、九經這許多事，若平日都把一箇誠爲主，講的明，行的熟，遇着事到根前，便做將去，無有不成立的。若無箇素定，臨時旋去安排，倉卒苟且，豈不壞事？

「言前定則不跲，事前定則不困，行前定則不疚，道前定則不窮」。「跲」比如人走路跌倒一般。「困」是窘束的意思。「疚」是病。大凡言語有箇素定，開口時便句句着實，無有跌蹉處，故曰「言前定則不跲」；事務有箇素定，當行時便件件處置了，不被他窘束，故曰「事前定則不困」；孝弟忠信之行，若涵養有素，則所行都在禮法中，自無疵病可指，故曰「行前定則不疚」；萬事萬物之理，若都曾理會過，事至物来，雖千變萬化，也只管應答酬酢去了，故曰「道前定則不窮」。

「在下位不獲乎上，民不可得而治矣」；「獲乎上」是得君的意思。大凡在下位的人，要行其志，須是得在上的人信任，方才可行；若在上的不信任他，雖有才幹要施爲，人也不聽從他，故曰「不獲乎上，民不可得而治矣」。

「獲乎上有道，不信乎朋友，不獲乎上矣」；人要在上的人信任他，又不在阿諛取容上，自有箇道理，只看朋友分上如何。若平日立心行己，没有好名頭，朋友每都不稱道他，在上的人如何得知？故曰「不信乎朋友，不獲乎上矣」。

「信乎朋友有道，不順乎親，不信乎朋友矣」；人要得朋友每相信，又不在便佞苟合上，也自有箇道理，只看父母分上如何。若平日不孝順，父母不喜懽，便是大節上欠了，朋友必然見疑，故曰「不順乎親，不信乎朋友矣」。

「順乎親有道，反諸身不誠，不順乎親矣」；人要得父母喜懽，又不在阿意曲從上，也自有箇道理，只看誠身如何。若回頭自家身上所存所行全不着實，外面做了孝順的事，内却没有孝順的心，如何得父母喜懽？故曰「反諸身不誠，不順乎親矣」。

「誠身有道，不明乎善，不誠乎身矣。人要自家做箇表裏如一、至誠的人，又非是一時間可以襲取强爲的，也自有箇道理，只看明善如何。若不能格物致知上用功，着實曉得那天理至善所在，他好善惡惡處，都不免内欺心、外欺人了，如何做得表裏如一至誠的人？故曰「不明乎善，不誠乎身矣」。

「誠者，天之道也；誠之者，人之道也。」此因前面「誠」字說下來。「誠」是真實無有虚妄。天道只是一箇實理，如寒暑晝夜，百千萬年，常是如此；生出人物來，百千萬樣，各得其性，並無一些差繆，可見天理自然真實無妄，故曰「誠者，天之道也」。「誠之者」是用力要真實無妄。人的正性，也只是一箇實理，但氣質有偏，往往被私慾壞了，須是用力求到那真實無妄處，不要有些虚假，這是人爲的道理當如此，故曰「誠之者，人之道也」。

「誠者，不勉而中，不思而得，從容中道，聖人也。」真實無妄的人，他原禀的氣質好，德性渾然，都是天理，不消勉强，自然中節，不消思索，自然曉得，一件件都從容合着道理。這便是聖人，自是真實無妄，也與天道一般。

「誠之者，擇善而固執之者也。」「擇善」是事理中揀擇那善處。「固執」是堅固把捉的意思。未至於聖人的，必須辨别天下的事，那箇是善，那箇是不善？務要中間揀擇那善的出來；既知道了，又堅固把捉着這道理行，不爲私慾所奪。這是未能真實無妄而求其如此，即是人道。

「博學之，審問之，慎思之，明辨之，篤行之。」「博」是廣博。人於天下萬事萬物的道理，都當要理會過，若有一件不知道，便欠闕了，故曰「博學之」；學既博了，心裏不能無疑，須要去問人，問人時必須仔細，不要粗略，務使那師傅、朋友每，都得盡情講論，方可解那疑惑，故曰「審問之」；既問了人，又須自家去思索，思索時必須反求諸心，不要泛濫，也不要穿鑿，方才見得道理精，故曰「慎思之」；思索既是有得，遇着事務到根前，是的、不是的，一分一毫都據理去斷他，務使明白，故曰「明辨之」；學、問、思、辨這四件，於道理上着實知得透徹，不可只做一場説話，須要見諸行事，着實用力做將去，務要到箇至處，不可半上落下，故曰「篤行之」。這五件是擇善固執的條目，學聖賢，須從這五件做工夫；要理天下，也須從這五件做工夫。

誠者，自成也；而道，自道也。「誠」是天地人物公共的實理。如天有此實理方成此天，地有此實理方成此地，人有此實理君臣方成得君臣、父子方成得父子，物有此實理草木鳥獸方成得草木鳥獸。若有一毫虚假安排造作，便不成了，故曰「誠者自成也」。「道」是實理見於日用事物之間的，實理雖是物之所以自成，然見於日用事物間，則在人當自行。如君臣有義之理，爲君臣的當自行此義；父子有親之理，爲父子的當自行此親；夫婦、長幼、朋友有序、别、信之理，爲夫婦、長幼、朋友的當自行此序、别、信，故曰「而道自道也」。

誠者，物之終始，不誠無物，是故君子誠之爲貴。天地人物，其成必有箇起頭，其壞必有箇窮盡，徹首徹尾，都是這實理所爲。蓋有這物便有這實理，無這實理便無這物了，故曰「誠者物之終始」。然在天無有不實的理，在人却有不實的心。如君之仁、臣之敬，有一些不實，便無這仁、敬；父之慈、子之孝，有一些不實，便無這慈、孝，故曰「不誠無物」。所以君子人重在這一箇誠字上，要以實心爲貴。

誠者，非自成己而已也，所以成物也。人能盡得這一段實理，不止成就自家一己做箇好人，天下人都同此心、同有此理，教養起來，都自然有箇成就，推到極處，便天地可位、萬物可育，故曰「誠者，非自成己而已也，所以成物也」。

成己，仁也；成物，知也。性之德也，合外内之道也，故時措之宜也。人能成己，則所存都是實理，無一毫私僞，豈不是仁？又自然因物成就，各得其宜，豈不是知？然仁、知二者，非是從外面來的，即是人所稟天性中固有之德也，非是判然二物。只是仁爲體、知是用，若存於中的無有不仁，發於外的便無有不知，故曰「性之德也，合外内之道也」。仁、知兼全，由體達用，則事不論難的易的，隨時措置，自然都合道理，事至物來，豈有不停當處？所以説「故時措之宜也」。

右第二十五章。前面説的這一段是中庸第二十五篇書，子思推明人道的意思。

仲尼祖述堯、舜，憲章文、武，上律天時，下襲水土。仲尼是孔夫子的字。「祖述」、「憲章」、「上律」、「下襲」都是效法的意思。子思説：「夫子能體這中庸的道理。如堯、舜二帝，其道已至極處，夫子遠宗他所行之道；文、武二王，其法最爲詳備，夫子近守他所制之法。上而天時有春夏秋冬，夫子能法他自然之運，如論語中説夫子遇着不時之物不食，遇着迅雷風烈必變，又如他一生仕止久速，各當其可，便是他律天時處；下而水土有東西南北，夫子能因他一定之理，如禮記中説夫子在魯地上便穿逢掖的衣，在宋地上便戴章甫的冠，又如他一生用舍行藏，所遇而安，便是他襲水土處。」

辟如天地之無不持載、無不覆幬。辟如四時之錯行，如日月之代明。「辟」是比喻。「載」

如舡載之載。「幬」是帳幔之類。「錯」是交迭的意思。「代」是輪流的意思。天如箇帳幔覆蓋着萬物，故曰「覆幬」。地如箇舟舡收載着萬物，故曰「持載」。子思說：「夫子能盡中庸之道。其德之廣博深厚，便如地之收載萬物一般；德之高大光明，便如天之覆蓋萬物一般。」寒往則暑來，暑往則寒來，四時交迭，往來不息，故曰「錯行」。日升則月沉，月升則日沉，晝夜輪流，照耀不已，故曰「代明」。子思又說：「夫子之德，博厚高明，都極其悠遠長久，便如四時交迭往來一般，又如日月輪流照耀一般。」

萬物並育而不相害，道並行而不相悖，小德川流，大德敦化。四時日月流行處，即是「道」。子思又說：「天覆地載之間，元化運行，凡諸般物類，不問洪纖高下、飛潛動植，生的自生，長的自長，都各不相妨。」故曰「萬物並育而不相害」。「春生夏長，秋收冬藏，只管循環將去；日明乎晝，月明乎夜，也只管循環將去，都各不相亂。」故曰「道並行而不相悖」。「小德」如說小節，即是不相害不相悖處。「大德」如說全體，即是並育並行處。子思又說：「天地之道，就他小節上看，萬物都各止其所，生生不息，如川中的水一般，千支萬派，只管流得去，無有停住。」故曰「小德川流」。「天地之道，就他全體上看，萬物雖是散殊，都是這元化做根本，惟其根本敦厚盛大，所以發出來無有窮盡。」故曰「大德敦化」。

此天地之所以爲大也。子思又總結這一句說：「天地之道，極其至大如此，可見夫子能盡中其小德、大德〔三〕，正與天地一般。」

右第三十章。前面說的這一段是中庸第三十篇書，子思就聖人上推明天道的意思。

校勘記

〔一〕此之謂自慊　「慊」，此「慊」及下「慊」字，四庫本作「謙」。

〔二〕人若長優禮他　「若」，四庫本作「君」。

〔三〕可見夫子能盡中其小德大德　「中」，四庫本作「有」。

篁墩程先生文集卷二

青宫直講

論語一 成化十九年八月十三日。

子路第十三這是論語第十三篇。

子路問政。子曰：「先之，勞之。」子路一日問爲政之道。孔子告他說：「凡民之行，要當以身先之，如欲民愛親敬長，必先自家躬行孝弟；凡民之事，要當以身勞之，如欲民豐衣足食，必先勤勤的勸課農桑。」蓋能先之，則民不令而行；能勞之，則民雖勤不怨。

請益，曰：「無倦。」「益」是增益。子路喜於有爲，意謂爲政之道不止於此，又請增益其說。孔子說：「只把先之、勞之兩件去深思力行，不肯倦怠了，便是爲政之道，不必更求他說。」

仲弓爲季氏宰，問政。子曰：「先有司，赦小過，舉賢才。」「宰」是家臣之長。仲弓爲魯大夫季氏宰，一日也問爲政之道。孔子告他説：「爲政當先要委任屬官，使各有職掌，然後考他成功，則已不勞而事畢舉。」故曰「先有司」。「凡人有過失，大者於事或有所害，不得不懲治，若些小過誤，寬宥他，則刑不濫而人心悦。」故曰「赦小過」。「至於有賢德才能的人，又當舉用他，能舉賢才，則有司皆得其人，而政益修。」故曰「舉賢才」。

曰：「焉知賢才而舉之？」曰：「舉爾所知。爾所不知，人其舍諸？」仲弓又問説：「安得盡知一時的賢才，舉用他？」孔子説：「但舉你所知的賢才。你不知的賢才，别人却知道，各自去舉用他，豈肯棄了？」蓋薦賢舉能，是爲政之先務，若妬賢嫉能，如何成得治道？此章雖爲季氏宰而言，然治天下之道，亦不過此。

八月十八日温講。

子路曰：「衛君待子而爲政，子將奚先？」衛君是衛國之君蒯輒。子路一日問孔子説：「衛君欲等候夫子出來爲政，夫子所行把那一件事爲首？」

子曰：「必也正名乎！」「名」是名分，君臣父子乃名分之大者。孔子説：「我若爲衛國之政，必先要正名分。」當是時，靈公之子蒯聵欲殺其母，得罪於父，逃出去了。蒯輒是蒯聵之子，又據國以拒父，皆無父之人，不當爲君。夫子必將上告天子，下請方伯，立靈公次子郢爲君，庶幾名分得正。蓋名分既正，諸事方可舉行。然夫子正名雖爲衛君而言，其實爲政之道，皆當以此爲首。

子路曰：「有是哉？子之迂也，奚其正？」「迂」是迂闊。子路説：「蒯輒已立了十二年，若夫子爲政以此爲先，太迂闊了，何必正名分？」

子曰：「野哉，由也！君子於其所不知，蓋闕如也。「野」是鄙俗。子路姓仲，名由。孔子責子路說：「鄙俗哉，仲由之爲人！凡君子人遇他所不知的事，便闕而不言，豈可輕率妄對？」

「名不正則言不順，言不順則事不成。孔子又說：「若君不君、臣不臣、父不父、子不子，這等名分不正了，自然開口有礙於理，如何說得去？既說不去，却要做君臣父子的事業，自然掣肘，人都不服，如何做得成？」

「事不成則禮樂不興，禮樂不興則刑罰不中，刑罰不中則民無所措手足。「禮只是一箇序，樂只是一箇和。若君臣父子間有名無實，便於道理上都錯亂無序、乖戾不和。既無序而不和，其所行的政事必然顛倒，本是小人當罪的却不罪他，本是君子不當罪的却去罪他，這等刑罰顛倒，教人如何趨避？將見下民戰戰兢兢、無容身之地，都從這名分不正上來。」

「故君子名之必可言也，言之必可行也。君子於其言，無所苟而已矣。」「苟」謂苟且。孔子又說：「君子之人，於有名的事，便詞嚴義正，好開口說；於可說的事，便循名責實，好下手行。所以君子之人，自家說話，不可苟且；有一事苟且，則名不正、言不順，無一事不苟且了。」

樊遲請學稼。子曰：「吾不如老農。」請學爲圃，曰：「吾不如老圃。」「稼」是種五穀，「老農」是種田的老者。「圃」是種蔬菜，「老圃」是種菜的老者。樊遲一日請學種五穀之事，孔子說：「我不如那老農之人曉得。」樊遲又請學種蔬菜之事，孔子說：「我不如那老圃之人曉得。」樊遲遊聖人之門，不學禮義，却要去學這兩件事，其志卑陋，故孔子説吾不如老農、老圃以拒之。

樊遲出，子曰：「小人哉，樊須也！」「小人」是細民。須是樊遲的名。樊遲既問了，出外面去，孔子怕樊遲不曉得拒他的意思，反去求學於老農、老圃，越差得遠了，故又呼其名，以「小人哉」警之。

八月二十九日。

「上好禮則民莫敢不敬，「上」是指在上有位的人。禮、義、信這三者，是大人之事。孔子説：「在上的人若能好禮，使上下大小都有箇定分，則下面百姓誰敢不恭敬？」

「上好義則民莫敢不服，「在上的人若能好義，使所行的政事件件都合宜，則下面百姓誰敢不畏服？」

「上好信則民莫敢不用情。「在上的人若能好信，但發言行事都誠實無一些虚假，則下面百姓誰敢不以誠實應在上的人？」

「夫如是，則四方之民襁負其子而至矣，焉用稼？」「襁」是織縷爲之，以約小兒於背者。孔子又説：「在上的人果然好禮、好義、好信，能盡大人之事，如此，則四方的百姓聞風慕義，襁負其子，都來歸服，種田納税，不可勝用，又何必自爲耕稼？」

子曰：「誦詩三百，授之以政，不達；使於四方，不能專對；雖多，亦奚以爲？」詩是詩經，篇數有三百之多。孔子以詩經裏面多説人情物理，其言詞又委曲和平，因説：「若有人讀了詩經三百篇，宜乎能居官爲政，今却全不通達民情世務；若奉命出使四方，宜乎能言，今却全不會措辭，轉靠人替他應對。這等，雖讀了許多經書，有何用處？」蓋窮經必先明理，明理方能適用，若不能明理，不過記問之學，故曰「雖多，亦奚以爲」。

子曰：「其身正，不令而行；其身不正，雖令不從。」孔子説：「在上的人若持身端正，所存所行的無有偏私，這等，便不待發號施令，下人自然不敢違犯；若持身不端正，所存所行的多是偏私，這等，雖耳提面命，下人也不服從。」蓋人之一身乃家國天下之本，不能正己，焉能正人？有天下國家者，不可不謹於此。

子謂衛公子荆，「善居室。公子荆是衛大夫。「室」是房屋。「苟」是聊且粗略將就的意思。孔子一日説，衛大夫公子荆他善於治所居的房屋。

「始有，曰：『苟合矣。』」「初起房屋時，只説道將就收拾而已。」

「少有，曰：『苟完矣。』」「其後房屋漸漸的做起來，只説道將就了當而已。」

「富有，曰：『苟美矣。』」「及至房屋做得整齊大好了，也只説道將就完美而已。」公子荆於居室之間，不以欲速盡美累其心，可謂賢大夫，故孔子稱善如此。後世妄興土木之工，勞民傷財，可不以此爲戒？

二九月初二日。

子適衛，冉有僕。子曰：「庶矣哉！」「適」是往。「僕」是御車。「庶」是衆多的意思。孔子一日往衛國去，弟子冉有爲孔子御車而行。孔子見衛國的人民衆多，嘆息説：「庶矣哉，衛國之民也！」

冉有曰：「既庶矣，又何加焉？」曰：「富之。」「加」是增益的意思。冉有説：「百姓每既如此衆多了，然衆多之外，復何所增益？」孔子説：「百姓每既衆多了，當制田里、薄税斂，使他富足，無飢寒之患方好。」

曰：「既富矣，又何加焉？」曰：「教之。」冉有又説：「百姓每既富足了，然富足之外，復何所增益？」孔子説：「百姓每既富足了，當立學校、明禮義，教訓他，使人都明於人倫，復其性善方好。」蓋庶而不富則民生不遂，富而不教則又近於禽獸，故孔子以答冉有之問。然雖一時之言，其實可爲萬世帝王的師法。

子曰：「苟有用我者，期月而已可也，三年有成。」「期月」謂周一歲之月。孔子説：「若時君真箇有能任我爲政的，我只消一年之間興利除害，把一國的紀綱先立起來。」故曰「期月而已可也」。「可」是僅可，還有未盡的意思。「若使爲政到三年之久，便財足兵强，教行民服，一國之治道可以大備。」

故曰「三年有成」。蓋聖人嘆道不行於當時，故其言如此。

子曰：「『善人爲邦百年，亦可以勝殘去殺矣。』誠哉是言也！」「善人」是志仁無惡的人。孔子說：「善人相繼爲邦國之政至于百年，這等積功之久，亦必能化殘暴之人，使他不敢爲惡。百姓每既不敢爲惡，可以不用重刑。」故曰「善人爲邦百年，亦可以勝殘去殺矣」。這一句蓋是古語，孔子稱之，故曰「誠哉是言也」。可見古人說的不虛，若能依着行，必能有這等治效。

子曰：「如有王者，必世而後仁。」「王」謂聖人受命而興者。三十年爲一「世」。「仁」謂德澤。孔子說：「若有聖人受天命爲天下之君，必以仁義教養天下之人，積而至於三十年之久，然後天下之人無一箇不被其德澤。」故曰「必世而後仁」。考之於古，惟周文王、武王至成王、康王的時節，才足以當之；降自漢、唐，皆不能及。

定公問：「一言而可以興邦，有諸？」孔子對曰：「言不可以若是其幾也。定公是魯君。「幾」是期必的意思。魯定公一日問孔子說：「人若說一句好言語出來，便能興起邦國，有此理乎？」孔子答他說：「人一言之間，如何便這等敢必其效？」

「人之言曰：『爲君難，爲臣不易。』「人之言」是當時人有此言。意謂爲人君若有道則國治，無道則國亂，是爲君之難也；爲人臣若盡忠則能致君，不忠則必悞國，是爲臣不易也。

「如知爲君之難也，不幾乎一言而興邦乎？」孔子既引時人之言，因說：「爲人君的若是知道爲君之難，必然戰戰兢兢，如臨深淵，如履薄冰，不敢有一毫放肆，庶能保守君位，看來『爲君難』這一句言語，豈不可以必期於興邦乎？」

「一言而喪邦，有諸？」孔子對曰：「言不可以若是其幾也。定公又問孔子說：「人若說一句不好的言語出來，便至於亡國，有此理乎？」孔子也答他說：「人一言之間，如何便這等敢必其效？」「人之言曰：『予無樂乎爲君，惟其言而莫予違也。』「予」是人君自稱之詞。孔子引時人之言說：「我做人君别無可樂，獨有我的言語説出來，臣下都不許違背了，這便是我的樂處。」

「如其善而莫之違也，不亦善乎？如不善而莫之違也，不幾乎一言而喪邦乎？」孔子因説：「人君的言語説出來，若是順天理、合人心，無有不善，臣下都依着行，不敢違背他，豈不是好事？若人君的言語説出來，不順天理、不合人心，這等不善也要臣下都依着行，不許違背他，則忠言不入於耳，君日驕，臣日諂，未有不亡其國者。然則時人這一句言語，豈不可以必期於喪邦乎？」孔子此言雖告定公，其實可爲萬世人君之大戒，不可輕忽。

三九月十二日。

葉公問政。子曰：「近者悦〔一〕，遠者來。」葉公是楚葉縣尹，僭稱公。一日問孔子説，如何是爲政之道。孔子告他說：「爲政者能與民興利除害，不做失人心的事，則近處百姓被其恩澤，自然喜悦，遠處的百姓聞其風聲，都相率來歸，這便是爲政之道。」

子夏爲莒父宰，問政。莒父是地名。「宰」即是如今知縣。子夏爲莒父宰，一日也問孔子說，如何是爲政之道。

子曰：「無欲速，無見小利。「速」是急速。「小利」是小小的便宜。孔子告子夏說：「事之久速，自有箇次序，爲政者當順其自然，不可去急急的求效；事之大小，自有分量，亦當順其自然，不可計小小的便宜。」

「欲速則不達，見小利則大事不成。」孔子又說：「爲政者要急急求效，便急遽無序，反行不將去。」故曰「欲速則不達」。「計小小的便宜，便所就者小，所失者大。」故曰「見小利則大事不成」。聖人之言，雖救子夏之失，然天下後世皆可以爲法。

葉公語孔子曰：「吾黨有直躬者，其父攘羊而子證之。」物自來而取之曰「攘」。葉公一日對孔子說：「我鄉里中有一箇直道行己的人，他父親見人家走將羊來，就竊取了，他做兒子不肯隱諱，出來證做他父親爲盜。」

孔子曰：「吾黨之直者異於是。父爲子隱，子爲父隱，直在其中矣。」孔子說：「我鄉里中也有直道行己的人，比這箇人不同。他做父親的若兒子有過失，便替兒子隱諱，不忍對人說；做兒子的若父親有過失，便替父親隱諱，也不忍對人說。這等人，雖是不求直，自有箇直的道理在其中。」蓋順理爲直，父子相隱，乃天理人情之至；若葉公所論，乃是傷恩害義的事，如何得爲直？故孔子正之。

樊遲問仁。「仁」者，本心之德。樊遲一日問孔子如何能全本心之德。

子曰：「居處恭，執事敬，與人忠。」「恭」就容貌上說，是敬之見於外者。「敬」就行事上說，是恭之主於内者。「忠」是盡己之謂。孔子告樊遲說：「閑居靜處之時，此心雖無作爲，常使容貌恭肅，不敢怠慢，則仁便在居處上了；應事接物之際，此心必加省察，常使執事敬謹，不敢輕忽，則仁便在執事上了；至於與人交接之時，常是盡心竭力，無少欺詐，則仁便在與人上了。」

「雖之夷狄，不可棄也。」「之」是往。「夷狄」是外國。言能常常如此，雖往夷狄之國，這恭、敬、忠三者也不可須臾違棄了；這等固守不失，則本心之德無有不全，而仁道得矣。

子貢問曰：「何如斯可謂之士矣？」民有四等，曰士、農、工、商。士爲四民中第一等人〔二〕，所以子貢問孔子說：「如何方可謂之士？」

子曰：「行己有恥，使於四方，不辱君命，可謂士矣。」孔子告子貢說：「自家所行，若有不善，便羞恥不肯去爲；奉君命出使於四方，又能專對，不辱了人君的命令；此其志既能有所不爲，其才又足以有爲，這等便無負於士之名矣。」

曰：「敢問其次。」九月十七日温講。子貢又問孔子說：「爲士者既有次等人，敢問又次一等的人是如何？」

曰：「言必信，行必果，硜硜然小人哉！抑亦可以爲次矣。」「信」是誠實。「果」是果決。

「硜硜」是小石之堅確者。「小人」言其識量淺狹。孔子答他說：「發一句言必於誠實，行一件事必於果決，譬如小石塊硜硜然堅確不可轉移，這等識量淺狹之人，其本末皆無足觀，然亦不害其爲自守，可以爲又次一等之士。若再下一等，便是市井人，不可以爲士矣。」

既有兩三等人，若如今做官從政的人，其高下又何如？子貢又問孔子說：「爲士者曰：『今之從政者何如？』」「今之從政者」指當時魯三家大夫之類。

子曰：「噫！斗筲之人，何足筭也。」「噫」是心不平之聲。「斗」是量米的，「筲」是竹編了盛東西的，都是小器物，譬如鄙細的小人一般。「筭」是數也。孔子因子貢屢問屢下，因嘆息告他說：「如今做官從政的人局量褊淺，規模狹隘，都是斗筲小器之輩，何足數他？」子貢之意，蓋欲爲皎皎之行，有聞於人，故孔子專以篤實自得之事警之。

子曰：「不得中行而與之，必也狂狷乎！」「中行」是無過不及、中道上行的人。「狂狷」是過與不及的人。狂者志極高而行不掩，如說得十分只行得五七分；狷者知未及而守有餘，如曉得一分只管守定這一分。孔子嘆說：「不得中道而行的人來教他，若是可教以進於道者，其惟狂狷之人乎！」

「狂者進取，狷者有所不爲也。」「進取」是進而有爲於善。「不爲」是不作非禮之事。孔子說：「狂者雖是行不掩言，他卻有進而爲之之志；狷者雖是知不及守，他卻斷無非禮之爲。」若因其志節激厲裁抑，他皆可以進於中道，不似那小廉曲謹的人，只管怕事，雖不爲惡，亦不足與爲善，這等人便教他也無益。故孔子有取於狂狷者如此。

子曰：「君子和而不同，小人同而不和。」「和」是無乖戾之心。「同」是有阿比的意思。孔子說：「君子的心術公正，專一尚義，凡與人相交，必同寅協恭，無乖戾之心，然事當持正處，又不能不與人辯論。」故曰「君子和而不同」。「小人的心術私邪，專一尚利，凡與人相交，便巧言令色，有阿比之意，然到不得利處，必至於爭競。」故曰「小人同而不和」。聖人發明君子、小人情狀如此，蓋欲人以君子自勉，以小人爲戒。

子曰：「善人教民，七年亦可以即戎矣。」「善人」是資質良善的人。「即」是就。「戎」是兵。孔子說：「善人爲政，必教人以孝弟忠信之行、務農講武之法，至於七年之久，人都知道親其上、死其長，方可使他就兵戎之事。」

子曰：「以不教民戰，是謂棄之。」「以」是用。孔子又說：「爲人上者，須先教導下人，使他知道親上死長之義及行陣擊刺之法，然後使他征戰，可責其成功；若用平日不曾教習的人，使他征戰，是自棄其民于死地，必有敗亡之禍。」古者寓兵於農，看聖人這兩段說話，兵豈可以輕用？

憲問第十四這是論語第十四篇。先儒以爲孔門弟子原憲所記，故摘篇首「憲問」二字名篇。

憲問耻。憲即是原憲。「耻」是羞耻。原憲一日問孔子如何是可耻之事。

子曰：「邦有道，穀；邦無道，穀。耻也。」「穀」是做官的俸禄。孔子告他說：「人若遇國家有道之時，人君修德，言聽計行，却不能建白有爲於時，只管喫俸禄；遇國家無道之時，人君不修德，言不聽、計不行，却不能引退獨善其身，也只管喫俸禄。這等尸位素餐，都是可耻的事。」

「克、伐、怨、欲不行焉，可以爲仁矣？」這也是原憲問。「克」是好勝。「伐」是自矜。「怨」是忿恨。「欲」是貪欲。「仁」是本心之德。原憲問孔子説：「人的病痛有四等，或好求勝於人，常忌人高似他；或自矜誇其能，常恐人不知他；或有不平處不肯安命，只管怨天尤人；或有不足處不肯守分，只要貪圖苟得。這四等事都能制之，使不得行，可以爲仁乎？」

子曰：「可以爲難矣，仁則吾不知也。」孔子告他説：「克、伐、怨、欲這四者制之不行，但可以爲難能之事，若謂之仁，則非我所知也。」蓋仁則天理渾然，自無四者之累，若但制而不行，則是病根還在，豈可便謂之仁？

子曰：「邦有道，危言危行；邦無道，危行言遜〔三〕。」「危」是高峻。「遜」是卑順。孔子説：「君子遇國家有道之時，當高峻其言，高峻其行，不可委靡，這等非是矯激，蓋守道不阿，理當如此；若遇國家無道之時，君子所行，不可改變，也當高峻，只是所言則有時卑下謙恭而不敢盡，這等非是阿諛，蓋保身避禍，理當如此。」人君治天下，使人皆不敢盡言，則蔽塞言路，天下何由得治？

子路問成人。「成人」猶言全人。子路問孔子説：「如何可以爲全人？」

子曰：「若臧武仲之知、公綽之不欲、卞莊子之勇、冉求之藝，文之以禮樂，亦可以爲成人矣。」臧武仲、公綽、卞莊子，都是魯大夫。「文」是文飾。孔子説：「人若有臧武仲的明知足以窮理，孟公綽的廉潔足以養心，卞莊子的勇決足以力行，冉求的材藝足以泛應。既兼了四子之長，又加文飾，節之以禮，使中正而無偏倚，和之以樂，使和樂而無駁雜。這等材全德備，亦可以爲全人矣。」謂之「亦可」者，僅可之詞，是還未到全人至極處。蓋就子路所可及者而語之，若論全人至極處，非聖人不足以當此。

曰：「今之成人者何必然？見利思義，見危授命，久要不忘平生之言，亦可以爲成人矣。」「曰」字還是孔子説。「授命」謂不愛其生，把命與人的意思。「久要」是舊約。孔子又説：「今時所謂全人者，何必務要兼四子之長，又要文之以禮樂？只是遇見財之來，便思量合於義，不合於義不肯苟取；遇見君父有危難，便捨了身命去救，不肯偷生；若與朋友有舊的，不肯忘了平日所許的言語，務要踐言。有這等忠厚之實，雖其材知禮樂有所未備，也可以爲全人之次。」這又因子路之所能者而告之。

蘧伯玉使人于孔子。成化二十年三月初十日。蘧伯玉是衛大夫。孔子居衛國時，嘗在他家住，後回魯，故伯玉使人來問候孔子。

孔子與之坐而問焉，曰：「夫子何爲？」這「之」字指使者，「與之坐」是敬其主以及其使。「夫子」指蘧伯玉。孔子見伯玉使者來，與他同坐，問他説：「蘧伯玉每日在家何所作爲？」

對曰：「夫子欲寡其過而未能也。」「寡」是少。無心失理曰「過」。使者對孔子説：「我蘧夫子每日别無所爲，但欲行事少免於過失，而猶未能如此而已。」

使者出。子曰：「使乎！使乎！」使者既出去了，孔子見他説的言語雖自謙下，越見他主人的好處，故再言「使乎」以重美之，言此人真得爲使之體。考之蘧伯玉是衛之賢臣，同時又有箇彌子瑕，是衛之佞臣。孔子到衛國，不在彌子瑕家住，只在蘧伯玉家住，此可見君子以類相從。後之人君欲知遠臣、近臣之賢否，只看他所主之家，亦可見矣。

子曰：「不在其位，不謀其政。」「位」是職位。孔子説：「大凡人居其位，則當任其事。若居山林的人無有職位，不可預謀朝廷事；若居士之職，不可預謀大夫之事。若妄有干預，便是不安分了。」聖人戒人守己要當如此。

曾子曰：「君子思不出其位。」這一句本是周易艮卦象辭，曾子嘗稱之。「位」是身所處之地。大凡君子所思之事，不出其所居之位。如爲君當思量盡君道，爲臣當思量盡臣道，爲子當思量孝父母，爲弟當思量敬兄長，素貧賤當思量所以處貧賤，素患難當思量所以處患難，這便是思不出其位。若爲君却思要下侵臣職，爲臣却思要上攬威權，爲人子不思孝其親而思孝他人之親，爲人弟不思敬其兄而思敬他人之兄，素貧賤不能守分却思要苟圖富貴，素患難不能順命却思要僥倖苟免，這便是思出其位了。

子曰：「君子耻其言而過其行。」「耻」是不敢盡之意。「過」是欲有餘之詞。孔子説：「君子之人，要言行相顧。出言最易，君子常耻其言之易放，所以本行得十分，且只把七分來説。」這便是「耻其言」。「力行最難，君子常恐其行之不逮，所以説着七分，却勇往行過十分去。」這便是「過其行」。善言、行是君子立身之要，聖賢拳拳戒勉學者，無非欲其謹言行而不可相違的意思。

子曰：「志士仁人，無求生以害仁，有殺身以成仁。」四月十四日。「志士」是有志之士。「仁人」是成德之人。「害」是傷壞的意思。孔子説：「有志之士，成德之人，他遇見理上當死，豈肯僥倖求苟活於世，以傷壞了本心之全德？只看當死而死，見得分明時，便不愛殺身，以成全一箇心德而已。」

蓋死生是常事，當求無愧於心，無愧於心便是仁，所以爲臣子者遇君父有難便當盡忠於君父，爲人上者遇社稷有難便當委身於社稷，若忍耻偷生，不如死之爲安，故曰「無求生以害仁，有殺身以成仁」。

子曰：「臧文仲其竊位者與？知柳下惠之賢而不與立也。」臧文仲、柳下惠都是魯國人。「竊位」言其才不稱位，有愧於心，如盜得而陰據之也。孔子說：「魯大夫臧文仲他爲政於魯，雖居大夫之位，其心有愧，恰似偷盜職位的一般。蓋因他明知柳下惠是箇有德的賢人，不肯舉薦他，並立於魯國之朝，這等蔽賢便是他竊位實事。」孔子譏之，所以深警後世爲人臣者，當以薦賢爲務、蔽賢爲戒。

子曰：「躬自厚而薄責於人，則遠怨矣。」「躬自厚」是責己之厚。「怨」是怨惡。孔子說：「人若遇着自家有過失時，便痛自咎責，不肯輕恕；遇着人有過失時，便去規正，却不肯責之太嚴。這等厚於責己則身益修，薄於責人則人易從，所以人自然不怨惡他。」故曰「則遠怨矣」。

子曰：「不曰『如之何、如之何』者，吾末如之何也已矣。」「如之何」是人遇有事思量說這事當如何處置，又說「如之何」是再思量說這事當如何處置。「末如之何」是無可奈何。孔子說：「人若遇着有事時，當要熟思審處，若不說『如之何、如之何』，便是不能熟思而審處之，必然率意妄行。這等人，雖我也無奈他何。」蓋率意妄行之人，不顧是非利害，雖聖人與居，也不能救正他，故孔子深致其嘆如此。

子曰：「群居終日，言不及義，好行小慧，難矣哉！」「小慧」是私智。孔子說：「人若與衆人居處，盡一日之間所說的言語都不及些義理，所行的事務都只是些私智，這等，便放僻邪侈之心都長起來，行險僥倖之機都慣熟了，要去入德而免於患害，豈不難哉？」

子曰：「衆惡之，必察焉；衆好之，必察焉。」「惡」是憎惡。「好」是喜好。孔子說：「人於好惡上不可輕易，如有一箇人，衆人都憎惡他，便不可與衆同惡，恐這人是箇特立獨行的人，必須審察他着實有可惡處，然後惡之；如有一箇人，衆人都喜好他，便不可與衆同好，恐這人是箇同流合污的人，必須審察他着實有可好處，然後好之。如此，則好惡皆得其正矣。」

子曰：「過而不改，是謂過矣！」「過」是無心失理之謂。孔子說：「人非生知，不能無過，過而能改，便可入於善；若只因循不改，則此過遂成，不可謂之無心了。」故曰「是謂過矣」。

子曰：「吾嘗終日不食，終夜不寢，以思，無益，不如學也。」「思」是思慮。「益」是長益。孔子說：「我曾盡一日不去喫飯，也曾終一夜不得安寢，這等勞心焦思以求此道，然徒費精神，終無所長益，不如勉强學問乃有自得之效。」孔子言此，非以思爲無益，以思而不學則無益耳。

子曰：「君子謀道不謀食。耕也，餒在其中矣；學也，禄在其中矣。君子憂道不憂貧。」「謀」是圖謀。「餒」是飢餒。孔子說：「君子人所圖謀者，在乎道，不在乎食。」蓋道是理之體諸身而在内的，故君子常用心於此；食是禄之得於官而在外的，故君子不用心於此。「君子雖不用心去謀食，然自有得禄之理。如農夫耕田本爲謀食，或遇水旱田禾不收，則不期飢餒，飢餒自在其中；君子爲學本爲謀道，若學業既成爲上所用，則不期禄食，禄食自在其中。雖是如此，然君子之所以爲學，其心却只憂不得乎道，初非以爲憂貧之故，方去爲學以求禄也。」

子曰：「君子不可小知而可大受也，小人不可大受而可小知也。」「知」是我知之。「受」是彼所受。孔子説：「觀人之法，如君子爲人於小事或有未能，所以小處不足以知他，然其材德足以任重，却能當大事。」故曰「可大受」。「小人爲人雖氣量淺狹，當不得大事，然於小事却也有一長可取，故可以小處知他。」爲人君者，能以此觀人，於君子取其大而不論其小節，於小人取其小而不付以大事，則用之各當其才，事無不治而天下安矣。

孔子曰：「求！周任有言曰：『陳力就列，不能者止。』危而不持，顛而不扶，則將焉用彼相矣？」周任是古之良史。「陳」是布。「列」是位。「相」是無目的人，必有箇人贊相他，故謂之相。孔子呼冉有之名説：「古時有良史周任，他嘗説：『人臣事君，當陳布己之才力方可就其職位，若己之才力不能稱其職位，便當止而不仕，不可貪戀。』蓋人君有賴於臣下輔相，辟如無目之人行動都靠贊相的人，若是遇着危險處不夾持他行，遇着顛蹌時不扶起他來，這等却何用那贊相之人？正似國家有事將要危險顛蹌，而臣下不能左右匡輔以濟其危、拯其顛，這等也何用那輔相大臣？」孔子此言，蓋深責冉有、子路既不能諫止季氏，又不能奉身而退。

「天下有道，則政不在大夫。孔子説：「天下有道之時，禮樂征伐之權都出於天子，臣下不敢專擅。」故「政不在大夫」。

「天下有道，則庶人不議。」「天下有道之時，朝廷之上無有失政，則庶人百姓自然無有非議。」蓋其心悦誠服，不是箝其口使不敢言。此章聖人通論天下之勢，爲人君者所當致意。

孔子曰：「益者三友，損者三友。孔子説：「與朋友相交，有益於己的有三等，有損於己的也有三等。」

「友直，友諒，友多聞，益矣；「正直之人心無回護，若與他爲友，遇着有過便言語規諫；諒實之人見理分明，持守堅固，若與他爲友，便以誠相與，不肯阿從；多聞之人學問該博，若與他爲友，便能開發己之聰明，多識前言往行。這三等人，都是有益於己的。」

「友便辟，友善柔，友便佞，損矣。」「便辟之人舉止習熟足恭，若與他爲友，但習於威儀而不直；善柔之人每事阿順和同，若與他爲友，便工於媚悅而不諒；便佞之人巧辨給捷，若與他爲友，便習於口語而無見聞之實。這三等人，都是有損於己的。」夫自天子至於庶人，未有不須友以成德者，而其損、益如此，不可不謹。

孔子曰：「君子有三畏：十月初五日温講。「畏」是畏憚。孔子說：「君子之人，心中常有三件畏憚的事。」

「畏天命，畏大人，畏聖人之言。「天命」是天所賦之正理。「大人」是有德有位的大人。「聖人之言」是簡册所載聖人的言語。孔子說：「君子人知天賦正理於人，順之則吉，逆之則凶，便自然戒謹恐懼，不敢少有一毫背逆之事；大人能全盡得這天理，君子於大人便自然尊禮敬重，不敢少有一毫輕慢之心；聖人言語是天理之所寓，君子於聖人的言語便自然莊誦佩服，不敢少有一毫違背之失。」此三畏乃君子修身成己之要務。

「小人不知天命而不畏也，狎大人，侮聖人之言。」「狎」是狎慢。「侮」是玩侮。孔子說：「無德的小人不知天命是所賦之正理，其心冥頑而無所忌。不知天命當畏，則於有德有位的大人，必狎慢之而無尊嚴之心；於聖人的言語，必玩侮之而無佩服之意。」蓋小人不務修身成己，故全然不知畏憚如此。聖人言此，所以警人當以君子爲法，以小人爲戒。

孔子曰：「生而知之者，上也。孔子說：「人之氣質不同，而性本善，若氣質生得清明純粹，於凡義理不待習學自然知道，都了然於胸中。這是上一等人，所謂聖人也。」「學而知之者，次也。「若氣質雖生得清明純粹，猶有些未到處，於凡義理必待習學而知，也了然於胸中，這是次一等人，所謂大賢也。」「困而學之，又其次也。「困」是有所不通。「若氣質生得昏濁偏駁，於凡義理上多窒塞不通，却能發憤爲學以求其通，也能進於知之之地，這又是次一等人，所謂賢人也。」「困而不學，民斯爲下矣。」「若氣質生得十分昏濁偏駁，却又自暴自棄，不有發憤爲學，終於懵然無所知識，此則凡民之下愚者。」聖人說人，大約有此四等。若以人主論之，上一等是堯、舜，次一等是湯、武，又次一等是太甲、成王，最下一等是桀、紂。此可見君子學之爲貴，學則可以爲聖、爲賢，不學則安於下愚而已。此聖人勉人務學之意。

邦君之妻，君稱之曰夫人。「邦君」是列國諸侯。「妻」是「齊」，言與夫齊體。「夫」是「扶」，言能扶成君德。列國諸侯之妻，諸侯自家稱呼他，謂之夫人。

夫人自稱曰小童。「小」是幼小。「童」是童稚。夫人自稱於諸侯之前曰小童，自家謙詞，如幼小之童稚也。

邦人稱之曰君夫人。諸侯國中臣民稱呼諸侯之妻曰君夫人，妻必從夫，故繫之君也。

稱諸異邦曰寡小君。「異邦」是他國。「寡」是寡德。本國人對他國人稱其諸侯夫人謙詞曰寡小君，諸侯爲國君，故夫人爲小君。

異邦人稱之亦曰君夫人。他國人稱其邦君之妻也謂之君夫人。此章或古語，或聖人常言，今不可考。然大意謂夫婦人倫之始，若嫡妾不明，則倫理乖繆，身不修，家不齊，何以治人？故正其名分如此。

校勘記

〔一〕近者悦　「悦」，四庫本作「説」。

〔二〕士爲四民中第一等人　「士」，原闕，據四庫本補。

〔三〕危行言遜　「遜」，四庫本作「孫」。

篁墩程先生文集卷三

青宫直講

尚書三月十六日。

王庸作書以誥曰：「以台正于四方，台恐德弗類，兹故弗言。」「庸」是用。「台」是我。「弗類」是不相似。史臣記高宗因群臣諫他不言，用是作書以告群臣，叙他不言之故，説：「以我爲君表正四方，四方人都看我所行，任大責重，我常恐君德不能勾與前人相似，以此上不敢輕易發言。」

「恭默思道，夢帝賚予良弼，其代予言。」「賚」是賜與。「良弼」是賢相。史臣又記高宗説：「我嘗恭敬淵默，以思量治天下的道理。一日睡夢中夢見上帝賜與我一箇賢相，將要替我發言。」高宗夢傅説，以後世觀之，恰似無此事。然至誠可以動天地、感鬼神，高宗求賢圖治之心，純一不二，與天無間，故夢寐之間果得賢相。蓋天人感通之理有如此者，非偶然也。

乃審厥象，俾以形旁求于天下，説築傅巖之野，惟肖。「審」是子細想度的意思。「象」是象貌。「旁求」是遣人去四面尋訪。「築」是居住。傅巖是地名。「肖」是似。史臣説高宗既夢見上帝賜與他箇賢相，於是子細想度那夢中所見的象貌，使畫工畫了，遣人以圖形去天下四面尋訪他。尋到虞、虢之間傅巖的去處，有一人名説，與夢中所見的象貌相似。

爰立作相，王置諸其左右。高宗既得了傅説，與他説話，見他果是聖人，於是就立他爲宰相；又每日召在左右，常常親近他，資以爲學。既立爲相，又在左右，蓋使之位冢宰，兼師保的職事。高宗得非常之才，即授以非常之位，不惟相之，而又師之，高宗亦可謂非常之主矣。

「啓乃心，沃朕心。三月二十一日。「啓」是開啓。「乃」指傅説。「沃」是以水灌溉的意思。史臣記高宗命傅説説：「成君德必先要格君心，格心之道非可外求，惟開啓汝之心而無所隱，用以灌溉我之心，使我如土壤之焦受時雨之潤，方才厭飫。」

「若藥，弗瞑眩，厥疾弗瘳；若跣，弗視地，厥足用傷。「瞑眩」是藥性烈。「瘳」是病愈。「跣」是跣足。高宗又命傅説説：「我若有失德處，汝當苦口相諫，如那藥性不烈，則人之病一時難愈；我若有妄行處，汝當極力扶持，如那跣足行的不去看地，則其足必至傷蹶。」

「惟暨乃僚，罔不同心，以匡乃辟。俾率先王，迪我高后，以康兆民。」「匡」是正救。「率」是依循。「乃辟」是高宗自謂。「高后」指成湯。高宗又命傅説説：「汝當與百僚公同一心，以正救我，使我依着商先哲王的君德，趕上高后成湯的治迹，以安天下的百姓。」高宗雖專任傅説爲相，然必望與百僚同心匡輔，誠以君德進退係群臣賢否，若君子少、小人多，則傅説雖賢，亦無以獨成正君之功。高宗命相之詞，真可以爲萬世法。

王若曰：「嗚呼！群后，惟先王建邦啓土。三月初四日。「群后」是衆諸侯。「先王」是后稷，武王追尊之，故稱先王，下面太王、王季、文王也都是追尊之詞。史臣記武王嗟嘆告衆諸侯説：「惟我周家先王后稷在唐、虞時有教民稼穡的大功，始受封建爲諸侯，開國于有邰之地。」

「公劉克篤前烈。公劉是后稷曾孫。「篤」是厚。「自后稷傳到曾孫公劉，又能培養篤厚以繼前王后稷的功業。」

「至于太王肇基王迹。太王是公劉九世孫古公亶父。「肇」是始。「自公劉傳至于太王，能行仁政，因避狄人之亂，自邠徙居于岐，邠人感慕，從之者如歸市。」蓋太王始得民心以基立興王之迹。

「王季其勤王家。王季是太王子。「王季又能勤勞于國家政事，不敢自怠自逸。」

「我文考文王克成厥勳，誕膺天命，以撫方夏。文王是武王父，故稱文考。「誕」是大。「膺」是受。「方夏」即是天下。武王又説：「傳至于我文考文王，能成就前人的功勳，大受上天之命，以撫安三分有二之天下。」蓋武王歷陳先世積功累仁，諭告諸侯，以見伐商之事皆天命人心所歸，非得已也。

「今商王受無道，暴殄天物，害虐烝民，爲天下逋逃主，萃淵藪。受是紂名。「烝民」是百姓。「逋逃」是有罪在逃的人。「萃」是聚。武王誓師説：「如今商王紂全無君道，天生物類以資人用，紂則暴殄殄絶，全不知道愛惜；百姓是邦本，紂則酷害殘虐，全不知道撫養；四方有罪在逃之人，本當用刑明正其罪，紂反與他做主，都隱留在京都。這等樣人，如潛魚聚於深淵，如走獸聚於林藪一般，豈不亂政壞事？」

「予小子既獲仁人，敢祗承上帝，以遏亂略。華夏、蠻貊，罔不率俾。「予小子」是武王自稱。「仁人」是太公、周公、召公之徒。「略」是謀。「率」是從。武王又説：「我小子既得了太公、周公、召公這等仁賢之臣，故不敢不敬順昊天上帝之命去伐紂，以遏絶其壞亂天下之謀。所以内則華夏中國，外則蠻貊四夷，無不率從于我周家。」夫以紂無道又好與群小共處，武王有道又能用賢聖之士，此商所以亡，周所以興也。三月初八日。

「恭天成命〔一〕，肆予東征，綏厥士女。惟其士女，篚厥玄黄，昭我周王。「成命」是黜商之定命。「其士女」是説商民。「篚」是筐篚，竹器。史臣記武王説：「敬奉上天黜商之定命，故我以西伯率諸侯東征于商，以安商之民。商之民怨紂之惡，喜周之來，都以筐篚竹器盛着玄色、黄色的幣帛相迎説，以明我周王有天地之德。」

「天休震動，用附我大邑周。」「大邑周」如言大周國。「蓋人心所在，即天命所在，今商之民所以喜周之来者，蓋上天美意鼓舞振動商民之心，是以商民歸附於我大國周家如此。」

甲子昧爽，受率其旅若林，會于牧野。罔有敵于我師，前徒倒戈，攻于後，以北，血流漂杵。「昧爽」是天將明未明之時。「旅」是軍旅。牧野是地名。「北」是奔北。「杵」是兵器之類。史臣記武王説：甲子之日，天將明未明之時，商紂率領他的軍旅，十分衆多，如樹林一般，與武王會于牧野之地。商紂的軍旅雖多，無一箇肯向前與武王之兵對敵，但見紂前面的軍徒皆倒回兵戈，反攻他後面自家的人，奔北躁踐，自相屠戮，人血如水之流，雖兵器之類棄在地下的也漂得起来。蓋紂無道積怨于人，故人都離心離德，一旦至此。

一戎衣，天下大定。「戎衣」是兵甲。武王伐紂，只是要救民于塗炭，故一披兵甲，不待血刃，天下自然都安定了。

乃反商政，政由舊。「乃」是繼事之詞。武王既得天下，便汲汲改紂所行暴虐之政，凡事只依商家先王所行寬仁之政。蓋創業之君，知所先務如此。三月十二日。

釋箕子囚，箕是國名。「子」是封爵。箕子以諸侯爲紂太師，因紂無道，盡忠諫争，爲紂所囚。武王既誅紂，即釋放了箕子，待以賓禮。

封比干墓，比干是人名，爲紂少師，因紂無道，也盡忠諫争，爲紂所殺。武王既誅紂，即封表比干的墳墓，以勸忠義。

式商容閭。「式」是車前横木，有所敬則俯而憑之。「閭」是族居里門。商容本商之賢人，紂不能用。武王既誅紂，過商容之門，不肯坐車，起身来憑着車中横木，待過了商容之門才坐，以示加敬之意。

散鹿臺之財，紂嘗暴斂百姓的財物，都聚在鹿臺去處。武王既誅紂，還都分散與百姓。發鉅橋之粟，紂嘗横徵百姓的米糧，都積在鉅橋去處。武王既誅紂，就都發將出去賑濟飢民。大賚于四海，而萬姓悦服。「賚」是施予。武王除殘去暴，顯忠遂良，賑窮周乏，這等大恩澤施于天下，所以天下無一人不心悦誠服，要他做主。史臣備記于此，以見人君當以紂爲戒、以武王爲法。

洪範三月二十三日。

「洪」是大。「範」是法。這一篇本號洛書，出于大禹聖人，其後箕子又推衍增益而成，以其所言乃人君治天下之大法，故取「洪範」二字名篇。

惟十有三祀，王訪于箕子。「十有三祀」是十有三年，商謂之「祀」，周謂之「年」。「訪」是就而問之。史臣記武王十有三年訪道于箕子，不稱周家年號，却稱商家年號，以見箕子不肯臣事于周，只爲天下後世大計，故傳道于武王。不稱箕子朝王，却稱王訪箕子，以見武王能遂箕子之志，不敢待以臣禮，只爲天下後世大計，故求道于箕子。

王乃言曰：「嗚呼，箕子！惟天陰騭下民，相協厥居，我不知其彝倫攸叙。」「乃言」是難詞，重其問也。「陰」是默。「騭」是定。「相」是輔相。「協」是保合。「彝」是常。「倫」是理，即天人之常理。武王嘆息呼箕子而不名，請問説：「上天於冥冥之中，默有以安定下民，與之氣以成形，賦之理以爲性，輔相保合其居止，使無一不得其所。爲人君的代天子民，須要曉得天人之常理，其陰隲相協所以然處是如何次第，使明而不紊，庶可以承上天惠民的意思。今我任君師之責，不知此常理之所以叙者何如也。」按：十有三祀即武王伐紂之年，諸事未遑，首先釋箕子之囚以師禮事之，其知君道如此。

箕子乃言曰：「我聞在昔鯀陻洪水，汨陳其五行，帝乃震怒，不畀洪範九疇，彝倫攸斁。」

這「乃」字也是難詞，重其答也。鯀是大禹之父。「陻」是塞。「汨」是亂。「陳」是布列。「五行」是金、木、水、火、土。「畀」是與。「疇」是類，「九疇」即下文初一以下那九數。「斁」是敗壞的意思。箕子因武王之問，説：「治天下之大法莫要于九疇，其原出于天。我聞得在古昔之時，大禹之父名鯀，受帝舜命治洪水，不能順水之性疏導他，只把土去塞其下流。水失其道，泛濫爲害，由是火不得燥以存，金不得土以生，木不能敷榮，土不可耕種，五行都亂了，不能順布，萬物失宜，民生不遂。昊天上帝震怒，不以治天下之大法九疇與鯀。當此時，獸蹄鳥跡之道交于中國，洪範九疇不作，天人之常理晦而不明，頽敗不振。」故曰「彝倫攸斁」。

「鯀則殛死，禹乃嗣興，天乃錫禹洪範九疇，彝倫攸叙。」

「殛」是拘囚困苦。「錫」是賜。「鯀因治水無功，帝舜拘囚困苦，他在羽山死了。鯀雖殛死，却得大禹聖人爲子，繼嗣鯀治水的官職，登用起来。禹能順水之性，疏導將去，由是水得其道，不爲中國之害，天遣神龜出于洛河之中，背列九數以錫大禹。禹因數推理，以理配數，遂立天下之大法，以成九類。當此時，地平天成，洪範九疇既作，天人之常理粲然不紊，可舉而行。」故曰「彝倫攸叙」。

「三，八政。四月初三日。「八政」是大禹所第之疇。箕子將推衍這一疇之義，故先提「三八政」這一句總其綱。

「一曰食。「食」是五穀之食。人君爲政莫先于養民，故勸農薄税斂使足食，若民食不足，則人救死不暇，何暇治禮義？故食居第一。

「二曰貨。「貨」是金帛器物諸般財貨。民食既足，必須通商賈貿易有無，以資民用。民用若不足，則天下何以得富庶？故貨居第二。

「三曰祀。「祀」是祭祀。民既足食，又足用了，不可不知報本之道。於是制祭祀之禮，通于上下，以廣愛敬，使不忘本，故祀居第三。

「四曰司空。「司空」是掌土的官。民非安居，無以養生事死，於是立司空之官以奠民居，使聚廬託處，各得其所，故司空居第四。

「五曰司徒。「司徒」是掌教的官。民既安居，不可無教以成其性，於是立司徒之官，以學校禮義導民之善，故司徒居第五。

「六曰司寇。「司寇」是掌刑的官。民若有不循禮教的，必爲奸慝，於是立司寇之官，以刑罰禁令懲民之惡，故司寇居第六。這六件都是治内的事。

「七曰賓。「賓」是賓禮。諸侯遠人，若諸侯遠人来朝貢的，當以賓禮接待他，不可失了四方人心，故賓居第七。

「八曰師。」「師」是師旅。若諸侯遠人不恭臣職的，當用六師征討以除殘去暴，故師居第八。這兩件是治外的事。食者，民命之所關，故最先；兵非聖王所得已，故最後。

「凡厥庶民，有猷、有爲、有守，汝則念之。」四月初七日。「猷」是謀慮。「爲」是設施。「守」是操守。「汝」是指武王。箕子說：「人君有盛德至善，與臣民作標準，由是下人從化不能無淺深遲速之不同，如百姓之中有謀慮的、有設施的、有操守的，這樣人是有可見之德者，汝當記念着他，遇可用則用，不要忘了。」

「不協于極，不罹于咎，皇則受之。」「協」是合。「罹」是陷。「咎」是惡。「如百姓之中有未合于善却也不陷于惡，這樣人是中人的資質，進之則可與爲善，棄之則流于惡。人君當容受而作養之，不要拒絶他，作養成時，一般可用。」念之、受之，是隨其才而輕重以成就他的意思。

「而康而色，曰：『予攸好德。』汝則錫之福。時人斯其惟皇之極。」「康」是安和的意思。「曰予攸好德」是人以好德自任。「福」是爵禄。「如百姓之中見於外有安和的顔色，發於中有好德的言語，這等樂善之誠見於容貌詞氣之間，其中之所養可知矣。汝於是則賜之以爵禄。這樣人既中有所養，又得人君知而用之，必益加勉勵，造於至善而以聖君爲標準矣。」故曰「時人斯其惟皇之極」。

「無虐煢獨，而畏高明。」四月十日。「煢獨」是庶民中最微弱的。「高明」是有官的人，最尊顯的。箕子說：「皇極之君，當一視同仁。庶民中最微弱的，不可因其微弱便淩虐他，遇着有善處也當勸勉；有官的人最尊顯的，不可因其尊顯便嚴憚他，遇着有不善處也當懲戒。」蓋煢獨者有所勸則無淫朋，高明者有所儆則無比德，皇極之君造就臣民如此。

「人之有能、有爲，使羞其行，而邦其昌。「人」是有官的人。「能」是才智。「羞」是進也。「有官的人，或有才智，或有設施，人君當訓飭獎勸，使他因其所已能勉其所未至，務要進於至善之地，則賢者在位，能者在職，各盡心所事以圖治功，而邦國無不昌盛矣。」

「凡厥正人，既富方穀。「正人」是在官之人。「富」是禄之也。「穀」是善。「在官的人若非廩禄則無以養廉，人君於在官之人，必先賜與廩禄，使他足用，然後可以責他爲善。」故曰「既富方穀」。

「無偏無陂，遵王之義。無有作好，遵王之道；無有作惡，遵王之路。四月十二日。「偏」是不中。「陂」是不平。「作好」、「作惡」是作意有所好惡。「偏」、「陂」、「好」、「惡」是人之私意生於心上的。「王之義」、「王之道」、「王之路」這三者，是皇極之所由行。箕子説：「人君既建極於上，下人都知感化，由是心上所存，無敢有不中的，也無敢有不平的，只遵依着王之正義上行。好所當好，無敢作意去有所好，只遵依着王之中道上行；惡所當惡，無敢作意去有所惡，只遵依着王之大路上行。」

「無偏無黨，王道蕩蕩；無黨無偏，王道平平。無反無側，王道正直。「黨」是不公，「反」是倍常，「側」是不正，「偏黨」、「反側」是人之私意見於行事的。「蕩蕩」是廣遠，「平平」是平易，「正直」是不偏邪，這三者是皇極正大之體。箕子又説：「人於行事上無有不中的，也無有不公的，自然合於王道廣遠的體段；無有不公的，也無有不中的，自然合於王道平易的體段；無有倍常的，也無有不正的，自然合於王道不偏邪的體段。」自「無」以下十箇「無」字，是禁止之詞，戒之以私而懲創其邪思也；自「王之義」以下六箇「王」字，是指皇極之君，訓之以極而感發其善性也。

「會其有極，歸其有極。」「會」是會合。「歸」是歸宿。「下人從君之化，能遵義、遵道、遵路以會合於人君所建之有極，如行者赴家、食者求飽一般；能蕩蕩、平平、正直以歸宿於人君所建之有極，如行者到家、食者得飽一般。」這「有極」兩箇「有」字，是説此極乃君民同有之善，非人有之而己獨無也。此一段協韻成章，乃詩之體。蓋皇極之君欲下人反覆歌詠而求自得之，使人欲消熄、天理流行的意思。

「曰皇極之敷言，是彝是訓，于帝其訓。」四月十四日。「曰」是起語詞。「敷言」是指上文「無偏無陂」以下敷衍皇極的説話。「彝」是常也。「帝」指天而言。「人君把皇極的道理反覆推衍爲説以教人，是乃天下之常理，是乃天下之大訓，非君之訓，實天之訓。」蓋理之本原出於天，若所言純乎一理，便是天的言語一般。此贊敷言之語妙如此。

「凡厥庶民，極之敷言，是訓是行，以近天子之光。」「訓」是訓戒。「行」是躬行。「光」是天子道德之光華。天子與庶民之禀性本都一般，但天子禀性純粹，庶民的禀性美惡不齊，故與天子道德之光華自然相遠。若庶民於皇極之君反覆推衍的説話，以爲訓戒而不敢忽，以之躬行而不敢怠，他身上所有的道德也自然光輝發越，與天子的禀性相去不遠了，故曰「以近天子之光」。

「曰天子作民父母，以爲天下王。」「曰」是庶民稱贊之詞。「父母」是親之之意。「王」是尊之之意。庶民感戴皇極之君教導他成人，極其稱贊説天子真是恩育我民的父母，真是君長我民的帝王。若人君不能建極以化民，則是有其位無其德，庶民豈肯親之、尊之？故人君不可不究心于皇極之學。

「惟辟作福，惟辟作威，惟辟玉食。臣無有作福、作威、玉食。「辟」是君。「福」是爵賞，「威」是刑罰，「威」、「福」乃上之所以御下者。「玉食」是尚膳珍羞的食用，乃下之所以奉上者。箕子衍三德之疇說：「惟人君可用爵賞，惟人君可用刑罰，惟人君可享珍羞的食用。人臣不可擅用爵賞，擅用刑罰，擅用珍羞的食用。」謂之「惟辟」，戒其權不可下移；謂之「無有」，戒其臣不可上僭。四月十七日。

「臣之有作福、作威、玉食，其害于而家，凶于而國，人用側頗僻，民用僭忒。「頗」是不平。「僻」是不公。「僭」是踰。「忒」是過。「若人臣僭了君上之權，擅用爵賞，擅用刑罰，擅享珍羞的食用，則大夫必然有患害于其家，諸侯必然有凶禍于其國；以下有官的人互相倣效，都行、都習於不正、不平、不公；又以下庶民也互相倣效，都踰禮過分，不守法度，天下必然亂了。」蓋甚言權移于下、臣僭其上，人君不能操縱予奪以行三德爲皇極之用，其患必至於此。

「曰休徵：四月二十七日。「休」是休美。箕子衍庶徵之疇說：「在天爲金、木、水、火、土五行，在人爲貌、言、視、聽、思五事。若人君能修五事，則休美徵驗各以類應。」下文因詳其目。

「曰肅，時雨若。「若」是順。人君能貌恭作肅，則德潤其身，便自然有滋養的意思。故上天當雨而雨，無有不順應的。

「曰乂，時暘若。人君能言從作乂，則號令順理，便自然有開明的意思。故上天當暘而暘，也無有不順應的。

「曰哲，時燠若。」人君能視明作哲，則昭融于外，便自然有和暖的意思。故上天當燠而燠，也無有不順應的。

「曰謀，時寒若。」人君能聽聰作謀，則退藏於密，便自然有凝結的意思。故上天當寒而寒，也無有不順應的。

「曰聖，時風若。」人君能思睿作聖，則明通公溥，便自然有爽快的意思。故上天當風而風，也無有不順應的。人君於休徵五事，當交修並進，一事得則餘事皆得休徵，無不應矣。若説某事得須有某休徵來應，則膠固不通了。

「曰咎徵：四月二十九日。」「咎」是災咎。若人君不能修五事，則災咎徵驗各以類應。下文因詳其目。

「曰狂，恒雨若。」「狂」是妄。「恒」是常。人君不能貌恭作肅，則轉而爲狂妄，行動無節，至於流蕩。故上帝常常的不當雨而雨，順其狂而應之。

「曰僭，恒暘若。」「僭」是差。人君不能言從作乂，則轉而爲僭差，政事差繆至於凌亢。故上天常常的不當暘而暘，也順其僭而應之。

「曰豫，恒燠若。」「豫」是怠。人君不能視明作哲，轉而爲豫，凡事緩怠至於不收。故上天常常的不當燠而燠，也順其豫而應之。

「曰急，恒寒若。」「急」是迫。人君不能聽聰作謀，則轉而爲急迫促凛慄至於可畏。故上天常常的不當寒而寒，也順其急而應之。

「曰蒙，恒風若。」「蒙」是昧。人君不能思睿作聖，則轉而爲蒙昧，心冥思無所不到。故上天常常的不當風而風，也順其蒙而應之。人君於咎徵五事，當併力致儆，一事失則餘事皆失，咎徵無不應矣。若説某事失必須有某件咎徵來應，也膠固不通了。

「九，五福。閏四月初六日。」「五福」與下文「六極」是大禹所第之疇，箕子將推衍這一疇之義，故先提其綱，各詳其目。

「一曰壽。」「壽」是年齒高。人有壽然後能享諸福，故壽居五福之首。

「二曰富。」「富」是有廪禄。人有壽了，又須有廪禄以養其生，故富居五福之次。

「三曰康寧。」「康」是身上康健。「寧」是心上寧息。人若有壽又富了，必身常康健，心常寧息，無患難之苦，然後爲福，故康寧居五福之三。

「四曰攸好德。」「德」是享福之本。人若壽、富、康寧，又須所好樂者在於道德，居仁由義，爲君子之歸，故攸好德居五福之四。

「五曰考終命。」「考」是成也。人雖壽、富、康寧、攸好德都有了，又須死得其正命，以成其終，方是享有全福，故考終命居五福之終。

「六極」。「六極」與「五福」相反。

「一曰凶短折」。「凶」是不得其死。「短折」是横夭。人之禍莫大於此，故凶短折居六極之首。蓋凶與壽相反，短折與考終命相反。

「二曰疾」。「疾」是疾病。人若有疾病，則身不安，故疾居六極之次。

「三曰憂」。「憂」是憂戚。人若有憂戚，則心不寧，故憂居六極之三。蓋疾、憂這兩者與康寧相反。

「四曰貧」。「貧」是貧窮。人若貧窮，則日用不足，必有飢寒之累，故貧居六極之四。蓋貧與富相反。

「五曰惡」。「惡」是剛之過人。若過于剛，則爲自暴之小人，必非享福之器，故惡居六極之五。

「六曰弱」。「弱」是柔之過人。若過于柔，則爲自棄之小人，豈能自求多福？故弱居六極之終。蓋惡、弱這兩者與攸好德相反。五福、六極，在人君則由於極之建不建，在民人則由於訓之行不行。然又必人君有道能建極于上，則天下同歸于五福；若人君無道，不能建極于上，則天下都墮于六極。所以堯、舜之民皆仁壽，桀、紂之民皆鄙夭，爲人君者所當置意。

「王乃昭德之致于異姓之邦，無替厥服」。初八日。「昭」解做示。「德之致」是説天下所貢方物，皆王者謹德所致。「替」是廢。「服」是行。召公告武王說：「王者因天下来貢服食器用的方物，以此昭示其謹德所致，而分賜與異姓諸侯之國，使他感激勉勵，不敢廢其職分所當行之事。」如以肅慎氏所貢的楛矢分賜與帝舜子孫陳侯可見。

「分寶玉于伯叔之國，時庸展親。」「王者於方物中有寶玉之貴者，則分賜與同姓諸侯之國，使他感激勉勵，常加審視，而益厚其親親之義。」如以夏后氏所寶的璜玉分賜與成王叔父周公可見。

「人不易物，惟德其物。」「諸侯既得分賜之物，說這是王者謹德所致，都不敢輕易把做物看，只把德来看待其物。」若王者不把服食器用爲貴，而以珍奇玩好爲事，適足以昭其無德，既不當受其獻，亦難以賜與人了。

「德盛不狎侮。狎侮君子，罔以盡人心；狎侮小人，罔以盡其力。」初十日。召公說：「人君謹德，不可不極其至。若謹德到那極盛處，則動容周旋都中禮節，自然無有狎慢輕侮人的心了；若德有未至，則驕矜乘之，必然有狎慢輕侮人的心。如在位的君子經營國事十分勞心，正當知重他，人君却狎慢輕侮，待之不以禮，君子便見幾而作，高蹈遠引求退去了，這等安能得人盡心以爲國家？在下的小人趨事赴工十分勞力，正當優恤他，人君却狎慢輕侮，使之不以禮，小人雖微賤，懼怕朝廷勉强效力，豈無嗟怨之心，這等安能得他盡力以報國家？」

「不役耳目，百度惟貞。」「貞」是正也。「人君若能以一心爲主，使百體從令，則耳不爲淫聲所使而非禮勿聽，目不爲邪色所使而非禮勿視，日用常行之間百爲之度，無不得其正矣。若耳目爲主，心反聽其所使，則物欲交蔽，日用常行之間百爲之度，何由得正？」

「玩人喪德，玩物喪志。「玩」是戲玩。「德」是己之所得。「志」是心之所之。「人君若狎侮君子小人，便是玩人，以驕滅敬，豈不喪失了己德？若從于耳目之好，便是玩物，以慾勝剛，豈不喪失了己志？」

「志以道寧，言以道接。「道」是所當由之理。「人君於己之志以道理安處之，則不至于妄發，雖有玩好之物，豈能動得？於人之言以道理酬應之，則不至于妄受，雖有獻諂之言，豈肯聽他？」蓋存乎中所以應乎外，制乎外所以養其中，古昔聖賢傳授心法如此。召公因諫旅獒而極論之，爲人君者所當注意。

「嗚呼！夙夜罔或不勤。不矜細行，終累大德。爲山九仞，功虧一簣。十二日。「夙」是早。「或」猶言萬一。「矜」是矜持。八尺爲一「仞」。「簣」是盛土之器。召公嘆息説：「人君謹德的功夫，一日之間從早至夜，不可一息懈怠；萬一有些懈怠，這謹德的功夫便間斷了。細行小節，尤當矜持謹守，若視爲泛常，不肯矜持謹守，終必有累全體之德。比如爲山一般，積累到九仞高，功夫只欠一簣之土，豈不可惜？」召公意思説武王受獒雖是細行小節，也恐爲全德之累。

「允迪茲生民，保厥居，惟乃世王。」召公又説：「誠能行得此一篇告戒的言語，謹德功夫自無間斷，澤及天下生民，安家樂業，受無窮之福，周之子孫世世爲君，而王業可久矣。」武王聖人，西旅貢獒，初未嘗受，召公尚且拳拳告戒如此。可見古昔聖君不以細行而不謹，大臣不以小過而不諫，後世所宜深思而加念也。

武王既喪，管叔及其群弟乃流言於國，曰：「公將不利于孺子。」閏四月二十一日、二十三日、二十九日。這以下是史臣記周公在成王時事。管叔名鮮，是武王弟、周公兄。「群弟」是蔡叔名度、霍叔名處，此時方監紂子武庚于殷之故都。「流言」是無根之言，如水之流自彼而至此也。「孺子」指成王。有商之君，兄死弟立者多，武王崩，成王幼，周公權攝國政，商人已自疑了；又管叔是周公之兄，尤所窺伺，故武庚、管、蔡造爲無根之言，流布于國中，説「如今周公將不利于孺子成王，意要篡奪其位」。蓋以危懼成王、動摇周公也。史臣言管叔及群弟而不言武庚，所以深著骨肉相殘之罪。

周公乃告二公曰：「我之弗辟，我無以告我先王。」「辟」讀如退避之避。周公聽得流言，知道上下疑懼，心裏不安，乃告太公、召公説：「我若不退避待罪，則於義有所未盡，死後也無詞以告我先王于地下。」周公此言，豈自爲一身利害之計？亦盡其忠誠而已。

周公居東二年，則罪人斯得。「罪人」指管、蔡。初流言之起，成王雖疑周公，然無實跡可按；及周公負謗待罪，避居國之東方以待成王審察，到兩年之久，成王方知流言之人乃是管、蔡。曰「罪人」者，史臣所記。曰「斯得」者，遲遲之詞也。小人陷害君子，蓋一時不能自明，可爲世戒。

于後公乃爲詩以貽王，名之曰鴟鴞。王亦未敢誚公。「誚」是誚讓切責之意。成王既知流言起于管、蔡，十分之疑方解得四五分。其後周公乃作詩以上貽成王，題其名曰鴟鴞。鴟鴞是惡鳥，以其破巢取卵比武庚之敗管、蔡及王室，以深著王業艱難、不忍毀壞的意思。成王得這詩，所疑雖未全解，却也未敢切責周公。謂之「未敢」者，悔過之根本也。

秋，大熟未穫，天大雷電以風，禾盡偃，大木斯拔，邦人大恐。這一年秋裏，田禾十分豐熟，但未曾收穫，一日上天忽然雷電大作，加以暴風，田禾都吹倒了，大樹木也拔起来，一國之人震驚不寧。蓋周公忠誠，動天如此。

校勘記

〔一〕恭天成命　「成命」，原作「承命」，據四庫本改。

篁墩程先生文集卷四

青宫直講

尚書

王若曰：「孟侯，朕其弟小子封！」「王」是武王。「孟」是長，「孟侯」是説諸侯之長。封是康叔的名。謂之「小子」者，親愛之詞。

「惟乃丕顯考文王，克明德慎罰。」「明德」是務要尊崇德性。「慎罰」是務要不用刑罰。武王命康叔説：「惟尔大顯考文王，着實能明其德，把五常之理尊崇明備，無一毫人欲之私，使民自然觀感，歸于德化。又着實能慎其罰，把五等之刑審察得精明允當，使民自然畏懼，不敢輕犯，不消更用刑罰。」文王造成周家基業，只是能明德、慎罰這兩件事。

「不敢侮鰥寡，庸庸、祗祗、威威，顯民。」「鰥寡」是窮民。「庸」是用。「祗」是敬。「威」是刑。

武王又説：「窮民是人所易忽的，文王則不敢易侮那窮民，發政施仁，必先要使他得所；百姓中有才能當用的，人或棄而不用，文王則能用其所當用；有道德當敬的，人或輕視他，文王則能敬其所當敬；有姦惡當刑的，人或不能制，文王則能刑其所當刑。文王既有仁民之政，而又用能敬賢討罪，都出于至公，無一毫喜怒之私，所以盛德光輝發越，顯著于下民，不可掩。」故曰「顯民」。

「用肇造我區夏，越我一二邦以修。我西土惟時怙冒，聞于上帝，帝休，天乃大命文王殪戎殷，誕受厥命。越厥邦、厥民，惟時叙。乃寡兄勖，肆汝小子封在茲東土。」九月十三日。「一二邦」是説隣國。「怙」是怙恃。「冒」是覆冒。「殪」是滅。「戎」是大。武王又告康叔説：「文王盛德既已光輝發越，顯著于下民，以此始能創造我區夏，三分天下有其二。及我隣國也以漸修治起来，如虞、芮之君便来質成，汝墳之境都能遵化。至於屬西伯所管的地方，都怙恃文王如父，覆冒文王如天，明德昭升，聞于昊天上帝，昊天上帝深用嘉美，乃大命文王滅了大殷，大受天命，使萬邦萬民各得其理，莫不時叙，無一人失所。尔寡德之兄，亦勉力不怠，以此方才成得王業。王業既成，故尔小子封得享爵爲東方諸侯。」勝殷誅紂乃武王之事，此稱文王者，武王謙詞，不敢自以爲功也。

「汝丕遠惟商耇成人，宅心知訓。別求聞由古先哲王，用康保民。弘于天，若德裕乃身，不廢在王命。」九月十六日。「宅心」是處心。「知訓」是知所以訓民。「天」是理之所從出者，即人之心德。武王又告康叔説：「尔當大思遠念商家伊尹、傅説那一輩老成的人，處心只在義理上，知道所以訓成下民的道理。又當別去訪求聞知古先堯、舜、大禹聖哲帝王所行，用以安保生民。尔若多識前言往行，到那真積力久處，便能恢廓弘大此心中本然之天理。若是，則心廣體胖，動無違禮，足以光裕尒之一身；見之政事，則無施不可，自然不廢墜了在上的君命。」此以下是告康叔明德之事。

王曰：「嗚呼！小子封，恫瘝乃身，敬哉！天畏棐忱，民情大可見，小人難保。往盡乃心，無康好逸豫，乃其乂民。九月十八日。「恫」是痛。「瘝」是病。武王嘆息呼康叔的名告他說：「爲人上者當與民同休戚，若民有不安，便如疾痛在你身上一般。你於臨民，豈可不敬？且天命不常，治則興，亂則亡，雖甚可畏惧，然其所輔佑，必是誠實的好人。下民之情，好惡不一，雖大概可見，然小民之心，撫恤他的便相愛戴，暴虐他的便如寇讎，尤爲難保。汝今往之國，所以治民者，亦無他術，惟竭盡你心力，不肯自安於富貴，每日憂勤惕勵，不敢喜好諸般暇逸豫樂之事，以妨廢了政務，便是你治民處。」

「我聞曰：『怨不在大，亦不在小。惠不惠，懋不懋。』」「惠」是順。「懋」是勉。武王又告康叔說：「我嘗聽得古人說：『下民嗟怨不在大也不在小，惟看上人之所行道理上順與不順，德行上勉與不勉耳。』」若所行能順于道理，能勉于德行，則下民愛戴不暇，豈有嗟怨之心？此古人格言，宜乎武王舉以告康叔，凡爲人上者所宜深念也。

「人有小罪，非眚，乃惟終，自作不典，式尒；有厥罪小，乃不可不殺。九月二十一日。「眚」是無意誤犯。「終」是有意故犯。「式」是用。武王告康叔說：「如人有小罪，不是無意誤犯，乃是有意故犯要做出這亂常不法的事来，其用意如此。這等人所犯的罪雖小，却是姦惡可怒，你不可不殺他以示懲戒。」此則帝舜「刑故無小」的意思。

「乃有大罪，非終，乃惟眚災，適尔；既道極厥辜，時乃不可殺。」「災」是不幸。「適」是偶。「如人有大罪，不是有意故犯，乃是無意誤犯，出于不幸，偶尔如此，既當官自家聲説，盡輸其情，不敢隱匿。這等人所犯的罪雖大，却是愚昧可憐，你不可殺他，當從寬以示矜恤。」此則帝舜「宥故無大」的意思。武王這兩段，是設爲死罪之大小以明其情之輕重，謂之「有小罪」、「有大罪」，是説衆罪中間有這等不同的，不是説凡怙終小罪皆可殺，凡眚災大罪皆可赦也。

王曰：「嗚呼！封，有叙，時乃大明服〔一〕，惟民其勑懋和。九月二十三日。「有叙」是刑罰有次序。「明」是明其罰。「服」是服其民。「勑」是戒勑。武王嘆息呼康叔的名告他説：「刑罰之輕重大小，都有箇一定的次序，次序紊亂，則民心不服。尔於是當大明刑罰的次序，使無一毫私蔽，畏服下民的心志，使無一人冤枉，將見下民皆相戒勑而勉于和順，不敢乖戾以犯有司之法矣。」

「若有疾，惟民其畢棄咎。若保赤子，惟民其康乂。」「咎」是惡。「乂」是治。「民既交相戒勑而勉于和順，則當因之以去其惡，如要醫去自身的疾痛一般，若能以去疾之心去民之惡，將見下民洗心滌慮，都棄去了平日的咎惡而不爲矣。又當因之以保其善，如要保護自家的赤子一般，若能以保赤子之心保民之善，將見下民享德樂利，都相安于治化之中而無一人之不善矣。」武王不以明刑爲貴，而以斯民向善棄惡爲心，卒致刑措之美於此可見。正月十一日。

王曰：「嗚呼！封，敬哉！無作怨，勿用非謀、非彝，蔽時忱。丕則敏德，用康乃心，顧乃德，遠乃猷，裕乃以民寧，不汝瑕殄。」「蔽」是斷。「則」是法。武王又嘆息呼康叔的名告他説：

「爲國之道，不可不敬。爾不要做致怨于民之事，不要用非善之謀、亂常之法，只斷以此心之誠而無所矯僞。大取法於古人之汲汲於修德者，用以安定爾之心，不至於厭常喜異；省顧爾之德，不至於忽近忘遠；弘遠爾之謀，不至於貪目前之利忘後日之患；寬裕不迫，行其所無事，以待民之自安。這等，則爾德既純，我必不以汝爲有瑕疵而棄絶之，乃得長保其國矣。」武王欲康叔不用罰而用德，故告戒之言又如此。

王曰：「嗚呼！肆汝小子封，惟命不于常，汝念哉！無我殄享。明乃服命，高乃聽，用康乂民。」「肆」字未詳，爾雅書裏解作「今」字。「命」是天命。「服命」是服受於王的誥命。武王嘆息呼康叔說：「今爾小子封立爲諸侯，享此衛國。惟天命不于常，最是難保，若所行的善便得天命，所行的不善便失了天命，爾當以此念念在心，莫使我所封爾的爵土自家殄絶而不能享。明爾今日所受於王的誥命，不可忽忘，尊爾今日所聞於我的言語，不可卑忽，用以安治爾一國的百姓。」

王若曰：「往哉！封，勿替敬典，聽朕告，汝乃以殷民世享。」「替」是廢。「典」是常法。武王於篇終又呼康叔的名說：「爾往之國，不可廢了所敬之常法，聽受我所命爾的言語而服行之，方能常有此殷民而世世享其國矣。」按：康誥這一篇武王命康叔，拳拳于文王明德慎刑之家法，始終以「敬哉」、「敬典」爲言，誠以敬者，修身化民之本，蓋非獨諸侯當然，爲人君者尤不可不致意。

王曰：「封，我聞惟曰：在昔殷先哲王，迪畏天顯小民，經德秉哲。自成湯咸至于帝乙，成王畏相。惟御事厥棐有恭，不敢自暇自逸，矧曰其敢崇飲？「殷先哲王」是成湯。「迪畏」是畏之而見於行也。「天顯」是天之明命。「成王」是成其君德。「畏相」是敬畏輔相。「棐」是輔。「崇」是尚。武王呼康叔的名告他說：「我聞古人之言，惟說在昔殷先哲王成湯能迪畏上天之明命與小民之難保，不徒心裏畏懼，至於行事亦無不畏懼。惟其畏天命、畏小民，所以見於處己則常其德而不變，見於用人則秉其智而不惑。成湯之垂統如此。故傳世自太甲而至帝乙，中間賢聖之君六七作，雖時代不同，然皆能成就君德、敬畏輔相，未聞有一縱酒敗德、簡賢棄禮之君。當時御事之臣亦皆盡忠輔翼而有責難之恭，未嘗敢有一人自暇自逸者，暇逸且不敢，況說道他敢崇尚飲酒？」惟其君臣皆不崇尚飲酒，此商之所以興也。

「越在外服，侯、甸、男、衛、邦伯；越在內服，百僚庶尹，惟亞惟服，宗工越百姓、里居，罔敢湎于酒。不惟不敢，亦不暇。惟助成王德顯，越尹人祗辟。「外服」指王畿之外。「侯」、「甸」、「男」、「衛」是四等諸侯。「邦伯」是諸侯之長。「內服」指王畿之內。「百僚」是御事之僚屬。「庶尹」是衆官之正。「亞」是次大夫。「服」是奔走服事之人。「宗工」是尊官。「百姓」是國中之民。「里居」是在鄉之民。武王說：「有商盛王之時，不止那御事之臣不敢崇尚飲酒，及王畿之外侯、甸、男、衛四等諸侯與其長伯，及王畿之內御事之僚屬、公卿大夫、衆官正，與次大夫，與奔走服事之人，百官之尊者以及國中之民與在鄉之民，都不敢沈湎于酒。不惟畏懼法度不敢放縱去飲酒，他有職事的勉於職事，無職事的勉於德業，也無閒暇功夫去飲酒。所以然者，惟欲上以輔助成就君德，使之昭著而不至昏昧；下以助百官諸侯之長，使敬其君而不至懈怠。」當時君臣上下内外，無一人不在敬畏之中如此，故武王舉以告康叔，使法商之所以興也。

「我聞亦惟曰：在今後嗣王酣身，厥命罔顯于民，祗保越怨，不易。誕惟厥縱淫泆于非彝，用燕喪威儀，民罔不衋傷心。惟荒腆于酒，不惟自息乃逸。」這以下是武王告康叔以商紂酗酒亡國的事。「後嗣王」是指商紂。「易」是改易。「燕」是安。「衋」是痛傷。武王説：「我又聞得人説：在商家當時，後嗣紂王無道，每日以酒沈酣其身，昏迷于國政，凡命令都不能明于下民，其所祗敬保護的都是結怨于民之事，又執繼不肯改易。又大肆淫泆，作奇技淫巧、非常的事，用安逸而喪失其威儀，如作酒池肉林，使男女裸而相逐，全不成禮體，所以百姓每無一人不痛傷於心，悼其國之將亡。而紂方且荒怠，越親厚于酒，並不思量停止了。」他力行無度至于如此，可謂無道之極矣。

王曰：「封，予不惟若茲多誥。古人有言曰：『人無於水監，當於民監。』今惟殷墜厥命，我其可不大監撫于時？」「監」是監視。武王呼康叔的名説：「我不是要如此多言，所以言湯之興、紂之亡這等詳備爲何？蓋爲古人有兩句説話：『大凡人，莫以水爲監，當以人爲監。』若監視於水，水不過照見人的面貌美惡而已；若監視於人，則人之所行得失瞭然可知。如今殷人酗酒，自速其罪，墜失了天命，我豈可不以殷人之失爲大監戒以撫安斯時乎？」武王聖人，猶以紂爲監戒，蓋甚言酒之不可不謹也。

梓材

這一篇也是武王告康叔之書，因篇中有「梓材」二字，故取以名篇。

王曰：「封，以厥庶民暨厥臣達大家，以厥臣達王，惟邦君。「達」是通。「大家」是巨室，即卿大夫及都家也。武王呼康叔的名告他説：「諸侯國中必有巨室大家，爲一國人所信服的，然大家勢强，其情最不易通。若能施仁政以撫安一國之臣民，却因其庶民及其群臣之情以通達于大家，則巨室之所慕，一國慕之，而天下之情無不通矣。至於王者位尊，其情尤不易通。若爲諸侯的因其一國臣民之情以通達于王，則王之心悦懌，而上之情無不通矣。」諸侯上有天子下有大家，能通上下之情而使之無間，則諸侯之責盡矣，故曰「惟邦君」。王言臣而不言民者，率土之濱，莫非王臣也。

「惟曰：若稽田，既勤敷菑，惟其陳修，爲厥疆畎。若作室家，既勤垣墉，惟其塗塈茨。若作梓材，既勤樸斲，惟其塗丹雘。「稽」是治。「敷菑」是廣去草棘。「疆」是畔。「畎」是通水的渠。「塗塈」是泥飾。「茨」是蓋。「梓材」是良木可爲器用者。「雘」是采色之名。武王告康叔説：「爲國之道，便如治田、造屋、製器一般，都有箇成始成終的道理。且如治田的先已勤力廣去了草棘，不要妨了苗稼，還須陳列修治那田之疆畔與通水的渠，使足以備旱澇，則田可成矣；又如起造房屋的，先以勤力築起四圍高下垣墻，使有箇基址，還須用泥去墁飾，用草去苫蓋，使足以蔽風雨，則屋可成矣；又如把良木去製器用，先以勤力做一箇粗樸，又加些巧斲的工夫了，還須裝飾采色，使文質相稱，則器可成矣。」「敷菑」是喻除惡，「垣墉」是喻立國，「樸斲」是喻制度，皆武王已爲之事；「疆畎」暨「茨」、「丹雘」是望康叔以成其終，不可變成規而隳前功也。

「今王惟曰：先王既勤用明德，懷爲夾。庶邦享作，兄弟方来，亦既用明德。后式典集，庶邦丕享。」先儒蔡氏説這一段以後是臣下進戒於君之詞，疑簡脱誤於此。「先王」是文王、武王。「夾」是近。「兄弟」是友愛的意思。「方来」是方方而来。「既」是盡。「后」是後王。「式」是用。「典」是舊典。「集」是和輯。這一段意思説道：今嗣王當説先文王、武王盡勤用明德，懷来天下諸侯爲夾輔以自近。由是庶邦諸侯感戴興起而敬享其上，極其友愛之誠，如兄弟一般，朝覲會同，方方而来，無一處敢怠慢不来的，也都做效着文王、武王盡用明德，無一人敢棄德不用的。如今後王亦何必他求，只是要用文王、武王勤用明德之舊典以和輯天下諸侯而已。果能如此，則天下諸侯大享其上，無一人敢不敬應者，不特庶邦享而已，故曰「丕享」。

太保迺以庶邦冢君出取幣，乃復入，錫周公曰：「拜手稽首，旅王若公。」誥告庶殷，越自乃御事：「幣」是幣帛，諸侯以洛邑成，来會于洛而獻幣帛以致慶也。「旅」是陳。「御事」本説成王，不敢指言，但謂之御事，如後世稱爲職事的意思。洛邑既成，周公將歸鎬京，太保召公迺率列國諸侯自公所出外去，取諸侯致慶的幣帛，又復入到公所，付與周公，且言其拜手稽首所以陳王及公之意，欲周公聯諸侯的幣帛及召公的説話併達于王，説洛邑已定，要誥諭殷民，其根本迺自尔御事。蓋宅洛之急務在化殷民，化殷民之大本在于王身，此召公納忠之大者。若幣帛，則不過寓敬君之意耳，非若後世專以貨利爲事而忘獻忠也。

「嗚呼！皇天上帝，改厥元子茲大國殷之命。惟王受命，無疆惟休，亦無疆惟恤〔二〕。嗚呼！曷其奈何弗敬？」這以下都是召公告成王的説話。「元子」是長子。「無疆」猶言無窮。「休」是美。「恤」是憂。召公嘆息説：「君爲天之長子不可改，國之大者不易亡。商紂爲皇天上帝之長子而無道，於是上帝震怒，改革了他所受這大國殷之天命，使他亡滅了。今王繼受殷之天命，固有無窮之美，然天命不可恃，却也有無窮之憂。」故又嘆息説：「今王曷其奈何不敬乎？」蓋深言不可不敬也。此篇專主「敬」言，敬則與天同德，可以常保天命，故召公始末嗟嘆，以警悟上心。蓋元老大臣拳拳忠愛，不能自已之至情也。

「相古先民有夏，天迪從子保，面稽天若，今時既墜厥命。今相有殷，天迪格保，面稽天若，今時既墜厥命。」「從子保」是從其子而保佑之，謂禹傳之子也。「面」是向，即對越的意思。「稽」是考。「若」是順。「格保」是格正夏命而保佑之。召公説：「相視古先民有夏若大禹聖人，上天固嘗啓迪他能敬德，又從其子啓而保佑之，使傳繼國祚。大禹聖人對越以考天心，敬順無違，宜若可爲後世子孫倚賴，保得無虞。然到今時，桀爲無道，已自墜失了天命而亡其國矣。如今相視有殷若成湯聖人，上天也嘗啓迪他，又令其格正夏命而保佑之，使他有天下。成湯聖人亦對越以考天心，敬順無違，宜若可爲後世子孫倚賴，保得無虞。今時紂爲無道，已自墜失了天命而亡其國矣。」可見天命誠不可恃以爲安，惟當兢兢業業，從事于敬，則王業可保也。

「今冲子嗣，則無遺壽耇。曰其稽我古人之德，矧曰其有能稽謀自天？」「冲子」猶言童子。「壽耇」是老成之臣。凡幼冲之主於老成之臣尤易疎遠，故召公告成王説：「今王以童子嗣位，不可遺棄了老成之臣。蓋老成之臣聞見深遠，能稽考古人之德業，是故不可遺棄他；况言其德盛智明，能稽考天意以定謀慮，是尤不可遺棄他。」稽古則於事有所證，稽天則於理無所遺，不遺棄老成之人，乃人君之要務，故召公特首言之。

「嗚呼！有王雖小，元子哉。其丕能諴于小民，今休。王不敢後用，顧畏于民喦。「其」是期之之詞。「諴」是和。「後」是遲緩的意思。「喦」是險。召公嘆息説：「王雖是幼小，迺皇天上帝之長子，其責任則甚大。王尚當勉力，大能諴和于小民，使他都得其所而無怨上之心，庶爲今日之休美乎！小人雖至微，然撫我則后，虐我則讎，其心最喦險可畏，王當不敢遲緩于敬德，當回顧却慮以警畏那小民之喦險纔好，不可以其至微而忽之也。」

「王先服殷御事，比介于我有周御事，節性惟日其邁。「比」是親近。「介」是副貳。「邁」是進進不已的意思。召公説：「殷之臣化紂之惡，非若我用之臣習於教令，王要先去化那殷家御事之臣，須教他親近，副貳于我周家御事之臣，使其漸染陶成，相觀爲善，以節制他往時驕淫之性，日進于善而不已矣。」這一節是説治人當先服乎臣也。

「王敬作所，不可不敬德。「所」是處所。召公又説：「要化服殷之臣，必謹乎君之身。王當以敬爲處所，動静語默、出入起居無往而不居于敬。」何也？蓋爲君者不可不敬其德，敬是一身之主宰。能以敬作所，則此心收斂於天理之中而德成；不能以敬作所，則此心放縱于人欲之僞而德隳矣。「敬」之一字，實君道之至要也。

「我不可不監于有夏，亦不可不監于有殷。「監」是視。召公又告成王説：「我不可不監視于有夏以爲勸戒，亦不可不監視于有殷以爲勸戒。」

「今王嗣受厥命，我亦惟兹二國命，嗣若功。王乃初服。「二國」是指夏、商。召公告成王説：「今王嗣位而受天命，我謂亦惟此夏、商二國受命之君，他中間有能敬德歷年長久的，有不能敬德歷年短促的，王當勉力繼嗣那能敬德歷年長的，可也。況王迺新邑初政，服行教化之始，豈可不謹其所視效乎！」

「嗚呼！若生子，罔不在厥初生，自貽哲命。今天其命哲、命吉凶、命歷年，知今我初服。「哲命」是説人心所有之明哲，乃是天命賦與的。召公又嘆息説：「王初政，譬如人家生子一般，無不在那初生的時節。若初生時習于善，則其長大時必歸于善矣。這便是自貽其明哲之命。人君於初政時若能謹其所視效，則其日後必能敬其德，正與此相類。但今上天其命王以明哲乎，命王以吉凶乎，命王以歷年之久乎？皆不可知。所可知的，只看我之初政服行如何尔。若初服而能敬德，便是自貽哲命，無往不吉享有歷年之久矣。」

「宅新邑，肆惟王其疾敬德。王其德之用，祈天永命。」「宅新邑」即上文所謂「初服」。召公告成王說：「如今居此新定都邑，乃是中天下、定四海之一初，王當乘此機會，疾速勉于敬德，豈可遲緩悠悠不力？況天命未定，王當用此德以祈請上天，享國永久之命。」蓋天命至公，惟德可以動之。若後世用淫祀祈禱而不修德，則天反怒矣，豈能致享國永久之命？

拜手稽首曰：「予小臣敢以王之讎民、百君子越友民，保受王威命明德。王末有成命，王亦顯。我非敢勤，惟恭奉幣，用供王能祈天永命。」「拜手稽首」是致敬之意。「讎民」指殷之頑民與三監謀叛者。「百君子」是殷之御事庶士諸臣。「友民」是周家友順之民。「保」是保而不失。「受」是受而不拒。「威命明德」是德威德明。「末」是終也。召公於篇終又拜手稽首致敬說：「予小臣敢以洛邑所遷殷之頑民及諸臣與我周家友順之民，保受王之德威德明，不敢有所違拒。王終能享用上天之成命，以光顯于後世，此人臣匡輔之責，我不敢以此爲勤勞，我但知恭敬以奉助祭的幣帛，用供王能祈請上天享國永久之命而已。」蓋奉幣之禮，臣職所當，恭而祈天之實，則在王之所自盡也。先儒謂召公這一段說話，頌而無諂，諫而無驕，深得告君之體，成王亦能聽而行之，享國久長，後臣宜以爲法。

洛誥

洛邑既定，周公遣使告卜于成王，史官録之，又并記君臣問答及成王命周公留治洛之事，故謂之洛誥。

周公拜手稽首曰：「朕復子明辟。」這以下是周公授使者告卜之詞。「拜手稽首」是史官記周公遣使之禮。「復」是復命。「明辟」是明君之謂。史官記周公遣使告卜于王，拜手稽首致敬說：「王命我去卜都于洛，如今定了，敢復命于子明辟。」「子明辟」是指成王，蓋周公於成王，以親則爲兄之子，以尊則爲君也。

「王如弗敢及天基命定命，予乃胤保，大相東土，其基作民明辟。」「及」猶言與。「基命」是說承天命以作新邑，乃成始的意思。「定命」是說洛邑既成，久安長治，乃成終的意思。「胤」是繼。「保」是太保，指召公而言。洛邑在鎬京東，故謂之東土。周公說：「定都大事，王當親往。今王迺以幼冲退託，若不敢與知上天成始之基命與成終之定命，於是我乃繼太保召公而往，大行相度于東土，定了都邑，其庶幾爲王於此地，與天下百姓做起初一箇明君。」周公於成王親之至，故期之深也。

王拜手稽首，曰：「公不敢不敬天之休，来相宅，其作周匹休。這以下是成王授使者復周公之詞。「拜手稽首」是成王尊異周公而重其禮也。「匹」是配。史官記成王遣使復周公時拜手稽首致敬說：「公以懿親大臣，不敢不敬上天之休命，来到洛邑，相視以定宅都之所，爲我周家匹休之地。」蓋言卜洛既定，則足以配周家休命于無窮也。

「公既定宅，伻來，來視予卜休恒吉，我二人共貞。這「視」字與告示的「示」字同。「二人」是成王說自家與周公。「貞」猶當也。成王又說：「公既經營定了宅都之所，遣使者来鎬京，且来示我以卜兆之休美常吉，非我所能致，我與公兩人宜共當之。」

「公其以予萬億年敬天之休。拜手稽首誨言。」「十萬」曰億。成王又說：「公既宅洛，規模宏遠，以我萬億年敬天之休命。故又拜手稽首以謝公告卜所教誨的言語。」蓋成王於周公以親則爲叔父，以尊則爲師，故始終拜手稽首而重其禮者如此。

「厥若彝，及撫事，如予。惟以在周工往新邑。伻嚮即有僚，明作有功，惇大成裕，汝永有辭。」「若」是順。「彝」是常。周是宗周，指鎬京而言。周公又告成王説：「今王適洛都，其順行常道及撫臨國事，當常如我爲政之時，不要妄作。所任使之人，只用那見在宗周之官，皆我所整齊戒飭者，不要參用私人去新都洛邑，使君子小人相雜，壞了新政。這等，庶幾使百官知道上面人意向所在，各就其官僚，明白振作以圖事功之成，惇厚博大以成寬裕之俗。如此，則王之休聞亦永有辭于後世矣。」

公曰：「已！汝惟冲子，惟終。周公又告成王説：「已矣乎，周之王業，文、武爲之始，汝惟冲幼之子，不可不勉力以圖其終也。」

「汝其敬識百辟享，亦識其有不享。享多儀，儀不及物，惟曰不享，惟不役志于享。凡民惟曰不享，惟事其爽侮。這以下是説統御諸侯之道。「百辟」是諸侯。「享」是朝享，指朝覲貢獻而言。「多」是重的意思。「儀」是禮。「物」是幣帛。「役」是用。周公告成王説：「諸侯朝享于人君，他心裏有誠實的，有不誠實的。人君要知他誠實不誠實，不在任智術，只在此心常存敬謹，無愛憎之私，便能曉得那諸侯誠實享上的，也曉得那不誠實享上的。蓋享上重在禮，不重在幣帛。若禮不足而幣有餘，這便謂之不能享上。惟不能用志于享上，則凡國人皆化之，都説道上面人可以幣交，不用禮享也。若舉國無享上之誠，則政事必至于差爽僭侮，隳壞王之法度而爲叛亂之事矣。」蓋小人以賄賂悦人，必簡于禮，人君若好賄賂而不責人以禮，則忠佞不分，賞罰不當，天下必有輕視之心。故周公戒成王如此，欲其以敬存心，辨之于早而察之于微也。

「汝往敬哉！茲予其明農哉。彼裕我民，無遠用戾。」「戾」是至。周公又告成王説：「汝往洛邑當臨鎮新都之始，其敬之哉！自此以後，我將退休田野，惟講明農事，以遂歸老之志。汝若於彼洛邑能推恩施惠，以和裕其民，則四方之人皆感仰愛戴，將無遠而不至矣。」

王若曰：「公，明保予沖子。公稱丕顯德，以予小子揚文、武烈。奉答天命，和恒四方民，居師。這以下是史官記成王答周公及留公的説話。「稱」是舉。「居師」是宅其衆也。史官記成王答周公之意説：「公以懿親元老顯明保佑我幼沖之子，又朝夕納誨舉大明德，使我小子發揚文王、武王之功烈，奉答上天之明命，撫卹四海之人民，使皆和而不乖，恒而可久，以宅此衆庶于洛邑也。」蓋成王將留周公治洛，故先叙述其功德以爲自己賴之，上不忝于祖、仰不愧于天、俯不怍于人有如此。

「惟公德明光于上下，勤施于四方。旁作穆穆，迓衡，不迷文、武勤教。予沖子夙夜毖祀。」「旁」是無。「方」，所，指上下四方而言。「作」是振起的意思。「穆穆」是和敬。「迓」是迎。「衡」是平。成王又説：「惟周公盛德昭明，光著于天地，其勤勞施布于四海。然公之心猶不敢少有怠忽，説道天下已治了，方且無往而不振起那穆穆然和敬之德，以迎迓太平之治，不迷失了文王、武王所勤之教于天下。公之德教既大加于當世，又無愧于前人這等了，我幼沖子更何所作爲？只是早晚間謹毖以主祭祀而已。」蓋成王知周公有退休之志，故委重于公，以示其所以留之之意。

周公曰：「嗚呼！繼自今嗣王，則其無淫于觀、于逸、于遊、于田，以萬民惟正之供。」

「則」是法則。「其」字指文王說。「淫」是過。周公又嘆息說：「自如今以後，繼世之君當取法于文王，不可過于侈麗之觀，不可過于安逸之樂，不可過于遊幸，不可過于田獵。以萬方之民惟正賦之供，正賦之外別無科擾，方能盡無逸之實。」蓋觀、逸、遊、田這四件事，乃致亂之漸。能法文王則財用有節，君德修而進于治；不能法文王則横斂無度，君德不修而入于亂。周公垂戒後王，可謂切矣。

周公曰：「嗚呼！我聞曰：古之人猶胥訓告、胥保惠、胥教誨，民無或胥譸張爲幻。

「胥」是相。「惠」是順。「譸張」是誑誕。「幻」是變名易實，以眩觀者。周公又嘆息告成王說：「我聞得古時人君德業已盛，爲人臣的猶且不敢自滿。遇人君有些未善處，則相與陳謨納諫，以訓誡告諭他；有些善處，則相與調護從臾，以保養將順他；如此而猶有未善，則相與教正規誨，以輔成造就他。所以人君視、聽、思、慮皆無所蔽塞，好惡取予之情自然公明不違悖了理法。當時之民見人君這等親近正人，聽受忠言，無一人敢相與誑誕，倡爲邪說，變名易實，做那幻妄的事以眩惑人主之心。」故曰「民無或胥譸張爲幻」。周公言此以見古人德業雖盛猶賴臣下匡救，況成王以幼冲之年德業未盛，豈可不親正人、聽忠言而所其無逸哉？

「此厥不聽，人乃訓之，乃變亂先王之正刑，至于小大。民否則厥心違怨，否則厥口詛祝。」

「此」是指上文而言。「訓」是法。「刑」也是法。「否」是不然的意思。請神加殃謂之「詛」。以言告神謂之「祝」。周公又告成王説：「王若於上文所言古人胥訓告、胥保惠、胥教誨的事不肯聽信，則人皆以人君爲法，也不肯聽信。由是君臣上下，相師非度，變亂先王的正法，無小無大，都取而紛更之。蓋先王正法最便於民，最不便於縱侈之君。如省刑罰以重民命最便於民，人君好殺的却以爲不便，務要變亂以行殘酷之政；薄賦斂以厚民生最便於民，人君好貨的却以爲不便，務要變亂以遂貪侈之志。人君這等變亂先王正法，百姓每定是不然，其心裏必有違悖怨恨之意。若再不然，其口裏必詛祝于神明。百姓每心口交怨，其國未有不危殆者。」此乃治亂存亡之機，故周公告成王懇切如此。

「厥愆，曰：『朕之愆。』允若時，不啻不敢含怒。「愆」是過。周公上文既告成王，勉其聞人怨罵，當要敬德反求諸身，故此又説：「殷王中宗、高宗、祖甲及我文王本未有過失，若聞得小人誣毁他，也只以其所誣毁的過失安而受之，説『這本是我之過』。他心裏誠實是如此，非是隱忍不敢藏怒。」蓋殷三宗及文王之心，誠知小人之依，故不暇責小人之過，且因以察自己身上有未到處，故凡怨罵誣毁之言皆所樂聞，豈止於隱忍含怒不發而已？

「此厥不聽，人乃或譸張爲幻，曰：『小人怨汝詈汝。』則信之。周公又説：「成王於上文殷三宗及文王迪哲的事若不肯聽信，便是不能敬德，心裏不明。人君不明，則小人得以誑誕，變置虚實，在人君面前説『小人都心裏怨恨你、毁罵你』。人君既不明，必然聽信這等幻妄之言，豈不壞事？」故下文極言之。

「則若時，不永念厥辟，不寬綽厥心。亂罰無罪，殺無辜，怨有同，是叢于厥身。」「綽」是大。「叢」是聚。周公又告成王說：「王若如上文所言，聽信小人誑誕無實的言語，果然如是，便不能永念爲君的道理，不能寬大其心，反用那誑誕無實的言語羅織疑似，亂罰那無罪的，殺戮那無辜的。天下之人雖受禍不同，而怨憤之心則一般，都叢聚在人君一身上，可不戒哉！」

周公曰：「嗚呼！嗣王其監于茲。」「嗣王」是指成王。「茲」是指上文。周公於篇終又嘆息說：「嗣王不可不監視我所陳無逸這一篇書。」按：無逸一篇，始言稼穡艱難，其中拳拳于棄忠直、惑讒佞、壞法度、治誹謗。蓋惟無逸然後能去是病，故周公於每章之首皆以「嗚呼」發之，致咨嗟詠嘆之意，欲成王以商三君及文王爲師，以商紂爲戒。至此嗟嘆之外，更無他語，惟以「嗣王其監于茲」結之，所謂言有盡而意無窮。其後成王果能深警於此，爲周賢君。然則無逸這一篇書，真萬世人主之龜鑑，伏惟殿下留意。

文華大訓三月二十日。

春秋左傳：「敬者，德之聚也；能敬必有德。」「敬」是主一無適之謂，此心收斂不敢放肆，便是敬。左傳載臼季之言說：敬便諸般德行都做得成，不敬便諸般德行都做不成，故曰「敬者德之聚也」；人若能敬以事君必忠，能敬以事親必孝，能敬以事兄長必順，能敬以交朋友必信，能敬以應事接物必然百行都好，故曰「能敬必有德」。

禮記：「君子無不敬也，敬身爲大。」「身」是人的身體。禮記引孔子說：「君子人於天下事，無一件不當敬；就輕重論之，只有敬自己的身體爲大。」自己的身體乃父母所生、祖宗所傳，豈可輕忽？必須明心術之要，慎威儀之則，衣服有制，飲食有節，謹言慎行，常恐虧體辱親，才是能敬，故君子以「敬身爲大」。

論語：「子路問君子。子曰：『修己以敬。』」子路一日問孔子說如何是君子人的道理。孔子答他說：「修己以敬。」蓋人能修己，使存於中無一毫放肆，見於外無一事矯僞，表裏純於一敬，這便是君子。然敬非止可以修一身，推而至於齊家、治國、平天下，也都本於一敬。三月二十二日。

程子曰：「誠者，天之道；敬者，人事之本。敬則誠。」「誠然後能敬，未及誠時，却須敬，而後能誠。」「主一謂之敬，一者謂之誠，主則有意在。」「誠」是真實無妄之謂，乃天理之自然，如仁則真實是仁，義則真實是義，更無一毫虛假，故曰「誠者天之道」；「敬」是主一無適之謂，人要修爲以復天理之自然，必須用敬，如仁未能到真實無妄處，必須從敬上做仁，義未能到真實無妄處，必須從敬上做義，不敬則此心放肆不謹無根本了，如何做得去？若敬的工夫久久成熟，也可到真實無妄地位，故曰「敬者人事之本」；「敬則誠」這一條前一段即中庸「誠則明」的意思，後一段即中庸「明則誠」的意思。「誠然後能敬，未及誠時却須敬，而後能誠。」人若真實無妄，必自然能敬，更不消說若未到真實無妄時節必須盡持敬的工夫，然後可以至于誠。這一條只與前一條意思一般。「主一謂之敬，一者謂之誠，主則有意在。」「一」是純一不雜，乃天理之本體，即是誠。人未到純一不雜處，却須盡主一的工夫。謂之「主」

者，須常常用一片戒謹的意思，若一時不用，意便走作不純了，故曰「主一謂之敬，一者謂之誠，主則有意在」。這一條也只與前一條意思一般。蓋誠乃聖人之事，敬乃賢人希聖之事，故二程子再三言之，學者欲盡希聖的工夫，不可不先於敬。

朱子曰：「敬者，一心之主宰，而萬事之本根，聖學所以成始而成終者。」朱子說：「人以一心而應萬事，不可無箇主宰根本，敬便是主宰根本。人若能收斂此心，主一無適，使中有一定之守，則視聽言動都不敢放肆，這敬豈不是一身的主宰？外無非僻之干，則動靜云爲都合于禮法，這敬豈不是萬事的根本？人要學而至于聖人，是第一難事，其始初成就得入聖人的門户，不出此敬，到終了成就得造聖人的田地，也不出此敬。」

「爲小學者，不由乎此，固無以涵養本源而謹夫洒掃、應對、進退之節與夫六藝之數。」「此」是指敬而言。「本原」是人的心性。「洒掃」是洒水掃地，乃古者子弟服事長上的常禮。「應對」是答賓客的言語。「進退」是見人的禮節。「六藝」是禮、樂、射、御、書、數之文。朱子又說：「人年幼時入到小學中，學小子之學，若不從事于敬，必不能收他放心，涵蓄保養他本然的德性；凡服事長上、答應賓客與夫見人的禮節，必不能致謹于日用常行之間；禮、樂、射、御、書、數之文，必不能聽受師長的教誨。所以小學不可不先於敬。」

「爲大學者，不由乎此，亦無以開發聰明、進德修業而致夫明德新民之功也。」這「此」字也指敬而言。「德」是德性。「明德」是明在己的德性。「新民」是使天下人都明其德性。朱子又說：「人年長時入到大學中，學大人之學，若不從事於敬，其氣必昏聵，不能啓發自家的聰明資質以窮理致知；其志必懈怠，不能進益其德行，修治其學業，以成己成物。這等，明德新民的功效如何可致？所以大學亦不可不先於敬。小學洒掃、應對、進退之節便是聖學之始，大學明明德於天下便是聖學之終。」

太宗文皇帝嘗因學士解縉等進呈大學正心章講義，覽之至再，諭縉等曰：「人心誠不可有所好樂，一有好樂，泥而不返，則欲必勝理。若心能静虚，事來則應，事去如明鏡止水，自然純是天理。」四月四日。「樂」是喜好。太宗文皇帝一日因學士解縉等進呈大學書裏面正心一章的講義，御覽過兩遍，諭解縉等説：「人之一心，着實不可偏有所喜好，假如喜好貸財、喜好聲色、喜好遊幸，一有所偏，泥在上頭，樂而忘反，便人欲之私勝了天理之公，心如何得正？若人之一心不爲外物所擾，使本體真静，湛然虚明，凡遇喜怒憂懼的事務到面前，便隨感而應，當喜的喜，當怒的怒，當憂的憂，當懼的懼。事過之後，只似那至明之鏡、至静之水，但遇人好的照見好，醜的照見醜，初何嘗容心，豈不是自然一團的天理？這等，心豈有不正？」

又嘗語侍讀學士胡廣等曰：「爲學不可不知易，易道妙在變通，不失其正，古人『隨時從道』之説最得要領，亦在虚心玩之耳。」易是周易。「古人」是指伊川程子。「要領」是衣裳總會處。太宗文皇帝又嘗一日與侍讀學士胡廣等説：「人之爲學，不可不曉得周易。周易的道理，專爲君子謀，不爲小人謀，所以至妙處雖變通無常，都不失了正道。伊川程子作周易傳序，第一句便説『隨時變易以從道』這一句。蓋人所遇之時雖變易不同，都不可違了這所以然之理，最得周易之總會，如裳之有要、衣之有領一般。凡一卦、一爻中，皆不過此意，惟在人虚心涵泳玩索而後知之。」祖宗成憲，前面都是説太祖、太宗留心於聖經賢傳，親近儒臣，乃萬世成法。

書：「能自得師者王，謂人莫己若者亡。四月六日。書是書經仲虺之誥篇。「王」是説得天下。「亡」是説失天下。仲虺因成湯放桀而有慚德，作誥以釋之，又引這一段古語，説：「人君能不自滿假，自家主意要人爲師，從他講學，委心聽順，這等虚己求益，則德日崇、業日廣，自有箇得天下之理；人君若好高自大，説天下人都不如己，這等驕矜侮慢，則善日消、惡日長，自有箇失天下之理。」

「好問則裕，自用則小。」若凡事喜懽下問於人，則天下之善都歸於己，綽然有餘，不可勝用，故曰「好問則裕」；若止知有己，不知有人，則所知有限，如何濟得大事？故曰「自用則小」。按：湯之於伊尹，先學而後臣，即是好問能自得師，所以得了天下；桀嘗自稱如天之有日，日亡乃亡，即是自用，謂人莫己若，所以失了天下。

禮記：「凡世子，春誦夏弦，大師詔之瞽宗；秋學禮，執禮者詔之；冬讀書，典書者詔之。禮在瞽宗，書在上庠。禮記是禮經文王世子篇。「世子」是天子之元子。「誦」是口誦。「弦」是有弦之樂。「大師」是掌樂之官。「執禮者」是掌禮之官。「典書者」是掌書之官。「詔」是教也。「瞽宗」是殷學名，「上庠」是虞學名，周有天下，兼立三代之學。古者教天子之元子，當春之時口誦樂章，即詩經裏面雅、頌之節，這都是掌樂之官教他於瞽宗之中，所以養其中和性情；當秋之時，學先王之禮，則有掌禮之官教他；當冬之時，讀先聖先師之書，則有掌書之官教他。學禮也在瞽宗之中，讀書却在上庠之中。

「凡祭與養老、乞言、合語之禮，皆小樂正詔之於東序。」凡祀大神[三]、祭地祇、享宗廟都謂之「祭」。古者，人君簡第一等年高有德的人，號爲三老、五更，齋戒致敬，親自上與飲食，以教天下之孝弟，這是養老之禮；因行養老之禮，就問這老人家，求善言之可行者，虛己聽教，這是乞言之禮；凡祭及養老與凡大射等禮，當禮畢燕飲之時，皆得聚在一處講論先王之法，會合義理，互相告語，這是合語之禮。這幾樣禮，其間各有威儀容節，爲天子之元子皆所當知。於是小樂正教他於東序之中。小樂正也是掌樂之官，東序是大學。古者，天子之元子春夏秋冬四時進學，不肯間斷了工夫，禮樂書史之臣不離了左右，所以君德成而天下治也。四月九日。

易：「麗澤，兑，君子以朋友講習。」這是周易兑卦大象之辭。「麗」是依附。川水壅塞處爲「澤」。孔子於周易兑卦説：「兑之爲訓，是喜悦的意思，然其卦畫以一陰進於二陽之上，喜見於外，其象如澤水能潤萬物，萬物喜悦他。以重卦論之，兩箇兑卦便象兩處澤水依附在一處，交相浸潤，互有滋益的模樣。君子人觀這麗澤兑之象，當與同門之朋、合志之友交相講習，若彼此之間論難講明於前，體驗習熟於後，使心與理相契，身與事相安，則天下可悦，孰大於此？正如兩澤之水自相依附、互有滋益的一般。」

詩：「伐木丁丁，鳥鳴嚶嚶。出自幽谷，遷于喬木。嚶其鳴矣，求其友聲。相彼鳥矣，猶求友聲。矧伊人矣，不求友生。神之聽之，終和且平。」這是詩經小雅伐木篇，乃燕朋友故舊之樂。「伐木」是斫伐樹木。「丁丁」是伐木聲。「嚶嚶」是鳥聲之和。「幽谷」是幽深的山谷。「喬木」是高樹。「相」是觀看。「伊」是彼也。詩人說：「山中人斫伐樹木，其聲丁丁然相應。」遂起興說：「禽鳥和鳴，其聲嚶嚶然，從幽深的山谷裏出來，飛在高樹上，其和鳴相呼，乃是尋求其同類的聲音。觀彼禽鳥無知，也曉得尋求其同類，有此和平之聲，況彼人之有知，豈可不交求朋友？人若能篤於朋友之好，德業相勸，過失相規，久而不渝，可質之神明，則德成於己，動靜云爲，神明必聽之、相之，而終獲乎和順平康之福。」蓋朋友是五倫之一，若無朋友，便是廢了大倫，所存所行，乖戾偏黨，無人救正，必獲罪於天，何福之有？四月十一日。

家語：「與善人居，如入芝蘭之室，久而不聞其香，即與之化矣。與不善人居，如入鮑魚之肆，久而不聞其臭，即與之化矣。」「芝蘭」是香草。「鮑魚」是腐壞的魚。「肆」是如今買賣鋪。孔子家語書裏說：「若與爲善之人相處，便如進那芝蘭的房裏，初聞見香，久了不聞見，非是不聞見，習熟慣了，與之相忘，就化於香中不覺了。」蓋與善人相處，初間聽他說的都是好話，看他行的都是好事，便曉得是箇善人，恰似不可及；若只管相親，久將來薰陶漸染於善，不覺也化做善人，與他一般了。「若與不善之人相處，便如進那鮑魚的鋪裏，初聞見臭，久了不聞見，非是不聞見，習熟慣了，與之相忘，就化於臭中不覺了。」蓋與不善之人相處，初聞聽他說的都無好話，看他行的都無好事，也曉得箇不善之人，不宜學他；若不能疎遠，久將来薰陶漸染於不善，不覺就化做不善之人，與他一般了。

「丹之所藏者赤，漆之所藏者黑，是以君子必愼其所與處者焉。」善與不善，都各以類相從，正如銀硃所收藏的去處必帶些紅，油漆所收藏的去處必帶些黑，所以君子人必謹慎其所與同處之人。如常人便須是親近益友，不可親近損友，人君便須是親近正人，不可親近小人，恐被他污染了。八月十三日。

孟子：「舜尚見帝，帝館甥于二室，亦享舜，迭爲賓主，是天子而友匹夫也。」「帝」是帝堯。「館」是館舍。古禮：妻之父謂之外舅，故女之夫亦謂之甥，帝堯以女配舜，故謂舜爲甥。「二室」是副二之宫室。孟子因門人萬章問朋友之道，告他説：「古者，舜上而朝見于帝堯，帝堯館舜于副二之宫中，亦就而享舜之食，互相做賓主相待。」可見堯以天子下友舜而不爲屈己，舜以匹夫上友堯而不爲僭分，故曰「是天子而友匹夫也」。

「用下敬上謂之貴貴，「用」解做以字。這上一箇「貴」字是貴重的意思，下一箇「貴」字是指有位之人。孟子又説：「以在下之人敬事在上之人，這是貴重貴人，禮當如此。」

「用上敬下謂之尊賢。「尊」是尊禮。「賢」是有德之人。孟子又説：「以在上之人敬事在下之人，這是尊禮賢人，禮亦當如此。」

「貴貴尊賢，其義一也。」貴重貴人與尊禮賢人，都是理上當得處。但時人止知貴人可貴，不知賢人可尊，故孟子説這二者其義一般，不可以有位而輕有德也。

走侍青宫十年，其進講不止此。被放還山，亟辭出郭，以避不測。時歲晏之際，問道南歸，行李狼籍，而卷册尤甚。抵家無事，因發弊篋，得可屬讀者，摘抄數段以貽後人。使知走之淺陋如此，當別求往哲師之，庶幾處爲良士、耕爲良農而不忝其所生也夫！

校勘記

〔一〕時乃大明服　「大明」，原闕，據四庫本補。

〔二〕亦無疆惟恤　「亦」，原闕，據四庫本補。

〔三〕凡祀大神　「大」，四庫本作「天」。

篁墩程先生文集卷五

經筵講章

中庸

博學之，審問之，慎思之，明辨之，篤行之。

這是中庸第二十章，子思推明「擇善固執」，其工夫條目有此五件。這五箇「之」字，是指那當知當行的事上説。子思説：「擇善之功，莫先於學，然學之不廣，則不能盡曉天下的事物，須是把詩、書、六藝無一件不窮究，古今事變無一件不理會，然後能周知天下萬事萬物的道理，這便是『博學之』；人的所學既廣了，中間豈無疑惑的事？須要請問於人，然問的不子細，那疑惑的事終不能解，須是與師友每再三反覆，把那前後不一的事跡、彼此不同的識見，務要豁然貫通，無一些疑惑，這便是『審問之』；既問知了那事務，終是自外面入来，必反而思之，有得於心方好，然或思之不專，至於泛濫，或思之太過，流於穿鑿，便都是不謹慎處，須要把學之於己的、問之於人的虛心涵泳，切己體察，務求精熟，使心與理爲一，更無雜亂，這便是『慎思之』； 既思之有得，若遇着事務到根前，紛紛擾擾，或是或非，或真或僞，斷得不明，却也是無益，須要有箇張主，分别是非，無使有一毫顛倒，剖決真僞，無使有一毫差錯，如止水明鏡，照人妍媸，舉莫能逃，這便是『明辨之』； 學、問、思、辨這四件擇善的工夫既做得有分曉，若行時節或遲疑不肯盡力，却也只作一場説話過了，所以又要加固執的工夫，方能實有諸己。 人若於好事上見的真、慮的熟，着實用力行將去，不肯半上落下，也不肯有始無終，這便是『篤行之』。」先儒説，五者廢其一非學也。 學者果欲由擇善固執，以造於聖人至誠之域，非積累工夫如此縝密，豈能至哉？ 臣惟中庸這一章，乃孔子答魯哀公問政之言。 前面説治天下國家有九經，既以誠身爲根本，至此又子思推言五者爲誠身工夫，故在人君尤爲切要。 蓋從古聖哲之君，亦未嘗無學問之功。 如孔子於周易乾卦贊君德曰「學以聚之，問以辨之，寬以居之，仁以行之」，立言垂訓，全與此合。 曾子傳大學，曰致知、格物即學、問、思、辨之事，曰誠意、正心、修身、齊家、治國、平天下即篤行之事。 故朱子謂致知乃明善之要，誠意乃誠身之本。 聖賢之言，前後如一。 仰惟皇上生知之資，本於天賦； 向道之志，協於聖謨。 然古語云「言有盡而道無窮」，臣愚尤願皇上知行並進，始終一誠，不事虛文，務臻實效，將見聖經賢傳上得千古之傳，帝德王功比隆四代之盛，天下之望，不勝惓惓！

尚書一

五載一巡守，群后四朝。 敷奏以言，明試以功，車服以庸。

這是舜典篇史臣記當時天子巡守、諸侯朝覲的事。「巡守」是天子巡行諸侯所守的國土。「朝」是諸侯來朝于天子。帝舜時定制：五年之間，天子巡守一遍，二月到東方，五月到南方，八月到西方，十有一月到北方；巡守回来後，第一年東方諸侯來朝，第二年南方諸侯來朝，第三年西方諸侯來朝，第四年北方諸侯來朝。這是「五載一巡守，群后四朝」。天子巡行那一方，先祭告皇天上帝，望祭一方山川，然後接見諸侯，考驗他天時正與不正，禮樂制度合與不合，若有不同的，都改正歸一，這是天子巡守的事，已在上文說了。諸侯來朝時，天子使他敷陳爲治的道理，若敷陳得有理，又顯試他功跡如何，若果然有功于民，天子便賜他車馬衣服，旌異他，這是諸侯来朝的事。故曰「敷奏以言，明試以功，車服以庸」。臣謹按：先儒解這一段書說，天子、諸侯雖有尊卑，一往一來，禮無不荅，是以上下交通而遠近洽和，故在帝舜之時，遠方諸侯皆得親見以詢治道，況在王朝公卿其朝夕謀議于一堂之上？心孚意契，從可知矣。三代聖王體而行之，此所以成雍熙泰和之治而非後世之所以能及也。洪惟我聖朝，立法定制雖不泥古巡守朝覲之禮，然在廷之臣或不時召對，方面之臣每三歲來朝，而来朝之日，政跡卓異者賜衣賜宴以爲榮，貪懦不立者罷職除名以示戒，推虞廷之意爲一代之典，蓋百餘年矣。仰惟皇上以聖哲之資，嗣祖宗之統，廣納群言，而制治保邦之策悉得上聞，考察庶官，而憸邪不職之人不容倖免。蓋由此而上幾于有虞君臣相與之盛，不難矣。伏願始終以舜爲法，登延耆俊不厭于頻，綜覈名實不嫌于察，則聖德日進于高明，聖治益臻于美大，此宗社萬萬年無疆之慶也！臣犬馬之心，不勝惓惓顒望。

二

帝曰：「咨，四岳，有能典朕三禮？」僉曰：「伯夷。」帝曰：「俞。咨，伯，汝作秩宗。夙夜惟寅，直哉惟清。」伯拜稽首，讓于夔、龍。帝曰：「俞。往，欽哉！」

這是尚書舜典篇史臣記帝舜命官典禮的事。「咨」是嗟嘆。「四岳」是官名，以一人而掌諸侯四方之事，故謂之四岳。「典」解做主字。「三禮」是祀天神、享人鬼、祭地祇這三件大禮。帝舜嗟嘆，問四岳之官說：如今群臣中那一箇能爲我主三禮之事？「僉曰伯夷」，「僉」是衆共之詞，「伯」是爵，「夷」是名。四岳與在朝小大之臣都說道：群臣之中，惟有伯夷這箇人可以主三禮之事。「帝曰俞咨伯汝作秩宗」，「俞」解做然字；「秩宗」是典三禮的官名，在周爲宗伯，在後世爲禮部、太常之職。謂之「秩宗」，言其職當叙次百神而以宗廟爲主。蓋百神中，其位次或尊或卑，其祀典當因當革，其禮樂度數可隆可殺，都要處得停當方爲稱職，故帝舜然其言，以爲舉得伯夷最是，乃嗟嘆，呼其爵而不名，說如今特命尔做秩宗之官，又告戒他說「夙夜惟寅，直哉惟清」。「夙夜」是早晚。「寅」是敬畏。「直」是無私曲。「清」是潔清。帝舜說：「與神明相交，只在一心，尔伯夷當一日之間，無論早晚，常存敬畏以直其内，不使有一些私曲，則此心自然潔清，無一些物欲來污染，這等方可以交于神明。」「伯拜稽首讓于夔、龍」，「稽首」是首至地，「讓」是推以與人，夔、龍是二臣名。伯夷聞帝舜之命，恐當不得此任，遂拜稽首說：「這箇職事，惟夔與龍可做，請讓與這二人。」「帝曰俞往欽哉」，帝舜説：「你讓得也當，只是夔、龍這兩箇人雖賢，也未能過你。」故然其舉，不聽其讓，復戒勉之説：「汝伯夷往任是職，當要常存敬畏之心，不可一毫怠忽。」故曰「往欽哉」。臣惟朝廷之禮莫重于祭，而天地宗廟之祭尤爲至重，若典禮者非其人，何以感格神明，致天子仁孝誠敬之意？故帝舜不敢輕用一人，必訪于群臣，伯夷不敢以寵利爲樂，必讓于賢者，可謂知所重矣。然帝舜所命之詞，又不過寅、直、清三箇字，若典禮之官因仍苟且而不能敬，枉己徇私而不能直，昏昧污濁而不能清，這等人，神明必然厭惡之，豈肯受他祭祀？所以帝舜在天子之位五十年，郊則天神格，廟則人鬼享，子孫蕃衍，世道隆昌，雖其大德克誠之所致，然伯夷相成之力亦豈少哉！臣愚伏望皇上以仁孝誠敬爲事神之本，以恭正潔清責典禮之官，俾乾坤清泰，獲大稔于生民，祖考来歆，集蕃禧于聖體，庶幾克臻有虞之盛治而大禮不爲虚文矣。伏惟聖明留意。

三

亦越文王、武王，克知三有宅心，灼見三有俊心，以敬事上帝，立民長伯。

這是周書立政篇周公告成王説文王、武王能用賢以事天治民的事。「亦越」是繼前之辭，前面既説商紂任用非人，失了天命，故至此把文王、武王的事説起。「三宅」指那居常伯、常任、準人之位者，是見做官的人。「三俊」指那有常伯、常任、準人之才者，是作養待用的人。「克知」是知之真。「灼見」是見之明。「心」是説人的心術。周公説：「三有宅的人平日無一些圖利的心，念念只在愛君憂國上，若非知之真，縱使在三宅之位，也不能盡其才。文王、武王便真真的知道他是可託之人，置在左右，以心腹相待，無一些猜忌。三有俊的人，他平日也無一些倖進的心，本意只要致君澤民，況未曾歷練，能見他底藴最難。文王、武王便明明的見得他有可用之才，作養在朝，以備任用。」文王、武王委任三宅、作養三俊，非徒聽他言語，也非因他外貌，都是着實曉得他心術是賢人君子，所以説「克知三有宅心，灼見三有俊心」。「上帝」是上天。「長伯」是管百姓的官長。人君所掌的事，如惇五典，使人不敢亂倫，庸五禮，使人不敢僭分，命有德、討有罪，都是奉行天的事。人君一身不能獨理，必須委任賢才，與之共理。天下的百姓都是天民，寒者要衣，飢者要食，鰥寡孤獨要得其養，都仰賴人君。人君一身不能獨治，必須委任賢才，與之共治。若所任不得其人，則天道不寧、百姓失所。文王、武王用此三宅、三俊的賢才，一同敬事上帝，由是天職修舉，在朝無有誤事的官；用此三宅、三俊的賢才，立做民間長伯，由是體統分明，在下無有失所的人。上帝既有人奉承，下民又有所寄託，所以説「以敬事上帝，立民長伯」。周公以文王、武王之事告成王，蓋言人君位在天人兩間，俯仰無愧，全在委任賢才上。今王嗣位，可不法祖以圖治哉？

臣考之立政之書，歷言禹、湯、文、武，皆以求賢爲事天治民之本，於此特以「心」之一字爲言，尤是切要。蓋君臣上下，貴乎同心。若君臣離心，則情意不浹，政出多門，以之事天，則天心爲之不享，以之治民，則民心爲之不服。然任用之際，又須分别君子小人，蓋人君與君子同心則治，與小人同心則亂。如文王、武王真知灼見賢人君子之心，傾心委任，言動無間，由是賢人君子都以文王、武王之心爲心，盡心輔佐，不拘形跡，以致上得天心、下得民心，享國至於八百年。如夏桀、商紂，當時豈無賢人君子？都不相知心，或被疎遠，或受刑戮，那小人每大奸似忠，大詐似信，反與之終日相處，同心共事。彼小人者，惟務狎暱以逢其惡，以致上失天心，下失民心，而國隨以亡。此人君與君子小人同心治亂之明鑒。仰惟皇上以睿哲之資嗣祖宗之位，時臨經幄，聖學愈進於高明，日視正朝，聖治愈臻於隆盛，天人佑助，宗社奠安。然臣嘗伏覩太祖高皇帝御製大誥有君臣同遊之章，與文、武之事實相符合。惟願聖明遠取法於成周，近取法於皇祖，親近君子，屏斥小人，廣泰和之風於四海，衍無疆之業於萬世，微臣螻蟻之誠，不勝惓惓。

四

自一話一言，我則末惟成德之彥，以乂我受民。

這是周書立政篇周公說人君任用君子的意思。「末」解做終字。「惟」解做思字。「成德之彥」是說君子好人。「乂」解做治字。周公告成王說：「天下至大，百姓至廣，人君必須任用君子好人，方得治安。然任用他，必須念念在茲，不可斯須忘了，雖開口說一句話，道一句言，終要思想着君子好人。蓋君子好人道全德備，上可以正君，下可以善俗，用之要使他治我所受之民。」民何以謂之「受」？蓋民乃受之於天，受之於祖宗，非是成王所自有之。若人君一話一言之間，任用的心少有慢怠，君子必然見機而作，小人必然乘間而入，天下百姓，豈得治安？周公告成王之意，大概如此。

臣嘗考立政一篇，不過説人君任賢治民之道。蓋生民之休戚繫乎人臣之賢否，人臣之賢否繫乎人主之昏明。蓋人主明於知人，曉得孰爲君子，任之勿貳，孰爲小人，去之勿疑，則百姓安而天下治；若人主暗於知人，以君子爲小人，反加疎遠，以小人爲君子，反加親信，則百姓不安而天下危。上文歷言禹、湯、文、武之興，桀、紂之亡，全在任用君子小人上。然君子難進而易退，民心難得而易失，上天之祐與不祐、祖宗之享與不享，也只在此。況成王以幼冲之年，嗣文、武之位，豈可不加之意乎？周公丁寧告戒，可謂至矣。其後成王果能任用君子，始終如一，纘成丕緒，享國隆長，後世稱爲守成令主，豈偶然哉！仰惟我朝列聖親賢愛民之詔布之天下，傳之後世，載諸寶訓，昭如日星。伏願皇上萬幾之暇，熟復聖言，敬守家法，親君子，遠小人，無爲空談，務求實效，使人才收全盛之名，四海享太平之福，則周之成王有不足言者。臣犬馬之誠，不勝惓惓。

五

至治馨香，感于神明。黍稷非馨，明德惟馨。尔尚式時周公之猷訓，惟日孜孜，無敢逸豫。

這是周書君陳篇周成王使君陳監殷頑民於下都，引周公的言語訓告他，着勤謹奉行的意思。「至治馨香」以下四句，便是周公的言語。「馨香」是物之精華氣臭。「黍稷」是祭神的品物。「明德」是人所受於天、虛靈不昧的道理。成王說：「凡治功之成到那極處，馨香發聞，感格神明，自有箇不疾不速的妙處。彼其祭祀之時昭薦黍稷，能致得神明來享，這豈是黍稷的馨香所以然處？都是明德的馨香。」人若無有這明德，便無有那治功，縱是黍稷豐潔，也不過具文而已，神豈享他？故曰「至治馨香，感于神明，黍稷非馨，明德惟馨」。「式」字解做用字。言合於道謂之「猷」。「逸豫」是偷安的意思。成王又說：「周公這等有道的言語，你當用他的去行，終日勤謹，孜孜在念，不可一毫偷安放過了。」故曰「尔尚式時周公之猷訓，惟日孜孜，無敢逸豫」。蓋殷之頑民未可刑驅勢迫，必須能繼前人之德，庶幾可化他。若專靠周公的法度，無有周公的德化，如何了得？所以先儒蔡氏解言一章說：「至精至微，非深致篤恭之功，孰能與於斯！」亦可謂善於說經者矣。

臣嘗聞之，「敬」之一字，是聖學成始成終之要，此章「無敢逸豫」這一句即是篤敬的工夫。蓋能篤敬，則大本以立，德豈有不明？德明，則物我無間，治豈有不成？治既成了，則休聞四達，自然感得神明，神明尚且感得，何況百姓每？若不能篤敬，則放肆妄爲，德如何可明？德既不明，則縱慾無度，治如何可成？既無善治，則穢德彰聞，神明必然厭惡他，神明厭惡，則民心可知。以此看來，昏明治亂，全在敬與不敬。成王雖是訓告君陳，要他遵周公之訓，無敢逸豫，其實非成王能自遵周公之訓、盡篤敬之功，如何說得到此？其後君陳果能化訓殷民，成王允爲嗣世賢主。漢、唐以來，聖學不明，至治罕見，上下恬然，不知務本敬德，或妄意於淫祀以徼福，或專事於非法以求治，政化不洽而移咎於民，和氣不臻而歸罪於歲，比諸成王訓告君陳之意，何止霄壤！仰惟皇上恭己守成，勵精圖治，時有訓勅以勵中外之臣，宜乎雨暘時若，百神效靈。然近歲以來，水旱未調，饑饉相屬，是雖天心仁愛之所致，臣愚尤願皇上欽恤民隱，敬遠鬼神，罷不急之務，求有道之言，上下之間交致其敬，則盛德大業比隆成周，漢、唐以下不足言矣。伏惟聖明留意。

春秋

九月戊辰，諸侯盟于葵丘。

這是春秋記齊桓公合諸侯以申明天子禁令的事。「九月戊辰」在魯僖公九年，即周襄王元年。「諸侯」是齊與魯、宋、衛、鄭、許、曹六國之君。「盟」是誓於神明以結約信。葵丘是宋地，即今河南睢州。春秋葵丘之會，齊桓公主霸，周襄王使冢宰周公來賜桓公胙，桓公不敢使天子之相受諸侯的約束，候宰周公去了，乃以九月戊辰會六國諸侯，誓於神明，以結約信。這一日陳設祭神的牲都不殺，約信之書也盛在匱中，但加於牲上，其意只要以威信服諸侯，以申明天子的禁令。其初命說：「凡有不孝父母的人誅戮之，樹立世子不得擅自更易，寵妾不可使爲妻。」再命說：「有賢德的人尊禮之，有才能的人養育之，以表章有德。」三命說：「有年老的人敬重他，使安於壽考；孤幼的人慈愛他，使遂其生養；四方賓客行旅有至其國土的，不可忽忘了，務優待他，使不失所。」四命說：「仕者之子孫恐未必皆賢，止許世禄，不許世官；有司衆職，當廣求賢才以充其任，不可使人兼攝，恐至廢事；取士必在得人，不可濫舉；大夫有罪，當請命于天子，不可擅殺。」五命説：「不可曲爲隄防壅泉激水，以專小利、病隣國；隣國凶荒告糴，以賑飢民，不可閉遏不與；封建國邑當告于天子，不可自專。」凡此五命之詞，皆天子大禁。初命三事乃三綱所繫，脩身正家之要也；再命以後諸事，所以尊賢、敬臣、子民、柔遠人、懷諸侯，制治保邦之法也。世至春秋，諸侯犯之而不恤，桓公獨能申明此禁以約束諸侯，翼戴王室，且曰：「凡我同盟之人，既盟之後，言歸于和好，無得互相構怨。」不得刑牲歃血而諸侯皆喻其志〔一〕，奉其説而不敢違。孔子作春秋，特書「戊辰，諸侯盟于葵丘」，所以深美之也。

臣謹按：五霸之功，莫盛于齊桓；齊桓之盟，莫盛于葵丘。然桓公盟諸侯凡十有三次，春秋皆不書日，惟此特書「戊辰」，蓋雖美其盛，而亦憂其衰也。誠以霸者假仁義以濟其私，所欲未遂，則勤力勞心，不敢自怠，所欲既遂，則氣驕志滿，不復有爲。論謂桓公葵丘以前如自朔至望之月，日有所增；葵丘以後如自望至晦之月，日有所損。由其心有勤怠之殊，故其功有盛衰之漸，較之王者之治，克慎始終，大不侔矣。降及後世，漢、唐之君亦往往以勤始而治、以怠終而亂，皆不能監春秋盛衰之跡而自致于王道者也。伏惟皇上味春秋之旨，撫霸功之卑。修身正家，大綱既舉；保邦制治，萬目咸張。如唐、虞大君，無怠無荒；如商、周令主，慎終于始。足以成純一不已之德，足以保萬世無疆之休。臣民至願，端在於斯。伏乞聖明留意。

綱目一

詔二千石勸農桑，慎選舉，順時令〔二〕，理冤獄。

這是通鑑綱目紀漢孝章皇帝建初元年命官養民、求賢、恤刑的事。「二千石」是郡守一歲的俸禄，因以爲稱。章帝即位之初，下詔于天下郡守説：「農桑是王政之首，宜及時勸督百姓，男子勤力農畝，婦女蠶桑，以爲衣食，不要使他飢寒。賢才是致治之本，凡選舉之際，務要明慎，舉進善良君子，黜退貪猾小人，不可徇私，使賢否混雜。至於感召和氣，洗雪冤枉，尤國家重事。當春月發生之時，宜布德施惠，不可斷刑獄，有重罪的，必待秋後；或有司羅織鍛鍊，使人冤枉，無所訴告的，必詳審曲直，與他辨理，不可觀望顛倒，以傷和氣。」宋儒朱子於通鑑綱目大書之，所以美章帝之初政可爲法于後世者如此。

臣惟治天下之道，誠莫切于養民、求賢、恤刑這三事。稽之於古，若虞、周之世所以致雍熙泰和之盛，亦不過此，而章帝詔書實有虞、周遺意。蓋舜立十二師，周置九牧，略如漢之郡守，所謂二千石者；舜與成王所以告命訓迪之詞，曰「食哉惟時」、曰「阜成兆民」，即勸農桑的意思；曰「惇德允元」、曰「舉能其官」，即慎選舉的意思；曰「象刑惟明」、曰「以公滅私」，即順時令理冤獄的意思。雖建初之治不敢上比虞、周，然章帝之賢亦非後世可及。今考其時，嘗以上林池籞賦與貧民，詔齊國省冰紈、方空縠，又嘗以春時親耕于定陶，以秋時觀稼于河内，這等愛民，必無横征暴歛、奇技淫巧之作；議貢舉則先忠孝之人，求治效則戒矯飾之吏，大臣若第五倫、袁安之流以清介之行師表群臣，守令若廉范、周紆之徒以循良之政撫安黎庶，這等用賢，必無賣官鬻爵、私謁倖進之風；念罪人痛苦則禁治獄之慘酷者，惜賢才連坐則除妖惡之禁錮者，貴戚奢縱非法，命三公糾之以正朝綱，禁獄逮繫無辜，用人言釋之以弭災異，這等慎刑，必無深文酷罰、偏聽不公之失。此章帝所以爲東漢賢君，號稱長者，而朱子特筆大書，深予之也。伏惟皇上以睿哲之資，繼祖宗之統，蓋嘗惓惓于養民、求賢、恤刑三事。明詔屢下，聖澤弘敷。賑濟之使相望于道途，願仕之臣駢肩于朝著。負屈者無分遠邇，必勞宣勘之官；繫獄者每遇炎寒，必蒙寬恤之例。凡此，皆上勤宸慮，下厚民生，宜有治平之功，以繼虞、周之盛而陋章帝于不足言者。宗社生民，莫大之幸！

二

魏主考績，黜陟百官。

這是通鑑綱目紀魏主考覈百官以示勸懲的事。「魏主」是北魏孝文帝，與南齊明帝同時，那時不曾混一，號爲南北朝，故綱目書法不稱「帝」而稱「主」。初，孝文帝太和十八年下詔定制：每三年一考百官，就行黜陟，不待九年。其制：各令本曹官長考他屬官的功績優劣，分爲上中下三等，其上下又各分爲三等。六品以下，令尚書覆審。五品以上，帝親與公卿辨論。考上上的陞用，考下下的罷黜，考中等的照舊。至是帝親臨朝堂，黜陟百官，面責各部尚書不能獻可替否、進賢退不肖。録尚書事拓跋羽無勤慎之名、有阿黨之跡，退了不許録尚書事。其同僚佐貳官做尚書令、僕射、左右丞的，不能以義相導，隨其罪之輕重削了他俸禄。少保拓跋澄以氣志驕傲，革了他職任尚書。于果以不勤政事，也削了他俸禄。

其餘不能盡職的，或降或黜，皆數其罪過，當面發落他。由是謹勤辦事的有所勸勉，怠慢誤事的有所懲戒，君德以修，國政以舉。宋儒朱子於通鑑綱目特書之，以見孝文帝能綜核名實，得爲治之要如此。臣惟考績黜陟，國家之大典。稽諸往古，唐、虞之世三載考績，三考黜陟幽明，其黜陟行于九年，非是太緩，民淳事簡，在位的君子多、小人少故也。成周之時，三歲則大計群吏之治而誅賞之，其黜陟行于三年，非是太急，世降俗下，賢否相雜，恐小人苟容、君子淹滯故也。三代而下，圖治之君，誠當以此爲準。然北魏孝文帝乃以裔戎分據中國，能斟酌古制力行之，且親操黜陟之柄，不察察于人言，專責輔相之臣，不屑屑于庶位，尤得爲治之體，後世稱爲賢君，垂在史册，況堂堂有天下者，當可不加之意乎？我聖朝九載黜陟則用唐、虞之典，三年考覈則用成周之制，良法美意，行之蓋百餘年矣。仰惟皇上臨御以來，恪守成規，日新聖學，慮官久則不免于阿黨、政久則不免于弊生，因三年朝覲之期，下考覈加嚴之詔。中外之臣，凛然向風，以君子爲榮，以小人爲耻。然庶官稱職本于大臣，大臣得人本于君上，伏惟聖朝如文王克厥宅心，如帝舜任賢勿貳，則大臣有廉貪立懦之風，庶位有奉公守法之效，聖謨益遠，聖治益隆，匹休于唐、虞、三代之盛，而偏安小成如北魏孝文者不足言矣。斯世斯民，不勝慶幸！

經筵日講

孟子

孟子曰：「有不虞之譽，有求全之毁。」「虞」是料度。「譽」是名譽。「毁」是非毁。孟子説：「人必是有些善處方纔得人稱譽，然稱譽之言未必皆實，且如有一等人，所行的事只與衆人一般，他心裏也不曾度有箇名譽，却偶然有一兩件事被人稱贊起来，互相傳播，都説他好，這便是不虞之譽。人必有些惡處方纔被人非毁，然非毁之言也未必皆實，且如有一等人，小心畏懼，要求全美，惟恐有些差失，却無故被人非毁，説他不好，這便是求全之毁。」夫爲善得了好名、爲惡得了惡名，本是常理，今乃有出於常理之外的，這等去處須是要見得透。以在己論來，不可僥倖得名便歡喜足了，還要勉强爲善求稱其名，也不可因人有些言語便生憂疑，只要自家持守得定，事久自明；以在人論來，不可徒取虚名便輕易進用一箇人，也不可信人讒謗便輕易黜退一箇人，須要仔細詢訪，着實有可用時用他，着實有可退時退他，這等便有些虚毁虚譽，如何亂得這大公至正的常理？這却是孟子言外的意思。

孟子曰：「人之易其言也，無責耳矣。」「易」是輕易。「責」是怪責。孟子説，人若輕易開口發言，不當必然遭人怪責，既遭怪責以後，自不肯輕易開口。今有一等人，發言時不計是非、不顧利害，只管輕易開口亂説將去，這等人只是一向不曾遭人怪責，以此放肆了。蓋常人之情，前面既無懲創，則後面不知警省，所以如此。若君子之言，當謹而謹，豈待有過失了才不輕易說話？孟子這一章必有爲而發，然亦可以爲言語之戒。

孟子曰：「人之患，在好爲人師。」「患」是病患。孟子說：「凡與人做師傅的，必是學問有餘，人來求教，不得已而應之乃可。如今人却有件病，是他心性好高，不待學問充足，只管要做人的師傅。這等人自家滿足，定無有長進處，豈不是大病？」蓋上自天子下至庶人，皆不可無師，但人不可輕以師道自任，故孟子警戒學者如此。

樂正子從於子敖之齊，樂正子見孟子，孟子曰：「子亦來見我乎？」曰：「先生何爲出此言也？」曰：「子來幾日矣？」曰：「昔者。」曰：「昔者，則我出此言也不亦宜乎？」曰：「舍館未定。」曰：「子聞之也，舍館定然後求見長者乎？」曰：「克有罪！」樂正子是孟子弟子。子敖是齊大夫王驩的表字。「之」是往。「先生」指孟子。「昔者」是前日。「館」是客舍。克是樂正子的名。昔孟子在齊國，樂正子從着大夫王子敖往齊國見孟子，孟子意下說子敖是箇小人，不當跟着他行，已自怪樂正子。及樂正子來見孟子遲了，孟子姑以此責他說：「你也來見我乎？」樂正子不知怪他何故，問說：「先生如何發這言語？」孟子又問他說：「你來到齊國，如今是幾日了？」樂正子說：「是前日。」孟子說：「既是前日來，如何兩日不見我？我發這言語，豈不宜乎？」樂正子見孟子怪他，又遮飾說：「我不敢慢先生，因是客館未定，所以不曾來見。」孟子又說：「你可曾聞得人說，直待客館定了方纔求見先生長者乎？」樂正子聞孟子之說，随即省悟，自稱其名說道：「克委實有罪，不敢辭矣！」這一章見孟子教人之嚴，而樂正子勇於受責，亦自難得，比如後世人强辨飾非、不肯認錯，至於壞事不悔者，又樂正子之罪人也。

孟子謂樂正子曰：「子之從於子敖來，徒餔啜也。我不意子學古之道而以餔啜也！」「徒」解做但字。「餔」是食。「啜」是飲。孟子呼樂正子説：「你這一遭跟着大夫王子敖來，更無別事，但只圖些飲食而已。我不意你平日學古人之道，不知擇所從之人，是可與同行的，是不可與同行的？却專爲飲食，是何道理？」蓋學古人之道則能審於擇人、嚴於處己，遇可從之人，雖無勢利，簞食瓢飲亦所不辭；遇不可從之人，雖有勢利，千駟萬鍾亦不爲動。子敖本是齊王幸臣，孟子平日絶之，未嘗與他説話，今樂正子乃失身于此人，宜孟子正其罪而切責之也。

孟子曰：「仁之實，事親是也；義之實，從兄是也。這兩箇「實」字解做結實之實。孟子説：「仁義二者是人性固有的，然仁主於愛，而愛莫切於事親，人能孝順父母，便是仁之實；義主於敬，而敬莫先於從兄，人能事兄長，便是義之實。」這仁義之道，其用最廣。比如一科樹，凡愛民、利物都是仁之華采枝葉，其本却自愛親一件上推來，所以見得愛親便是仁之結實處。凡忠君、弟長都是義之華采枝葉，其本却自敬兄一件上推來，所以見得敬兄便是義之結實處。人之良心發見，惟此二者最爲切近精實，能於此體認躬行而充廣之，則仁義之道不可勝用矣。

「智之實，知斯二者弗去是也。禮之實，節文斯二者是也。樂之實，樂斯二者，樂則生矣。生則惡可已也？惡可已則不知足之蹈之、手之舞之。」這三箇「實」字是承上文兩箇「實」字說。這三箇「斯二者」都指事親從兄說。「節」是品節。「文」是文章。「生」如草木有生意一般。「惡」解做何字。孟子既說仁義之實在於事親從兄，又說：「智之實不在於他，只於事親從兄這兩件道理知得明白，又能固守，常常不離去了，便是智之實處。禮之實只在這兩件爲之品節文章，使其次第等級秩然不亂，威儀文采粲然可觀，便是禮之實處。樂之實只於這兩件中心悦樂，和順從容，無所勉强，既無勉强，這道理油然自生，如草木之有生意。既有生意，自然暢茂條達，發將出來，如何止遏得住？既止不住，則盛而又盛，形於動容，見於四體，至於足之蹈之、手之舞之，有不自知其所以然者。」孟子這一章說事親從兄，良心真切，天下之道皆原於此，然必知之明而守之固，然後節之密而樂之深也。

孟子曰：「天下大悦而將歸己。視天下悦而歸己，猶草芥也，惟舜爲然。「己」是就帝舜身上說，「草芥」是極微之物。孟子說：「帝舜的孝，無人及得。蓋當其在側微之時，未登帝位，天下之人都仰其聖德，無比的喜悦，將要歸服他。舜看這天下之人喜悦歸服他，只如地上的草芥極微之物一般。」這等看得不希罕，爲何？蓋舜的心裏只以順親爲重，若不得於親而順之，雖得天下也不爲重，其孝如此，所以說「惟舜爲然」，以見人不可及也。

「不得乎親，不可以爲人；不順乎親，不可以爲子。「得乎親」是曲爲承順，只要得父母心裏喜悦的意思。「順乎親」是惟恐父母有過失，先意承志諭父母於道，直要所行都合理，不相違悖的意思。孟子又說：「帝舜他心裏以爲若服事不到，不能得父母的心，使他喜悦，便不可以爲人；若不能調順父母，使他所行都合理無過失，便不可以爲子。」蓋舜的心事如此。謂之「人」，乃對彼而言，猶是泛說。謂之「子」，則對父母而言，其情親義切，無以加矣。

「舜盡事親之道而瞽瞍底豫，瞽瞍底豫而天下化，瞽瞍底豫而天下之爲父子者定，此之謂大孝。」瞽瞍是舜的父名。「底」是「致」。「豫」是悦。「定」是各止其所的意思。孟子又説，帝舜的道理已盡到至極處，故瞽瞍雖至頑，這時節都致到和悦的去處，這便是底豫。只因瞽瞍一底豫了，凡天下爲人子的知天下無有不可事的親，都做效舜之所爲，無有不孝，爲父的也都底豫，無有不慈，這便是化。瞽瞍一底豫了，凡天下爲父的慈，爲子的孝，子孝父慈，各止其所，無有不安其位的，這便是定。舜之孝至於如此，爲法於天下，可傳於後世，非止一身一家之孝而已，所以唤做大孝。蓋處人倫之常者易，處人倫之變者難。舜處人倫之變而能盡其孝，故孟子舉之以爲萬世法。

離婁章句下

這是孟子離婁篇後一半，因簡帙重大，分作章句下篇。

孟子曰：「舜生於諸馮，遷於負夏，卒於鳴條，東夷之人也。文王生於岐周，卒於畢郢，西夷之人也。」諸馮、負夏、鳴條都是地名。岐周是岐山下周舊邑。畢郢也是地名。孟子説：「虞舜生在諸馮，遷居在負夏，没在鳴條，都是東方夷服之地，是舜乃東夷之人也。周文王生在岐周，没在畢郢，大抵是西方夷服之地，是文王乃西夷之人也。」

「地之相去也，千有餘里；世之相後也，千有餘歲。得志行乎中國，若合符節，先聖後聖，其揆一也。」「符節」是玉做成，篆刻文字，從中分開，彼此各藏一半，有事則左右相合，把做信記。「揆」是度。孟子又說：「舜與文王地土相去有千餘里之遠，世代相先後有千餘年之久，然舜爲天子，文王爲方伯，得志行道於中國以及于天下，則與符節相合一般，無有差錯。」是聖人之生先後遠近之不同，揆度將來，其所存所行的道理則一而已。非孟子深知二聖之心，豈能形容至此哉！

子產聽鄭國之政，以其乘輿濟人於溱、洧。孟子曰：「惠而不知爲政。歲十一月徒杠成，十二月輿梁成，民未病涉也。子產是鄭大夫公孫僑。「輿」是車。溱、洧是二水名。「惠」是私恩小利。周之十一月即夏之九月，周之十二月即夏之十月，三代時改易正朔是如此。「徒」是徒步。「杠」是方橋。「梁」也是橋。昔子產爲鄭大夫，聽斷一國的政事，他因見溱、洧二水無有橋梁，人往來不便，終日把他所乘的車載往來的人濟過這溱、洧二水。孟子說：「這子產這箇人，所行只是私恩小利，不知爲政之道。蓋爲政則有公平正大之體，綱紀法度之施，自然使人得所，不在這些小惠利上。且先王之政，每到歲十一月，農功已畢，又將寒凍時節，於是將各處可通步行人往來的方橋都做成了。到十二月，又將各處可通車輛往來的大橋也都做成了。這等，則民都便於往來，自不患於徒涉，何必區區以所乘的車來濟人？縱濟得一時一兩處，豈能周遍？」故孟子以此爲言，蓋修治橋梁、道路亦王政之一事也。

「君子平其政，行辟人可也，焉得人人而濟之？故爲政者，每人而悅之，日亦不足矣。」「辟」是辟除。孟子因說子產乘輿濟人的事至此，又推說：「君子若能行先王之政，公平溥遍，使百姓每飽暖安樂，都受恩惠，則出行之時，雖辟除了行路的人，使他躲避，也是上下之體所當然，不爲過分。況國中之水當涉者多，不止於溱、洧兩處，豈能一一都把自家所乘的車濟他？故爲政的人，若行私恩小惠，箇箇人都要喜悦他，則人多日少，以有數之日供無窮之人，如何勾得用？」這一章是説爲政當以大德，不當以小惠的意思。

孟子告齊宣王曰：「君之視臣如手足，則臣視君如腹心；君之視臣如犬馬，則臣視君如國人；君之視臣如土芥，則臣視君如寇讎。」「視」是看待的意思。「國人」猶言路人。「芥」是草芥。孟子告齊宣王説：「人君看待臣下如手足，則臣下看待人君如腹心，手足腹心，相待一體，恩義之至也。人君看待臣下如犬馬，則臣下看待人君如路人，蓋犬馬雖是輕賤，猶有豢養之恩，路人則亦無怨無德而已。人君看待臣下如土芥，則臣下看待人君如寇讎，蓋土芥則踐踏之而已，斬艾之而已，而賤惡之太甚，故所報亦有甚焉。」孟子這一章因齊宣王待遇臣下恩禮衰薄，至於前日所進用的人一旦不知所往，其於群臣亦謂邈然無敬，故孟子極言報施之道如此。然忠臣孝子常加厚於君父，斷不以此自處也。

王曰：「禮：爲舊君有服。何如斯可爲服矣？」「君」是諸侯國君。「服」是服制。齊宣王疑孟子説君臣報施之道太甚，故問他説：「在古禮，凡人臣於舊時服事過的國君，有齊衰三月之服，是如何樣的方可爲他行這服制〔三〕？」

曰：「諫行言聽，膏澤下於民；有故而去，則君使人導之出疆，又先於其所往；去三年不反，然後收其田里。此謂之三有禮焉。如此，則爲之服矣。「膏澤」是惠澤。「導」是引導。「疆」是境。「田」是田禄。「里」是里居。孟子答齊宣王説：「人臣平日有諫諍於君，君能容受而行之，有善言陳奏，君能鑒納而聽之，有志於爲民，君能使他展布，使惠澤下及于百姓。這等以道事君，中間或偶有不合之故去往别國，留之不得，則人君遣人引導他出境，防其剽掠，使不失所，又遣人先去他所往的國中，稱道説這是箇賢臣可用。既去之後，又拳拳望他歸國，到三年之久不歸，然後收了他舊時所得的田禄里居。若國君看待臣下如此，一不忍他路上失所，二不忍他到别國無有禄食，三不忍便收了他田里，這謂之三有禮焉。如此，則爲人臣的雖在别國，念其舊恩不敢忘，故制服以報之也。」

「今也爲臣，諫則不行，言則不聽，膏澤不下於民；有故而去，則君搏執之，又極之於其所往；去之日，遂收其田里。此之謂寇讎。寇讎，何服之有？」「極」是窮困的意思。孟子又對齊宣王説：「如今爲臣的諫諍於君，君怒而不行，有善言陳奏，君拒而不聽，雖有意爲民，又不得展布，使惠澤不及于百姓。中間或有不得已之故去往别國，人君不肯悔悟，反加捕捉，又窮困之於其所往之國，使不要用他。其去國之日，就便收其田禄里居，全不念他平日效勞。這等相待只似寇讎一般，恩義既絶，何有報服之理？」大抵戰國之時，爲諸侯國君的多不以禮遇其臣，故孟子之言如此。然孟子他日去齊，三宿出，書曰：「庶幾改之，予日望之。」其待君之意甚厚，未嘗有悻悻之心，則爲人臣的又當以孟子之事爲法。

校勘記

〔一〕不得刑牲歃血而諸侯皆喻其志　「得」，四庫本作「待」。

〔二〕順時令　「時」，原作「民」，據四庫本改。

〔三〕是如何樣的方可爲他行這服制　「他」，原作「也」，據四庫本改。

篁墩程先生文集卷六

經筵日講

尚書

公曰：「君奭，我聞在昔成湯既受命，時則有若伊尹，格于皇天。在太甲，時則有若保衡。在太戊，時則有若伊陟、臣扈，格于上帝，巫咸乂王家。在祖乙，時則有若巫賢。在武丁，時則有若甘盤。」

「時則有若」言當時有如此之人。太甲、太戊、祖乙、武丁都是商之賢君。「保衡」是官名，保取其安，衡取其平，即指伊尹。周公呼召公說：「我聞得在昔商家先王成湯既受天命爲天子，時則有如伊尹以聖臣輔聖君，治化之隆，與天無間。」故曰「格于皇天」。「在成湯之孫太甲，時則有如伊尹居保衡之官，以聖臣輔賢君，天下都賴之以安平。」故曰「保衡」。「在太甲之孫太戊，時則有如伊尹之子伊陟與臣扈兩箇人，以賢臣輔賢君，其致治之盛，能得昊天上帝之心。」故曰「格于上帝」。「又有如巫咸者，也能輔君爲治，功在王室。」故曰「乂王家」。「在太戊之孫祖乙，時則有如巫賢，巫賢乃巫咸之子。在高宗武丁時，則有如甘盤，即高宗之師。」蓋商之諸君能創業於前，守成於後，多是這六箇大臣輔佐之力。

「率惟茲，有陳，保乂有殷。故殷禮陟配天，多歷年所。「率」是循。「陟」字解做升字，指先王説。「所」是次所。周公又説：「商家伊尹至甘盤六箇大臣，能率循這輔君致治之道，有陳力就列之功，用能保治得商家朝廷尊安，四方無虞，故商家大禮尊其先王之既往者，以盛大之德配于昊天上帝，而享國歷年之久至於六百年之多。」

「天惟純佑命，則商實。百姓王人，罔不秉德明恤；小臣屏侯甸，矧咸奔走。惟茲惟德稱，用乂厥辟。故一人有事于四方，若卜筮，罔不是孚。」「佑」是助。「稱」是舉事，如征伐會同之類。周公承上文説：「天意在商家純一不雜，佑助其天命，所以生賢衆多，使有商國家充實而無乏才之患。在内則百官著姓與王臣之微者，莫不秉持其德，無偏私之蔽，明致其恤，有憂國之心；在外小臣與藩屏國家侯服、甸服之臣，況皆奔走趨事。惟此之故，惟稱舉其明德，用以匡治其君，俾無過舉。故其君或有征伐、會同之事于四方，令行禁止，如龜之卜，如蓍之筮，天下之人知其出于至公，無有不敬信的。」周公言此，以見天眷人君莫大於生賢、人君圖治莫先於用賢的意思。

公曰：「君奭，天壽平格，保乂有殷。有殷嗣，天滅威。今汝永念，則有固命，厥亂明我新造邦。」「平」是坦然無私。「格」是通徹無間。「汝」是指召公。「亂」字也解做治字。周公呼召公説：

「上天福善禍淫，其心至公，豈肯私壽於人？若有坦然無私、通格于天的人，天必壽他。如伊尹至甘盤這六箇大臣，能盡平格之實，故能保治商家享國長久。到商紂嗣天子之位，輔以奸惡，乃遽遭滅亡之天威。爲何？蓋因不能用賢臣輔佐以格于天，天豈肯私壽他？今召公當勉爲我周家永久之慮，留佐成王，則可以保有鞏固之天命，其治效亦明著於我周新立之國，而召公一身也有光顯了。」

公曰：「君奭，在昔上帝割，申勸寧王之德，其集天命于厥躬。「割」是災害。「申」是重。「勸」是勉。「寧王」是指武王，以其有安天下之功，故曰寧。周公又呼召公説：「在前時皇天上帝因紂無道，降災害與商家，使他失了天下，申重勸勉我武王之聖德，集天命于武王之身，使有天下爲天子。」謂之「勸」者，非天有言語告人，只是冥冥之中佑助啓迪，使武王之德日新又新也。

「惟文王尚克修和我有夏〔一〕，亦惟有若虢叔，有若閎夭，有若散宜生，有若泰顛，有若南宫括。」虢叔是文王之弟，封于虢。閎、散、泰、南宫是人的姓，夭、宜生、顛、括是人的名。周公又説：「文王庶幾能修治調和我周家所有的中夏地方，使三分有二之國，無有廢缺的政事，無有乖戾的風俗，也非是文王一人之力。亦惟有如虢叔、有如閎夭、有如散宜生、有如泰顛、有如南宫括這五箇大臣輔佐他如此。」

又曰：「無能往來，兹迪彝教。文王蔑德降于國人。「蔑」是無。周公又反前意説：「若虢叔每這五箇大臣不能爲文王往来奔走於此，勉盡職業，開導啓迪其秉彝之常教，則文王也無德澤降及于國人。」甚言君不可無臣也。

「亦惟純佑秉德，迪知天威。乃惟時昭文王，迪見冒聞于上帝，惟時受有殷命哉！」「迪知」這一箇「迪」字是踐履的意思。「迪見」這一箇「迪」字是開導意思。周公復正言文王有這五箇大臣，亦是天意在文王，純一不雜佑助他，故生這等秉持明德之臣，踐履工夫到至處，着實曉得上天威命，商紂有必亡之理，以此同心協力，務在昭顯文王，開導啓迪，使文王之德如日之著見于上，如天之覆冒于下，而升聞于皇天上帝。惟是之故，遂能受有商之天命。這一節見文王雖是聖人，亦不可無賢臣之助。

「武王惟茲四人，尚迪有禄。後暨武王誕將天威，咸劉厥敵。惟茲四人，昭武王惟冒，丕單稱德。」「四人」是閎夭、散宜生、泰顛、南宫括，此時虢叔已不在了。「劉」字解做殺字。「單」是盡。周公又說：「武王時，惟有閎夭每這四箇大臣庶幾能使武王蹈有天禄，後來又與武王大奉上天之威命去伐紂，盡殺其殘暴抗敵之人，有了天下。這四箇大臣又同心輔佐，昭顯武王，使其德覆冒於天下，天下之大，盡都稱頌武王的聖德。」這一節見武王雖是聖君，亦不可無賢臣之助。

「今在予小子旦，若游大川，予往暨汝奭其濟。」「小子」是周公自謙之稱。浮水曰「游」。周公又說：「如今在我小子旦承文王、武王的基業，懼不能濟事。比如要浮過那大川水去，不知津渡所在，一箇人豈能得濟？我去，與爾召公期於共濟方可。」觀此，則周公留召公，要共成王業，其意可謂切矣。

「小子同未在位，誕無我責，收罔勖不及。耇造德不降，我則鳴鳥不聞，矧曰其有能格？」「小子」指成王，周公是成王的叔父，故稱成王做小子。「誕無我責」這一句先儒說疑有缺文。「收罔不及」這一句，先儒說未詳其義。「耇造」是老成人。周公又說：「成王幼冲，雖已即位，與未即位同，正要賢臣相與輔佐他。若召公求去，則耈老成人之德不下降于民，我於那瑞世之鳴鳳也不得聞其聲了，況敢説道進此而有能感格于天乎？」

公曰：「嗚呼！君肆其監于茲。我受命無疆惟休，亦大惟艱。告君乃猷裕，我不以後人迷。」「肆」是大。「茲」指上文。「猷」是謀。「後人」是文、武的後人，即指成王。周公嘆息説：「召公大宜監視我上文所告的言語，我文王、武王受天之命，固有無窮的休美，然其積累締造之功也大是艱難，豈可不竭力保守？今告召公你當謀所以自處寬裕之道，展布四體，使君德開明，不要心中狹隘，只管求去，我不欲後王迷惑而失爲君之道也。」

公曰：「前人敷乃心，乃悉命汝，作汝民極。曰：『汝明勖偶王，在亶，乘茲天命。惟文王德，丕承無疆之恤。』」「前人」指武王。「民極」是下民的準則。「偶」字解做配字。周公與召公曾同受武王顧命，故周公告他説：「武王敷布他腹心，盡以命汝召公，使居三公之位，要你做一箇下民的準則。其告命之詞説道：『汝召公當精白一心，勉輔嗣王，如農夫偶耕的一般，不可缺了一人。又當以心相信，如馭車的一般，并力一心，以乘載這天命。又當追念我文王之舊德與我周家大受無窮之憂責，如民生休戚、天命去留，都是可憂處。』武王所以命汝召公如此，豈可以求去乎？」

公曰：「君，告汝朕允。保奭，其汝克敬以予。監于殷喪大否，肆念我天威。「保」是太保，召公所居之官。「大否」是大亂。周公又説：「召公，如今告汝以我的誠意。」遂呼他官名説：「太保君奭，所願汝能敬以我所言，監視于商紂之喪亡大亂，可不大念我天威之可畏？」周公説天威而必曰「我天威」，蓋天命在人君的心上，不在外面。周家雖已受了天命，若嗣君無賢臣輔導，此心少有放肆，則天喪又將移于周了，豈不大可畏乎？周公之言，忠愛懇切如此。

「予不允惟若兹告，予惟曰：『襄我二人，汝有合哉。』言曰：『在是二人，天休滋至，惟是二人弗戡。』其汝克敬德，明我俊民，在讓後人于丕時。」「襄」是成。「戡」是勝。周公告召公説：「我豈是不取信于人，却如此告汝？我只説：『周家王業之成在我與汝二人。』汝聞我之言有契合于心。』也説：『是在我與汝二人，但上天休命源源而來，任大責重，惟是我二人恐不能勝。』汝當能自敬其德，明揚我周邦才俊之人，布列庶位，以盡大臣之職業，以荅滋至之天休。他日在汝要推讓後人于國家大盛之時，我不阻你，如今却不可求去。」

「嗚呼！篤棐時二人，我式克至于今日休。」「棐」是輔。周公又嘆息説：「同心協力，篤實以輔佐嗣君，只是我二人。我用能至于今日這等休美盛大。」周公平日未嘗自有其功，此特爲留召公而言，蓋叙其所已然也。

「我咸成文王功于不怠，丕冒海隅出日，罔不率俾。」「俾」是從。周公告召公説：「我雖能致得今日這等休美盛大，然未可自足，我當與汝共成文王的功業，不可怠忽。務要使嗣君之德如天一般大，覆冒于海隅日出之地，凡四遠之民，無一人不率從臣服于我周家方可。」此蓋勉其所未至也。

公曰：「君，予不惠若兹多誥，予惟用閔于天越民。」「惠」是順。「閔」是憂。周公又説：「召公，我豈不順于理，却如此反覆多言告汝？我只爲憂天命難于保終及斯民無所倚賴，所以拳拳的留你。」

公曰：「嗚呼！君，惟乃知民德，亦罔不能厥初，惟其終。祗若茲，往敬用治。」「民德」是説民心之嚮順處。「若」也是順的意思。周公又嘆息説：「召公，你是箇歷練老成的人，惟你知民心之嚮順，也都能於其初不敢遺怨上頭人，只是當思其終，則民心之難保處，最是可畏。汝其祗順我所告你的言語，往敬以治其所當爲之事，不可怠忽。」此蓋召公已肯留了，周公飭遣他就職之詞。臣謹案：君奭這一篇，是周公留召公的書。蓋人君嗣位之初，全在老成人輔佐。若輔佐得人，則君德可成，太平可致；若輔佐不得人，則君德難成，治道無望。當成王之時，老成人無出召公之右者，故周公因其告老再三留他。其後召公感周公之言，既相成王，又相康王，遂致刑措之美，君臣同休，可謂盛矣。伏惟聖明留意。

蔡仲之命

蔡是國名。仲是蔡叔之子。「命」是誥命。此篇所記是封蔡仲爲諸侯誥命之詞。

惟周公位冢宰，正百工，群叔流言。乃致辟管叔于商；囚蔡叔于郭鄰，以車七乘；降霍叔于庶人，三年不齒。「百工」是百官。管叔是周公之兄，蔡叔、霍叔是周公之弟。武王崩時，成王尚幼，周公居天官冢宰之位，統正百官。當是時，管叔、蔡叔、霍叔三箇人監紂之子武庚于商之舊都，以主少國疑，流出那無根之言，倡爲叛亂，説周公有不利于成王的心。到後來事都明了，於是「致辟管叔于商」。「致辟」是將管叔明正其罪，誅戮于商之舊都。「囚蔡叔于郭鄰，以車七乘」，是將蔡叔幽囚去那中國之外郭鄰地方，拘繫他出入，却還把那七乘之車隨從他。「降霍叔于庶人，三年不齒」，是將霍叔來削爵爲民，三年之後改過自新，方才齒録他，復其原爵。管叔、蔡叔、霍叔三箇人雖是周公弟兄，其所行得罪于宗社，故周公不得不處治他，因其罪之大小定爲刑之重輕，皆天討所加，不敢以私恩廢公義也。

蔡仲克庸祇德，周公以爲卿士。叔卒，乃命諸王邦之蔡。「庸」是常。「卿士」是諸侯之官。周公佐成王食邑于畿内，畿内諸侯當有兩箇卿士，周公既囚蔡叔于郭鄰，見蔡叔之子蔡仲能常敬德，用以爲己之卿士。蔡叔既没，周公請命成王，使他之國于蔡，襲封爲諸侯。蓋蔡叔有罪則囚之，不以弟而私，蔡仲既賢則封之，不以父而棄，於此見周公大聖人之心，真與天地一般。

王若曰：「小子胡，惟爾率德改行，克慎厥猷，肆予命爾侯于東土。往即乃封，敬哉！胡是蔡仲的名。「猷」是道。蔡在成周之東，故謂之東土。成王呼蔡仲之名説：「惟爾小子胡率循爾祖文王之明德，改易爾父蔡叔之悖行，能謹慎其所行之道，故我命汝爲諸侯于東方。如今去就汝所封之國，當敬之哉！」「敬哉」是勉勵他不可放失其本心也。

「爾尚蓋前人之愆，惟忠惟孝。爾乃邁迹自身，克勤無怠，以垂憲乃後。率乃祖文王之彝訓，無若爾考之違王命。「前人」指蔡叔。「愆」是罪過。成王告蔡仲説：「爾父蔡叔以不忠不孝得罪于王室，爾蔡仲當要掩蓋你父的罪過。掩蓋他罪過，惟在于忠君，惟在于孝親。這忠、孝二事，爾蔡仲當卓然勇往進步，從自家身上做起，須能勤力於敬德的工夫，不敢有一時懈怠，用以垂法于爾後世子孫方好。然所以垂法處，又不在他求，只在率循爾祖文王之常教，不要似爾父蔡叔違背了君上之命。」這兩句即是申説上文「率德改行」的意思。

「皇天無親，惟德是輔。民心無常，惟惠之懷。爲善不同，同歸于治。爲惡不同，同歸于亂。爾其戒哉！成王告蔡仲說：「皇天上帝他於人無甚麽私親，只是有德的人便輔佐他，使其常享爵位。」故曰「皇天無私，惟德是輔」。「下民的心他於人也無有甚麽定向，只是有恩惠及民的懷服他，欲其常作民主。」故曰「民心無常，惟惠之懷」。「善」是好事。「如敬天法祖、親賢愛民這等好事，雖有萬端不同，無一件不是當做的，若有一於此，皆足以致治，使國泰民安。」故曰「爲善不同，同歸于治」。「惡」是不好的事。「如貪財好色、拒諫虐民這等不好的事，也有萬端不同，無一件是當做的，若有一於此，皆足以致亂，使民怨國危。」故曰「爲惡不同，同歸于亂」。「爾蔡仲做諸侯，有民人社稷之寄，可不以治亂爲儆哉！」

「慎厥初，惟厥終，終以不困。不惟厥終，終以困窮。「惟」字解做思字。「困」是困苦。「窮」是困之極處。成王又告蔡仲說：「人情多是始勤終怠，汝今之國，凡行事當要謹其初、思其終。若能思其終，憂勤惕勵，不敢怠忽，其終必不至于困苦；若不能思其終，苟且放肆，不知儆戒，其終必至于困苦到極處。」

「懋乃攸績，睦乃四隣，以蕃王室，以和兄弟，康濟小民。「懋」是勉勵。「兄弟」是同姓諸侯。成王又告蔡仲說：「勉勵尔所建立的功績，不要怠慢悮事；親睦尔四隣之侯國，不要輕易生釁；用以蕃屏王室，防禦外侮；用以和協尔同姓的諸侯，與同休戚；康濟在下的小民，務要安其生業，濟其危難。」這五件事乃諸侯職之所當盡者，故成王畫一以告蔡仲。

「率自中，無作聰明亂舊章。詳乃視聽，罔以側言改厥度。則予一人汝嘉。」「率」是率循。「中」是人心上道理無過不及處。「舊章」是先王成法。「側言」是一偏之言。「厥度」是説自身上所守的法度。成王又告蔡仲説：「汝當率循着心上的道理行，不要有太過不及處，不要妄作聰明，逞一己之私智，紊亂了先王的成法。詳審你目之所視、耳之所聽，不要惑于一偏之言，納其讒諂，改變了自身所守的法度。若不妄作聰明，又不聽一偏之言，使喜怒好惡都出于大中至正之道，則予一人以爾蔡仲爲可嘉矣。」「嘉」是褒美的意思。

王曰：「小子胡，汝往哉，無荒棄朕命。」成王又嘆息呼蔡仲之名説：「小子胡，汝往之國，當用心整理國事，不要荒廢棄墜了我所命你的言語。」臣謹按：蔡仲之命這一篇，雖是成王告諸侯之嗣〔二〕，然多與伊尹告太甲之言相類。伊尹説「皇天無親，克敬惟親。民罔常懷，懷于有仁」，與此篇「皇天無親，惟德是輔。民心無常，惟惠之懷」説話一般。伊尹説「與治同道，罔不興。與亂同事，罔不亡」，與此篇「爲善不同，同歸于治。爲惡不同，同歸于亂」語亦相似。伊尹説「慎終如始」，又説「君罔以辨言亂舊政」，與此篇「慎厥初，惟厥終」及「無作聰明亂舊章，罔以側言改厥度」尤爲相同。大抵國家治亂安危之機，不過敬天法祖、親賢愛民及慎終如始這一段道理。伏惟聖明味成王之言，以爲新政之助，天下幸甚。

多方

成王即政，奄國與淮夷再行反叛，成王親征滅了他，回到京都，作此以告四國及天下。因篇中有「多方」二字，故取以名篇。

惟五月丁亥，王來自奄，至于宗周。奄是國名，即今山東曲阜縣之奄至鄉。宗周指鎬京，王者定都的去處，爲天下所宗，故謂之宗周。成王即政之明年夏五月丁亥日，王親征滅了奄國，自奄國班師回來，至于鎬京。諸侯來朝，王乃告諭他，故先叙其事。

周公曰：「王若曰：猷，告爾四國多方，惟爾殷侯尹民，我惟大降爾命，爾罔不知。「猷」是發語辭。「四國」是指管叔、蔡叔、霍叔及紂子殷侯四國而言。「尹」解做正字。周公傳成王之命說：「告諭爾管、蔡、霍、殷四國之民，因以曉諭天下的人，惟爾殷侯所管的正經百姓，爾等反叛不常，罪當誅戮，我今大降恩赦宥爾之命，爾等不可不知。」既云「周公曰」，又云「王若曰」，以明周公是傳王命，不是專擅自家命他。周公之命誥，終于此篇，故發這一箇例，以見在前大誥諸篇凡稱「王曰」者，都是傳成王之命。

「洪惟圖天之命，弗永寅念于祀。「洪」是大。「圖」是謀。「永」是久遠。「寅」是敬畏。成王說：「爾奄國之人大起私意，要圖謀上天之命，自取滅亡，不肯作久遠之計、存敬畏之心，以保守爾祖先的祭祀。」蓋奄國之叛雖是以興復商家爲名，然紂之亡、周之興，天命已定，不可妄干，故成王首以天命爲言，乃一篇之綱領。

「惟帝降格于夏，有夏誕厥逸，不肯慼言于民。乃大淫昏，不克終日勸于帝之迪，乃爾攸聞。夏是指桀而言。「誕」是大。「慼」是憂。成王又說：「惟皇上帝降到災異，以譴告于夏桀，桀全不知戒懼，反大肆逸豫以爲樂，口中不肯説一句憂民之言，況敢望其有憂民之實？」「勸」是勉勵。「迪」是開導。「桀既不能憂民，乃大肆意于淫亂昏迷，凡視聽動息，不能於一日之間少加勉勵于上帝所以開導啓迪斯人者，況敢望其能久于惠迪而不違？於是天理幾滅，天命遂去。凡此，都是爾般民所親聞的。」成王言此，以見桀之失天命以不能憂民順天之故，況紂罪浮於桀而失天命，爾般民豈可再三不靖以違天意？

「厥圖帝之命，不克開于民之麗，乃大降罰，崇亂有夏。因甲于内亂，不克靈承于旅，罔不惟進之恭，洪舒于民。亦惟有夏之民叨懫日欽，劓割夏邑。」「麗」解做依字，謂民所依以生，如田土衣食之類。「甲」是始。「靈」是善。「舒」是寬裕的意思。「叨」是貪叨。「懫」是忿懫。「劓割」是戕害的意思。成王説：「夏桀矯誣上天，圖謀猜度上帝之命，自分未必亡國，以此不能開下民衣食之原，使民飽暖，却於民所依賴以爲生的都抑塞遏絶住了，如横征暴斂、奪盡民利，乃猶大降威虐于民，嚴刑峻罰，以殘民生，以增亂于有夏之國。」成王又説：「桀這等慢天虐民，究其所因，始于内嬖有施之女蠱惑其心，喪敗其家，家既不齊，將何以治國？故不能善承受天下的衆庶，不能大進于敬，大加寬裕之澤于民〔三〕。」成王又説：「桀既不寬裕于民，却又於有夏之民數内取那貪叨聚斂、忿懫酷刑的人，日加欽崇而尊用之，以戕言于有夏之國〔四〕，使民不勝其苦。」這一節是説夏桀慢天、虐民、縱恶、長姦，失了天命的實事。

「天惟時求民主，乃大降顯休命于成湯，刑殄有夏。」「顯」是明顯。「休」是休美。成王説：「上天之意，只是要爲天下求一箇有德的人與民做主，桀既不能爲民之主，天乃大降那明顯休美之命于成湯，使他爲民之主，致刑伐以殄滅了有夏之國。」謂之「求」、謂之「降」，不是天真去求一箇人、降一紙書，只是天下無主，勢必歸于有道之君，有道之君也辭避不得，恰似天有意去求、有意降下的一般，故曰「天求之」、「天降之」也。

「惟天不畀純，乃惟以爾多方之義民，不克永于多享。「畀」是與。「純」是大。「義民」是賢人君子。成王又説：「惟上天所以不與桀者甚大，蓋因他無道，故喪其身、亡其國。雖以爾天下之賢人君子，不爲不衆，也不能使其長久多享其國，以至於滅亡。」言桀雖有賢人君子而不能用也。

「惟夏之恭多士，大不克明保享于民，乃胥惟虐于民，至于百爲大不克開。「保享」是安享。「開」是開導。成王説：「惟夏桀之平日敬信的許多人都不是賢人君子，都是些貪叨聚斂、忿懫酷刑的人，同惡相濟，大不能明以安享其民，乃相與虐害其民，使民無所措手足。至於凡百所爲，無一路可通。」故曰「大不克開」。如做農工的便害他農工，做商賈的便害他商賈，政暴民窮〔五〕，所以速其亡也。

「乃惟成湯克以爾多方，簡代夏作民主。「簡」是簡擇。成王又説：「乃惟成湯能使爾天下之人簡擇而歸之，以代夏桀爲生民之主。」蓋桀無道，失了民心，故民背之；湯有道，能得民心，故民歸之也。

「慎厥麗，乃勸；厥民刑，用勸。「刑」是儀刑，以他爲法則的意思。成王又説：「君道在依於仁，成湯能盡君道，謹慎其所依者，乃以仁道勸勉于上，故其民都心悦誠服，以成湯爲法則，用能以仁道勸勉于下。」孟子説「君仁莫不仁」即是此意。

「以至于帝乙，罔不明德慎罰，亦克用勸。」帝乙是商之後王。成王又説：「自成湯傳到帝乙，雖歷世不同，無不知道明其己德，不敢昏昧，謹其成罰，不敢輕忽，故亦能用以勸勉其民，使民都能向善去惡。」蓋「明德慎罰」便是「慎厥麗」，「明德」是仁之本，「慎罰」是仁之政。

「要囚殄戮多罪，亦克用勸，開釋無辜，亦克用勸。」「要」解做結字，謂結斷囚之罪犯。蓋己之德不過明之而已，至於刑罰，有當刑的，有當宥的。故成王又説：「商家先王凡結斷囚之罪犯，於其中或誅殺那罪多的，不敢輕減了他，使民曉然知道惡之當遠也，能用以爲勸勉；或解放那無罪的，不敢冤抑了他，使民懽然知道善之可恃也，能用以爲勸勉。」蓋刑所當刑、宥所當宥，皆所謂仁之政也。

「今至于爾辟，弗克以爾多方享天之命。」「爾辟」指紂而言。成王又説：「商先哲王，世傳家法，積累維持，得天下相安如此。今一旦到爾君，維乃不能以爾全盛之天下坐享天命，以至於滅亡，誠爲可閔。然天命至公，今紂之亡既與桀之亡一般，則周之興也與湯之興一般，爾殷反側不已之心，亦可以自反矣。」

「嗚呼！」王若曰：「誥告爾多方，非天庸釋有夏，非天庸釋有殷。」「誥」即如後世詔書一般。「庸」解做用字。「釋」解做去字。周公嘆息，傳成王之命説：「如今以詔書告諭爾四方之人，知道非是上天用意要去了有夏之國，也非是上天用意要去了有商之國，只是夏桀、商紂無道，自取滅亡，不干天事。」這一節先言「嗚呼」，後言「王若曰」，是周公先嘆息而後宣布成王之命，乃史臣變例以明周公不曾稱王之意，所以謹君臣萬世之大防也。

「乃惟爾辟以爾多方大淫，圖天之命，屑有辭。」「爾辟」指紂而言。「淫」是淫泆。「屑」是瑣屑。成王說：「乃惟爾君商紂倚恃爾四方之富庶全盛，不知戒懼，大肆淫泆非爲，圖謀猜度上天之命，以爲未必亡國。其瑣屑的言語，至於矯誣上天之惑衆，則商之亡，真是自取。」此以見「非天庸釋有殷」之意。

「乃惟有夏圖厥政，不集于享。天降時喪，有邦間之。」有夏指桀而言。「集」與積善、積惡之「積」一般意思。「享」是享國。「有邦」指商而言。「間」是代的意思。成王乃惟夏桀凡所圖爲其國之政事，都是無道的所爲，故不能積而至于享國，乃積而至于亡國。所以上天降是喪亂，使有商湯王代之而有天下，則夏之亡，真是自取。此以見「非天庸釋有夏」之意。

「乃惟爾商後王逸厥逸，圖厥政，不蠲烝。天惟降時喪。」「商後王」也是指紂說。「逸」是安逸。「蠲」是潔。「烝」是進。成王又說：「乃惟爾商後王紂不能居安思危，以逸居逸，却淫湎無度，凡所圖爲其國之政事，都是穢惡昏濁、不清潔的，怠惰苟且、不長進的，所以上天降是喪亂于有商。」此蓋隱然說周家當代商之意，所以折殷民反側之心也。

「惟聖罔念作狂，惟狂克念作聖。天惟五年須暇之子孫，誕作民主，罔可念聽。」「聖」是通明之稱。「狂」是庸愚之稱。「子孫」是說商先王之子孫，即指紂而言。成王說：「惟通明之人，其資質雖美，苟自恃其通明而不加念慮，則天命之性日就彫喪，反做箇昏愚的人了；若昏愚之人，其資質雖陋，苟自耻其昏愚而能加念慮，則天命之性忽然復明，便做箇通明的人了。紂雖昏愚，也有可以遷善改過之理，故上天未忍遽絶之猶五年之久，須待他、寬暇他，望其遷善改過，大爲生民之主。然紂終不能警悟，凡所爲的都是穢行，無可念者；所道的都是惡言，無可聽者。此所以必亡也。」蓋人心易危難安，道心難明易昧。一念之差，雖未至于狂，若積漸放肆將去，那做狂人的根基便從此起；一念之善，雖未至于聖，若積漸擴充將去，那做聖人的根基便從此起。周公拳拳告戒之言，真萬世人主之龜鑑。

「天惟求爾多方，大動以威，開厥顧天。惟爾多方，罔堪顧之。「開」是開發。「顧」是眷顧。成王又説：「紂之穢行惡言既無可念可聽者，上天於是求民主于四方之人，大警動商紂，以災異譴告之威，示有所驅除，以開發那可受眷顧之命的人。惟爾四方之人，皆不足以堪眷顧之命以爲民主。」故下文歷叙文王、武王受天眷命的事。

「惟我周王靈承于旅，克堪用德，惟典神天。天惟式教我用休，簡畀殷命，尹爾多方。「典」是主。「式」是用。「克堪用德」是能勝用德之任，即仁以爲己任的意思。「教」是訓誘。成王説：「上天因紂無道，求民主于天下，天下之人無可以當之者。惟我周文王、武王以仁政得民心，善承受天下衆庶，能勝此用德之任，可以主典神天之祀。上天惟用陰誘其衷，使我文王、武王之德政用臻于休美，簡擇于衆人之中，而畀付以商家所受之眷命，使代于天子，以尹正爾四方之諸侯。」此可見天之眷顧於文王、武王不偶然處。

「今我曷敢多誥，我惟大降爾四國民命。成王又説：「今我曷敢多言以告汝？我只是要大降恩赦宥爾管、蔡、霍、殷四國的民命。」蓋舉其宥過之恩，所以責其遷善之實也。

「爾曷不忱裕之于爾多方?爾曷不夾介乂我周王享天之命?今爾尚宅爾宅,畋爾田,而曷不惠王熙天之命?」「忱」是誠實。「裕」是寬裕。「夾」是夾輔之夾。「介」是賓介之介。「畋」也是畊種的意思。「惠」是順。「熙」是廣也。成王説:「爾四國之民懷疑不安,故反側不已。爾等何不以誠實寬裕之道通之于爾多方乎?爾等何不夾輔介助治我周王之大事而安享上天之定命乎?如爾等叛亂,不知天命,若據法定罪,當瀦爾宅舍爲洿池,收爾等田産入官府才是。我今都寬宥了,爾還得住你宅舍,畊你田産,爾等何不洗心滌慮、順附我王室以廣上天之新命乎?」這三節是責殷民以其所當爲之事。

「爾乃迪屢不靜,爾心未愛。爾乃不大宅天命。爾乃屑播天命。爾乃自作不典,圖忱于正。」「宅」是安的意思。「屑」是輕屑。「播」是播棄。「不典」是不法。成王又説:「爾四國之民其所行屢屢的不肯安靜,自取滅亡,爾等之心將未知所以自愛其身乎?況商紂無道,天之所廢,爾等乃不能大安於天命乎?我周有道,天之所興,爾等乃輕屑播棄其天命而不信乎?天命已定,不可妄干,爾等乃自爲不法之事,圖爲興復,要見信于正人君子以爲當然乎?」這四節是責殷民以其所不當爲之事。

「我惟時其教告之,我惟時其戰要囚之,至于再、至于三。乃有不用我降爾命,我乃其大罰殛之。非我有周秉德不康寧,乃惟爾自速辜。」「戰」是戰兢恐怕的意思。「要」是要結詳斷意思。「殛」是誅戮。「康寧」是安靜。「辜」是罪也。成王説:「爾四國之民,我惟時用好言語教誨告諭爾等。我惟時心裏戰兢,恐怕虧你,又要結詳斷你的罪犯,開釋寬宥爾等。爾等却不肯體我之意,只管反側不安,至于第二遍,又至于第三遍了。若自今爾等有不能聽用我降宥爾命,各安其生,還狃於叛亂反覆不了，我當大用刑罰誅戮爾等。到那誅戮的時節，非是我周家秉持君德、不肯安静，乃是爾等自家做出那凶逆的事，以速其罪耳。」這一節是申説上文「迪屢不静」之意。

王曰：「嗚呼！猷，告爾有方多士暨殷多士，今爾奔走臣我監五祀。」「猷」是發語詞。「監」是監治殷民的官，監治之官受命分管地方，有君道存焉，故他所管的也謂之臣。「祀」是年，商曰「祀」，周曰「年」，因告殷民故謂之祀。成王嘆息説：「告諭爾四方多士及殷之多士，今爾等遷徙在洛邑，奔走效勞臣服於我所命的監治之官，非是一朝一夕，已是五年了。」

「越惟有胥、伯、小大多正，爾罔不克臬。」周官多以「胥」、以「伯」、以「正」爲名。「臬」解做事字。成王又説：「爾殷多士及有受官職於洛邑共治遷民的若胥、伯、小大衆多之正，與我所命的監治之官相處已久，爾等宜相體悉，無或反側偷惰，不能趋事，務要竭力盡職，庶無負我告教之意。」

「自作不和，爾惟和哉！爾室不睦，爾惟和哉！爾邑克明，爾惟克勤乃事。」「和」是和順。「睦」也是和的意思。成王説：「心不安静則身不和順，爾殷多士自己身上有做的不和順處，如所言或戾於理、所行或乖於義，爾當勉勵於和順。身不和順則家不和睦，爾殷多士一家之中有不和睦處，如父子不能慈孝、兄弟不能友愛，爾當勉勵於和睦。若身既和順，家又和睦，便是身修家齊大本正了，由是爾所治的新邑之人都觀感興起，懽然有恩以相愛，粲然有文以相接，一邑之中能使百姓昭明如此，便是國治之效，爾等可謂能勤謹於所事而不負其所職矣。」

「爾尚不忌于凶德，亦則以穆穆在乃位，克閲于乃邑謀介。」「忌」是畏。「穆穆」是和敬貌。

「閲」是簡閲推擇。「謀」是圖。「介」是助。成王又説：「殷之頑民，其叛亂之凶德最是可畏，爾多士如今要庶幾不畏他凶德，亦則以穆穆和敬之容，端處其位以臨之，使他瞻仰觀法，潛消其悍逆悖戾之氣。又要能簡閲推擇于爾邑中之賢人君子以圖其助，則殷之頑民且將革心向化，有何可畏？」成王誘掖有殷多士之善以化服有殷頑民之惡，其轉移感動之機可謂微矣。

「爾乃自時洛邑，尚永力畋爾田。天惟畀矜爾，我有周惟其大介賚爾，迪簡在王庭。尚爾事，有服在大僚。」「畀」是畀與。「矜」是矜憫。「介」是佑助的意思。「迪」是啓迪。「簡」是簡拔。「服」解做事字。「大僚」是大臣。成王説：「爾殷多士能聽我上文所教的言語，則自是居於洛邑，庶幾可以保有家業，得永遠着力治耕爾之田土。若本分生理，不復思亂，上天亦將畀與爾使獲安其生，矜憫爾使不陷於罪，我周家亦將大加佑助成爾之德，大加賞賚彰爾之善，啓迪簡拔在朝廷之上，使爾列于庶位，庶幾勉爾之事。若果能盡心以輔我周家，雖進而任事于公卿大臣之列，也不難至矣。」這一節是以爵賞勸勵殷民之意。

王曰：「嗚呼！多士，爾不克勸忱我命〔六〕，爾亦則惟不克享，凡民惟曰不享。爾乃惟逸惟頗，大遠王命，則惟爾多方探天之威。」「享」是奉承的意思。「逸」是放逸。「頗」是頗僻。「遠」是違遠。「多方」二字，先儒説當作「多士」。「探」是取也。成王告諭將終，又嘆息説：「有殷多士，爾若不能互相勸勉，信我所命的言語，爾等也只是無識心，不能奉其君上。爾若不能奉君上，則凡洛邑之民都做傚，説道君上不必奉他。看來爾等只是要放逸諭安〔七〕，只是箇頗僻不正，敢如此大違了君上之命。

若究其所由，只是爾殷多士自取上天之威罰，搆害於身，不干上面人事。」這與下一節是以刑罰懲戒殷民之意。

「我則致天之罰，離逖爾土。」「逖」解做遠字。成王説：「爾殷多士若大違了君上之命，不肯信服，我當奉行上天之威罰，使爾父母、兄弟、妻子播遷蕩析，隔遠爾之鄉土，那時節雖欲安爾居、力爾田，豈可再得？」

王曰：「我不惟多誥，我惟祗告爾命。」成王又説：「我豈是要如此多言？我只是敬告爾以上文勸勉之命而已。」

又曰：「時惟爾初，不克敬于和，則無我怨。」「時惟爾初」是與之更始的意思。周公又傳王命告多方説：「爾前日叛亂之罪我都不提了，如今與爾更始。爾若不能敬謹以歸於和順，還要乖違倡亂，便是你自取誅戮，赦你不成了。爾於那時切莫以我爲怨。」這一節上文稱「王曰」，到此稱「又曰」，乃史臣形容周公惓惓斯民有餘不盡之意。

臣謹按：多方以上至大誥八篇，大略以殷人之心不服周而作。蓋當紂之虐，天下人如在膏火中一般，所以見武王之德歸附如流，不暇念殷之先王。及天下粗定，人自膏火中出來〔八〕，即面想成湯以下七王之德如父母一般，紛然四起，不肯服周。雖以武王、周公兩箇聖人相繼撫之，也一時不能止他。蓋成湯聖人創業於前，太甲每六位賢王守成於後，其深仁厚澤六七百年，所以天下人終忘不了。到西漢時，君之德比之於殷，如把石頭比美玉相似，然王莽、公孫述之徒終不能使人忘漢，故光武皇帝中興之勢如建那瓶中之水一般容易，何況殷先王之德，人如何忘得他？若周家當時無有周公，則亦危殆矣。然則深仁厚澤、固結民心如成湯、太甲之君，真後世人主所當師法。伏惟聖明留意。

校勘記

〔一〕惟文王尚克修和我有夏　「我」，原闕，據四庫本補。

〔二〕雖是成王告諸侯之嗣　「嗣」，四庫本作「辭」。

〔三〕大加寬裕之澤于民　「大」，原作「夫」，據四庫本改。

〔四〕以戕言于有夏之國　「言」，四庫本作「害」。

〔五〕政暴民窮　「政」，原作「致」，據四庫本改。

〔六〕爾不克勸忱我命　「忱」，原作「成」，據四庫本改。

〔七〕看來爾等只是要放逸諭安　「諭」，四庫本作「偷」。

〔八〕人自膏火中出來　「膏」，四庫本作「湯」。

篁墩程先生文集卷七

經筵日講

尚書

立政

「立」是建立。「政」是政事。這一篇書是周公戒成王任用賢才之道。大意説人君建立政事，當要任用賢才，又當擇任大臣。大臣既賢，他所舉用的都是賢才，而政無不立矣。故以「立政」二字名篇。

周公若曰：「拜手稽首，告嗣天子王矣。」用咸戒于王曰：「王左右常伯、常任、準人、綴衣、虎賁。」周公曰：「嗚呼！休兹，知恤鮮哉！」「嗣天子」是指成王。「常伯」、「常任」、「準人」這三樣官，是天子大臣：「伯」解做長字，因他有常德而居百官之長，與天子牧養萬民，故唤做「常伯」，即後世宰相、三公便是；「任」是職任，因他有常德而任公卿之職，與天子分理國事，故唤做「常任」，即後世六卿便是；「準」解做平字，因他能持天下之平而無有私曲，與天子奉行法度，故唤做「準人」，即後世三法司便是。「綴衣」、「虎賁」這兩樣官，是天子親近之臣：「綴衣」是掌衣服器用的，「虎賁」是掌弓矢車馬的，即後世内各府衙門便是。親近之臣不止此，只舉這兩樣，則其餘都在裏面。「休」是美。「恤」是憂。「鮮」是少。史臣記周公告戒成王之意説：「拜手稽首，敢敬告嗣天子，如今你年長臨政，以王天下，不比往時了。」用敢率群臣皆進戒于王曰：「在王之左右若常伯、常任、準人這三樣官，任大責重，得其人，天下便可以治，不得其人，天下便至于亂，然進見有時。若綴衣、虎賁這各樣官，朝夕在人君左近，最親密，若遇着正人，君心便習於正，遇着邪人，君心便習於邪，尤爲緊要。」於是周公又嘆息説：「美哉！這幾樣好官，當要委用賢才，不可參以小人。只是爲人君的能知道是立政、常憂不得其人者，何其少也！」按：此一段既舉周公率群臣以告于王，又舉周公致嘆詞以警于王，蓋周公爲成王首相，故史臣記其拳拳納忠之意如此。

「古之人迪惟有夏，乃有室大競，籲俊尊上帝，迪知忱恂于九德之行。乃敢告教厥后曰：『拜手稽首后矣。』」「迪」解做行字。「大競」是大强。「籲」是招呼。「迪知」是蹈知而非苟知。「忱恂」是篤信而非輕信。「九德」即皋陶告禹所謂「寬而栗」以至「强而毅」者。「教」是教誨。周公又告成王説：「在古之人，能迪行這立政之道以不得人爲憂者，惟有夏之君。當王室大强之時，知道賢俊乃天之所生以遺國家者，於是招呼賢俊布列庶位，使他共治天事。如惇典、庸禮、命德、討罪皆得其人，以爲尊事皇天上帝之實。當是時，非惟有夏之君能以求賢爲心，那爲大臣的也以進賢爲務，迪知篤信于九德之行。凡人有九德之行者，既知之明、信之篤，乃敢進告納誨于其君，説『拜手稽首后矣』，言致敬以尊其爲君之名也。」如何説致敬以尊其爲君之名？蓋人君之名至尊無對，然非徒尊也，必能任用賢才、建立政事，方可以稱其君之名耳。

「曰：『宅乃事，宅乃牧，宅乃準，兹惟后矣。謀面用丕訓德，則乃宅人，兹乃三宅無義民。』「宅」是居而安之之謂，或才德弗稱，或委任不當，皆不可謂之宅。「事」即上文常任之官。「牧」即上文常伯之官。「準」即上文準人之官。「謀面」是計較人的面貌。「丕訓」是大順。「義民」是指賢人君子説。周公又告成王説：「要稱爲君之賢，當盡用賢之道，若使那有九德之行的人居常任之官以分畫國事，居常伯之官以牧養萬民，居準人之官以平天下的刑獄，能用賢如此，然後可謂之人君。」故曰「兹惟后矣」。「若不能迪知忱恂于九德之行，徒見那人生的長大豐偉便以爲有力量、厚貌深顔便以爲有抱負，這等便只是計較人的面貌，用以爲大順於德者，乃使之當三宅之人而任用之，如此，則三宅之官豈復有賢人君子？既不能任用賢才、建立政事，又何以爲人君？」

「桀德惟乃弗作往任，是惟暴德罔後。「罔後」是無後。周公又告成王説：「有夏之君傳至夏桀，無道，但逞其惡德而不知以得賢爲憂，乃不肯做那往昔先王任用三宅的好事，其所任用的惟是那暴亂凶德之人，助他爲虐，是以天命去人心離，至於喪亡而無後。」大抵夏之先王能用賢才則興，到夏桀不能用賢才則亡。周公之意，蓋欲成王以夏之先王爲法，以夏桀爲戒。

「亦越成湯，陟丕釐上帝之耿命。乃用三有宅，克即宅。曰三有俊，克即俊。「亦越」是繼前之詞。「陟」是升。「丕釐」是大治。「耿」是光明，上帝明命如惇典、庸禮、命德、討罪之類。「三宅」是在朝見做常伯、常任、準人之官的人。「三俊」是有常伯、常任、準人之才，作養在朝以待任用的人。周公告成王説：「夏桀不能用賢圖治已不足言了，及到商家成湯由諸侯七十里小國而升爲天子，能大修治那上天惇典、庸禮、命德、討罪的政事，使昭著于天下，如日月在中天一般。」故曰「陟丕釐上帝之耿命」。「然成湯又不敢任一己之見，在當時用那三等做大官的人，着實能就這常伯、常任、準人之位而無有曠職；所稱那三等有才俊的人，着實能就這常伯、常任、準人之德而無有虚名。」故曰「乃用三有宅，克即宅」，「三有俊，克即俊」。

「嚴惟丕式，克用三宅三俊。其在商邑，用協于厥邑。其在四方，用丕式見德。「嚴」是敬畏的意思。「惟」是思。「式」是法。商邑指王畿而言。周公又告成王説：「成湯於這三宅、三俊之人，知道是天生賢才，不敢輕易驅使他。故心裏常常的敬畏，思量那箇爲人公道，當管刑賞的事。又大取法乎賢者，於那文行兼備的，使他增廣我的學問；忠直敢言的，使他匡救我的過失。成湯這存心，所以能盡這三宅、三俊之用，使那見做大官的得以效他的職，作養待用得以顯他的才，賢智奮庸，登于至治。故其在商邑近處，則用能使王畿之間化行俗美〔一〕，協和于其所都之邑；其在四方遠處，則用能使天下之大，無不觀感興起，取法于其所著見之明德。」蓋商邑用協則治效極其純，四方丕式則治效極其大，非成湯能任用賢才，以爲事天之實，其治效豈能至此？

「嗚呼！其在受德暋〔二〕，惟羞刑暴德之人，同于厥邦。乃惟庶習逸德之人，同于厥政。

帝欽罰之〔三〕，乃伻我有夏，式商受命，奄甸萬姓。「暋」是强暴。「羞」，進也，有崇尚之意。「庶習」是備諸衆醜之人。「伻」解做使字。「奄」是盡。「甸」是井牧什五之法。周公嘆息告成王説：「其在商紂之爲德最是强暴，所以他只與那崇尚刑戮、以凶暴爲德的諸侯共治其國家，而民無不被其殘害；又只與那備諸衆醜、以放逸爲德的臣下共治其朝政，而政無不底于廢壞。以此皇天上帝敬致其罰，滅了他，乃使我周家有此中夏之地，用商家所受之天命盡治天下之人，井牧其地以供賦税，什五其民以供力役。」故曰「奄甸萬姓」。蓋商之成湯能用賢才則治，到商紂不能用賢才則亂，周公之意，蓋欲成王以成湯爲法，以商紂爲戒。

亦越文王、武王，克知三有宅心，灼見三有俊心，以敬事上帝，立民長伯。「克知」是知之真。「灼見」是見之明。「長」與「伯」都是撫治百姓之官。古時不當重内輕外，諸侯入輔天子、朝臣出爲諸侯，只是常事。周公告成王説：「商紂不能用賢圖治也不足言了，及到我周家文王、武王於用人之際，便真真的知道那三宅的心是可託之人，也明明的見得那三俊的心是可用之才。這等真知灼見，非徒聽他言語，也非因他外貌，只是君臣之間終日接見，情親義洽，自然曉得他心之所存如此。故文王、武王以這三宅、三俊之人敬事皇天上帝，則天職修舉而上有所承，天心無有不順的；以這三宅、三俊之人立做民間長伯，則體統分明而下有所寄，民生無有不遂的。」故曰「以敬事上帝立民長伯」。蓋人君立天人之兩間，能俯仰無愧者，不過用賢圖治而已。

立政：任人、準夫、牧作三事；「任人」即是常任，與天子分任庶政的官。「準夫」即是準人，與天子持平守法的官。「牧」即是常伯，與天子牧養萬民的官。「三事」即三宅，以職言，故曰事。周公告成王說：「文王、武王在位時要建立政事以圖治功〔四〕，故把任人、準夫、牧設立做三等大職事委任他。」

「虎賁、綴衣、趣馬、小尹、左右攜僕、百司、庶府；這幾樣是侍御之官。「虎賁」是掌天子射御的。「綴衣」是掌天子服器的。「趣馬」是掌御馬的。「小尹」是小官之長。「左右攜僕」是天子左右攜持僕御之人。「百司」如内司、服司、尊彝之屬。「庶府」如内府、太府之屬。凡在内之官不止此，其餘的都包在百司裏面，然周公單提出虎賁這幾樣官來説爲何？蓋因他是天子扆衛親近之臣，朝夕在左右，若用非其人，則被其引誘，喪敗君德，所繫非小。至於庶府，雖是冗賤小官，却也一般食天禄、治天事，也不可輕易便與人做，使名器太濫也。

「大都小伯、藝人、表臣百司、太史、尹伯、庶常吉士；這幾樣是都邑之官。「大都小伯」是大都之伯、小都之伯，互文以見義也。「藝人」是卜祝、巫匠、執技以事上者。「表臣」是外臣，這「百司」言外臣，以見上文「百司」是指内臣而言，如外臣有外府、外司服，内臣則有内府、内司服之類〔五〕。「太史」是史官。「尹伯」是有司之長，如庖人、内饔主王之飲食而膳夫爲之長，鐘師、磬師各主一樂而太師司樂爲之長。凡在外之官不止此〔六〕，其餘都包在百司裏面。周公單提出藝人這幾樣官來説爲何？蓋大都小伯雖不繫百司之數，然分治郊圻之地，與其餘的官不同。藝人恐怕他作爲奇技淫巧及左道亂政，以蕩人主之心；太史以奉諱惡，所以公天下後世之是非，凡人主一言一動都要記在書上，以爲後王之勸戒；尹伯所以見大小相維，體統所繫，不可僭越。故周公歷數文王、武王設立許多官職，却總結一句説「庶常吉士」，言在文、武之廷都是有恒心常德的吉人君子，一箇小人不敢倖進。

「司徒、司馬、司空、亞、旅；這幾樣是諸侯之官。古者諸侯之國不敢上同王朝，止設三卿以治國事：司徒主邦教，司馬主邦政，司空主邦土。「亞」是卿之二。「旅」是卿之屬。諸侯的官屬尚多，周公只舉這幾樣，以其名位通於天子，故歷陳之以見文王、武王之時，凡諸侯之官無不得人也。

「夷微、盧烝、三亳、阪尹。這幾樣是王朝之臣往監于諸侯四夷者。「夷」是總名，微在巴蜀，盧在西北，是兩處蠻夷地名。亳是商之舊都，分做三處，故曰三亳。「烝」、「阪」二字，先儒未詳。凡險阻之地不以封建諸侯而使王官治之，參錯于五服之間，謂之「尹」。然王官所治非止一處，周公特舉其重者，以見文王、武王之時，凡王官之監于諸侯四夷者無不得人也。

按：此一段說上自王朝，内而都邑，外而諸侯，遠而夷狄，無不得人以爲官使，豈文王、武王一人之聰明所能周知？蓋文王、武王只是親自簡任三宅大臣，既得其人，他自去薦舉賢才、布列庶位，所以内外遠近大小之臣無不得人如此〔七〕，可謂盛矣。爲人君者，最當注意。

「文王惟克厥宅心，乃克立茲常事、司牧人，以克俊有德。「克厥宅心」是能其三宅之心。「常事」即常任。「司牧」即常伯。不言準人者，略之也。「以」解做用字。周公告成王說：「文王惟能其三宅之心，故知之至，信之篤，蓋文王的心便是三宅的心，脗合交契，無一些猜忌。」故曰「文王惟克厥宅心」。「文王有知人之明如此，故能設立這常任、常伯之官，委用那能俊有德之人。」「俊德」謂之「能」，以見「俊」便是着實第一等有才德人，「德」便是着實第一等有行的人，故曰「乃克立茲常事司牧人，以克俊有德」。若人君用人未用時不曾愼選，已用了却猜忌他，這等豈能做出光明俊偉的事業？此文王之所以爲聖人也。

「文王罔攸兼于庶言、庶獄、庶愼〔八〕，惟有司之牧夫是訓用違；「庶言」是一應號令。「庶獄」是一應刑獄。「庶愼」是一應禁戒儲備，如兵車錢穀之類。「有司之牧夫」是所司典守之官。「訓」是訓敕。「用」是用命。「違」是不用命。周公告成王說：「文王在位時，既得賢才而委任之，故凡事只總大綱，不屑屑去兼理那一應號令、一應刑獄、一應的禁戒儲備。文王雖不屑屑的下侵衆職，他那責成於所司典守之官，不肯放過，時加訓敕那用命與不用命者。」掌庶言之官能使號令嚴明，掌刑獄之官能使刑清訟簡，掌庶愼之官能使國之禁戒儲備無一件不齊整，便是能用命者，文王則訓敕以勉勵之，故其事可以不問自理；若一號令刑獄、禁戒、儲備有不如法的，便是不能用命者，文王則訓敕以懲戒之，故其事可以不言自治。故曰「是訓用違。」蓋文王勞於求才、逸於用賢如此。

「庶獄、庶愼，文王罔敢知于兹。周公又說：「這一應刑獄、一應的禁戒儲備，文王不惟不肯兼理臣下的事，乃至不敢與知其事。所以然者，只是信任賢臣之專，故如此。」上文說「庶言」，此不及者，號令出於人君，雖不屑屑去親理，亦不容不知也。若并號令不知，則臣下或有竊弄威權之漸，非所以爲文王矣。

「亦越武王，率惟敉功，不敢替厥義德，率惟謀，從容德，以並受此丕丕基。「率」是循。「敉功」是安天下之功。「義德」是有撥亂反正之才者，「容德」是有休休樂善之量者，皆成德之人也。周公告成王説：「文王能任賢圖治。及到武王，能率循文王安天下之功，又於文王所用有撥亂反正之才的人，用之而不敢替；率循文王安天下之謀，又於文王所用有休休樂善之量的人，從之而不敢違意。如號叔、閎夭、散宜生、泰顛、南宫括之類所以輔成王業者，文王用於前，武王任於後，父作子述，用能同享此莫大之基。」故曰「以並受此丕丕基」。

「嗚呼，孺子王矣！繼自今我其立政、立事、準人、牧夫，我其克灼知厥若，丕乃俾亂。

「孺子」指成王。「我」字也指成王，見君臣一體的意思。「若」是順，謂心之所安也。「亂」字解做治字。周公既述文王、武王做成大基業，傳與子孫，遂嘆息告成王説：「孺子今既爲王矣。繼自今日以後，王當要建立政務，這立事常任之官、準人守法之官、牧夫常伯之官，王須是能明知其心之所安是如何。若明知其心之所安，是箇能順天理的正人君子，必無有欺罔的事，王當推心大加委任，使他展布四體以爲治。」故曰「丕乃俾亂」。

「相我受民，和我庶獄、庶慎，時則勿有間之[九]。「相」是相助。「間」是讒間。周公告成王説：「王既明知三宅之官是正人君子，委任他，當使那常伯之官相助左右。王所受於天、於祖宗之民，務要庶民都得其所，使那準人之官、常任之官調和均齊之，一應王刑獄、一應禁戒儲備，務要刑獄都得其平，禁戒儲備都一一如法。這等委任了，又不可使小人讒間他。」蓋君子易疎，小人易親，小人見君子有些寵遇，便生妬忌，見君子有些名望，便生謗毁。故周公以此戒之。

「自一話一言，我則末惟成德之彦，以乂我受民。「末」是終。「惟」是思。「彦」是美士。周公又說：「委任君子，不可不專，縱一話一言之間，王則終思那成德之美士，用他來治王所受於天、於祖宗之民，不可思須忘了。若一話一言之間，少有此不在那君子分上，則小人必乘間而入矣。」

「嗚呼！予旦已受人之徽言，咸告孺子王矣。繼自今文子文孫，其勿誤于庶獄、庶慎，惟正是乂之。

旦是周公的名。「徽言」是美言。「文子文孫」指成王，說成王是武王之文子、文王之文孫。如何謂之「文」？當成王之時，法度昭彰，禮樂明著，守成上文，故謂之文。「誤」是失誤。「正」如周官「宮正」、「酒正」之「正」，指當職者爲言。周公嘆息告成王說：「予旦所聞於人，凡禹、湯、文、武委任賢才之事，無非至美之言，已都告孺子王矣。繼自今日以後，王爲武王之文子、文王之文孫，當要體文王、武王所行，不要下侵衆職，自家失誤了一應刑獄、一應禁戒儲備。凡一應刑獄只責那管庶獄之人，使治其事；一應禁戒儲備只責那管庶慎之人，使治其事。」故曰「惟正是乂也」。

「自古商人，亦越我周文王立政、立事、牧夫、準人，則克宅之，克由繹之，茲乃俾乂。

「由」如說紬絲，「繹」是窮其端緒，言任賢者，必詢事考言而後可以盡其才，如治絲者必紬繹之而後可以窮其端緒也。周公告成王說：「自古帝王，及有商之人君以至我周之文王，要建立政務，其所以用這立事、牧夫、準人三宅之官，只是能得賢才以居其職，能紬繹用之而盡其才。」蓋能宅其才以安其職，則小人不得以備員尸位；又能繹其才以盡其用，則君子都得以竭誠效忠。此其所以能使之治天下之事，而治道無不成也。

「國則罔有立政用憸人，不訓于德，是罔顯在厥世。繼自今立政其勿以憸人。「憸人」是憸利小人，其詐足以飾非，其言足以拒諫，他心裏喜時便稱桀、紂爲堯、舜，不喜時便誣伯夷爲盜跖。故周公告成王說：「自古國家，無有建立政務却用這等憸利小人者。憸利小人所存所行都不順于德，是以他人没有光顯在世間。王當自今日以後，凡建立政務，切不可用這等憸利小人。」蓋小人陰類，用之則降其國于晦昧，此周公所以戒成王也。

「其惟吉士，用勱相我國家。」「吉士」是吉人君子，其道足以正君，其德足以服衆，其所存只要推賢讓能，其所行惟恐傷人害物。故周公告成王說：「王當要用這等吉人君子，使他勉力以輔相我國家。」蓋君子陽類，用之則升其國于明昌，此周公所以勉成王也。

「今文子文孫，孺子王矣。其勿誤于庶獄，惟有司之牧夫。」周公又說：「今主爲武王之文子、文王之文孫，以幼冲即王位矣，當體文王、武王所行，不要下侵臣職，自家失誤了一應刑獄。這一應刑獄只責那所司典守之官，使他整理。」周公初間說罔攸兼于庶言、庶獄、庶慎三件事，中間說其勿誤于庶獄、庶慎兩件事，到此只說庶獄一件事。蓋獄乃民命所繫，若不敢輕用則爲仁德之君，可以比隆堯、舜；輕用則爲暴虐之主，與桀、紂一般。故周公獨舉之以告成王，使知刑獄之可畏如此。

「其克詰爾戎兵〔一〇〕，以陟禹之迹，方行天下，至于海表，罔有不服。」「詰」解做治字。「戎」是戎服。「兵」是兵器。「陟」是升。禹迹是説大禹當時所疆理九州之地，「陟禹之迹」言能過之也。「方」是四方。「海表」是說四海之外。周公告成王說：「一應刑獄，王固當致謹。至於兵，又是刑之大者，王須是能以祖宗創業艱難爲心，當治平無事之時修治其戎服兵器，武習、武備不要廢弛，俾德威遠播還過于大禹所疆理九州之地〔一一〕，四方流布無往不通而遍于天下至於四海之外，九夷八蠻無有不仰服其德威之盛，這等才好。」或者疑周公此言啓後王好大喜功之患，先儒説周公累告成王惟恐一刑之誤，况六師萬衆之命，豈肯輕舉妄動？蓋治兵之戒，正所以推廣勿誤庶獄之旨，非後世導其君以窮兵黷武者比也。

「以覲文王之耿光，以揚武王之大烈。」「覲」解做見字，顯揚的意思。「耿光」指德而言。「大烈」指功而言。周公既以治兵之戒告成王，到此又説：「王果能使武備修舉，内而中國，外而夷狄，無不畏服，這等便可以顯耀文王至明之德，便可以振揚武王莫大之功，可謂能繼志述事，無愧于前人矣。」

「嗚呼！繼自今後王立政，其惟克用常人。」「後王」指周家後世子孫説。「常人」是常德之人。周公又嘆息説：「繼自今凡我周家後王建立政務，須是能用常德之人，不可用憸利小人。」蓋君子小人用舍，治亂所繫，故周公不獨告成王，又告周家後世子孫，俾爲家法，後世而不替也。

周公若曰：「太史！司寇蘇公式敬爾由獄，以長我王國。茲式有慎，以列用中罰。」蘇是國，「公」是爵，名忿生，以諸侯爲司寇。「太史」是史官。「列」是條列，即今所謂律例。周公上文以庶獄之戒告成王，故於此又以敬獄之事告史官，使他并寫在史書，以爲後人之法。説：「司寇蘇公忿生他爲掌刑之官，小大之獄莫不由知，而蘇公用能敬其所由之獄，不敢怠忽，培植民命，以延長我周家國命于悠久。若如今掌刑之官能於是取爲法式而有敬慎之心〔一二〕，以其所斷舊事之條列，用其不輕不重而合乎中道者以爲罰，則刑之所加，重不至於暴刻，輕不至於寬縱矣。」按：周公將告老歸洛，故作立政這一篇書以告成王。大概説王政莫先于用人，用人莫先于大臣，大臣得人則百官皆得其人，治道無有不成者。

中間説夏、商及周家興廢之故，拳拳於進君子、退小人，尤致謹于兵刑大事，無非欲成王以先君文、武爲法，以夏、商後王爲戒。忠愛之至，雖千載之下可以想見，伏惟聖明留意。

周官

這一篇書是成王訓迪周家百官言語〔一三〕，史官録之，故以「周官」二字名篇。

惟周王撫萬邦，巡侯甸，四征弗庭，綏厥兆民。六服群辟，罔不承德。「侯甸」是侯服、甸服，并男、采、衛及畿内爲「六服」，獨言「侯甸」，是舉近以該遠的意思。「弗庭」是不直，謂諸侯之叛逆王命、侵削下民者。「群辟」是諸侯之君。史官將叙成王訓迪百官，故先説惟周王撫臨萬國，巡狩于侯服、甸服諸處以察其政治，又四面征討諸侯之不直者以正其罪惡，用以綏揖安定天下之兆民。由是六服之地、諸侯之君，無敢不承奉周王之明德威命。故巡侯甸則德之所施者博，征弗庭則威之所制者廣，此萬民所以綏懷，諸侯所以承服也。

歸于宗周，董正治官。宗周指鎬京而言。「董」解做督字。史官又説，成王既已巡狩、征伐、安兆民、服諸侯，有外攘之功矣，故又嚴内治之修，於是歸于鎬京，督正在朝治事之百官以爲端本澄源之計。蓋督之使他各盡所職，不敢怠慢，正之使他各有所司，不敢侵越。這以上都是史官記事之詞。

王曰：「若昔大猷制治于未亂，保邦于未危。」「猷」解做道字。史官述成王訓迪百官之意説：「若古昔大有道之世，聖帝明王曉得治有失則亂，故其圖爲治道常於未亂之前用功；曉得邦無道則危，故其保固邦家常於未危之前用功。其所以用功，又無別法，只是任賢使能，思患而預防之，故能得長治久安。」若政已亂，國已危而後圖之，豈能濟事？

曰：「唐、虞稽古，建官惟百。內有百揆、四嶽〔一四〕，外有州牧、侯伯，庶政惟和，萬國咸寧。「百揆」是在朝大臣。「四嶽」是總領四方嶽之官。「州牧」是一州之牧。「侯伯」是諸侯之長。蓋侯伯各統于其州之牧，州牧各率其方之諸侯統于四嶽，四嶽以下都統于百揆。成王說：「唐、堯、虞、舜之時，稽考古制，建立大小庶官，只是一百多員。內有百揆、四岳之官總在朝之治，外有州牧、侯伯之官總四方之治，內外相承，體統不紊。故在當時禮樂刑政、功虞教養一切庶政，都順理適宜而無乖錯之事，天下萬國、小大臣民都安居樂業而無失所之人。」故曰「庶政惟和萬國咸寧」。

「夏、商官倍，亦克用乂。成王又說：「到夏、商二代，世變事繁，觀其會通，制其繁簡。其建立大小庶官比唐、虞之時只加一倍多，也能使天下治安比于唐、虞之盛。」故曰「亦克用乂」。

「明王立政，不惟其官，惟其人。「立政」指上文「制治于未亂保邦于未危」而言。成王既說：「唐、虞之時建官只有一百多員，夏、商之時建官只多得一倍，天下一般治了。所以自古若堯、舜、禹、湯這等明哲的君王建立政事，制治于未亂，保邦于未危，不惟其官之多，惟在得人而已。」蓋得賢才而任用之，官雖少，一人可兼數事；若所用的是不才之人，官雖多，只好喫俸禄，濟得甚事？

「今予小子，祗勤于德，夙夜不逮〔一五〕。仰惟前代時若，訓迪厥官。「予小子」是成王自家謙詞。「祗」是敬。「逮」是及。「若」是順。成王說：「予小子敬勤于德，兢兢業業，不敢怠忽。早夜間常恐有所不及，惟仰前代若唐、虞、夏、商所以建官立政良法美意，我將於是順着他的道理訓教啓迪百官，使百官各盡所職，助成化理。」蓋修德是任官之本，若人君自家不肯修德，雖終日訓迪百官，人也不信服。孔子説「爲政在人，取人以身」，正是此意。

「立太師、太傅、太保，兹惟三公。論道經邦，燮理陰陽。官不必備，惟其人。」「立」如説初立，然三公之官非始於此，立爲周家定制則始於此。「太」是尊無以加之詞。「師」是天子所師法。「傅」是傅相天下。「保」是保安天子。「公」取至公無私之義，因以爲官名。「道」是天人之理。「經」是經綸。「燮理」是和調。成王説：「如今定立太師、太傅、太保這三樣官爲三公，不敢勞以職務，專與人主講論，闡明天人的道理，以立天下之大本。推此道理以經綸邦國，使教化行、政事舉、萬民萬物都得其所；推此道理以和調陰陽，使三光全、寒暑平、四時五行都順其序，這便是三公的職事。三公之官不必求其備員，須是天下第一等道全德備可爲王者師，然後委任他。若無這等人，則寧闕其位，不可濫授非人也。」

「少師、少傅、少保，曰三孤。貳公弘化，寅亮天地，弼予一人。」「少」是位次于尊之詞。「孤」解做特字，言其非三公之屬，且取獨立無朋之義，因以爲官名。「貳」是佐貳。「弘」是弘大。「化」是道化。「寅亮」是敬明的意思。「予一人」是人君自稱。成王又説：「定立少師、少傅、少保這三樣官爲三孤，佐貳三公。三公既已論道經邦、講明大本，三孤則弘大擴充其經邦之治化，務使天下無一些違理犯法、傷人害物的政事；三公既已燮理陰陽、調和元氣，三孤則致敬詳明于天地之運行，務使天下無有一些星變、地震、兵革、水旱的災異，用以輔弼人君，匡正其過失，成就其德業，便是三孤的職事。」然三公説「官不必備惟其人」，三孤説「弼予一人」，乃互文見義，非三公無輔弼之任、三孤可以不擇人也。三公三孤同一輔弼之任，都要得非常之才，不比庶官職事可以照例除授也。

「冢宰掌邦治，統百官，均四海。「冢」是大，「宰」是治，言其任大責重，兼五官之事，故謂之「冢宰」。成王説：「定立冢宰爲天官卿，使他職掌邦國的治道，在内則統領百官，在外則均平四海。」凡百官的職事，或大或小，或司禮樂或掌兵刑，冢宰務要管攝，使體統相承，有綱有紀，賢者進，不肖者退，斯内治無不修；凡四海的風土，或剛或柔，或重厚或浮薄，冢宰務要調和，使做官的都得其人，民之寒者與他衣，飢者與他食，不順者教他使復其性，斯外治無不舉。所以説「統百官均四海」，後世若吏部尚書即是此官。

「司徒掌邦治〔一六〕，敷五典，擾兆民。「司」是主，「徒」是衆，取其官主民衆，故謂之「司徒」。「擾」是調習安養的意思。成王又説：「定立司徒爲地官卿，使他執掌邦國的教化，敷布父子、君臣、夫婦、長幼、朋友五者典常之教，以調習安養天下之兆民。」如不忠不孝、無禮無義的，務要教導使他都順理，不敢犯法，所以説「敷五典〔一七〕，擾兆民」，後世若户部尚書即是此官。

「宗伯掌邦禮，治神人，和上下。「宗」是宗廟，凡祭祀以宗廟爲主，「伯」是掌〔一八〕，言春官爲四時之長，故謂之「宗伯」。成王又説：「定立宗伯爲春官卿，使他職事邦國的典禮〔一九〕，專治天神、地祇、人鬼之事與吉、凶、軍、賓、嘉之五禮，和其上下尊卑等列。」蓋凡壇坎昭穆都有箇上下尊卑之序，聘享射御都有箇上下尊卑之節，不可差失。若有些差失，則僭亂謟妄，鬼神也不享；乖争凌犯，民志也不定，安得而和？所以説「治神人，和上下」。周家制度，禮、樂合爲一官，「和」蓋主樂而言〔二〇〕，後世若禮部尚書即是此官。

「司馬掌邦政，統六師，平邦國。」「馬」是軍政最要緊的，以其主軍馬之事，故謂之「司馬」。「政」是以征伐正人之不正，乃王政之大者。成王又説：「定立司馬爲夏官卿，使他職掌邦國的軍政，統御天子的六軍。凡天下有干正之人，則舉兵征伐，以平治邦國。」使强不得凌弱，衆不得暴寡，人人皆得其平，所以説「統六師平邦國」，後世若兵部尚書即是此官。

「司寇掌邦禁，詰姦慝，刑暴亂。」「寇」是寇賊，「禁」是法禁，以其主寇賊之事，故謂之「司寇」。成王又説：「定立司寇爲秋官卿，使他職掌邦國的法禁，使民不犯，若有犯了法禁的，則推詰究問那姦詐慝惡之徒，務要得其真情，刑戮那强暴作亂之人，使犯者知懼。」蓋姦慝隐而難知，暴亂顯而易見，所以説「詰姦慝刑暴亂」，後世若刑部尚書即是此官。

「司空掌邦土，居四民，時地利。」「空」是空土，蓋古時人穿土穴而居之，以其主民安居，故謂之「司空」。成王又説：「定立司空爲冬官卿，使他職掌邦國得空土以居處四民，使士農工商都得其所，順天時以興地利。」如春耕夏耘、秋收冬藏之類，若失其時，則地有遺利，四民便都缺用了，所以説「居四民時地利」，後世若工部尚書即是此官。

「六卿分職，各率其屬，以倡九牧，阜成兆民。」六卿各自有屬官，每一卿屬官六十員，通共三百六十員。「阜」解做厚字。成王又說：「冢宰既已職掌邦治，爲第一；然治道莫先於教化，故司徒第二；教化莫先於禮樂，故宗伯第三；教化既施而猶有不守禮法者，大則加之以兵，小則加之以刑，都出於不得已，故司馬第四、司寇第五；暴亂既去而後民得安居，故司空第六。六卿既已分職，各自率領他官屬以倡率九州之牧，自內而達之於外，使政治明、教化洽，由是阜厚民生，化行俗美，天下無有饑寒愁苦、乖争凌犯之人。」故曰「阜成兆民」。

「六年，五服一朝。又六年，王乃時巡，考制度于四方嶽〔二一〕。諸侯各朝于方嶽，大明黜陟。」「五服」即是侯、甸、男、采、衛五等諸侯。成王又說：「如今定制，每到六年上五等諸侯一次來朝會于京師，述其所職。又到六年上，王乃以春夏秋冬巡狩于四方，稽考制度于方嶽，看他國中制度，凡禮樂刑政與朝廷所須行的〔二二〕，合與不合。諸侯就各朝于方嶽，東巡狩則東方諸侯朝于岱宗，南巡狩則南方諸侯朝于南嶽之類。每巡狩到那一方，詢察諸侯的賢否，大明黜陟之典。」如稽考他制度，其中有不敬的則削其地，有不孝的則黜其爵，有功德于民的則加地進陟。當賞而賞，使天下之人都有所勸；當罰而罰，使天下之人都有所警。故曰「大明黜陟」。

王曰：「嗚呼！凡我有官君子，欽乃攸司〔二三〕，慎乃出令，令出惟行，弗惟反。以公滅私，民其允懷。」「令」是教令，如後世條例榜文之類。「反」是沮逆的意思。成王上文既說建官的體統，到此遂嘆息呼大小庶官，一同告他說：「凡我一切有官守的君子，你當欽敬爾所司的職事，謹慎爾所發的教令。凡教令所發，須算計，要必然可行，不要輕率把不可行的事發出來，却至於沮逆行不將去，後雖有可行的事，人也都不信了。爾若能以天下的公道，滅一己之私情，則教令所發，百姓每自然都敬信懷服。」所謂「令出惟行，弗惟反」，只是教他謹言，不是教他遂非也。

「學古入官，議事以制，政乃不迷。其爾典常作之師，無以利口亂厥官。蓄疑敗謀，怠忽荒政。「學古」是學前代之法。「制」是裁度。「迷」是錯繆。「典常」是當代之法。「蓄」是積蓄。成王說：「爾大小庶官，須是要習學前代古人之成法，然後可以進用做官。到謀議政事時，却把平日所學古人之成法用他來裁度斟酌，則一切度政必有條理，不至于錯繆。其前代之法，又有宜于古而不宜于今的，爾之爲政，須以當代之典常做一箇師法。蓋周家典常，都是文、武、周公之所講畫，至精至備，只好遵行，不可以喋喋利口逞其才智，更改紛亂。爾之官守，凡有疑，當據理斷其可否，若積疑在心而不斷，必反敗其謀爲，雖有好事也不成了。又須要勤謹，若怠惰而不勤、忽略而不謹，必荒廢其政事，如何能舉其官？」

「不學墻面，蒞事惟煩。「蒞」解做治字。「煩」是煩擾。成王上文已歷言做官的弊病，故此勉其爲學說：「人不肯爲學，恰如面對着土墻立地，眼無所見。若使他居官治政，遇着事來，心無所主，也不知那件是、那件非，舉措之間，不勝其煩擾矣。」蓋人若能學，則通古今明義理，處得事事停當，雖萬變而不勞，所以人不可無學問之功也。

「戒爾卿士：功崇惟志，業廣惟勤，惟克果斷，乃罔後艱。「功」是事功。「業」是職業。成王既總戒庶官，至此又說：「如今申戒爾在朝的卿士：爾等要事功崇高，惟當立志，若柔懦而不立志，則事功所成者卑下，豈能得崇高？爾等要職業廣大，惟當勤力，若怠惰而不勤力，則職業所就者狹小，豈能得廣大？有此二者，又須臨事能剛果決斷，乃無後日之艱患，若猶豫固滯而不能果斷，則志與勤都虛用了工夫，何益於事？」這兩句是申説上文「怠忽荒政」、「蓄疑敗謀」的意思。

「位不期驕，禄不期侈，恭儉惟德，無載爾僞。作德心逸日休，作僞心勞日拙。」「驕」是驕傲。「侈」是奢侈。「恭」是恭謹。「儉」是節儉。「載」解做事字。「休」是休美。成王説：「爾卿士凡居顯位者，本不期至于驕傲，只是人不知檢束，便驕傲自至。享禄食者，本不期至于奢侈，只是人不知撙節便奢侈自至。故居顯位當知所以恭謹，享禄食當知所以節儉。然恭謹、節儉豈可以聲音笑貌爲之，當着實有得於心，以成己之德，不可從事於矯僞。若果能把恭儉做實德，直道而行，表裏如一，則此心安逸而日著其美；若只要做矯僞之事，巧詐百端，揜護不暇，則此心勞苦而日著其拙。」成王以此戒卿士，可謂理到之言矣。

「居寵思危，罔不惟畏，弗畏入畏。」「寵」是寵榮。「危」是危辱。成王説：「人臣享高爵厚禄的，雖是寵榮，然居此寵榮之地，便思量有危辱之禍。蓋寵、辱二者長相倚伏，當無所不致其敬畏，庶可保守。若不知所敬畏，驕侈放肆，必入于危辱可畏之中，誠不可不懼。」後世患失之徒與思危相似，然患失者以寵利爲樂，思危者以寵利爲憂，所存大不同也。

「推賢讓能，庶官乃和，不和政厖〔二四〕。舉能其官，惟爾之能；稱匪其人，惟爾不任。」「賢」是有德者。「能」是有才者。「厖」是雜亂。「稱」也是舉的意思。成王説：「爾卿士若肯推人之賢、讓人之能而無蔽賢害能之事，則大小庶官自然做傚，相和而不争，賢者有所勸，不肖者可以警。若不能如此，使庶官不和，互相妬忌，則朝廷的政事必至於雜亂不可振舉。爾等所舉之人能修其職便是爾之所能，若所舉非其人，便是爾不勝其任。」蓋古時大臣以人事君，其責如此。

王曰：「嗚呼，三事暨大夫！敬爾有官，亂爾有政，以佑乃辟，永康兆民，萬邦惟無斁。」「三事」即立政所謂三事大臣。「亂」解做治字。「斁」解做厭字。成王於篇末嘆息説：「上自三事大臣，下至大夫小臣，我如今申戒勑爾等：當要敬謹爾所有的官職，不可怠忽，整治爾所司的政事，不可廢弛，用以佑助爾君，永遠康濟天下之兆民，庶幾萬邦之廣親附愛戴而無厭斁我周之心矣。」臣謹按：先儒説周官是成王親政之書，蓋成王受周公之教已成，故於親政之初訓迪百官，凡三公、三孤、六卿、百執事，無不正其官守加以訓詞，其言居官涖政之道，無一語不精當，所以當時百官奉行，天下大治，真可爲後世之法。伏乞聖明留意。

君陳

君陳是當時大臣的名。周公遷殷頑民于下都，親自監治他，周公既没，成王命君陳替周公監治，史録其策命之詞，故以「君陳」二字名篇。

王若曰：「君陳，惟爾令德孝恭，惟孝友于兄弟，克施有政。命汝尹茲東郊，敬哉！」「令」是善。「尹」是治。「東郊」指下都而言，蓋下都在王城之東，故謂之東郊。成王發命呼君陳之名説：「惟爾有令善之德，孝順父母，能盡爲子的道理，恭敬長上，能盡卑幼的道理。惟爾能孝順父母、友愛兄弟，這等德行行之於一家，若移這道理去做官，必能施設那所任的政事，上思盡忠於君，下思惠澤於民，與治家事一般。我如今命爾往治東郊下都之民，爾當敬謹，不可怠忽。」蓋殷民難化，皆因他不知天理民彝之故，所以成王不用威猛剛克之臣而用孝恭孝友之君陳，可謂得爲治之本矣。

「昔周公師保萬民，民懷其德。往慎乃司，兹率厥常。懋昭周公之訓，惟民其乂。」「師」是教誨。「保」是安養。「率」是循。「懋」是勉。成王說：「昔者周公在下都有師之尊，有保之親，所以教養萬民，無所不至。以此萬民都懷念他的恩德，至今不忘。爾君陳去替周公監治殷民，不必他求，只當慎守你的職事，不可廢弛了周公的舊政；率循當行的常道，不可更變了周公的成法。爾若能勉力申明周公之遺訓而光大之，則下都之民無有不翕然聽順、咸歸於治化者。」故曰「惟民其乂」。

「我聞曰：至治馨香，感于神明。黍稷非馨，明德惟馨。」這四句是周公之言。「馨香」是說治道之精華處。「神明」是說神聰明而不可欺。「明德」是說人所得于天的仁義禮智虛靈不昧之德。成王告君陳說：「我聞得周公有言：治化美盛到那極處，自有馨香感格於神明。至於黍稷本是馨香之物，然所以感格神明，却不在黍稷馨香，必是人有明德馨香，乃可以感格神明；人若無有明德，黍稷雖是馨香，神明也不來感格。」蓋至治是明德之效，明德是至治之本，同一馨香，非有二也。

「爾尚式時周公之猷訓〔二五〕，惟日孜孜，無敢逸豫。」「式」是用。「猷」是道。成王既舉周公之言，遂告君陳說：「爾尚當用此周公所述道理之訓詞，惟日自强，孜孜不息，加篤敬之功，無敢縱肆于安逸豫樂之地，則庶幾前人之德，而殷民可以感化矣。」〔二六〕

「爾有嘉謀嘉猷，則入告爾后于内，爾乃順之于外，曰：『斯謀斯猷，惟我后之德。』」「嘉」是美好的意思，「嘉謀」是所言切于事，「嘉猷」是所言合于道，事與道非有二致，各舉其甚者言之，故謂之「嘉謀」、「嘉猷」。成王説：「爾君陳比前在朝時，凡有好言語切于事的，或有好言語合于道的，便入來面見告爾君于内，説這等好事都當舉行；却又能將順于外，説這等嘉謀、這等嘉猷行將出來有利于國家，都是我君之盛德，非臣下所能預。」此蓋君陳所已行者，故成王舉以稱之。

「嗚呼！臣人咸若時，惟良顯哉！」「良」是説人臣的德。「顯」是説人臣的名。成王又嘆息説：「使爲人臣的都似君陳你這等所行，歸美於君，不肯揚己之善，豈不是箇有德的良臣？其名豈不可顯？」先儒説成王於此爲失言，蓋欲其臣善則稱君，乃人臣的細行，不足道。且人君既有這等臣，那阿諂小人窺見了，必漸漸的進用，到人君有過失時，却誰敢來諫諍？豈不誤了大事？昔禹聞善言則拜，成湯改過不吝，這兩箇聖人定不肯説這等言語，此成王所以不及也。

王曰：「君陳，爾惟弘周公丕訓。無依勢作威，無倚法以削。寬而有制，從容以和。」「弘」是闡揚的意思。「丕訓」是大訓。「作威」是凌虐下人的意思。成王呼君陳之名説：「爾在下都繼周公之後，若只以謹畏保守爲志，便不及前人了。爾當要奮發作興，闡揚周公所遺之大訓，使廣被于民才好。假如勢位是你所有的，不可依恃這勢位凌虐在下之人；法制是你當用的，不可倚靠這法制以行刻削之政。御衆固貴乎寬，若只管寬將去，則至於放縱，必寬中有箇節制，使疎而不漏；行事固貴乎和，若只管和將去，則至於流蕩，必從容以和協于物，使適乎中道、不墮於一偏。」且君陳是箇賢臣，豈肯依勢作威、倚法以削？然喜怒予奪有一毫私意不是公道，其流或至於此，故成王預戒之。

「凡人未見聖，若不克見。既見聖，亦不克由聖。爾其戒哉！爾惟風，下民惟草。」「凡人」是庸凡之人。「聖人」是道全德備之人。成王告君陳説：「那世上一等凡庸之人，不曾見聖人的時節，他心裏也曉得切切向慕，只不能勾得見的一般；及至他親見了聖人，却又志氣昏惰，視爲泛常，不能依着聖人的所行。這等人空自去向慕聖人，有始無終，有甚麽濟事？爾君陳當以這等人爲警戒。蓋周公是箇真聖人，爾君陳已親見了他，如今居周公之位，治周公之民，豈可不依他所行？且爾君陳譬如風一般，爾管下的百姓譬如草一般，爾若能依着周公所行去治民，則民之從化便如草之從風，上行下效，捷於影響。」甚言德化之速如此。

「圖厥政，莫或不艱。有廢有興，出入自爾師虞，庶言同則繹。」「廢」是革除的意思。「師」是衆。「虞」是度。成王又告君陳説：「凡圖謀其政事，無大無小，當無一不致其難，不要把做容易去做。如中間有弊當革、有利當興的，又不可偏執己見，須要出入反覆，與衆人商度。若衆論皆同，則又當紬繹而深思之，然後行將出去才好。」蓋師虞是合乎人之同，則繹斷於己之獨。孟子説「國人皆曰賢然後察之」、「國人皆曰可殺然後察之」，即「庶言同則繹」的意思。

「殷民在辟，予曰辟，爾惟勿辟；予曰宥，爾惟勿宥；惟厥中。」「辟」是罪辟。「宥」是赦宥。成王告君陳説：「凡下都之殷民有犯罪在於刑法、未經決斷的，雖我説要當罪，若是那箇人其實無罪，你當執法説不當罪；雖我説要赦他，若是那箇人其實有罪，你當執法説不當赦。凡當罪、當赦，不要曲從人君一時喜怒，只當權其輕重，務使合乎中道，則有罪的不至于倖免，無罪的不至于濫及。」蓋上一段是戒君陳不要徇一己之私，這一段是戒君陳不要徇人君之私，上下之間悉從公道，則殷民無有不心服者矣。

「有弗若于汝政，弗化于汝訓，辟以止辟，乃辟。」「弗若」是不順的意思。成王告君陳說：「若殷民之中有不肯順從于爾之政令，或不能變化于爾之訓教，這等人不可一概罪他。須要斟酌其中，罪得一箇人可以懲戒止息了後來的不敢犯罪，然後罪之。」庶幾刑期無刑之意。

「狃于姦宄，敗常亂俗，三細不宥。」「狃」是習慣。「姦」是在内爲惡的。「宄」是在外爲惡的。「細」解做小字。成王又說：「若是習慣去做姦宄之事，敢於爲惡而不悛，與夫毁敗綱常、壞亂風俗這三樣事，若人有犯了的，雖是小罪也不可赦宥他。」所以絶爲惡之源也。

「爾無忿疾于頑，無求備于一夫。」「頑」是愚頑。成王告君陳說：「你不要忿怒疾惡那愚頑不聽訓化的人，便棄了他，若是從容不迫，漸漸的把禮義開導，則無不可化之人矣。也不要求全責備于一人之身，若是取其所長、棄其所短，則無不可用之人矣。」

「必有忍，其乃有濟；有容，德乃大。」「忍」是含忍。「濟」是成就的意思。「容」是包容。成王又告君陳說：「爲人上的必有所含忍，則其爲事乃有所成而無敗；然此猶不免有堅制力蓄的意思，若是度量能有所包容，則其德乃造於廣大而不可量矣。」蓋小不忍則亂大謀，能忍以濟事固好，但其所得猶淺；若容以成德，如天地之量無所不包，則其所得者深矣。這一節是申言「無忿疾于頑」的意思。

「簡厥修，亦簡其或不修；進厥良，以率其或不良。」「簡」是簡别。「修」是説人之職業。

「進」是進用。「良」是説人之行義。成王又告君陳説：「殷民雖染紂之惡，然已薰陶于周公之化，其職業有能修的、有不能修的，你當簡别那能修其職業的出來，也簡别那不能修其職業的出來，不要使他混爲一途，則人人都相勸于立功矣。既簡别了，然後選於其中，進用其能自修而至於賢良者，以倡率其不能自修而未至於賢良者，使他知所愧慕，則人人都相勉于興行矣。」這一節是申言「無求備於一夫」的意。

「惟民生厚，因物有遷。違上所命，從厥攸好。」「遷」是改變。「違」是不肯從的意思。成王又説：「惟庶民之生，其本然之性無不淳厚，只是因爲外物所引誘，遂把那淳厚改變做了澆薄。然淳厚既可改變做澆薄，則澆薄豈不可改變做淳厚？只是斯民他不肯從上面人的命令，只肯從其所喜好的。假如上面人自家澆薄，却出令教下面人淳厚，雖嚴刑峻罰，人也不從；若上面人常好淳厚，下面人便都感化興起，也好淳厚。」蓋人同此心，心同此理，故曰「違上所命從厥攸好」。

「爾克敬典在德，時乃罔不變，允升于大猷。惟予一人，膺受多福，其爾之休，終有辭于永世。」「典」是典常。「升」是進的意思。「大猷」是大道。「予一人」是人君自稱。成王告君陳説：「爾能敬其君臣、父子、兄弟、夫婦、朋友之常道，以爲在己之德而躬行于上，則是自家能謹其所好矣。民之從化，捷於桴鼓，將見時俗無有不改變其澆薄而信能進之于大道。這等化行俗美，惟予一人享受諸福，無有危亂之虞，豈不是爾君陳能成其美？爾終有令名，傳頌永久而不朽矣。」臣謹按：君陳這一篇書，始以「敬哉」一言，終以「敬典在德」一言。蓋德是化民之本，敬又是德之本。古聖賢相傳帝王之心學不出此，故成王以君陳令德孝恭而委任之、訓戒之，亦不出此。其進德典學之功，真可謂守成之賢主矣。伏惟聖明留意。

校勘記

〔一〕則用能使王畿之間化行俗美　「化」，原作「他」，據四庫本改。

〔二〕其在受德暋　「暋」，原作「愍」，據四庫本改，後文注釋同。

〔三〕帝欽罰之　「帝」，原作「常」，據四庫本改。

〔四〕文王武王在位時要建立政事以圖治功　「時」，原作「事」，據四庫本改。

〔五〕内臣則有内府内司服之類　「服」，原闕，據四庫本補。

〔六〕凡在外之官不止此　「止」，原作「在」，據四庫本改。

〔七〕所以内外遠近大小之臣無不得人如此　「近」，原闕，據四庫本補。

〔八〕文王罔攸兼于庶言庶獄庶慎　「慎」，原作「順」，據四庫本改。

〔九〕時則勿有間之　「則」，原闕，據四庫本補。

〔一〇〕其克詰爾戎兵　「詰」，原作「誥」，據四庫本改，後文注釋同。

〔一一〕俾德威遠播還過于大禹所疆理九州之地　「威」，原作「於」，據四庫本改。

〔一二〕若如今掌刑之官能於是取爲法式而有敬慎之心　「是」，原作「自」，據四庫本改。

〔一三〕這一篇書是成王訓迪周家百官言語　「官」，原作「的」，據四庫本改。

〔一四〕内有百揆四嶽　「嶽」，四庫本作「岳」，此段皆同。

〔一五〕夙夜不逮，「逮」，原作「違」，據四庫本改，後文注釋同。

〔一六〕司徒掌邦治　「治」，四庫本作「教」。

〔一七〕敷五典　「典」，原作「教」，據經文改。

〔一八〕伯是掌　「掌」，四庫本作「長」。

〔一九〕使他職事邦國的典禮　「事」，四庫本作「掌」。

〔二〇〕和蓋主樂而言，「主」，四庫本作「指」。

〔二一〕考制度于四方嶽　「嶽」，四庫本作「岳」，此段皆同。

〔二二〕凡禮樂刑政與朝廷所須行的　「須」，四庫本作「頒」。

〔二三〕欽乃攸司　「攸」，原作「牧」，據四庫本改。

〔二四〕不和政厖　「厖」，原作「龐」，據四庫本改，後文注釋同。

〔二五〕爾尚式時周公之猷訓　「式時」原倒，據四庫本正。

〔二六〕四庫本此節後接下文「凡人未見聖若不克見既見聖亦不克由聖爾其戒哉爾惟風下民惟草」、「圖厥政莫或不艱有廢有興出入自爾師虞庶言同則繹」二節，蓋遵尚書原文之序，與正德本次序異。

篁墩程先生文集卷八

經筵講章

中庸一

故爲政在人，取人以身，脩身以道，脩道以仁。

這是中庸第二十章子思引孔子答魯哀公問政的説話。「政」是人君治國平天下的政事。「人」是賢臣。孔子説：人君脩政立事，只在用賢臣。且如三公、三孤得其人則能調元贊化、弼成君德；六卿得其人則能使禮樂刑政、紀綱法度件件脩舉。若不得其人，如何望治？所以説「爲政在人」。「身」是指君身説。天下的人才識趣不同，有存心守正的，有隨時求進的，全看人君所好如何。人君若好聲色貨利，便有佞倖聚斂的人進用；若人君自家大公至正，則所用的必正人君子。所以説「取人以身」。「脩」是脩爲。「道」是道理。人君一身舉動，必須都從道理上行，若稍有放肆，則貌言視聽之間便有不公不正處，身如何得脩？「仁」是指心説。人君一心若能常存天理，不使有一毫私意間隔，便是仁。心既仁了，所行自然都合道理。所以説「脩身以道，脩道以仁」。然道與仁不是兩件，道是總説該行的事，仁是指那用功親切處。子思於前章歷引大舜、文、武、周公的事了，又引此段，以見孔子若得位時其爲政舉措也與大舜、文、武、周公一般。

臣觀此章大旨，要緊在「脩道以仁」一句。蓋仁是本心之全德，心乃致治之大本。若心德全了，以之脩身，以之用人，以之爲政，無所處不當。若心德上不曾用功，則是大本虧了，一身所行便多失道，群臣之中豈能辨得孰爲君子、孰爲小人？天下之事豈能見得孰爲當行、孰爲當止？這都繫於人君一心。正如禹、湯、文、武之君能全這心德，所用的便有伯益、伊尹、太公、周、召一班賢臣，相佐以道，政無不舉，故曰「三代之得天下也以仁」。如桀、紂、幽、厲之君不能全這心德，所用的便是觸龍、飛廉、衛巫、皇父一班邪臣，相助爲虐，政日以衰，故曰三代之「失天下也以不仁」。降及漢、唐、宋時，中間或有賢主，然心學不明，又無格心之訓，故其德之所就，雖不至桀、紂、幽、厲之暴，亦豈能如禹、湯、文、武之仁？脩諸身者純駁相半，所用的人賢否相參，所行的事治亂相雜，考其所終，皆不足論。先儒周子有見於是，嘗曰：「心純則賢才輔，賢才輔則天下治。」方纔就本原上説出，與此章意合。仰惟皇上受列聖之心法，得三代之正傳，仁心仁聞，布於四海。尤願深體聖賢之言，監歷代得失之故，使皇極茂建於上，君子願立於朝，治效遠超於古。宗社幸甚！生民幸甚！

二

天下之達道五，所以行之者三。曰君臣也、父子也、夫婦也、昆弟也、朋友之交也。五者，天下之達道也；知、仁、勇三者，天下之達德也。所以行之者，一也。

這是中庸第二十章子思引孔子答魯哀公問政的説話。大意以爲君臣、父子、夫婦、兄弟、朋友這五倫，必有知、仁、勇三德然後能行，故曰「天下之達道五，所以行之者三」。「達」是通共的意思。君臣有義、父子有親、夫婦有别、兄弟有叙、朋友相交有信，這五件乃天下古今人所共行的道理，如大路一般，故唤做「達道」。若一人行得一人行不得，古人行得今人行不得，便不是達道了，所以説「君臣也、父子也、夫婦也、昆弟也、朋友之交也，五者天下之達道也」。「知」是説人的見識。「仁」是説人心天理。「勇」是説人敢做。人於五倫上若没見識，如何曉得這道理？雖是曉得了，若不以天理爲心，如何能行？若不敢做，也行不到那去處。這三件乃天下古今人所同得的道理，故唤做「達德」。若一箇人有一箇人無，古人得此理今人不得此理，便不是達德了，所以説「知仁勇三者，天下之達德也」。「一」字解做誠字，即真實的心。這三達德雖是人心所同得的，若行時節不肯着實，三心二意，半上落下，便是不誠。人若不誠，那原有的知也昏昧不明了，原有的仁也被私欲間斷了，原有的勇也懦弱不能振起了，故曰「所以行之者，一也」。

孔子平日論政多指一事説，惟此章答哀公之問極言治道如此，爲人上者最當注意。臣觀從古以來，治天下國家的必以明倫爲本，爲何？蓋中國所以别於夷狄、人類所以異於禽獸，惟在於此。唐、虞、三代聖帝明王都能實有這三德，故皇極建於上，五教敷於下，天下百姓每也都感化，知道孝弟忠信，共享太平。降及後世，爲人上的全德者少，有以愚弄臣民爲智而溺於權詐的，有以諂事佛老爲仁而流於姑息的，有以輕動大兵、連興大獄爲勇而果於强暴的。故在當時，上下離心，親疎失序，天下百姓也都傚效成風，悖理亂倫，靡所不至。降及胡元，世變極矣。洪惟我太祖高皇帝仁明勇智，受命於天，汛掃胡風，再立人紀，列聖相繼，率由典常。宣宗章皇帝又御製五倫書，嘉惠天下。英宗睿皇帝聖性高明，於五倫大節上躬行心得，度越前古。親總萬幾，延接臣下，君臣之契最深；追崇太母，纂述先猷，父子之親益篤。放幽閉之宗室以廣昆弟之仁，全恩禮於兩宫以盡夫婦之義。優待元老，召起逸民，思得賓友之臣以輔文明之治。天下臣民仰皇極之敷錫，順帝則於不知者，二十餘年。伏惟皇上以睿哲之資嗣祖宗之統，凡事有關於五倫、三德者，固已常垂聖慮，思成治功。臣愚尤願加意孔子之言，近以先帝爲法，務臻實行，無事虚文，則唐、虞、三代之治可以立致。宗社幸甚！天下幸甚！

三

知斯三者，則知所以脩身；知所以脩身，則知所以治人；知所以治人，則知所以治天下國家矣。

這是中庸第二十章子思引孔子答魯哀公問政的説話。「斯三者」指上文「好學近乎知，力行近乎仁，知耻近乎勇」三句説，乃是求入三達德的工夫。「所以」二字是指道理説。人若知道嗜好學問，不肯間斷去講明道理；又知道力行好事，不肯徇私以累心德；又知道自家不如人爲可耻，不肯懦弱，務要勉力進脩。如此三事，便知道這一身雖小，可以參天地，於那是非美惡上須要分曉，於那視聽言動間須要檢束，於那事理當行、當止處須要剛果，這等呵身，豈有不脩的？故曰「知斯三者，則知所以脩身」。既知脩身的道理，便知人與己同稟天地之氣，同具天地之理。若有一箇不得其所的，便當體念他，使之得其所；有一箇不曉道理的，便當訓誨他，使之復其性。故曰「知所以脩身，則知所以治人」。既知治人的道理，便知一家的人與那一國人一般，一國的人與那一家人一般，天下的人與那一國人一般。務使舉世的人都得安生樂業，無一箇失所的；都能好善惡惡，無一箇拗性的。故曰「知所以治人，則知所以治天下國家矣」。

臣謹按：先儒説中庸此章可以當一部大學。蓋大學論齊家、治國、平天下本於脩身，脩身又從格物、致知上來。此章六箇「知」字便是致知的意思，三「近」之中以好學爲首，便是格物的意思。蓋人心之靈都有箇知覺，天下之事都有箇道理，若於道理上不能真知，便於那當行的事或畏縮不肯去行，不當行的事或鹵莽只管去行。自家一身尚不可治，何況他人？一人尚不可治，何況一家一國以至天下？若能好學，真知得這道理，久久成熟，自家一身全了知、仁、勇三德，將見視中國如一人，視天下如一家，都不難了。考之三代盛時，天子之元子初入大學，便把這箇道理教他以培養根本，所以後王皆享國長久，多至七八百年。降及後世，學政不脩，人君多不知務此，故孔子以大學授之曾子，曾子授之子思。觀此章後所引之言，其惓惓爲世道慮深矣！仰惟皇上德本生知，聖由天縱，親視國學以禮先師，常御經筵以熙舊學，於中庸、大學之書固已知之明而見諸行矣。伏願成之以勇，始終無倦，使皇極之化行於四海，至治之澤被於萬世，三代享國有不足言者。臣犬馬之誠，不勝顒望，伏惟聖明留意。

孟子

知者無不知也，當務之爲急；仁者無不愛也，急親賢之爲務。堯、舜之知而不遍物，急先務也；堯、舜之仁不遍愛人，急親賢也。

這是孟子盡心篇，說仁知之理至大至博，所行却有箇切要處。「知者」是有知識的人。「當務」是當行的事。孟子說：有知識的人心體光明，於天下之事固無不知，若所行不論緩急先後，都一齊做去，亦何以爲知？必須將緊要的事先着力去行，緊要的事既行，其餘逐旋整理，則事無有不治，而其知也大矣，所以說「知者無不知也，當務之爲急」。「仁者」是有仁德的人。「賢」是賢人君子。孟子說：有仁德的人存心廣大，於天下之人固無不愛，若不分別賢愚善否，都一例相看，亦何以爲仁？必須親信賢人君子而委任之，賢人君子既用，下人自然得所，則恩無有不洽，而其仁也博矣，所以說「仁者無不愛也，急親賢之爲務」。孟子既説仁知之理，又把堯、舜所行來證，説有知識的人莫如堯、舜，堯、舜於天下之事非件件去理會他，如曆象、治水、齊七政、詢四門，都是先把緊要的事行；若件件去親自理會，則精神有所不逮，豈得謂之知？又説有仁德的人莫如堯、舜，堯、舜於天下之人非箇箇去撫摩他，如訪問四岳大臣、舉用八元八愷，都先是親信賢人君子，使之分理；若箇箇去親自撫摩，則事勢有所不周，豈得謂之仁？所以説「堯、舜之知而不徧物，急先務也；堯、舜之仁不徧愛人，急親賢也」。

臣謹按：孟子此章推明仁知之理，皆本於孔門論語之言。論語説「務民之義，敬鬼神而遠之，可謂知矣」，此則曰「當務之爲急」。謂之「當」，則必有箇不當處。蓋人君所當務者人事，所不當務者淫祀，若專務淫祀則惑於鬼神，而於人道當行的事反不暇爲，這便是不知。如敬天勤民乃當務之大者，誠知天心之喜怒不測，淫祀不可以享天，惟務謹身脩德以盡敬天的實事，則上帝感格，災變不生；民生之休戚不常，淫祀不足以福民，惟務省事節用以盡勤民的實事，則下民愛戴，禍亂不作。這便是人君之大知。論語説「舜有天下，選於衆，舉皋陶，不仁者遠矣」，此則曰「急親賢之爲務」。謂之「親」，則必有箇當疎處。蓋人君所當親者賢臣，所當疎者小人，若親近小人則蔽其聰明，雖有仁民愛物的心也無所施，這便是不仁。如任相隆儒乃親賢之大者，誠知夫君德之成否在儒臣，將那賢者置之左右，則異端之流自疎，由是所聞的皆嘉言，而仁之道愈明；天下之安危在大臣，將那賢者委以心腹，則邪佞之人自疎，由是所行的皆善政，而仁之用愈廣。這便是人君之至仁。然「當務之爲急」、「親賢之爲務」，「急」之一字，貫於仁、知二者之間，則又見夫當務之外皆可緩的事，在乎舉此措之耳，親賢之外皆可緩的人，在乎推恩及之耳。

孟子垂訓後世之意，何其至哉！仰惟皇上居堯、舜之位，崇仁知之德，致謹於云爲之際，加察於用舍之間，使敬天勤民所務者無不急之事，任相隆儒所親者無不賢之人，則治隆俗美，上比唐、虞，臣等不勝顒望之至！

尚書一

克明俊德，以親九族。九族既睦，平章百姓。百姓昭明，協和萬邦，黎民於變時雍。

這是尚書堯典篇史臣紀帝堯放勳的實事。「克」是能。「俊德」是大德。史臣說，帝堯聖人能明自家所得于天的大德，無一些昏昧，其德之大與天一般，故曰「克明俊德」。「親」是愛。「九族」是高祖至玄孫之親，舉近以該遠，五服異姓之親也在裏面。史臣又說，帝堯既能明了自家的大德，又推此德以親愛九族之人，使長幼都順其序，親疏各得其所，九族之人自然和睦，無有一箇乖争的，故曰「以親九族，九族既睦」。「平」是均。「章」是顯。「百姓」是畿内之民。「昭」即是明之至。史臣又說，帝堯既使九族之人都相親睦了，又推此德以均明畿内的百姓，畿内百姓每都感化興起，自明其所有之德，無有一箇昏昧的，故曰「平章百姓，百姓昭明」。「協和」是和之極。「萬邦」是天下諸侯之國。「黎民」是黑髮之民。「於」是嘆美詞。「雍」也是和的意思。史臣又說，帝堯既使畿内的百姓都能自明其德了，又推此德以協和天下諸侯之國，那天下的黎民都變惡爲善，雍雍和順，無一人之不化，無一俗之不美，有莫知所以爲之者。史臣必加以「於」之一字，見帝堯有此大德，能致天下之人於春風和氣中，其神化之妙有難以形容者，故曰「協和萬邦，黎民於變時雍」，蓋深嘆美之也。

先儒朱子説這一節言堯推其德自身而家、而國、而天下，即是放勳之實。臣觀帝王之德，有全體、有大用，方可以言治。從古聖人全此德者莫盛于帝堯，故孔子删書，把堯典做頭一篇，論帝王之德亦無出于這一段。蓋「克明俊德」即是全體，「九族既睦」、「百姓昭明」、「黎民於變時雍」即是大用。自帝堯以後如大舜、禹、湯、文、武之爲君，都能備此全體大用之德，故其治效咸臻雍熙泰和之盛，良有以也。洪惟皇上養德春宫，帝王之學講之有素，故嗣登大寶以來，隆大孝于兩宫，均教養于宗室，賤貨貴德，與正抑邪，凡天下之所欲者以次舉行，所惡者多罷去，所謂「親九族」而「平章百姓，協和萬邦」者，端已兆于斯矣。伏願始終以堯爲法，恒加不息之功，俾德之已明者新而又新，澤之已敷者日甚一日，則全體大用之學不專於堯而復見于今日，臣民何幸躬逢其盛！

二

列爵惟五，分土惟三。建官惟賢，位事惟能〔一〕。重民五教，惟食喪祭。惇信明義，崇德報功。垂拱而天下治。

這是周書武成篇史臣記武王政治之本末。「爵」是封爵。「土」是國土。武王於克商之後，定封爵爲公、侯、伯、子、男，列做五等；定國土則公侯百里、伯七十里、子男五十里，分做三等。故説道「列爵惟五，分土惟三」。「賢」是人之有德的。「能」是人之有才的。武王建立治官，惟用有德之人，不肖的不用他；分職任事，惟用有才之人，無才的不用他。故説道「建官惟賢，位事惟能」。「五教」是君臣、父子、夫婦、長幼、朋友五常之教。「食」以養生，「喪」以送死，「祭」以追遠。武王於這五教、三事皆慎重之，不敢輕忽，所以立人紀、厚風俗，感發斯人的良心，維持天下的教化。故説道「重民五教，惟食喪祭」。理之實有者便是「信」。事之合宜處便是「義」。武王於凡事上務要篤守這信字，使天下之人不趨於詐；又務要顯明這義字，使天下之人不徇於利。「德」是有德能正君善俗的。「功」是有勞能治民禦侮的。武王於有德者尊之以官，使人知道尚賢；於有勞者報之以賞，使人知道勸忠。故説道「惇信明義，崇德報功」。「垂」是垂衣。「拱」是拱手。武王既分封有法，官使有要，五教脩，三事舉，信義立，官賞行，諸般政事都盡了，於此之際復何所作爲？惟垂衣拱手而天下自然化行俗美，故説「垂拱而天下治」。

臣觀有周史官叙武王政治之本末如此，然考之孔子稱道帝舜，也以「無爲而治、恭己南面」爲言，乃知前聖、後聖所以措天下於至治者，無二道也。顧人知帝舜之恭己、武王之垂拱爲可法，而不知所以致恭己、垂拱之治者，豈偶然哉！蓋帝舜繼堯之後即齊七政、去四凶、命九官十二牧，敷言試功以察治官，明目達聰以決壅蔽，其制治憂勤可謂至矣。功成理定而後無所爲，故人但見其恭己南面而已。若武王垂拱，則又在克商之後，其制治憂勤如前所云，殆有甚焉，豈真無所作爲者哉？後世人主不知聖人先憂勤而後佚樂，往往以無爲藉口，恣耳目之所娱，窮心志之所欲，高枕肆志，委政非人，以至於召變速戾，可爲世鑒者矣。

仰惟皇上以聖哲之資，嗣祖宗之統，勵精圖治，於兹六年。重天工而汰冗官，拯弊俗而申教化，屢下恤民之詔，大新述職之規，法先王之憲典則惇信明義之愈嚴，録太祖之舊勳則崇德報功之益厚，誠有志于帝舜、武王之治矣。然邇年以來，民歲之豐歉、人才之邪正、俗尚之厚薄、政令之弛張，猶不能不有勤于聖慮也。伏望皇上日新聖學以清治原，恒納忠言以匡治道，慎爵賞勿容于叨冒，用賢能勿間于憸讒，革澆浮而忠厚以勵士風，憫旱蝗而節儉以蘇民困，不遑暇豫，惟日孜孜，遠希武王，上法帝舜，始不免于有作，終可致于無爲，本一人之憂勤，普萬方于佚樂，則恭己垂拱之治不在虞、周而在聖明矣。天下臣民，不勝慶幸！

三

亦惟純佑秉德，迪知天威。乃惟時昭文王迪見，冒聞于上帝，惟時受有殷命哉！

這是周書君奭篇説文王得臣以受天命的事。「迪知」之「迪」是踐履的意思。「迪見」之「迪」是開導的意思。殷是商家後來改的國號。當周成王時，召公告老，周公再三留他，説：「朝廷不可無老成人。比先商家有伊尹每六箇老成賢臣輔佐商之先王，上天因此專一佑助商家，多生與他賢才，凡百官及王臣之微者都能秉持其德，所行的無一件不合天理。文王之時，也有虢叔每五箇老成賢臣輔佐，上天因此也專一佑助文王，多生與他賢才，便如助佑商家一般，凡百官及王臣之微者也都能秉持其德，所行的也無一件不合天理。踐履工夫又都到至處，着實曉得上天威命，商紂有必亡之勢，文王有必興之理，盡心竭力，只要光顯文王。文王固是有聖德，這賢臣猶恐文王有未到處，左右前後開導啓迪他，務使文王之德著見于上，光明如日一般，四方無一處不在他照臨之中；覆冒于下，廣大如天一般，四方無一物不在他福蔭之中。因此文王之德升聞于天，昊天上帝知他是箇有聖德之人，將殷家原受的命改了付與文王。」然文王當時止爲諸侯，至武王方纔得天下，如何説文王受有殷命？蓋當時人心已歸文王，三分天下有其二，文王所用的老成人後來又輔佐武王伐紂，武王不過繼承文王的功業而已。夫以商之先王能用老成人則天命歸之，人心向之；紂之不用老成人則天命不歸，人心不向；文王能用老成人則天命轉來歸他，人心轉來向他。今日召公正當念創業守成之難，相與輔佐後王，豈可因禄位盛滿難居，只要明哲保身而決于求退哉？

臣觀君奭一篇，周公之意大概以任用老成爲主。蓋老成之人秉心至公，知道賢才是得天命人心之本，朝廷之上常恐無人贊助，有賢臣求退，便苦苦留他，務要同心協力，有賢臣求進，便汲汲薦他，務要各盡其才。人君若用這等人，天下自然太平，國祚自然久遠。那新進浮薄之人，秉心不公，不識天命興亡、人心向背，朝廷之上惟恐不得自專，有賢臣求退，豈止不肯留他，還要擠排，有賢臣求進，豈止不肯薦他，還要沮抑。人君若用這等人，天下如何得治？國祚如何得安？周公拳拳要留召公，意蓋如此。設使當時召公果于求去，周公不肯勉留，則成王之時分陜之寄誰可以任？康王之初託孤之命誰可以當？後世守成之君必以成、康爲首，實皆召公輔相之力、周公勉留之功。然則人君之治天下，任用老成是第一件事。伏惟皇上以睿聖之資膺天眷命，嗣守祖宗之業，不肯輕棄老成之人，尚于此篇反覆留意，則周之成、康不得專美于前。宗社生民，不勝大慶！

四

六卿分職，各率其屬以倡九牧，阜成兆民。六年，五服一朝。又六年，王乃時巡，考制度于四岳。諸侯各朝于方岳，大明黜陟。

這是尚書周官篇史臣記成王總命六卿及定爲朝覲巡守的事。「六卿」是冢宰、司徒、宗伯、司馬、司寇、司空。「屬」是六卿的屬官，周時每卿有屬官六十九。「牧」是九州之長，因是職專養民，故謂之牧。成王説：冢宰掌國家政治，統率百官，均平四海；司徒掌國家教化，敷五常之教，馴治兆民；宗伯掌國家禮典，治神人，以和上下尊卑等列；司馬掌國家兵政，統御六軍，平天下禍亂；司寇掌國家禁令，窮詰奸慝，鋤治强暴；司空掌國家空土，以居士農工商，順天時，興地利。六卿守其職掌，毋相侵越，仍統率其所屬官，加勸勉，獎其勤，作其怠，自内而達之於外。那有九牧的，都有所觀法興起，勸課農桑，均平差役，使百姓每衣食充足，養生喪死無憾，因其富庶申明教化，使百姓每興於禮讓，不肯犯法。所以説「六卿分職，各率其屬以倡九牧，阜成兆民」。「五服」是王畿外侯、甸、男、采、衛五等諸侯之國，五等諸侯各服其事於天子，故謂之服。「制度」是朝廷頒降的禮樂法度，天子諸侯雖有尊卑，一往一來，禮無不答。故每六年五服諸侯一次來朝京師，各述其職，又六年諸侯再朝。通十二年，天子乃巡守於諸侯所守之地，考其國中制度，如曆書上所定歲時月日有差則協而正之，律度量衡不同則審而同之，民間所行吉凶軍賓嘉之禮不一則修明之，以正其風俗。一年之間，二月至東岳泰山，則東方諸侯來朝；五月至南岳衡山，則南方諸侯來朝；八月至西岳華山，十一月至北岳恒山，則西方、北方諸侯來朝。來朝之際，考其政績，有勤政安民的或進以爵或增以地，有怠職殃民的或奪其爵或削其地。所以説「六年五服一朝，又六年王乃時巡，考制度于四岳，諸侯各朝于方岳，大明黜陟」。

臣觀自古以來，典章法度至周大備，而周官一書，本之有虞命九官十二牧及五載一巡守、群后四朝之制，尤爲可法。秦、漢、唐、宋以來，乃設宰相之官，六卿反爲所屬。又有藩鎮之將，州郡不過受成，末流之弊，至於尾大不掉，患深難除，欲國無危，豈可得乎？仰惟太祖高皇帝平定天下之後，斟酌虞、周二代之制，内罷宰相，設六部以准六卿；外革藩鎮，設十三布政司以准十二牧。凡内外之臣，九年通考，視其殿最，外臣三年一朝覲，大行黜陟之典，内外相承，體統不紊。貽謀保治之具，誠足以行之萬世而無弊矣。伏惟皇上以上智之資，當守成之責，宵旰憂勤，講求治道，思欲使四海之民咸有阜成之效。臣愚以爲皇祖之訓具在，良法美意，舉而措之，其要則在「大明黜陟」一語而已。然明不徒明而謂之「大明」，以見賞罰當出於至公，豈若後世之以察爲明者哉？必如舜之明四目而不專任一己之見，達四聰而不偏聽一人之言，夫然後公論以伸，國是有定。進一人而千萬人勸，罰一人而千萬人懼，政治何患於不隆？教化何患於不洽？並美虞、周，增光祖宗，誠有在於今日矣！臣等犬馬之誠，不勝拳拳。

五

旌別淑慝，表厥宅里，彰善癉惡，樹之風聲。弗率訓典，殊厥井疆，俾克畏慕。申畫郊圻，慎固封守，以康四海。

這是周書畢命篇康王命畢公治洛保釐殷民的意思。「淑」是爲善的人。「慝」是爲惡的人。「癉」解做病字。昔周康王命畢公說道：「殷之頑民已能感化，依着教訓，也不消用刑了，如今去治洛，只在勸戒上。若衆人之中有一箇爲善的人，旌異他起來，使人知道勸於爲善；有一箇爲惡的人，揀擇將出來，使人知道戒於爲惡。且如那十分孝順父母的，便旌表他門閭，說這箇是孝子之家。這等光顯那爲善的人，以疵病那爲惡的人，使那善人的風節聲名挺然樹立起來，不止當時人曉得，後世人也都曉得，長遠與人做箇樣子，這便是旌善的事。若有那不孝不弟之人，他不依官長的教條，不守朝廷的法度，便斥遣他另在一邊去住，井里疆界不得與善人之家相混，使他知道畏懼這爲惡之禍，仰慕那爲善之福，這便是別惡的事。」故曰「旌別淑慝，表厥宅里，彰善癉惡，樹之風聲。弗率訓典，殊厥井疆，俾克畏慕」。「圻」字與「王畿」的字一般。康王既命畢公區別所部的閭里以革殷民舊俗，就教化整齊王畿的地方以消殷民反側，說道：「邦圻千里，比先周公、召公經營的時節，疆域遠近、經界差等固已規畫有定制了，還當申明約束，不要廢弛； 封域四塞，比先周公、君陳保釐的時節，山川險隘、城池高深固已防守有定所了，還當戒嚴儆飭，不要怠忽。 況根本之地，太平日久，法制易隳，人心易玩，若能時時去脩緝，常常去巡視，庶幾王畿尊嚴，有備無患，將見自西自東、自南自北，都環視内向，震服威德，安家樂業，共享太平。」故曰「申畫郊圻，慎固封守，以康四海」。

臣常因是而論之： 自古聖帝明王，未嘗不以勸善懲惡、修内攘外爲急務。 然四者中間，又自有箇本末先後，不可不察。 蓋勸善在懲惡之先，脩内是攘外之本，若失了舉措，則治無由成。 況王畿所在，尤當以寬厚鎮静爲要。 若是不從寬厚，專用刑罰，不是鎮静，妄起兵戎，則人心危疑，非求治之道矣。 周之君臣有見於此，故其所以懲惡者不過「殊厥井疆」，所以禦侮者不過「慎固封守」，因此殷民終於革非，周家長得享國，實其君臣忠厚之化、保釐之功致得如此。 後世若秦、隋之際，往往嚴刑峻罰以虐内地，窮兵黷武以事外夷，遂至危亡，史有明戒。 至於漢、唐、宋盛時，能知以周爲法的或僅至於小康，不知以周爲法的亦多至於不治，考其首末，皆不足言。 仰惟我太祖高皇帝立法定制以來，列聖嗣統，恪守成規，皇上丕承，愈篤前烈，蓋天下享忠厚之化、保釐之功亦已久矣。 伏望皇上於勸善懲惡之制，益審先後之宜；於脩内攘外之功，益嚴本末之序。 奬賢能，慎刑罰，勸善即所以懲惡； 謹邊備，恤民隐，脩内即所以攘外。 善善長而惡惡短，朝廷正而天下治。 皇上之心，即有周聖王之心； 今日之治，即有周泰和之治。 宗社幸甚！四海幸甚！

春秋一

荆人來聘。

這是魯莊公二十三年的事，乃楚交中國之始。諸侯互相往來通好謂之「聘」。荆是地名，即今荆州，乃楚受封之國。考楚之先世本有功于周家，受封子爵，當周之衰，僭號稱王，猾夏不恭。孔子作春秋，内夏外夷，故貶他，不書楚，止書荆，待之爲夷狄之國。又考春秋凡諸侯聘問于鄰國，必先書其國號，其所遣使臣或書名、或書字、或書官，今楚子使人來聘問于魯，春秋止書「荆人來聘」，雖不以列國待之，却進而稱人。何以進之？蓋聘問乃列國諸侯往來之禮，楚以夷狄之國知魯爲周公之後、人望之國，首先遣使來通聘問，聖人樂與人爲善，故其書法如此。

臣觀春秋一書，最謹華夷之辨，凡中國而變於夷狄者，叛則懲其不恪而威之以刑，來則嘉其慕義而接之以禮，故邇人安、遠人服，聖人之心實與天地之心一般。然夷狄之心，則每假禮以行其詐。且如楚子當未聘魯之前，四五年來嘗破蔡而虜其君、入其國，横行淮、漢，浸及中原，一旦遣使來聘于魯，其心豈真重魯哉？殆欲逞其遠交近攻之術尔。當既聘魯之後，以爲其心誠知慕王化以交望國，則宜畏義斂兵，不敢萌犯順之舉可也。曾未幾何而有伐鄭之師，窺覘之謀益不能掩。所幸莊公不顧一聘之私而會齊、宋以攘之，誠足與中内夏外夷之義矣。故聖人雖進楚之聘，尤善魯之救鄭。夫以中國而變於夷狄，春秋尚謹之如此，況純於夷狄者乎？由是觀之，中國之於夷狄，固不可以無待之之誠，尤不可無備之之策。稽之楚事，概可見焉。伏惟皇上念孔子作經之旨，嚴裔戎猾夏之防。雖廟算有餘，益當延攬群策；雖中國無事，益當整飭六軍。將見來格有苗，德侔虞舜；薄伐玁狁，功邁宣王。四民享安居樂業之天，一代際雍熙泰和之治。臣犬馬之心，不勝拳拳。

三

楚屈完來盟于師，盟于召陵。

這是春秋魯僖公四年記齊桓公伐楚的事。屈完是楚大夫。「師」是軍旅住劄的去處。召陵是地名。楚之先受封子爵，本周異姓諸侯，世至春秋，僭王猾夏，比於夷俗，中國諸侯無敢與之抗者。齊桓公既相管仲，乃以是年親會魯僖公暨宋、陳、衛、鄭、許、曹八國諸侯之兵，將討楚罪。以蔡國本文王子孫，反黨于楚，先以奇兵侵蔡，蔡人四散敗走，遂以兵伐楚。楚子使人問齊所以來伐之故，管仲對說：「我先君太公受周天子命，得專征伐。尔楚國貢包茅不入，王祭不共。又昭王南巡不還，所以來問尔罪。」楚人對說：「包茅不貢是楚之罪，昭王不還，君其問諸水濱。」桓公以楚不服，進兵次于陘。於是楚子使其大夫屈完來盟于軍中。桓公遂還次召陵，大陳諸侯之兵，與屈完說：「諸侯從齊非是爲我，乃尋我先君太公之好。今楚能與我同好，何如？」屈完對說：「此我楚君所願！」桓公又說：「以此諸侯之衆與戰，何戰不服？以此諸侯攻城，何城不克？」屈完又對説：「君若以德懷諸侯，誰敢不服？若以力制之，則我楚國方城〔二〕，漢水以爲池，雖衆，無所用之！」於是桓公禮屈完，俾與諸侯盟于召陵而退。孔子作春秋書曰「楚屈完來盟于師」，楚大夫至此始書其名氏。而曰「來盟」，嘉楚之能服義也；又曰「盟于召陵」，序桓公攘夷之功也。於此見齊兵雖强，桓公能以律用之而不暴；楚人已服，桓公能以禮下之而不驕，庶幾王者之師。故春秋之盟，於斯爲盛。

臣嘗因是考之，桓公所以讋楚之强而不敢肆於中國者，大抵皆管仲之功。蓋管仲相齊，必先養民而使之富强，訓兵而使之知義，待其可動，然後佐桓公率諸侯，正楚之罪而伐之，果能使楚君臣震懼，請盟之不暇，桓公乃退舍而許其成，不肯黷兵血刃以輕用民命如此。孔子所謂「一匡天下，民到于今受其賜」，豈非桓公相管仲、脩内攘外之明效歟！惜乎管仲不知聖賢大學之道，其相桓公僅能攘楚而正其不貢之罪，終不能使桓公不擅天子征伐之權，爲罪之魁，故孔子又譏其器之小，而曾西鄙其功烈之卑也。然較之漢、唐以來，有相其君而虚内攻外以不恤人之家國者，則又管仲之罪人矣。伏惟皇上聖學高明，廟謨宏遠，味孔子作春秋之旨，念外攘因内治之修，愛養黔黎，振揚威武，則九土歸心，樂盛世熙熙之化，四夷稽首，仰皇明赫赫之威，天下臣民，不勝慶幸！

通鑑綱目一

以張釋之爲廷尉。

這是通鑑綱目紀漢文帝命刑官得人的事。張釋之是文帝之臣。「廷尉」是理刑之官，所掌的事即是如今三法司事。古時法制簡略，止設廷尉一官，專一理刑。初張釋之爲謁者僕射官，隨侍文帝幸上林苑，文帝問上林尉所養的禽獸如何，尉不能對，有嗇夫小官替上林尉答應甚詳，文帝喜他有口才，命釋之傳旨陞爲上林令。釋之不肯，因問帝說：「高祖時大臣有周勃、張相如，這兩箇是何如人？」文帝說：「是有德行的長者。」釋之說：「他兩人每奏事時，全似不會說話的一般，何曾效嗇夫這等喋喋利口？且秦用刀筆吏，務刻薄，逞口辨，專求人罪過，無惻隱之實，以致人君全不聞自己的過惡，遂受亡國之禍。如今又以利口陞官，臣恐天下做效成風，不可不慎。」文帝以釋之説的是，寢旨不行，命釋之爲公車令，又拜中大夫，遂進拜廷尉，使平天下的刑獄。

一日文帝過中渭橋，有一人橋下走，驚了文帝所乘的馬，捕送廷尉問，釋之奏犯驚者當罰贖，文帝怒，不從，欲重其罪。釋之說：「法須要合天下之公，不可太過，也不可不及。廷尉之官，專持天下之平，若不當重的擬他重罪，是用法不信於民。若用法不信，以喜怒爲重輕，則民將無所措手足，如何使得？」文帝思其言良久，乃喜從其奏。後又有賊偷了高祖廟中玉環，釋之奏當死罪，文帝又大怒，說：「賊偷了先帝廟中之器，吾欲誅他一族，今尔所奏止誅一人，非吾所以敬宗廟之意！」釋之免冠謝罪，說：「朝廷法度止當如此。今偷了宗廟之器便誅一族，假如愚民取長陵一抔土，又把何等法去罪他？」文帝怒解，也從其所奏。蓋釋之爲廷尉，惟知朝廷之法當合公道，不隨人主的喜怒，故天下號無冤民，可謂能盡刑官之職矣。宋儒朱子特於綱目通鑑大舉其綱，備書其事。一以見文帝能任用忠厚之人，爲漢令主；一以見釋之能輔成寬仁之治，爲漢良臣。故其書法褒美如此。

臣謹按：刑者，輔治之具，帝王不得已而用之。然其用，實皆出於天討有罪，亦非帝王所得私者。考之於書，虞舜命皋陶則云「期于予治，刑期于無刑」；武王用蘇公，則周公稱其「式敬尔由獄，以長我王國」。二君能委任得人，故下服民心，上合天道，虞、周之治，有雍熙泰和之盛，良以此耳。洪惟我朝太祖高皇帝以仁易暴而有天下，既於大明律定一代之制，通人法兼用之宜，又於皇明祖訓禁法外之刑，爲祈天永命之本，誠可以垂諸萬世而不易者。仰惟皇上嗣統以來，並示恩威，恪遵成憲。寬恤之語〔三〕，不以疎遠而或遺；放殛之刑，不以僥倖而獲免〔四〕。罷貪殘之選，雪正直之誣。不必張釋之詳讞而有文帝之寬仁，不必張釋之廷諍而有文帝之明見。民心悦服，朝政清明，固有非前代可及者矣。尤願皇上念民命之重，戒司刑之官，刑一人也必體上天好生之心，議一刑也必合天下至公之論，繼虞、周君臣致治之美而陋文帝庶幾刑措之風，宗社幸甚！天下幸甚！

三

詔議貢舉法。

這是通鑑綱目紀漢孝章皇帝詔百官計議薦舉人才的事，在元和元年夏六月。當此時，上書陳言的人多說：各處郡國薦舉人才，都不考他功行優劣，所以在任的官都懈怠不謹，所理的事多廢弛不振。於是孝章皇帝乃下詔百官會議。時廷臣韋彪上書説：「國家以簡用賢才爲務，賢才當以孝行爲首，故求忠臣必於孝子之門。且人的才行少能兼備，孔子有言：『孟公綽爲趙、魏老則優，不可以爲滕、薛大夫。』人才難得，從古已然。彼忠孝之人持心重厚，嚴酷之人持心刻薄。人君任官，當揀擇有才有行的人，不可專用勳舊子弟。然其要尤在選任二千石的官。凡郡守之類歲食禄二千石的，皆得薦舉人才，若二千石的官得其人，則他所薦舉的無不得其人矣。」韋彪又上書説：「天下的政務機要，全在尚書之職。近者缺人，多於郎官内擢用，雖能曉習法律、長於應對，然不過以小聰明爲事，多無真才實德。昔文帝聽張釋之言，不用嗇夫利口小人而深念周勃重厚少文、有社稷之功，宜以爲法。」孝章皇帝覽韋彪之言，悉嘉納之。宋儒朱子於通鑑特書「詔議貢舉法」于綱，詳著韋彪之言于目，以見章帝能納善以求才爲重，可謂知爲治之本矣。

臣惟自古人君莫不由於用賢才而致治，亦莫不由於用非才而致亂。若唐、虞、三代盛時，則有一輩致治之臣，專一引薦君子以匡不逮；若三代以後衰世，則有一輩致亂之臣，專一引薦小人以固寵禄。蓋人才之賢否繫國家之治亂，考之經訓，鑒戒昭然。若漢章帝下明詔以袪薦舉之弊，聞讜言而得薦舉之要，一時願治之君，亦可謂難得矣。然臣嘗反覆韋彪之言，其説有三：一則欲薦舉人才先德行而後才智，一則欲郡守稱職以清薦舉之流于外，一則欲尚書得人以正薦舉之本于内。此三説者，真是名言。蓋非獨可行于一時，雖萬世可也。伏惟皇上鑒帝王圖治之難，體祖宗傳緒之重，用人之際，或博採公論，或簡在聖心，舉錯一行，士風丕變。倘有取於章帝納善求才之事，三復其説，議貢舉之法，杜倖進之門，務求才行兼備之人以成内外無疆之治，則唐、虞、三代之盛在今日矣！伏乞聖明留意。

校勘記

〔一〕位事惟能　「位」，原作「莅」，據篁墩程先生文粹卷一改，後文注釋同。

〔二〕則我楚國方城　「城」下，四庫本有「以爲城」三字。

〔三〕寬恤之語　「語」，四庫本作「詔」。

〔四〕不以僥倖而獲免　「以」，原作「免」，據篁墩程先生文粹卷一改。

篁墩程先生文集卷九

制策

皇帝制曰：「朕惟古昔帝王之爲治也，其道亦多端矣，然而有綱焉、有目焉，必大綱正而萬目舉可也。若唐、虞之治，大綱固無不正矣，不知萬目亦盡舉歟？三代之隆，其法寖備，宜乎大綱正而萬目舉也，可歷指其實而言歟？説者謂漢大綱正，唐萬目舉，宋大綱亦正、萬目未盡舉，不知未正者何綱？未舉者何目？與已正、已舉之綱目，可得而悉言歟？我祖宗之爲治也，大綱無不正，萬目無不舉，固無異於古昔帝王之治矣，亦可得而詳言歟？朕嗣承大統，夙夜惓惓，惟欲正大綱而舉萬目。使人倫明於上，風俗厚於下。百姓富庶而無失所之憂，四夷賓服而無梗化之患。薄海内外，熙然泰和。可以增光祖宗，可以匹休帝王。果何行而可？必有其要。諸士子學以待用，其於古今治道講之熟矣。請明著于篇，毋泛、毋略，朕將親覽焉。」

第一甲第二名程敏政臣對：

臣聞中庸曰：「凡爲天下國家有九經，所以行之者，一也。」蓋一者，誠也。以之修身，則可以正天下之大綱；以之爲治，則可以舉天下之萬目。堯、舜之所以帝，禹、湯、文、武之所以王者，純乎此而已。大哉，誠乎！原於天、性於人，亘萬古而不息，放四海而皆準。人倫舍是則無自而明，風俗舍是則無自而厚，養民舍是則無所恃而臻於富庶，御夷舍是則無所恃而致其咸賓。蓋天下之理雖衆，求其操之約、制之廣，莫有過於誠之一言者，其可視爲迂闊不急之談而別求新奇可喜之論哉？

伏惟皇帝陛下嗣大歷服以來，歲一週矣。賤貨貴德，思存此誠而不雜；制治保邦，思守此誠而不踰。内焉聖母太后日夕化導之切，外焉執政大臣左右輔弼之勤。所以登三邁五、光前裕後者，殆基於此矣。然猶體道謙冲，不自滿假，念太祖創業之艱難、列聖守成之不易，首進臣等于廷，詢以治道，欲以匹休往聖、增光祖宗。其圖治之心，可爲健矣。然切思之，開茂科策多士，祖宗以來，相承既久，未知今日陛下之意，姑以遵累朝之舊典、備他日之故事而已邪？抑真欲周詢衆論、博盡群情以冀萬分之助也？臣誠愚昧，不知所出。然幼學壯行之志，得於聖經賢傳之間者，敢不精白一心、傾竭底蘊以稱淵衷、塞明詔？

臣聞治天下有本焉，大綱是也；有末焉，萬目是也。大綱不正則治道有未純，萬目不舉則治法有未備。然大綱之或正或否，萬目之或舉或遺，則係於人君此心之誠何如耳。

臣嘗觀於唐、虞之際，欽明文思，允執厥中，濬哲文明，允迪厥德，堯、舜之德，同一誠也。故惇叙九族，藹然公族之親；釐降二女，肅然閨門之禮。內承頑父，秉夔夔之誠；外撫傲弟，盡烝烝之乂。其大綱之正，如泰山磐石之根固，其勢尊安而不可摇也。於是乎近有百揆、四岳丞弼於內，遠有州牧、侯伯承宣於外。命羲、和以典曆象，而敬天勤民之事舉；命夷、夔以典禮樂，而化民成俗之道明。庶政咸熙，府事允治，則萬目亦無有不舉者焉。

臣嘗觀於三代之時，惟日孜孜，大德是懋；小心翼翼，細行亦矜。禹、湯、文、武，同一誠也。故彝倫攸叙，文命敷于四海；人紀肇脩，帝命式于九圍。后妃有關雎窈窕之德，公族有麟趾信厚之風。其大綱之正，如長河大川之源深，其流演迤而不可窮也。於是乎有典則以貽子孫，而鈞石之度無不具；制官刑以警有位，而風愆之戒爲甚嚴。六典八法之制，無一不備；五禮六樂之法，無一不周。則萬目亦無有不舉者焉。蓋二帝、三王之德純乎誠，故能正大綱、舉萬目，致雍熙泰和之治，卓乎非後世之所能及矣。

漢之高帝喪義帝，則君臣之義明；尊太公，則父子之倫正。封同姓以連城，非私也，所以惇周親；祀孔子以大牢，非過也，所以崇聖道。其大綱之正，亦可美也。然制禮頗襲於秦，而用之朝廷者乃綿蕞之儀；作樂不稽於古，而奏之郊廟者乃趙、代之謳。定律令而八刑糾民之法隳，申軍法而九伐正邦之意泯。建官無制，太尉、御史位乃參於三公；養民無法，閭右强宗田或連夫阡陌。是以世代相承，德化不純，而萬目未舉也。其所以未舉者，未究夫誠之用而雜於霸者〔一〕。

唐之太宗定府兵之制而農無養兵之費，立世業之法而下無兼并之患。以租庸任民則農有定業，以職事任官則官無虚名。其萬目之舉，亦可嘉也。然脅父以起兵則君臣之義睽，迫父以傳位則父子之道缺，蹀血宫門則兄弟之情薄，麀聚後庭則夫婦之倫亂。以王姬之貴下嫁夷虜之酋，是伉儷非偶也；以天子之尊下襲「可汗」之號，是華夷無别也。是以子孫相繼，慚德爲多，而大綱未正也。其所以未正者，未悉夫誠之本而雜於夷耳。

宋祖開基，仁義立國，遵慈訓而不違金匱之盟，可見其孝；愛晉王而卒授神器之重，可見其友。家法之正，而宫闈之醜未聞也；傳授最明，而迫奪之禍無有也。洞開諸門，悟君心之當正，蓋有契乎正心之學；偶讀二典，嘆法網之太密，蓋有得乎敬刑之旨。然宋之大綱若無愧於三代，而法制反有歉於漢、唐。以詩賦記誦求士，無學校養成之法；以科名資歷叙位，無官司課試之方。選宿衛則不能變五代姑息羈縻之俗，教宗室則無以合先王親疏隆殺之宜〔二〕。國用病於空虚，兵威患於不振。其萬目未盡舉者，豈非以其徒事彌文而未得夫誠之説乎！

雖然，漢、宋大綱雖云正矣，然因寵而啓人彘之禍，因争而有廢后之失，亦烏能深究夫誠之本而大綱豈盡正邪？唐之萬目雖云舉矣，然禮樂議而不能興，封建講而不能行，亦烏能真悉夫誠之用而萬目豈盡舉邪？是則漢之雜王以霸，唐之居夏用夷，宋之文浮於實，其君德僅止於小成，治效不逮於隆古者，豈有他哉？誠與僞之間耳。

洪惟我太祖高皇帝勇智之資，克配成湯；寬仁之度，遠過漢祖。取土宇於群盜攘敓之際，復人紀于胡元昏操之餘。追帝先世，則武王尊親之孝也；封建諸王，則帝堯睦族之仁也。立學校以明人倫，正祀典以絶誣妄。后妃不得與政，戚畹不得秉權。其大綱正矣。置屯設守則内外相承，列爵建官則體統不紊。律令有定條而人易於遵守，田賦有定制而民便於轉輸。朝覲會同之禮，粲粲乎成周之大典；黜陟考課之法，鑿鑿乎隆古之弘規。其萬目舉矣。然考夫聖德之所臻，治效之所極，真有合乎二帝、三王立誠達本之旨，故能正大綱而舉萬目若是其盛且久也。繼是以來，太宗文皇帝、仁宗昭皇帝之茂衍洪圖，宣宗章皇帝、英宗睿皇帝之丕承駿烈，所以超漢、唐，軼有宋，而追踪於唐、虞、三代者，一皆守我太祖高皇帝之家法而莫敢違焉。

仰惟陛下即位之初，隆大孝於兩宫，篤至仁於九族，御經筵以緝熙聖學，親政務以延攬英才，誠有志於大綱正、萬目舉矣。且儒道所以明人倫也，陛下幸太學以重儒道，則人倫宜無不明；教化所以厚風俗也，陛下建皇極以敦教化，則風俗宜無不厚。親耕籍田而下寬租之令，頻發内帑而施賑貸之恩，宜乎百姓富庶無失所之憂也；講武練卒屢有戒嚴之詔，出師命將務收奏凱之功，宜乎四夷賓服無梗化之患也。然而人倫尚未盡明，風俗尚未盡厚，生民猶有啼飢號寒之苦，四夷猶有乘機犯順之虞者，豈陛下之誠有未盡歟？臣請爲陛下言之。

人倫之不明，由學政之廢弛也。今雖有董學之官，而食廪縻禄，坐待他遷；雖有司教之職，而倖進苟就，無復自振。以致爲士者視合污爲常情，詆好脩爲要譽，天下茫然不知儒道之可遵。陛下誠能使方行端言之士任興學之責，遴選國學之生以清其本，嚴考郡縣之貢以塞其流，大掃夙昔之因仍，明示天下之趨向，則人將知耻好義，而人倫豈有不明者哉？

風俗之不厚，由士習之不正也。且苞苴往來者進用，而無書抵政府者或至於擯斥；左右先容者登庸，而同巷不求見者或至於罷歸。以致士夫之間，正色自持者見疎，諛言取悦者得志，天下靡然不知名節之可重。陛下誠能使正直剛明之人首銓曹之任，精揀候銓之庸人勿持姑息，嚴察外任之不職勿事模稜，杜僥倖之門，重奔競之罰，則人將斂華就實，而風俗焉有不厚者哉？

民不可以不安，而安之則係於守令也。今之守令，非國學因仍之徒，即銓曹陸沉之士，跡其平時不遂之心而肆其今日可爲之勢，以巧取民財爲良圖，以期會簿書爲能事，如是而求百姓無失所之憂，未之有也。臣願陛下復十科薦士之法，勿專其柄于銓曹；舉八柄馭臣之制，勿限其職于資格。著循良之勣者特褒，犯貪污之罪者連坐，將見守令皆賢才，而百姓不難于富庶矣。

夷不可以不攘，而攘之則係於將帥也。今之將帥，非勳戚之家即蔭襲之子，以科斂侵牟爲職業，以蒐閲訓練爲忌諱。閑居則夤緣以進，事敗則世禄猶存。如是而望四夷無梗化之虞，未之有也。臣願陛下儒生可將，即授之兵柄而勿以儒生拘；行伍可用，即任以閫寄而勿以行伍限。有功即賞，不以疎遠而或遺；有罪則黜，不以親貴而幸免。將見將臣皆良士，而四夷不難於賓服矣。

然此數者，惟視陛下此心之誠何如耳。然欲求心之誠，非力於帝王之學不可。夫格物致知所以明此誠也，誠意正心所以體此誠也。淫聲美色足以蕩此誠，臣願陛下斥聲色而不邇；瓊宫瑶臺足以移此誠，臣願陛下罷土木而勿營。馳騁弋獵迷此誠之鴆毒也，臣願陛下戒游田；珍禽奇獸害此誠之稂莠也，臣願陛下謹好尚。忠鯁之言，陛下勿以逆心而拒之，所以保此誠也； 諂諛之說，陛下勿以順志而從之，恐其間此誠也。 孰之於講授之間，嚴之於對越之頃，養之於虛靜之中，存之於紛擾之際。 以是而脩身，以是而爲治，大綱奚患其不正？萬目奚患其不舉？ 由是增光祖宗，匹休前聖，海宇內外，春風泰和。 而重華之德、丕承之功，不在舜、武而在陛下矣。

陛下之策臣者，臣既條陳于上。 然臣於終篇，復有獻焉。 欲陛下正心以立天下之大本，使此誠堅於內； 獨斷以收天下之大拳，使此誠著於外。 兩者兼盡，內外交脩，而大綱之正、萬目之舉，皆不能外陛下意向之所如矣。 古之人君其於此心或不自正，則必有異端之徒進其前而誘之者，故大學謂正心然後身修、家齊、國治、天下平，而董子曰人君「正心以正朝廷」，則四方、遠近「莫敢不一於正」。 臣願陛下敬以直內，念此心之不可放而操之，使由學問思辨而篤於行，則視聽言動莫非天理，而外欲不能奪矣。 古之人君，其於此拳或不自收，則必有近習之臣睨其旁而竊之者。 故洪範謂「惟辟作福、作威」，而孔子曰「天下有道，禮樂征伐自天子出」。 臣願陛下義以方外，念此拳之不可移而收之，使由形著動變而底於化，則慶賞刑罰一出至公，而邪氣不能干矣。 夫如是，則大綱自正，萬目自舉，聖德之體全，聖智之用周。 彼端居玄默以求所謂正心、侵官自用以求所謂獨斷者，其何足以與於斯？是則誠之一字，固聖德之始終； 而正心、獨斷二者，尤聖治之切要。 蓋敬義夾持，直上達天德自此，而天德則誠矣，此臣所以繁其辭而不殺，爲陛下極言之。

雖然，孟子謂「不誠未有能動者」，而程子謂「一有不誠，則九者皆虚文」，則夫欲求天下之治以正大綱而舉萬目者，舍是將何所致其力哉？臣學不足以稽古，才不足以應變，然所言必本於道，不敢肆爲淺近之説；所陳必切於事，不敢過爲矯激之談。惟陛下留聽而採納焉。幸甚。臣謹對。

校勘記

〔一〕未究夫誠之用而雜於霸者　「者」，四庫本作「耳」。

〔二〕教宗室則無以合先王親疎隆殺之宜　「王」，原作「生」，據四庫本改。

篁墩程先生文集卷十

奏議　表　策問

奏乞省親

左春坊左諭德臣程敏政謹奏爲陳情乞恩省親事：

臣原籍直隸徽州府休寧縣人，直隸瀋陽中屯衛官籍，由進士除授翰林院編修，歷陞前職。竊思有父信，原任南京兵部尚書兼大理寺卿，并母林氏，俱在原籍居住。臣自授官到今一十三年，一向爲因纂修史書、經筵進講并隨侍東宫殿下講讀，不敢言私，又無在外公差得以便道回還省視。不意今年七月初六日，有弟敏行在家侍養，因身故。臣父母俱年六十之上，忽遭此變，必難堪處。爲此披瀝衷情，仰瀆天聽。伏望皇上憫臣哀懇，容臣給假回還，少盡父子兄弟之義。省慰畢日，依限前來供職，以圖補報。則臣舉家生死，無任感戴聖恩之至。具本親賚，謹具奏聞，伏候敕旨。成化十四年十月十八日左春坊左諭德臣程敏政。

本月二十日該通政司官於奉天門奏奉聖旨：「准他去。給與脚力，着上緊來。該衙門知道。欽此。」

奏乞終制

守制太常寺卿兼翰林院侍講學士臣程敏政奏爲乞恩終制事：

弘治十年五月二十四日，有臣本府官奉巡撫官劄付該吏部咨開内閣大臣因纂修書籍，奏准起復臣爲副總裁官，催臣起程者。臣聞命驚惕不遑，即時望闕謝恩訖。伏念臣自前歲有母之喪，荷蒙皇上諭祭賜葬，給驛還鄉，天地之恩，無階上報，況兹纂修書籍，正臣職業。但臣服制未闋，哀疚之中，莫由自效。伏望皇上矜憫，許臣終制前來供職。總裁之副，非臣敢當；分館所修，願竭駑鈍。臣無任隕越待罪之至，具本專令家人親賚具奏聞，伏候敕旨。

奏考正祀典

詹事府少詹事兼翰林院侍講學士臣程敏政謹奏爲考正祀典事：

臣聞古聖王之治天下，必以祀典爲重，所以崇德、報功而垂世教、淑人心也。故有功德于一時者，一時祀之，更代則已；有功德于一方者，一方祀之，踰境則已。然猶欲以勸一時、範一方而不敢輕議焉，況先師孔子有功德于天下、于萬世，天下祀之，萬世祀之，則其廟庭之間侑食之人，豈可苟焉而已？必得文與行兼，名與實副，有功于聖門而無疵于公議者，庶足以稱崇德、報功之意。若侑食者非其人，則豈惟先師臨之神不顧歆，將使典模範者莫知所教，爲弟子者莫知所學，世教不明，人心不淑，通于天下而施及後世，其爲關繫，豈特一時、一方之可比哉？

邇者言官欲出文廟從祀諸賢之有罪者，詔禮部集議。臣愚亦在預議之列，疑其所言尚有未盡，而議者相持，憚于改作。臣考之於書，揆之於心，不敢妄爲異同，謹畫一條陳，上瀆聖覽。伏乞皇上丕顯文謨，主張斯道，仍下禮部通行集議，采而行之，一洗前代相習之陋，永爲百世可遵之典，使世教有興起之益，人心得趨向之公，其於治道，未爲無補。謹具奏聞。

一、唐貞觀二十一年始以左丘明等二十二人從祀孔子廟庭〔一〕。蓋當是時聖學不明，議者無識，拘于舊注疏，謂釋奠先師如詩有毛公、禮有高堂生、書有伏生之類，遂以專門訓詁之學爲得聖道之傳，而并及馬融等，行之至今，誠不可不考其行之得失與義之可否，而釐正于大明有道之世也。臣考歷代正史：馬融初應鄧隲之召爲秘書，歷官南郡太守，以貪濁免官，髠徙朔方，自刺不殊；又不拘儒者之節，前授生徒，後列女樂；爲梁冀草奏，殺忠臣李固，作西第頌以美冀，爲正直所羞。即是觀之，則衆醜備于一身，五經爲之掃地，後世乃以其空言目爲經師，使侑坐于孔子之庭，臣不知其何説也！劉向初以獻賦進，喜誦神仙方術，嘗上言黄金可成，鑄作不驗，下吏當死，其兄陽城侯救之獲免。所著洪範五行傳，最爲舛駁，使箕子經世之微言，流爲陰陽術家之小技。賈逵以獻頌爲郎，不修小節，專一附會圖讖，以致貴顯，蓋左道亂政之人也。王弼與何晏倡爲清談，所注易專祖老、莊。而范甯追究晉室之亂，以爲王、何之罪深于桀、紂。何休則止有春秋訓詁一書，黜周王魯，又注風角等書，班之于孝經、論語，蓋異端邪説之流也。戴聖爲九江太守，治行多不法，懼何武，劾之而自免，後爲博士，毁武于朝，及子賓客爲盜繫獄，而武平心決之，得不死，則又造謝不慚。先儒謂聖禮家之宗，而身爲臧吏、子爲賊徒，可爲世鑒。王肅在魏以女適司馬昭，當是時，昭篡魏之勢已成〔二〕，肅爲世臣，封蘭陵侯，官至中領軍，乃坐觀成敗，及毋丘儉、文欽起兵討賊，肅又爲司馬師畫策以濟其惡，若好人佞己，乃其過之小者。杜預所著，亦止有左氏經傳集解，其大節益無可稱，如守襄陽則數饋遺洛中貴要，給人曰「懼其爲害耳，非以求益也」，伐吳之際，因斫瘿之譏，盡殺江陵之人，以吏則不廉，以將則不義。凡此諸人，其於名教得罪非小。而議者謂能守其遺經轉相授受以待後之學者，不爲無功，臣竊以爲不然。夫守其遺經若左丘明、公羊高、穀梁赤之於春秋，伏勝、孔安國之於書，毛萇之於詩，高堂生之於儀禮，后蒼之於禮記，杜子春之於周禮，可以當之。蓋秦火之後，惟易以卜筮僅存，而餘經非此九人，則幾乎熄矣。此其功之不可泯者。以之從祀，可也。若融等，又不過訓詁此九人所傳者耳。況其書行于唐，故唐姑以備經師之數祀之。今當理學大明之後，易用程、朱，詩用朱子，書用蔡氏，春秋用胡氏，又何取於漢、魏以來駁而不正之人，使安享天下之祀哉？夫所以祀之者，非徒使學者誦其詩、讀其書，亦將識其人而使之尚友也。臣恐學者習其訓詁之文，於身心未必有補；而考其奸諂淫邪、貪墨怪妄之迹，將自甘于效尤之地，曰先賢亦若此哉，其禍儒害道將有不可勝言者矣。至於鄭衆、盧植、鄭玄、服虔、范甯五人，雖若無過，然其所行亦未能以窺聖門，所著亦未能以發聖學。若五人者得預從祀，則漢、唐以來當預者尚多。臣愚乞將戴聖、劉向、賈逵、馬融、何休、王肅、王弼、杜預八人褫爵罷祀；鄭衆、盧植、鄭玄、服虔、范甯五人各祀于其鄉；后蒼在漢初説禮數萬言，號后氏曲臺記，戴聖等皆受其業，蓋今禮記之書，非后氏則不復傳于世矣，乞加封爵，與左丘明等一體從祀。則僞儒免欺世之名，賢者受專門之祀，而情文兩得矣。

一、孔子弟子見于家語，自顔回而下七十六人。家語之書，出于孔氏，當得其實。而司馬遷史記所載多公伯寮、秦冉、顔何三人，文翁成都廟壁所畫又多蘧瑗、林放、申棖三人。先儒謂後人以所見增益，殆未可據。臣考宋邢昺論語注疏：申棖，孔子弟子，在家語作申續，史記作申黨，其實一人也。今廟庭從祀，申棖封文登侯，在東廡，申黨封淄川侯，在西廡，重複無稽，一至於此。且公伯寮愬子路以沮孔子，乃聖門之蟊螣。而孔子稱瑗爲夫子，決非及門之士。林放雖嘗問禮，然家語、史記、邢昺注疏、朱子集注俱不載諸弟子之列。秦冉、顔何疑亦爲字畫相近之誤，如申棖、申黨者，但不可考耳。臣愚以爲申棖、申黨位號宜存其一，公伯寮、秦冉、顔何、蘧瑗、林放五人既不載于家語七十子之數，宜罷其祀。若瑗、放二人不可無祀，則乞祀瑗于衛，祀放于魯，或附祭于本處鄉賢祠，仍其舊爵，以見優崇賢者之意，亦庶乎其名實相符而不舛于禮也。

一、洪武二十九年行人司司副楊砥建議請黜楊雄、進董仲舒，太祖高皇帝嘉納其言而行之，主張斯道，以淑人心，可謂大矣。然荀況、楊雄，實相伯仲，而況以性爲惡，以禮爲僞，以子思、孟子爲亂天下，以子張、子夏、子游爲賤儒。故程子有荀卿過多、楊雄過少之説。

今言者欲并黜況之祀，宜也。然臣竊以爲漢儒莫若董仲舒，唐儒莫若韓愈，而尚有可議者一人，文中子王通是也。通之言行，先儒之論已多，大約以爲僭經而不得比于董、韓云爾。臣請斷之以程、朱之説。程子曰：王通，「隱德君子也」，「論其粹處，殆非荀、楊所及，若續經之類，皆非其作」。然則程子豈私于通哉？正因其言之粹者而知其非僭經之人耳。朱子曰：文中子「論治體處，高似仲舒，而本領不及，爽似仲舒，而純不及」。又曰：韓子原道諸篇，若非通所及者，然終不免文士之習、利達之求，「若覽觀古今之變、措諸事業」，恐未若通之精到懇惻而有條理也。至於河、汾師道之立，出于魏、晉佛老之餘，迨今人以爲盛，則通固豪傑之士也。今董、韓並列從祀而通不預，疑爲闕典。

臣又按：宋儒自周子以下九人同列從祀，而尚有可議者一人，安定胡瑗是也。瑗之言行，先儒之論已詳，大約以爲少述著而不得比於于濂、洛云爾。臣亦請斷之以程、朱之説。程子看詳學制曰：宜建尊賢堂，以延天下道德之士如胡瑗、張載、邵雍，使學者得以矜式。朱子小學書亦備載瑗事，以爲百世之法。臣以爲自秦、漢以來，師道之立，未有過瑗者。矧程子於瑗之生也欲致其與張、邵並居于尊賢之堂，其没也乃不得與張、邵並侑于宣聖之廟，其爲闕典，或有甚矣〔三〕！況宋端平二年議增十賢從祀，以瑗爲首，若以謂瑗無著述之功，則元之許衡亦無著述，但其身教之懿與瑗相望，誠有不可偏廢者。臣考之禮：有道、有德于教、于學者，死則爲樂祖，「祭于瞽宗」；鄉先生歿，則祭于社。若通、瑗兩人之師道，百世如新，得加封爵，使與衡同列祀于學宫，最得禮意。

一、自唐、宋以來，以顔子、曾子、子思、孟子配享坐堂上，而顔子之父顔無繇、曾子之父曾點、子思之父孔鯉皆坐廡下。臣考之禮：子雖齊聖，不先父食。而三代之學，皆所以明人倫也，夫孔子之所以爲教與諸弟子之所以爲學者，不過明此而已。今乃使子坐于上、父坐于下，豈禮也哉？若以爲此乃論傳道之功，則自古及今，未有外人倫而言道者。縱出于後世之尊崇，非諸賢之本意，臣恐諸賢於冥冥之中，必有不安于心而不敢享非禮之祀者。臣考之元至順三年嘗封顔無繇爲杞國公，謚文裕，孟子之父孟孫氏亦嘗封邾國公。臣愚乞下有司，於各處廟學如鄉賢祠之制别立一祠，中祀啓聖王，以杞國公顔無繇、萊蕪侯曾點、泗水侯孔鯉、邾國公孟孫氏配享，庶不失以禮尊奉聖賢之意。臣又竊觀聖學失傳千五百年，至程、朱出而後孟氏之統始續，則程、朱之先亦不可缺。况程子之父太中大夫封永年伯程珦，首識濂溪周子于屬掾之中，薦以自代，而又使二子從游。朱子之父韋齋先生追謚獻靖公朱松，臨没之時以朱子託其友籍溪胡氏，而得程氏之學。珦以不附王安石新法退居于洛，松以不附秦檜和議奉祠于閩，其歷官行己俱有稱述。臣愚乞將永年伯程珦、獻靖公朱松從祀啓聖王，使學者知道學之傳有開必先，明倫之義不爲虚文矣。

弘治元年八月初三日奉聖旨：「這本禮部照例會官議。欽此。」

龜山先生從祀議

翰林院爲崇祀典以重道學事，該禮部手本開送國子監博士楊廷用奏前事，要將宋儒龜山楊時定議從祀孔子廟庭。查得成化元年浙江紹興府知府彭誼亦要將楊時從祀，及福建將樂縣歲貢生員何昇亦奏前事，内稱宋儒朱熹、張栻，元儒許衡、吴澄俱以有功聖門得預從祀，而楊時獨不得預〔四〕。近年南京國子監祭酒謝鐸亦以爲言。可見後學之心，皆有未安。已經行移翰林院議擬定奪外，合仍照例用手本行請本院查照議擬，徑自具奏等。

因謹按：諸儒從祀于孔門者，非有功于斯道不可。然道非後學所易知也，要必取證于大儒之説，斯可以合人心之公。竊考程氏遺書及朱子伊洛淵源録所載龜山楊氏行狀、墓誌等文，俱稱其造養深遠，踐履純固，温然無疾言遽色，與明道程子相似。方其學成而歸，程子目送之曰：「吾道南矣！」然則是道也，豈易言哉？自兩程子嗣孔、孟不傳之統，及門之士得以道見許者，龜山一人而已。蓋龜山一傳爲豫章羅氏，再傳爲延平李氏，以授朱子，號爲正宗。文定胡氏親承指授而春秋之傳作，南軒張氏上泝淵源而太極之義闡。心學所漸，悉本伊、洛，使天下之人曉然知虚寂之非道、訓詁之非學、詞華之非藝，則龜山傳道之功不可誣矣。

崇、宣之世，京、黼柄國，躋王安石于配享，位次孟子，而頒其新經以取士。士尊安石爲聖人，不復知有孔子；誦新經爲聖言，不復知有古訓。僭聖叛經，凡數十年。龜山入朝，首請黜其配享，不令廁宣聖之廟庭；廢其新經，不令蠹學者之心術。又請罷綱運以收人心，斥和議以張國勢，竄權臣以正邦憲，培主德以崇治本。竑議讜言雖不盡用，然使天下之人知邪説之當息、詖行之當距、淫辭之當放，則龜山衛道之功亦不可掩。

或有疑其出處之際而少其著述之功，則亦有可言者。朱子謂龜山之出，惟胡文定公之言最公，曰「當時若聽用，決須救得一半」；而文定亦曰：「蔡氏焉能浼之？」然則以出處見疑者，未考之過也。龜山值洛學黨禁之餘，指示學者以大本所在，體驗之功，轉相授受，而朱子得聞其指訣，則見于何鎬之書；朱子於理一分殊之論，稱其年高德盛而所見益精，則見于西銘之跋。要之，無龜山則無朱子。而龜山之道，非知德者殆未可輕議。然則以著述見少者，亦未考之過也。

又按元史：至正二十一年，因杭州路照磨胡瑜建言，已將龜山與延平李氏、文定胡氏、九峰蔡氏、西山真氏俱加封爵、列從祀，以世變不及徧行天下。此殆近于禮所謂「有其舉之莫敢廢」者。然則親講于龜山若文定、私淑于龜山若朱、張咸在侑食；而近私淑于朱子若蔡、真，遠私淑于朱子若許、吴亦在侑食；獨其師有傳道衛道之功，可以繼往開來、抑邪與正者反不預焉，揆之人心，誠爲闕典。考大儒之定論，參前代之故實，伸弟子從師之義，慰後學向道之心，以龜山躋于從祀，宜合公言。謹議。

擬武成王廟配享名將議

臣竊觀先王制禮五而軍處其一，置卿六而司馬掌邦政、統六師、平邦國，不聞别有所謂將帥與六卿鈞禮者。蓋當其時，田以井授，士有專業。兵之出于農者，非孝弟力田之人，則庠序教養之士也；將之見于用者，非里閭族黨之師，則公卿大夫之選也。文事武備，實相爲用，豈有二道哉？自周之衰，諸侯暴横，井田既廢，兵農遂分。著書者以權詐相矜，謀國者以首功相尚，所謂名將者，大抵多從衡捭闔之徒，或盜賊裔戎之傑，而先王之軍禮師制蕩然盡矣。

唐之中世，詔立武成王廟，以尊禮太公；取歷代之號名將者而侑食焉，比于孔子。宋、元因之，則既已失文武一道之義。至其所取者，又皆秦、漢以來匹夫之勇、一時之功，比類觀之，猥雜殊甚。雖嘗一再更定，而狃於世所習稱之人，卒無以致去取之當也。夫太公奮鷹揚之勇以誅紂，陳丹書之訓以戒君，所謂經天緯地之文、戡定禍亂之武，實兼有之，誠聖王之上佐、三代之仁人，與周公、召公相爲伯仲者也。顧其侑食一堂之上者，乃如彼其猥雜，尚父有靈，其恥與之相處也審矣。

齋居暇日，盡取歷代史傳，考其人之出處，別加訂定。其大意，則取其身兼將相、才具文武、内行淳備、經術通明、識君臣之義、達去就之理、有翊運佐王之勳、有匡時贊治之略、有足兵裕國之能、有危身徇主之節、有靖亂復辟之功、有綏遠攘外之績者，共得若干人。雖其所行未能盡合聖軌、上比孔庭，然亦足以範櫜鞬之士，當俎豆之選。凡秦、漢以來，沾沾以舞智爲奇、悻悻以鬪力爲勇、乘時徼利、不恥不忠、生事取功、不畏不義者，悉加刊削。庶幾爲學者有以知親上死長之義，爲邦者可以施勝殘去殺之教，先王之軍禮可復，大司馬之職任可舉，而仁義之將、節制之師，亦庶乎可以復見于盛世矣。

代衍聖公謝修闕里廟庭表

孔子六十一代孫襲封衍聖公臣孔弘泰等荷蒙先帝以闕里廟庭歲久傾圮，特命有司重加修葺，近告工完，謹奉表稱謝者。

臣弘泰等誠懽誠忭，頓首上言：伏以文教誕敷，離照普臨于海宇；儒宗大慶，鼎新復見于宫墻。成千載之偉觀，匪一家之私幸。光覃鄒、魯，遠陋金、元。兹蓋伏遇皇帝陛下體備中和，志兼謨烈。乾綱獨運，闢四門以廣忠言；涣號孔揚，奉兩宫以隆孝治。登延耆俊，屏斥異端。講籍田之禮以厚民生，却貢獻之私而恢邦計。加崇釋奠，重師表百王之功；常御法筵，究删述六經之旨。當廟宇落成之日，應治元初紀之期。載念先皇，舉斯盛典。屢勤大吏，督彼群工。出官帑以佐經營，發役人以充輸作。禮庭中起，視昔有加；寢殿相高，於文斯稱。像設儼衣冠之肅，歲時增俎豆之輝。文星遠應乎壁、奎，化雨再沾于洙、泗。總賴乾坤之力，致兹輪奂之休。臣爵與上公，身叨主祀。孔林無恙，企聞詩聞禮之風；闕里有嚴，愧肯構肯堂之業。侍虞庠而觀盛舉，已被鴻恩；瞻嵩岳以祝蕃釐，載申微悃。伏願配乎天、配乎地，慶無疆之治于一人；作之君、作之師，享有道之長於萬世。臣等無任瞻天仰聖、激切屏營之至。謹奉表稱謝，以聞。

謝賜鮮果

臣敏政等謹題：今日早，伏蒙皇上遣内臣黄昇頒賜臣等鮮果五品。臣等猥以末學叨侍經筵，曾無啓沃之功，乃獲光榮之賜。珍品遥分于紫禁，菲才深愧于素餐。頓首拜受之餘，無任感激之至。

弘治元年五月二十九日。

應天府鄉試策問一

問：古聖王必有謨訓以範來裔，俾世守之，故嗣君有道，延祚無疆，不可尚已。漢、唐之治，雜霸雜夷。而宋之治，亦文浮于實。雖間有典章之存，去古遠矣。仰惟我太祖高皇帝以武功定海内，以文德開太平。其所以貽謀垂憲者，有皇明祖訓以著一代家法，有諸司職掌以昭一代治典，有大明集禮以備一代儀文，有大明律以定一代刑制。育才則有卧碑之條，教民則有榜文之布，恤軍士則有條例之頒，嚴釋、老則有清教之録。其慮周，其説詳。蓋自身而家而國而天下，實與古聖王相傳心學之大要，不約而同也。嘗竊以爲聖子神孫，舉而措之可以興至治；名臣碩輔，遵而行之可以成駿功，有不待更張而外求者。矧諸士子出于南畿，誦服聖訓，固宜其習且審也。其節目次第，良法美意，願悉陳之，以爲我皇上繼志述事之一助焉。

二

問：願治之君、輔治之臣，必以敬天勤民爲首務，三代而上，無容議矣。漢、唐、宋以來，或不俟災變常畏上天之鑒臨，或不待歲凶先議貧民之振貸，或四方災異郡未及上而輒以聞，或諸路水旱無論巨細而悉以奏。此皆能防患於未然者。或因大水有減樂府、省苑馬諸美事，或因歲荒有決疑獄、制常平諸惠政，或力主捕蝗之令而民不至大飢，或周盡救荒之策而民多所全活。此皆能弭患于已然者。其君臣同德之詳、協恭之效，可得聞乎？山頹孛見，天意何如？其可回而乃以天變爲不足畏。然勵精圖治之君方授之柄而不疑，何也？夏霜秋螟，民生何如？其可遂而乃以湯旱爲桀之餘。然雄才大略之主方甘其諛而不悟，何也？若是者，其君臣之間，當孰任其責乎？我朝列聖，奉天子民，思所以得萬國之懽心、繼三代之聖軌者，誠非漢、唐、宋可及也。邇者有修德弭災之詔聞于庭，有振窮周乏之使屬于道，然議臣建白未足以當聖心，有司奉行未足以宣聖澤，兹欲使天意復而民困蘇，以副皇上願治之意，必有說焉。諸士子尚極陳之，以觀明體適用之學。

三

問：經史之微詞奥義，至程、朱出而後千百年之疑誤析之、訂之無餘藴矣。然天下之理，有開必先，固亦有生于程、朱之前，其精識卓見迥出一時，豈理根於人心者，自不容泯乎？如追復彖、象之舊，使不離附經後，存古之義大矣，而在魏甘露初有舉之以問太學者。表章學、庸之書，使不雜置記中，闡道之功深矣，而在宋天聖間有筆之以賜進士者。「權」之一字，漢以來儒者所不識也，然唐人嘗見于易鎮之疏。「敬」之一言，秦以下學者所未聞也，然魏人嘗著于法象之篇。談命者泥術數而莫知窮理之原，相貞元者乃有造命之説。求治者急功利而莫知格君之本，相元和者乃有正心之對。尊孟子「性善」之論曰此大功也，然六條之奏出于後周。挈「逝者如斯」之言曰此絶學也，然勵志之詩聞于西晉。推蜀繼漢所以正司馬氏也，顧有以之著漢晉春秋者矣。黜周存唐，所以擿歐陽子也，顧有以之改吴兢國史者矣。凡此，皆天下至理所在，不容易視之也。將其人偶見于此而餘不足論乎？或程、朱之説反出于此乎？否也？諸士子博學而反諸約以待問者久矣，願悉其人以對。

四

問：世之治亂常繫君子小人之進退，而人君所患常在君子小人之難知，蓋大奸似忠、大詐似信，苟無灼見之明，則或以君子爲小人、以小人爲君子者衆矣。此知人所以自古爲難也。昔四國流言，人皆以爲疑，而金縢之啓，卒彰于天威；辨言亂政，人皆以爲賢，而兩觀之誅，莫逃于聖鑒。使非天與聖人，則二人之邪正，終莫能辨矣。乃若沖年嗣位之君，宜其懵于此，然能破上書者之詐而稱大將軍之忠，至于「左右皆驚」，何其明也！果敢聰明之主，宜不爲人所欺，然舉世皆知其相之奸而獨信任之，以爲「朕殊不覺」，何其蔽也！烏乎！人君孰不欲有治無亂、進君子退小人？然而往往如彼者，豈不以知人爲難，無道以燭之邪？欽惟我皇上清明在躬，宵旰圖治，於執政之臣任之未嘗不專，而於懷欺之徒去之未嘗不決，蓋遠法堯、舜之明而漢以下不足言矣。兹欲使所進皆君子而在下無遺賢，所遠必小人而在位無留慝，以永保國家太平之治，是必有道也。諸君子學古入官，於前代治亂之迹講之熟矣，其爲我明著其說，將以獻于上焉。

五

問：一代之興，必有佐命世臣與國咸休，自殷、周以來，則已然已。顧其子孫，不能無中微之日，則爲人上者，必振之以昭先烈、示後勸。若漢高帝功臣罷侯者至宣帝而後復之，光武功臣失爵者至安帝而後續之，汪濊之恩、忠厚之澤，見于史者可考也。洪惟我太祖高皇帝建萬世不拔之業，雖出于天命，然佐命有功之臣，疑亦萬世不可忘者。考諸當時，不特分茅錫爵、傳之子孫，或陪葬孝陵，或配享太廟，或褒其忠勳于祀典，報功之禮，遠過前代，而其子孫在今日有禄食者，蓋已無幾。試以其大者言之，有才本王佐可方漢之留侯者，有勇冠諸軍可比唐之鄂公者，有從起帝鄉、撫定八州、有功無過者，有貴爲帝甥、常將偏師、有勝無敗者，有收方氏而靖海上者，有縛明昇而下全蜀者，有以禦僞吴前後伏節于淛東者，有以拒僞漢前後死忠于江漢者，有手殪伏賊而彌肘腋之變者，有佯爲諜書而收敵愾之功者，有以幃幄翼衛之勞兄弟封公者，有以方面專征之績兄弟封侯者。其大功元勳，校諸平時封拜，何但霄壤哉？然陪葬之一坯尚存，配享之祔位不撤，祀典之廟貌如生，顧使其傳，泯焉如此，疑非所以昭先烈、示後勸，豈有司未嘗舉兩漢故事以請而至于斯乎？如有以興滅繼絶之説言之于上，亦庶幾可以慰高廟在天之靈，而報功盛典媲美殷、周矣。諸士子生長南服，必能記其運籌決勝之方與其攻城略地、斬將搴旗之勇，請詳著于篇，以助有司之册府勳庸者。

考教職策問一

問：先儒謂學者當以論語、孟子爲本，然則讀其書而不知其説，可乎？論語之書，傳者別有齊論一篇，何以不一？孟子之書，説者謂又有外書四篇，何以不傳？論語蓋孔門衆弟子所録，或者謂成于曾子、有子之門人，其説孰得？孟子蓋亦其所自著，或者謂出於公孫丑、萬章之徒，其説孰是？治大學在論、孟先，讀中庸在論、孟後，學者工夫，固不可躐而進歟？孔子之言皆自然，孟子之言皆事實，聖賢詞氣，將不可强而同歟？後世之於二書也，有起刀筆而知論語用爲佐治之本者，其所見雖懿，或未能究其大全而通之邪？有爲大儒而不知孟子至爲疑孟之書者，其所見雖偏，固未能掩其衆美而議之耶？諸士子將來有師儒之責，其教人宜莫有先于二書者矣，請著于篇。

二

聖人之道，中焉止矣。而學之者，雖大賢亦不能無弊也。自河、洛之學行，而考亭實嗣其傳。然在當時，與考亭並出者，有湖南之學，有金華之學，又有臨川之學、永嘉之學。今折衷以考亭之言，則謂湖南之學失之過高，金華之學失之不及，所謂失者，何所指歟？謂臨川之學偏于持守，永嘉之學偏于事功，所謂偏者，何所見歟？觀考亭之書，所以箴其失、藥其偏者屢矣，而卒未能使之適中，何歟？豈尊其師說而弗變歟？抑拘于氣質而不可以加進歟？苟問之弗審、辨之弗明，則大繆起于毫釐，而望底于大中之域難矣。諸士子將出其學以教人，其悉以對。

三

邇歲河決張秋，水溢姑蘇，上勤聖衷，累遣詔使。蓋凡有一言一策可取者，舉得自見，而況農田水利之說，亦學者所當究心者耶！夫黄河之水，自汴趨淮以入海，而黄陵岡乃河流東下之喉襟，説者謂此岡廢而不築，故有今日之決。然乎？姑蘇之水，由太湖下松江以入海，而白茅港乃三吴泄水之尾閭，説者謂此港淤而不浚，故有今日之患。是乎？黄陵岡苟未就緒，則青、滄之境，徒駭、馬頰諸處，皆河之故委，禹貢所謂「九道」者。若聽其北徙而導之，勢順而功易，第不審於東南漕計，可無礙乎？否也？白茅港既未即功，則三吴之間，劉家港、鹽鐵塘諸處，皆江之故委，禹貢所謂「三江既入」者。若隨其所在而浚之，力分而利博，第不審於遠近民田，可無損乎？否也？夫修築之功鉅而國用方匱，疏浚之役勞而民食孔艱，兹欲使功成而下不擾，患除而民不飢，何施而可？諸士子將有教人之責，計必取法安定而究心於此者，請悉言之。

私試策問

世之論士以爲年少則浮薄，年邁則老成，故上之人於士，卒待其遲暮而後用之。然考諸傳記，有年二十四中興漢室、爲雲臺之冠者，有年二十四從定江東、成赤壁之功者，有年二十八定策隆中、雖關張宿將皆安爲之愧屈者[五]，有年三十五侍謀軍國、雖李郭元勳皆陰受其建畫者，有年二十九當建安之末爲參軍、算無遺策，有年三十當建中之初爲内相、克濟多難，有年三十一而捫虱談當世之務者，有年三十二而建節負滅金之志者，有年三十一以學士本兵、卒之舉澶淵之役，有年三十三以侍郎出督、遂能平苗劉之亂，或年三十二爲參謀、卒之拜御史、人爲之膽落者，或年三十六位樞府、卒之任招討、賊爲之膽寒者。凡若此，皆所謂少年未更事之人也，將上之人誤用之而偶中乎？則考其平生，皆綽有定見，非僥倖嘗試者之爲也。如上之人必待其年邁而後用之乎？則尚論其人而退計其事，必有後時失機之悔。豈古人所以惜老成者，亦必自其少壯而用之，使其更事愈多、閱世愈熟，雖衰老而不忍釋之乎？抑少壯之時置之散地，直待其遲暮昏眊而後乃用之，則史之所書又不誣如此。諸士子幼學久矣，亦必有壯行之志，雖用舍存乎人，然所以自處者亦不可不豫定也，請悉著之。

會試策問一

問：古昔帝王創業垂統，必有謨訓傳之家邦。我太祖高皇帝立法定制，製爲祖訓以遺東宮、親王，又命編輯前代善惡爲昭鑒録以賜諸王，蓋重根本、蕃枝葉，爲億萬載隆長之計。其視法術之賜、詩書之教、帝範之作、開元之訓、仁孝之詩、戒子之篇，以至承華之有略、元良之有述，萬萬不侔矣。是書雖藏在秘府，而見諸聖政之記，儒臣所叙述者，天下固已傳之。諸士子亦嘗習聞而與知乎？聞而知之，請述聖祖之鴻猷大旨以爲天下告，則於明天子端本睦親之治，不爲無補也。

二

問：天下之治，存乎紀綱而成乎風俗，斯二者果相須邪？亦各自爲用而不能相通邪？且二者之名起於何時？二者之義何所於取？漢、唐、宋之所以爲紀綱者何如？所以爲風俗者何如？其安危治亂可考而知也。言紀綱者莫切於韓昌黎、朱晦庵，彼論議之士，或以賞罰，或以官爵、或以法度、或以井田，其爲説孰要乎？言風俗者莫切於賈誼、陸贄，彼循行之典，或詔公卿大夫、或令二千石、或遣諫官博士、或太中大夫，其爲法孰善乎？國朝統御之初，紀綱振肅，風俗齊一，遠過前代，然歲久勢殊，未免有偏而不起之處。兹號令詳悉，條格具備，而捄偏補敝、返朴還淳之效，猶或未臻。不知古之人不賞而勸、不罰而治、不令而行、不教而聽，何以能然也？有志於世道者，寧可默焉而已乎？

三

問：學者於前賢之所造詣，非問之審、辨之明，則無所據以得師而爲歸宿之地矣。試舉其大者言之，有講道于西、與程子相望而興者，或謂其似伯夷；有載道而南、得程子相傳之的者，或謂其似展季；有致力于存心養性、專師孟子者，或疑其出於禅；有從事于小學大學、私淑朱子者，或疑其出於老。夫此四公，皆所謂豪傑之士、曠世而見者，其造道之地，乃不一如此。後學亦徒因古人之成説謂其爾，然真知其似伯夷、似展季、疑於禅、疑於老者，果何在邪？請極論之，以觀平日之所嘗究心者。

四

問：政有名、有實，名與實應，則治成，故忠信誠慤可以結民，虚僞誣罔不可以爲化，昔人有是言矣。自省成、考課之法弊，在漢或綜核名實而計簿欺謾、户口增僞，或責課公卿而屯田警備失實者多；在唐或鋭意治功而邊鎮交兵、器械幾盡；在宋或躬親庶政、裁抑僥倖，而用刑行政、審官納諫之實猶有議焉。彼皆願治之君，而名實之不相應如此。然則將聽其所爲而終莫能正邪？抑别有其道也？今天下之政，名存而實弊者不可僂數。必欲使上下惇信、内外孚感、終始貞固，復古道於數千載之上，不可謂不難矣。試與諸士子圖之。

五

問：民爲邦本，而兵所以爲國禦侮，有天下者庸可不加之意乎？我太祖高皇帝御極，惠民養兵，度越前古。其在當時，民安于供賦而樂，兵堅于捍衛而嬉，可謂盛矣。承平既久，民之版籍猶昔也，然轉徙者未能招來，山澤所藏，或有他虞，將何以處之？兵之尺伍猶昔也，然逃亡者莫可究詰，戰守所繫，恒有隱憂，將何以拯之？列聖以來，增有司以撫民，其惠亦周矣，何版籍之卒難于復也？責憲臣以清軍，其法亦嚴矣，何尺伍之卒難于充也？豈均需太重不能懇減，有假託以爲利者乎？抑公作頻繁不能加恤，有並緣以自殖者乎？江南之民雖若稍裕，然課辦多矣，設有歉歲，孰爲之繼？三邊之兵雖若素整，然役戍疲矣，脱有警報，孰任其責？此皆宵旰之慮，當路者所欲聞也。如欲使民復而内以實，兵足而外以固，必有道焉。諸士子宜悉所藴以對。

校勘記

〔一〕唐貞觀二十一年始以左丘明等二十二人從祀孔子廟庭　「二十一年」，原作「三十一年」，據篁墩程先生文粹卷二改。

〔二〕昭纂魏之勢已成　「纂」，四庫本作「簒」。

〔三〕或有甚矣　「或有」，原闕，據臺圖本、篁墩程先生文粹卷二補。

〔四〕而楊時獨不得預　「得」，原作「時」，據臺圖本、篁墩程先生文粹卷二改。

〔五〕有年二十八定策隆中雖關張宿將皆安爲之愧屈者　「屈」，原作「屋」，據篁墩程先生文粹卷二改。

篁墩程先生文集卷十一

考　論　説　辨

詩考

按孔子删書凡百篇，删詩凡三百五篇，皆遭秦火而絶。漢興，罷挾書之律，經生學士乃敢掇拾于煨燼之餘，料理于記誦之末。而書之所出者非一時，所得者非一手，參互考定，爲五十九篇，亡者幾半〔一〕，而識者尚不能無真僞之别、今古文之疑也。詩也者，與書同禍。漢初傳者有齊、魯、韓、毛四家，而三百五篇完整如舊，其藏之何所、授之何人，此固已不能不啓人之疑矣。三家亡而毛氏獨行，子朱子從而爲之集傳，其深闢小序之非，有功于學者甚大。而愚者讀之，猶有所不能領解者，非立異也，無當于心而不敢以自欺也。

劉歆傳云：文帝時，詩始萌芽，皆諸子傳説。至武帝然後鄒、魯、梁、趙頗有詩、禮、春秋。一人不能獨盡其經，或爲雅，或爲頌。推此意也，則知今詩乃出于漢儒之所綴輯，而非孔子删定之舊本矣。詩之名始見于虞書，曰：「詩言志，歌永言，聲依永，律和聲。」大抵古詩皆樂也。詩雖有風、雅、頌之分而皆主于樂，亦猶易雖有辭、變、象之别而皆主于占也。古者胄子之教、過庭之訓，皆於詩乎得之，所謂養其良知、良能者也。而今之詩，乃取夫狎邪淫蕩之詞〔二〕，褻乎清廟、生民之列，言之污齒頰，書之穢簡牘，師何以授之於徒？父何以詔之於子？而況聖經賢傳之旨本以爲治性養心之具，曰「非禮勿言」、「非禮勿聽」也，曰「口不道惡言」、「耳不聽淫聲」也。其嚴如此。詩也者，心之聲而發乎性情者也，孔子删而定之，放其鄭聲以爲萬世之常經，顧乃有取於斯，則其所删者爲何詩，而其所放者又何聲哉？

或曰：「古者太師陳詩以觀民風，故美惡不嫌於兼取也。」是大不然。陳詩觀風，不過曰某地之詩其可傳者若干，如二南之類，則其風之美可知也；某地之詩其可以示戒者若干，如刺淫之類，則其風之褻可知也。至於某地之詩無可采者，則其風之惡亦不言而喻矣，豈必以其狎邪淫蕩之詞而盡陳之哉？且詩者，求治之一端耳，其他之可以觀民風者固多也，施于政、麗于刑而見于官府之文法者何限？謂參之詩，可也，而必求之詩，可乎？亦恐先王不如是之迂也。

大概小序不當以淫者自作之詞爲刺淫，故朱子辭而闢之。然「刺淫」二字，則實古者講師授受之言、得之孔門而不可誣者。何哉？漢儒徒見三百五篇之目散軼不存，則遂取孔子所删、所放之餘，一切凑合以足其數。而小序者不察，亦一切以其得于師者概之曰「刺淫」，此其所由失也。朱子闢之，是也。然集傳則又以孔子「鄭聲淫」之一語爲主，凡鄭風之中小序以爲懼讒思賢、刺廢學而閔無臣者，皆舉而歸之淫，則亦未免于矯枉過直者矣。夫諸詩既無指名，又無證佐，苟以善心逆之，則淫可以爲雅；以不善之心逆之，則雅可以爲淫。漢儒故有以二南爲刺詩者矣，説詩者豈可棄其已然之疑信者而以臆見懸斷之哉？由是觀之，刺淫之詩，乃孔子之所必存者也；淫者自作之詩，則孔子之所必删者也。古今人情不大相遠，而理之在人心者，無古今也。如有以狎邪淫蕩之辭與伊川擊壤之集、朱子感興之詩俱收而並録之，日與學者講肆而誦習之，曰：「此將以示勸也，彼將以示儆也。」其不以爲侮聖言者幾希。又日以之敷陳演説于講幃經幄之前，曰：「此將以示勸也，彼將以示儆也。」則下流于不敬而蹈誨淫之轍，上以爲故常而啓效尤之心，其賊經而害教，有不可勝言者矣。

或曰：「春秋亦孔子之筆，而所載者多篡弒淫亂之蹟，以爲不如是不足以垂法立戒云耳。詩之所存，亦此意也。」是猶不然。詩之與史，其體截然不同也。故稱孔子者，於春秋曰修，修則有褒貶之義焉，其法不容於不備也；於詩曰删，删則有放鄭聲之義焉，其法不容於不嚴也。集傳云：「深絶其聲於樂以爲法，而嚴立其辭於詩以爲戒。」愚以謂詩之與樂，無二道也，苟易「詩」之一字以爲史，則垂法立戒之義兼舉而益明矣。

或曰：「冑子之教、過庭之訓、太史之陳，亦取其善者耳。其不善者則姑置之以示戒，而不以教、不以訓、不以陳也。」如此，則直詩耳，亦何煩于聖人之删而謂之經哉？其不然矣。詩之爲教，蓋無出「温柔惇厚」、「思無邪」之兩言。苟去淫者自作之辭而存刺淫之作，則其説可通也。不然，求其説而不得，不失之過則失之不及，而聖人删詩放鄭聲之意終不白于後世矣。朱子，學孔者也，以爲此經實出聖人之所删定，故深闢小序之非，少祛學者之蔽，而豈逆漢儒之欺哉？漢儒亂大學矣，而朱子訂其章句；漢儒亂周易矣，而朱子訂其經傳；漢儒壞禮與樂，而朱子編三禮。不究其義，集詩傳僅止於此，是漢儒之幸而後學之不幸也。噫！取狎邪淫蕩之辭垂之萬世而爲經，其罪大且久矣。今故重加決擿，別爲此編，雖極僭踰不敢逃避者，非立異也，無當於心而不敢以自欺也，亦果於非漢儒而篤于尊聖經云爾。

老氏論

釋、老二氏同禍天下，而人不知老氏之罪甚于釋者，不知老氏之本也。世之知老氏者有二焉，以其有禱晴雨、役鬼神、驅魍魎與夫齋醮符水之説，則謂之正一之教；以其有長生久視之説，則謂之全真之教。是二者，皆非老氏之本也。

予考之周禮：太祝掌事鬼神，曰禬、禜，以除凶荒、禱水旱，「司巫掌群巫之政令，國大旱則帥巫而舞雩」，是禱晴雨之説也。方相氏「帥百隸而時儺，以索室毆疫」，大喪，「以戈擊壙之四隅，毆方良」，是役鬼神之説也。壺涿氏掌除水虫，「以牡橭午貫象齒而沉之，則其神死，淵爲陵」，「神，謂龍罔象之屬」；庭氏掌射夭鳥，「若神也，則以太陰之弓與枉矢射之」，是驅魍魎之説也。小祝掌禳、禱，以祈福祥，遠辠疾，而素問亦曰往古之醫「祝由而已」，是齋醮符水之説也。凡是四者，在前古之時多掌于官府，降及後世，官失其職，而老氏之徒竊取之，非老氏之本也。河圖、洛書見于火候之説，先天、後天之圖亦出于此，至陳、邵兩賢始表章之，遂爲萬世理學之正宗；而參同契一書至勤，朱、蔡師生爲之注釋，蓋古者士窮無以自見而獨善其身者之所爲也。老氏之徒竊取之，非老氏之本也。

然則老氏之本何在？曰先儒則有成説矣，而人莫之知也。權詐者，老氏之本也。當周之末世，先王之道不行而人心放溺，以孔、孟之賢聖而不得位以拯之，乃徒見諸筆舌之間以望後世，則固付之無可奈何矣。老氏之徒窺見其幾，以爲人性之不能盡善，則陰爲不善而陽揜之，亦足以名世矣。夫老氏倡此道於人僞滋甚之時，人亦苦其陽爲不善之可耻也，則靡然從之。由是申韓之刑名、蘇張之縱横、良平之陰謀、嵇阮之曠達群起四出，以就功名，蓋不特迷暗者惑之，而高明者亦甘心焉。其平生之巧中詭遇自喜以爲能事得計者，無不出於老氏。老氏之權詐流毒至此，而人不知其罪者，不知其本也。

夫釋氏兼愛，而老氏爲我。兼愛之道雖足以罔民，其意猶欲勉人之爲善；至于爲我，乃人人自便之計，而老氏倡之，遂至膠固蟬綿于天下後世而莫之能解，如色之迷人，豈惟陷其術中而不悟？雖悟矣，而安處之，無如之何，此老氏之罪也。彼世之罪老氏者，乃猶指其禱晴雨、役鬼神魍魎，與夫齋醮符水、長生久視之説，亦見其末矣。

伍員論

父子之親、君臣之義一也，不幸而處其變，則如之何？曰：君臣之合以人，父子之合以天。以人者可絶，而以天者不可絶，故舜、禹不敢以非禮加諸瞽叟、伯鯀。而上有桀、紂之君，則下有湯、武之臣，不謂之簒奪而謂之弔民伐罪；上有太甲、昌邑之君，則下有伊、霍之臣，不謂之跋扈而謂之廢昏立明。書曰：「撫我則后，虐我則讎。」禮曰：「人臣之禮不顯諫，三諫不聽則逃之」，子之於親也，「三諫而不聽，則號泣而隨之」。此可見以人者可絶，而以天者不可絶故也。

然又當權其中，使親、義不至于偏廢。若曰以有過之父而見誅于有道之君，則不敢以親賊義，鯀廢而禹興是也；以無過之父而見殺于無道之君，則不敢以義掩親，伍奢見殺而子員復讎是也。處變之定理，蓋不易此。而蘇轍乃譏員逆天傷義，是豈復有人心者哉？且平王之爲君也，堯、舜之君乎？抑桀、紂之君乎？太甲、昌邑之君乎？此不待辯而明矣。彼平王殺其子、妻其婦、獎奸回、戮忠良，有臣如湯、武者弔民伐罪可也，如伊、霍者廢昏立明可也。顧員上不能爲湯、武，下不能爲伊、霍，則以吴之師破楚入郢而鞭其墓以發至憤，其志亦可悲矣。爲轍者，但知夫平王前日爲員之君，而不知今日爲員之讎，豈惟不知父子之親，亦不知君臣之義矣。

夫君者，天下之義主也。君而至于使人讎之，則孟子之所謂「獨夫」耳。禮曰：「父母之讎，弗與共戴天。」然則員之所鞭者非平王，乃獨夫也，而謂其逆天傷義，是無父之人也。昔王裒以父死非命，終身未嘗西向而坐，以示不臣于晉。朱子取而載諸小學之書以實父子之倫，則員固朱子所不棄者。然予獨悲夫員之所爲，尤有可憾者焉。昔張良以五世相韓，憤秦之滅其宗也，則佐漢高帝誅秦而立韓公子成；及項羽殺成，則又佐高帝襲殺羽於固陵；讎復恥雪，則遂謝病辟穀，託從赤松子遊以明其心之爲韓也。使員當入郢之後，投戈解甲，翩然辭吴之爵禄而退處於深山長谷之中，以示其所遭之不幸，豈不可以盡全歸之孝哉？惜乎其志不足及此，而反以讒見禍于他人之手也。

陳平論

西漢之士，其策事率以利而不以義，若陳平則其尤者。何以知其然？以淮陰侯之事而知之。夫吕氏之殺侯，千古之所共憤，而予以爲平實啓之，吕氏特成之耳。

方人之告侯反也，高帝自意之不決，問于群臣而不決。其不決者，豈帝真不之知哉？誠有以惡侯之罪而念侯之功，故徘徊猶豫，持兩端于心胸之間。當此時也，得好義者一言則生，得好利者一言則死。侯之生死繫于人言，蓋不容髮。而帝乃取決于平。爲平者，宜對帝曰：侯定列國、取項羽，握重兵在外者十年，顧不反。今天下已定，裂土而王，其志願亦足矣。且侯素號明智，豈不知天命不可以僭？跡此觀之，則告者之妄不言可知。陛下宜抵告者罪，而取上變之書緘之付侯，以示無他。則侯必束身歸朝，駢首請罪，其戴漢之恩益深，臣節益堅而爲國之藩籬益固。此策之上也。且告變者其真僞未可知，而叛逆大罪固不可以輕加，亦不可以末減，陛下宜使親信腹心之臣覘於楚之境上。人惟不爲則已，爲則自有不能掩者。覘之而得其實，則使使持節召侯，召之不來，然後六師移之未晚也。僞則宜速斬告者以安功臣之心，仍以璽書慰侯。此策之中也。若從群臣之言，不論事之真僞，遽興無名之師，則侯之反刑未具[三]，雖家置一喙以喻侯之當誅，其孰聽之？況陛下新一天下之初，事多未遑，而首戮元勳，則人人自危，雖左右服事之臣亦爲之凜凜懼矣。使陛下果若人言，則策之下也。平計不出此，乃曰：陛下精兵孰與楚諸將？用兵孰與侯？如此而兵之，是趨之反也，「臣竊爲陛下危之」。豈非所謂人落陷穽不一引手救，反擠之且下石焉者乎？及帝問其策，則曰：古者天子有巡狩會諸侯，陛下第出，僞遊雲夢，會諸侯于陳。陳，楚之西界，侯聞天子出遊，其勢必無事而郊謁，謁而擒之，「此特一力士之事耳」。是果何等語哉？正虞廷之所謂「讒說」，孔子之所謂「利口」，孟子之所謂「逢君之惡」者也。嗚呼！平一言而使高帝爲無恩之主，元勳受無罪之誅，平亦不義之甚矣！

或曰：侯雖被擒至洛陽，赦爲侯，固未死也。而遽歸罪于平，無乃甚乎？曰：人之禍福，必有胚胎，平之計一行，而未央之事已兆于此。王導所謂「我雖不殺伯仁，伯仁由我而死」者也。平蓋不足責矣。予獨慨夫古之大聖行一不義、殺一不辜得天下不爲，而高祖乃甘心于平，以得侯爲漢子孫無窮之利。世降愈下，而義利之辨愈乖，蓋使人有不勝其憾者矣。

孔明論

或曰：昭烈伐吴，乃千古之失策，而孔明略無一字之諫。當時武臣若趙雲者，乃有「國賊曹操非孫權」之言〔四〕，然則孔明之智不足以及此乎？曰：非也。伐吴之失策，孔明諫之不聽，而昭烈悔之不及，人特未之知爾。何以知孔明之諫？孔明之初語昭烈曰：「孫權據有江東，已歷三世，國險而民附，賢能爲之用。此可與爲援而不可圖也。」孔明之初意如此，後來之諫可知矣。何以知昭烈之悔？永安之詔曰：「君才十倍曹丕，必能安國家，終定大事。」且昭烈方敗於孫權，其慚憤以圖再舉，不言可知。而託孤之際，乃舍權稱丕，意必孔明之諫有如雲之言者，故昭烈至是乃悟其言，而深恨始謀之不臧也。曾是而謂孔明之智不足以及此乎？

曰：昭烈之於孔明，嘗有魚水之喻矣。跡是觀之，則孔明之言，照烈固有不能盡用者哉？曰：豈特不能盡用而已，蓋所謂十不一試者也。孔明之言曰：荆州「用武之國，而其主不能守，此殆天所以資將軍也」。使孔明處此，蓋必有策，而昭烈追景升之顧，寧舍之以去，反爲逆操之資。赤壁之勝，雖幸得其半，而終不能守。蓋非孔明之初意矣。又曰：益州「天府之土」，「劉璋闇弱」，「將軍既帝室之胄」，「若跨有荆、益」，「漢室可興矣」。使孔明處此，亦必有策。而昭烈乃聽法正之詭謀，襲取成都，雖得璋，而理不直，又非孔明之初意矣。孔明所以興漢之策，蓋素定於草廬三顧坐談之頃，其大者則取荆益、援孫權，而昭烈曾無一之見從，後世乃歸之天不祚漢，豈不過乎？

曰：孔明嘗自嘆法孝直在，「必能制主上東行」，然則孔明之智不逮正矣。曰：非也。孔明嘗勸取益州，昭烈不聽而聽於正，伐吴之舉，孔明亦必諫之不聽而思其人也。正言難入，詭謀易從，雖大賢君子猶所不免，而况昭烈乎？

士農説

天下之人，無過士、農兩途，而後世每病其有遊手之農、盗名之士者，何哉？曰：業有所因以廢，弊有所因以起，故夫以牛犁田而後天下有遊手之農，以書鋟梓而後天下有盗名之士。

且以牛犁田，本所以利民，而天下之農乃有遊手者，何也？蓋古者以兩人耦耕，不知用牛之利，而牛惟以服車，故易曰「服牛乘馬」〔五〕，書曰「肇牽車牛遠服賈」，詩曰「睆彼牽牛，不以服箱」。蓋當時一夫不耕則不得食，故農未有不從事于南畝者。降及後世，以牛代人，一牛之耕，足以供數人之食，而農之業始廢。於是從事于南畝者無幾，而旁觀以待食者過半。夫民勞則不暇乎其他，而逸則必至于生事。故盜起訟興，而治化不能逮古。故曰天下有遊手之農，則以牛墾田之弊也。

以書鋟梓本所以便士，而天下之士乃有盜名者，何也？蓋士之爲學，不過知、行二者。古之人知一事則行一事，而竹簡韋編不爲野朴。至于漢儒力行之力漸微，而淹貫一經，守其師說，致知之功，猶爲近古，則亦以其手自傳録之難，勢不能泛及故也。曹操嘗問蔡琰家書，琰所記四百餘篇，請給紙筆，繕寫送上。蘇軾亦謂宋初之人求史記、漢書不可得，幸而得之，晝夜手抄。蓋當時鋟梓之説未有也。自夫後世鋟梓之説一行，學者不知致書之難，一切趨于苟簡，而士之業始廢。百家衆技與夫程子所謂「有之無所補、無之靡所闕」者，汗牛充棟，又足以蠱學者之心志，而六經、語、孟之書反以爲科目之具，既已得雋，則不復容心其間。而世所謂士者，口耳之學爾，其僅足以名世者，則一以辭章高下爲學之淺深。夫行不逮古人、知不逮漢儒，而以辭章爲業，則是名爲士而實則非，故曰天下有盜名之士，則以書鋟梓之弊也。

夫古之人其爲計雖若甚拙，而其利之也深；其立法雖若甚迂，而其便之也久。後世之巧捷雖可以快一時，而較其得失反出其下，若二端是已。嗚呼！出古人之下者，又何止于此哉？

報應説

淮陰侯佐高祖平列國、取項羽，天下之大功也，而見殺于女主；何進與袁紹謀誅宦者、安帝室，天下之大忠也，而見殺于寺人。此後世君子所爲痛惜者也。予獨以爲之二人者，亦自有殺身之道焉。書曰：「惠迪吉，從逆凶。」孟子曰：「殺人之父，人亦殺其父；殺人之兄，人亦殺其兄。」蓋福善禍淫之理相爲隱伏，其見諸人者，捷如影響之於形聲，人但見其感應之遲，遂以爲彼蒼者若罔聞知，殆所謂褻天者也。以史考之，酈食其不煩尺矢片甲下齊七十餘城，其功偉矣，而淮陰嫉之，自以己爲大將，握重兵在外，而功反出書生下，遂進兵擊齊，齊王以食其爲紿己也而烹之，則烹酈食其者，非齊王，乃淮陰也。何太后專制，孝仁董后積不能平，而進以太后之兄爲大將軍執國政，且惡董后之姪重其權勢與己同，乃誣奏董后不宜居京師，少帝許之，進遂發兵圍董氏之宅，收重免官，俾之自殺，董后亦以憂死。則殺董重者，非少帝，乃何進也。夫二人者，嫉人之有功，忌人之軋己，必欲取而置之死地，乃欲保成功、永終譽，幸死于牖下，其亦不思之甚矣。然則二人者之死，特假婦寺之手耳，彼食其與重何罪哉？傳曰：「行一不義，殺一不辜，得天下不爲也。」二人者，忌嫉之念一萌，而殺人之心無所不至，然卒之亦足以自殺其身，則福善禍淫之理蓋可畏矣。嗟夫！功過不相掩也，彼二人者，功忠固可痛惜，然表而出之，特以戒夫世之忌嫉者。

辨河間志程知節墓

按舊志唐盧國公程知節墓在滄州之將相鄉，有土阜二，南北相去不滿百武。南一阜高三丈，周迴二十丈，故老相傳知節從征遼東，道卒，遂葬于此，土人號其地曰程家林，鄉曰將相鄉。北一阜頗低，以爲山人既卜葬知節，亦卒，因附葬之。其説甚謬，然卒無以審其所從來。予考之唐書：知節卒，陪葬昭陵，昭陵在長安，距滄州蓋風馬牛之不相及，其謬一也；太宗征遼時，知節爲瀘州都督，實不在行，其謬二也；且知節卒於高宗顯慶三年，上距太宗征遼將十五年，今謂從征道卒，其謬三也。

然則此二阜者果誰之墓乎？蓋唐橫海軍節度使程日華及其從子懷訊之墓，而土人傳訛以爲知節耳。何以知其然？以史考之：德宗時立橫海軍節度，置司滄州，日華以興元元年爲節度使兼御史大夫。既卒，子懷直繼之，官至尚書右僕射，嘗入朝，從兄懷訊因代爲節度使。既卒，子執恭繼之，官至司空，封邠國公，元和十三年改邠寧節度使。蓋程氏凡四世據有滄、景之地，則此阜爲日華、懷訊之墓無疑也。且程氏世鎮滄州將四十年，史稱日華家人子弟列宿衛者三十餘人，則在鎮留居者必衆，故地曰程家林。又日華父子兄弟皆建節鉞、位兩府、封上公，故鄉曰將相鄉，而土人但見有葬者其勳名爵位輝赫若是，莫知其誰何，直以稔聞知節之名，遂謬爲之説如此。予恐無以解後來之惑，故特爲之置辨。

宋太祖太宗授受辨

太祖、太宗授受之際，所以致後世之疑者誰乎？曰：李燾刪潤湘山野録而啓之，陳桱附會涑水紀聞而成之，不深考者以爲實然爾。

夫燾之所以啓之者，何也？曰：燾爲長編，以太祖顧命，實録、正史不載，而刪潤野録之事附其下，初意本以備闕文。然野録謂太祖、太宗對飲燭影下，時見太宗「有不可勝之狀」，而燾改「不可勝」爲「遜避」；太祖下階「戳雪，顧太宗曰好做好做」，而燾改「戳雪」爲「戳地」、「好做」爲「好爲之」，又加「大聲」二字。野録出於僧文瑩之傳聞，固不足據。就其中考之，如所載太宗慟引群臣環瞻，聖體「玉色瑩然」等語，則亦初無毫髪可疑之隙。而燾略加删潤，遂不免有畫蛇添足之病。

夫燾既删潤之以爲正文矣，而又細辨其非者，何也？曰：實録、正史皆謂太祖有疾，命内侍就建隆觀設醮；而野録以爲無疾，方且登閣望氣、下階戳雪。紀聞謂癸丑帝崩，王繼恩始召晉王入宫；而野録以爲太祖壬子夜召晉王屬以後事，遂宿禁中。故燾反覆致詰於太祖之病否、太宗之出入時日之先後，本以爲删潤之地，而不自知其删潤之語未瑩，反以啓後世之疑也。

夫桱之所以成之者，何也？曰：桱止據燾所删潤者書之，又於「好爲之」下妄以己意添「俄而帝崩」四字，復以宋后母子託命之語繫之，則遂駭人之聽聞矣。母子託命之語，本爲王繼恩召德芳而發，出於癸丑帝崩之後，而桱以屬之壬子，且削去召德芳之事而獨存此語，則是不知紀聞、野録兩書之文本相牴牾，强合于一，其附會比燾之删潤抑又甚焉。近世保齋宋論復指桱所書者，以爲太祖、太宗事之首尾不過如此，則其不考又出桱下矣。

然則宋后召德芳之事，信乎？曰：正史、實録載之，紀聞又出温公，事當不妄。燾并疑德芳非宋后之子，則過矣。德芳在當時年最少，育於宋后，或爲所鍾愛，皆不可知。但事出於兩人所記，而不同者當視其人。温公，可據之人也。温公可據，則文瑩可出。召德芳之事有，則留宿之事無矣。或乃謂燾之删潤蓋有意著太宗之惡，姑引野録以籍口，而又自破其説以避禍。則臆度之大過，又恐李燾復生，不肯自當爾。史稱燾博極群書，其爲長編，專務廣采，擇焉不精，殆有所不免也。

或曰：太宗子孫繼立，故人無敢言者，然南渡孝宗以後，其事當無所諱，亦無一人言之者，何也？借曰高宗授受之懿，可以蓋前人之愆，故其跡益泯。然元史成於歐陽玄諸公，當時復何所諱，又無一語及之，蓋必有定論矣。不然，此何等大事，而不加之意哉！

或曰：太宗於太祖崩不踰年改元，宋后崩不成服，廷美、德昭不得其死，皆足以追證燭影之疑。是又不深考之故也。不踰年改元，五代常事。宋乃太祖第三后，長編謂其崩，太宗設次發哀，群臣奉慰，以后初立未嘗降詔，故喪儀多所貶損，百官不成服，固當時禮官之過也；就使因召德芳而銜之，則其事亦在太祖崩後矣。廷美之死，趙普爲之，太宗固有不得辭其責者。至於德昭之死，非出於幽囚躪逼之舉，長編謂太宗育其子惟吉於禁中，日侍中食，凡八年始出閤，詔邸第供億悉與親王埒，諸王子不得階也〔六〕。況德昭因他人行賞一言之憤〔七〕，不惜一死，乃忍其父爲人所戕而噤不出一語哉？就使不踰年改元、宋后崩不成服、德昭之死皆出太宗，則亦未可以其後來之不善，而遂逆探其有今將之心，加之以無名之罪也。胡一桂、楊維禎、梁寅之流，鋭欲以篡弒加之，恐皆以不見李燾全書之故，正猶獄官不據人原發之案，而深文巧詆，鈎致其罪。偶有刻吏見而喜之，又從而和之，此太宗之事所以不能自解於今日也。

或曰：太祖既欲傳弟，何不使太宗正太弟之名？考之九朝通略，謂唐天祐以後建儲之禮不復講行，至太宗立真宗方知討論故事；又五代凡當次者多領開封尹，故太宗、廷美相繼爲之。則知太祖亦承唐末五代之習，兼以年歲之未邁耳，是或將有待焉，而遽自意其死乎？

夫傳疑，史法也。苟無疑可存，則亦何必摭拾小説强爲之辭，以滋後世無窮之惑？此燾、桱之罪也。或又引宋朝類要載陳摶對太祖火日之説，終有可疑。是不知摶於太宗初入朝，終身未嘗見太祖，其説蓋不攻而破矣。夫千載不決之論，其可以懸斷者，理與事耳。以事言之，不過如此；以理言之，凡古之篡弑者，多出深讎急變、大不得已之謀，又必假手他人然後如志，未有親自操刃、爲萬一僥倖之圖於大内者。觀太祖於太宗，如灼艾分痛，與夫「龍行虎步」之語，始終無纖芥之隙，太宗何苦而爲此，舍從容得位之樂，而自處於危亡立至之地？病狂喪心者所不肯爲，凶殘絶世者所不忍爲，而謂太宗爲之，斷乎其不可信也。矧類要、野録皆託於佛、老之徒之口，縱使有之，亦儒者所不道，而況於無乎？予之所篤信者，温公紀聞之外，一無取焉爾。

予初爲此辨以告同館諸之士，然猶以考據未的，且不能盡諸説異同之故，因别爲宋紀受終考三卷，藏于家。

關羽爵謚考

關將軍羽仕漢封漢壽亭侯，謚壯繆。而今之祠者，止題「壽亭侯」，不書謚。意以「漢」爲國名，故不書；以「繆」爲惡謚，故削之，爲神諱也。以予觀之，書爵既已脱誤，而諱書爵者〔八〕，尤非。考之史：漢壽本縣名，在犍爲。史稱費禕遇害于漢壽，而唐人詩亦曰「漢壽城邊野草春」，是已。夫漢壽者封邑，而亭侯者爵也。東漢之制，有縣侯，有鄉侯，有亭侯，皆以寓食入之多寡。今去「漢」而以「壽亭」爲封邑，誤矣。又昭烈勸進表，其首列銜曰「前將軍漢壽亭侯關某」，若以「漢」爲國名，則不當以錯置于職名之下。至于謚法：「武功不成曰繆」，而「繆」、「穆」古通用，若秦穆公、魯穆公在孟子，漢穆生、晉穆彤在史皆爲「繆」。蓋傷羽之死國，故以壯繆節惠。而宋岳飛謚武穆，意與此同。今乃諱之，以爲惡謚，豈理也哉？神之祀號，在古爲重，而世俗踵弊，積無知者，故爲訂之。

論董公徐洪客

所貴于天下士者，謂其識見超出乎衆人之上也。周末之諸侯，務相并吞以自强大，不復知有君臣之義。以項羽之弑君，天下不能名其爲賊，高祖之初意，亦惟惡其分地不平，故起忿兵以報私怨。而新城三老董公乃獨説高祖曰：「仁不以勇，義不以力」，項羽無道，放弑義帝，「天下之賊也」，大王宜率三軍，「爲之素服」，告諸侯而伐之，「此三王之舉也」。其辭毅然不可犯，高祖用之而漢業以成。良、平諸公曾無一人能知此義者。六朝以來，人安于簒竊，不復知有弔伐之事。以楊廣之無道，天下不能聲其爲獨夫，雖太宗之才略，亦且爲殊錫受禪之舉，昧大計以就逆圖。而泰山道士徐洪客乃獨勸李密曰：將軍「宜乘進取之機，因士馬之鋭，沿流東指，直向江都，執取獨夫，號令天下」。密不能用，而其言至今讀者凛有生氣。房、杜諸公曾無一人能知此義者。然則二君子之識見，斯不可謂之天下士矣乎？世未嘗乏才也，顧多隱于抱關擊柝、黄冠野服之流，其長往而不返者何限？當多事之秋，乃或僅出其長以見于世，而奇偉卓絶已如此。然則爲人上者，豈可偃然自足以輕天下之士邪？

論曹操

曹操之在漢，人服其智，而操亦以之自況，曰：吾豈四目哉，「但多智耳」。以予觀之，操豈足以言智哉？操之所以不即敗亡者，天幸也。夫操之圍張繡于穰城，攻劉備于徐州也，田豐嘗兩説袁紹以襲許矣。其拒紹于官渡也，孫策又嘗定部署以襲許矣。其追袁紹、擊烏桓也，備又嘗勸劉表以襲許矣。使三子者之計一行，則操之敗亡豈待旋踵？而袁、劉不能盡人之言，孫有暴客之禍，謂之非天幸，可乎？或曰：操雖虚國遠征，亦必有居守之臣、留屯之兵以備非常之變，則襲許之策烏能保其必勝哉？是大不然。方關羽之取襄攻樊也，操固已相視無措，惟議徙許都以避其鋭。然則明知敵來不能起爲之所，而況于出奇制勝者哉？操之危蓋屢矣，而猶以多智自詭，吾誰欺乎？古之智者，必以誠爲之主而動不失正，無欲速之心而有萬全之道焉。若操之幸勝苟免，特所謂穿窬之雄耳，烏足以言智！

隋論

隋文之取天下，與唐、宋二祖無異，而身不免于惡名，國不免于閏位者，何哉？亦曰：后德之不臧爾。夫隋之亡也以煬帝廣，而歸咎于后德也，何居？曰：廣之立，獨孤后爲之也。夫太子勇以無罪見廢，而廣以愛幸奪宗，則亡隋者，獨孤后也。今夫張、湯、杜、周，其所以致身起家者何如？而能使其業之昌，胤之隆者，徒以子孫之賢耳。矧隋文以一統之盛，得中才之主任守成之責，其有不能儷美于唐、宋二祖者乎？顧乃以大器而畀之酗荒淫虐之子，則后之罪也。烏乎！周之興也以文王，而太姒以聖德爲之配，舍伯邑考而人不以爲少恩，立武王而人不以爲溺愛，卒之化家爲國，而膺祚之靈長者，莫加焉。此無他，用天下之公也。廢立大事，而徇私背公，未有不亂者。書稱桀之亡「維婦言是用」〔九〕，蓋帝之謂矣。雖被弑之際抵牀大恚曰「獨孤誤我」，亦何益哉！

狄仁傑論

先儒謂狄仁傑未及復中宗，年七十以卒，所薦張柬之等嗣而成之，柬之亦年八十矣，使天不假年，則事機一失，國祚終傾，仁傑之不早計於此，有遺恨焉。是大不然。凡事之成雖出於人，然其所以成者天也。當武后末年，中宗已還東宫，而仁傑居相位，其間豈無事機可乘？而遲回以至於死，固不可以言智。然中宗既還東宫，則天下者，東宫之天下，不言可知。智者於此，正當持重以銷群慝而要其成，固不可爲萬一嘗試之舉。此仁傑之心，而柬之幸其功。凡此皆天也。就使柬之不幸亦死，而唐命未改，天下豈無狄、張之徒哉？論者乃以其衰莫不早計爲恨，末矣。文王三分天下有其二，壽幾百年，事紂終其身。至武王年九十有三，輔以太公亦年八十餘，方始勝殷殺受，大告武成。由是觀之，則文、武、太公之衰莫不早計，甚矣。傳曰：「天之所廢，孰能興之？」天之所興，孰能廢之？論者烏足以及此？

貍奴論

家蓄一老貍奴，將誕子矣，一女童誤觸之而墮，日夕嗚嗚然。會有餽兩小貍奴者，其始蓋漠然不相能也，老貍奴者從而撫之，徬徨焉、躑躅焉，卧則擁之，行則翊之，舐其毹而讓之食。兩小貍奴者亦久而相忘也，稍即之，遂承其乳焉，自是欣然，以爲良己之母。老貍奴者，亦居然以爲良己出也。吁！亦異哉。昔漢明德馬后無子，顯宗取他人子命養之，曰：

人子何必親生，但恨愛之不至耳。后遂盡心撫育，而章帝亦恩性天至，母子慈孝，始終無纖芥之間。貍奴之事，適有契焉。然則世之爲人親與子而有不慈、不孝者，豈獨愧于古人，亦愧此異類已。

祀神考

我先尚書少保襄毅公之捐館也，治命作堂于先祠之東，以奉五祀，而附以張仙之神，若漢壽亭侯，若遠祖忠壯公，若唐越國汪公、中丞張公。惟時走方遠仕京師，不獲與聞。克儉弟以先公之不忘於此也，即以其年庀工而成之。暨走歸奉襄事讀祭禮，乃復考訂異同，著其說於壁，以示我後人。

一、論定司命竈中霤族厲門五祀

五祀之名，見于禮之月令者，曰門、行、户、竈、中霤。凡曲禮及周官小祀之注，無弗同者。白虎通則有井而無行。至於祭法，則又以爲天子七祀，曰司命、中霤、門、行、户、竈、太厲也；諸侯五祀，曰司命、竈、門、行、公厲也；大夫三祀，曰族厲、門，行也。此其說，經不再見，故先儒多是月令而非祭法。然王制「大夫祭五祀」，注曰司命、中霤、門、行、厲，則又與祭法相乘。凡此六説，雖參互交錯，而皆出于秦、漢諸儒之所紀録，疑有不可偏主者。走故從王制之注，而獨以「竈」易「行」焉。

夫自天子以至庶人，其樂生宜無不同者，此司命之祭也。自天下以至一國一家，雖其地有小大之不同，然皆謂之有土可也，此中霤之祭也。人之動也不能無出入，而其居也不能無飲食，此門與竈之祭也。鬼無所歸則爲厲，故自天子以至大夫皆有之，但以差等而異其名。先王之制，仁之至、義之盡也，此族厲之祭也。禮繁則亂，事神則難，户之於門類也，井，行之於中霤亦類也，而復祀之，何居？儀禮：士疾病，行禱五祀。則司命、族厲之當與可知也。故今定著司命之祭以春，取生育之義也；竈之祭以夏，火得令也；中霤之祭以季夏，土旺于中央也；族厲之祭以秋，取萬物肅殺、消弭災沴之義也；門之祭以冬，歲交之際有陰陽闔闢之道也。夫司命所以主有家之生，本乎天也；中霤、門、竈所以資有家之用，本乎地也；族厲所以督有家之過，本乎人也。三者備而祭義明矣。

二、論定禖氏之祀

古有高禖之祭，乃天子祈嗣之禮，行之於郊，又謂之郊禖，疑非臣下所當僭。然后稷實以祈高禖而生，其事見于生民之詩，則古之臣下亦有行之者矣。孟子曰：「不孝有三，無後爲大。」祈嗣之禮，古必通于上下，而今亡其制也。近世以土木爲像而嚴事之者，曰張仙，莫知其所從起。老泉贊之，謂禱之而得二蘇，亦不名其誰也。其像張弓挾弹，如貴游公子之狀。或傳其爲周之張仲，事不經見。而月令高禖之祭，必禮御者「帶以弓韣，授以弓矢」，顯其有得子之祥也。内則：男子生，「射之以桑弧蓬矢六，射天地四方」，期其有事於遠大也。故竊疑此像即高禖之神，其易矢爲弹者，取誕子之義也。獨張仲之事，求其説而不得。又竊以謂古者祭必用尸，如夏郊以董伯爲尸，周公祭泰山以召公爲尸，取其德之相類也。豈周之祀高禖者嘗以張仲爲尸乎？語曰：「仁者必有後」，又曰：「孝弟，行仁之本也」。詩稱張仲孝友，尹吉甫資之以成其德。則祈子而祀張仲，或禮之以義起者歟？但禖之稱「高」涉於僭，而禮有别稱「禖氏」者，亦猶天子之社謂之后土皇地祇，而庶人之社謂之后土氏也。故今定著爲禖氏之神，庶於禮爲弗畔也。

三、論漢壽亭侯及遠祖忠壯公唐越國汪公中丞張公之祀

漢壽亭侯忠義聞天下，先公屢嘗夢之，每出師則祀于帳中。而侯實爲漢死節于吴。我徽郡，故吴境也。先忠壯公當侯景之亂，越國汪公當隋末之亂，皆有保捍州里功，歷代著之

祀典，徽之人家户户祝。而忠壯公又程之大宗，禮所謂先祖當有立春之祭者也。中丞張公當安史之亂，保江淮以遏强虜、資中興，則江淮以南不污于腥膻、不罹于荼毒者，皆其力也。江淮以南祀之，宜也。昔尹和靖先生每旦必誦光明經，或問之，曰：「母命也。」夫異端之説，君子尚不忍廢先命而誦習之，況一代忠勳之臣有先烈焉、有先德焉？我先公奉之，實以致夫景慕感仰之意耳，亦非欲祀之以徼福也，而小子其何敢不嗣敬之哉！

太古軒辨

陶淵明夏日北窗高卧，清風徐來，自謂羲皇上人。此殆以古爲高者。司馬温公製深衣一襲，以餽康節，康節却之曰：居今之世，不敢服古之服。又似以古爲非者。二公皆百世士，而意見不同如此，何歟？或曰：二公古其心而不泥其跡，不害其爲同也。郡人劉宗敏先生自號太古，其將識二公之心跡者歟？不可知也。或曰：淵明棄官歸隱，寄傲一窗之下，而宗敏壯年遨遊乎江湖之上，日不暇給；康節一古衣不肯服，而宗敏不惜重購聚奇于一軒，日與好事者樂之，而以太古自名，若是者，其有得於二公否乎？是誠不可知矣。或曰不然，淵明以古人爲高，乃弄無絃之琴以自娱，不必舜、文、周、孔之聲也；康節以古服爲非，乃究先天之心學，畫而爲圖，直上泝羲皇而置文王以下不論。由是觀之，以爲不古也而有古者存焉，以爲古也而有不古者寓焉，此先正之所爲不可及也。今宗敏號精于琴，又以先天之旨爲抽添、火候之説，自以爲得不傳之學於至人，然則宗敏之心跡，其不古而古者歟，抑古而不古者歟？皆不可知也，必有能辨之者。

校勘記

〔一〕亡者幾半　「亡」，原作「忘」，據篁墩程先生文粹卷三改。
〔二〕乃取夫狎邪淫蕩之詞　「詞」，原作「嗣」，據篁墩程先生文粹卷三改。
〔三〕則侯之反刑未具　「刑」，篁墩程先生文粹卷三作「形」。
〔四〕乃有國賊曹操非孫權之言　「非」，原闕，據篁墩程先生文粹卷三補。
〔五〕故易曰服牛乘馬　「乘」，原作「承」，據篁墩程先生文粹卷三改。
〔六〕諸王子不得階也　「階」，篁墩程先生文粹卷三作「偕」。
〔七〕況德昭因他人行賞一言之憤　「人」，四庫本作「日」。
〔八〕而諱書爵者　「爵」，據前後語意，當爲「謚」字。
〔九〕書稱桀之亡維婦言是用　「桀之亡」，係套用或誤用，尚書牧誓：「今商王受惟婦言是用。」

篁墩程先生文集卷十二

辨

辨祁譜世次自周秦迄五代了無一闕可疑

按饒之景德鎮有宋都官程公名祁者，嘗撰程氏世譜三十卷，起得姓之初，而終于五季。其間系次分合、履歷詳簡，最號精密。蓋自宋以來，凡程氏之有譜者，必以此爲按，本之者進以爲是，不本之者斥以爲非，其説之得行于一宗如此。敏政每閲之，亦嘆其有功程氏，而獨疑其自晉以上抵于周末，事不見于經史，何所稽憑而能歷歷著之，使其昭穆分明、了無遺闕，一至是哉？然又疑魏晉以來，用門地取人，凡大家巨室，必有譜牒副在官府。而祁生汴宋之時，恐及見之，不可知也。

近歲以來，欲重訂本宗一房，因遍考舊譜，旁證他書，而後知祁譜之果可疑也。何哉？

以其所書河南房一派而因有以盡發其僞也。祁稱據林寶元和姓纂，謂陳亡忠壯公子孫徙中山，五世孫大辨爲六合令，雖云五世祖忠壯而不知其所從出。敏政考之文苑英華，得李邕所爲程長史碑，其載五世祖重安侯嚮正忠壯之孫，而嚮生育，育生皆，皆生弘，弘生大辨，具有履歷，最後又得陳留譜，證之相同。其書皆出汴宋，而祁不之見，乃於其所著譜謂嚮生二子翻、詡，翻生三子公順、公頡、公穎，詡生二子公顥、公顯，反稱大辨不知其所從出。以是知祁譜之可疑者當不止此。蓋祁自負博極群書，蒐獵纂集以成此譜，而不知簡册所載固有出其見聞之外者，若邕碑是已。

程以國氏，始于休父，世望安定，而嬰公事趙家邯鄲，再望廣平。此固程之所自出者也。故今定著此譜，仍系二公于首，以重水木本原之思。凡祁譜所述世次，出于周、秦之間者，皆不敢具載，以明此譜之可信。然祁自序有云：「倘宗人與我同志，或嗣有所見，或别有藏書與今譜不同者，願以見教」，「尚庶幾改之」。則其本心亦豈不有望于後之人也哉？

辨祁譜稱漢歷簡侯黑至晋新安太守元譚世次太遠紀述太詳可疑

按：祁譜謂嬰十一世至漢歷簡侯黑，黑傳二十世至新安太守元譚。中間無一人一事見于傳記，今不敢從。然簡侯實趙人，則其先當出于嬰公，故今止據漢書年表世系，附嬰公之後。

辨祁譜不知程氏初遷江南出吴都亭侯普之後誤據元和姓纂以爲出魏安鄉侯昱歐陽文忠公碑銘亦從其誤

按：林寶姓纂謂唐世程之望分爲七，而廣平、中山、濟陽三族皆祖魏安鄉侯昱。於是都官祁據之以作世譜，曰中山之程出于新安太守元譚，實安鄉侯之裔，當晉東渡，自河北來守新安，遂家焉，而太守十三世孫是爲忠壯公靈洗。於是歐陽公又據之以作冀國公碑銘，曰程分爲七，三祖安鄉、廣平、中山以暨濟陽、中山之程出自靈洗，實昱裔孫，仕于陳季。兩説既出，凡程氏之有譜者，無不宗之。

敏政竊誦之而有所疑焉。李邕所作程長史碑，其世次甚明，而祁不之見，乃妄有所述，則等而上之，謂元譚之果出于昱，其敢以爲據乎？後得陳留程氏舊譜，其説曰：唐世程之望分爲七，而廣平、中山祖吴都亭侯普，濟陽祖魏安鄉侯昱，分南北兩宗。乃知姓纂漏書「祖吴都亭侯普」六字〔一〕。由是後人襲舛承訛，謂三族皆祖安鄉，蓋由歐陽公與祁爲林寶所誤，而後人又爲二公所誤也。

陳留譜所書，遠有端緒，而祁又不之見，其自叙紹聖年中求陳留之譜而不得，且云無由論定以待異時，則宜其所譜之疏脱，視寶爲甚也。陳留譜謂普從孫堅東渡江，歷事孫權，爲盪寇將軍，賜居建康，爲南宗之祖；晉元帝東渡，自建康即位，而普之玄孫元譚仕爲新安太守，始居新安。蓋程氏之徙江南始于普，而居新安者始于元譚，非元譚始自河朔徙江南也。會里文簡公大昌爲譜序曰：自晉以前，程氏未有越江而南者，居江南其始于東晉元譚公乎？噫，會里公最號博洽，爲朱子所禮重者，尚爲此説，則餘譜之不能有所是正，又何責焉？

辨祁譜書新安太守元譚以下世次絶與陳留譜不同及書忠壯公二十二子可疑

祁譜：元譚子超生馮，馮子豐生景秀，景秀子元政生寶雲，寶雲子法曉生隱雋，隱雋子道樂生次茂，次茂子晉生寶惠，寶惠生靈洗五子，靈洗生文季二十二子，文季生子嚮，子嚮生詡，詡子公顥生絢，絢子南金生元諫，元諫子季隨生繹，繹子昔範生行褒。

按：祁譜謂忠壯五世孫大辨居中山，不知其所從出。敏政既得李邕碑訂之，其居新安者自元譚，生長民，長民生相韶，韶生元政，元政生道惠，道惠生天祚、法度，天祚生超，法度生扞宗、景遂，超生邕之，邕之生修，修生次茂，次茂生謽，謽生寶惠，寶惠生忠壯，凡十二世。又自忠壯五世至皆、富二公，分南北二宗。皆仕隋爲涿郡主簿，生弘，弘生大辨，爲北宗；富生炫，炫子南金生諫，諫四世生行褒，爲南宗。敏政又得陳留譜訂之如右。

考之宋、齊書，元譚四世孫道惠二子、三孫，當宋子業之亂，悉佐晉安王子勛起兵，其名雜見紀、傳中。祁乃止書天祚一人，餘皆列諸外譜；又稱忠壯兄弟五人，子二十二人，亦皆與陳留譜不合。考南史傳，凡當時將相大臣三子、五子，無問顯晦多書，而忠壯二十二子，至有尚主者，反不以書；載考之祁譜，二十二子無後及外徙者過半，獨嚮一房居故鄉，則亦必無之理也。史稱文季死于周，詔以其子嚮襲封，蓋謂文季之子名嚮也；而祁乃謂其名爲子嚮，益可占其人之不審焉。敏政最後又得二説，其一洪武長史通公所編績溪坊市譜，跋云家藏舊譜稱嚮生一子，失名，其曾孫曰行褒，與諸譜不同；其一元儒方氏玄成跋程氏譜，亦云婺源譜稱元譚十三世生忠壯公，績溪譜稱元譚九世生忠壯公，其不同又如此。則知祁譜之後固自有覺其非而闕之者矣。惜其未見李邕碑及陳留譜，故無從訂之爾。

祁譜又以炫爲絢，謂絢有弟綸，南金有二子，元皓、元諫，皆與陳留譜不合。唐登科記止作程諫，亦無所謂元諫，唐試進士蓂莢賦，刻諫公之文尚存。又謂繹生二子，昔範、西範，比陳留譜多一人。蓋「昔」〔二〕、「西」二字聲相近而誤也。

辨祁譜不知元皓與皓爲一人誤分滄州中山爲二房及謬增荆杞一人爲河南房祖

按：祁譜以忠壯七世孫元皓生日華，爲滄州祖，而誤以大辨生文英，文英生皓，皓生荆杞，爲中山祖，且云伊川宗譜一卷，宜上附之。意以伊川六世祖秀爲荆杞之子也。敏政每閲之，頗疑元皓與皓本一人。何哉？姓纂謂大辨居中山，而唐書本傳稱日華定州安喜人，世鎮滄、景。定州即古中山也，日華父子獨仕于滄耳，祁乃盡其族而歸之滄，非人情矣。後於趙明誠金石續録得唐韓義賓定州别駕程君墓誌及陳留譜考之，則皓生日華，日華生懷直，懷直生執恭，執恭生世庸，世庸生巖，巖生秀。皓與元皓果一人。而猶有可疑者，唐書本傳元皓嘗受安史僞署爲定州刺史，李邕碑稱皓廣宗人，發身文學，惟此爲不同耳。既又考唐代宗、德宗實録，始復得其所以誤者。實録於日華傳下曰日華廣宗人，父皓爲定州刺史，始居安喜，而史朝義傳下曰朝義既死，其僞定州刺史程元勝等皆舉其地以降。乃知作史者不審，但見定州有兩程刺史，遂以元勝之事附之，而又易其名爲元皓也。所猶幸者，新、舊史於日華傳中俱曰元皓，於朝義傳中俱曰元勝，間見互出，可從而爲尋疑勘誤之地，使其改而從一，則豈可以復正哉？祁不能訂史之失，乃謂皓生一子荆杞，更出一疑以誤後人。今定著以邕碑、唐史及韓誌、陳留譜爲據，夫然後百年之疑一日而決。又考之宋季有續譜者，以姓纂稱大辨不知其所從出，而祁譜忠壯公十四世孫有粹、實、英、秀四人，遂以伊川之派附此秀下，則又愈遠而愈失之者也。

辨祁譜行褒以上世系訛舛當正行褒以下世系明白當從及祁續譜所載者諸房多不之見或誤加增損亦略辨之

按：祁譜之所失，其最甚者在於僞作行褒以上祖名，以相聯綴；若其所譜行褒以下六世支分派衍則又最爲明白，當從之者。蓋祁生汴宋，去五代時未遠，而其所譜行褒六世孫「承」字行三十餘房，則皆當時見聞相及，住居相邇，慶弔相通者也。其附載承議公之言曰：諸房子孫並請以「承」字冠于名上，置籍注之，以辨少長。而祁別有續譜二十卷，大抵皆三十房之後，江南諸程多出於此。然以數經兵燹之餘，人或莫見之，而近世諸程之譜意出於宋季元初之人，餖飣爲之，彼固不虞祁之有續譜也。則或脱其世，或增其名，用求合于祁之前譜，舛戾紛紜，莫可究極，而三十房者反無一人承其後焉。所失較祁益又甚矣。今訂本宗譜而不能遍及各房，因隨所見略志之，以俟續書。

祁譜：昔範三子：秉彝、匡柔、行褒。匡柔二子：適、造。行褒四子：諒、幹、纂、翰。宋南溪房達可印本譜：行褒生適，適生吾，吾生諒，諒生鳳，鳳生纂。諸譜或同或異，或疑適、諒皆犯近祖之諱，殊不考適即匡柔之子，祁續譜亦明書適生吾，吾生涼，涼二子，長鳳、次鸞，鸞二子，長秔、次榮。後人不見祁續譜，誤以適置行褒之下，又不考涼與澐、淘爲伯叔兄弟，名皆從水旁，而輒改爲諒也。達可譜又稱纂五子，瓊、璿、琢、琮、瑀，琮爲鳳凰、瀘口、南溪三房祖。考祁譜，纂止四子，無「琮」字。諸譜並稱幹公位下渥生琮，會通譜又嘗辨定。然祁譜載渥南唐元宗初進士，達可譜載勛唐僖宗時進士，豈有孫先中祖舉八十年者？考印本譜旁注云：「一本鳳生偉，偉生琮，併志之以備參考。」則當時固嘗存疑於此而不及正耳，今從而訂之，固先正之意也。琮即唐忠臣宗楚之誤，辨見後。

祁譜：珍生八子，洎、沚、渾、澤、澐、湘、淘、汾，續譜亦如之。諸房譜或謂九子，或謂十子，增減不一。其大約則多「濬、清、渝、漼」四字。考祁續譜，漼自出幹祖派原公下，其餘三字則皆疑傳寫之誤，如環溪譜渾下注云「一作渝」，會里譜澤下注云「一作清」，宜振録則明以「洎」作「濬」，蓋皆字畫相近而易於舛也。

宋南溪房印本舊譜：適三世生鸞，鸞生二子，長秔、次榮。「秔」、「榮」字後來翻刻偶尔模糊，由是後人或以「秔」爲「秠」、爲「秬」，或以「榮」爲「瑩」，或并三字悉置「鸞」下，皆非也。桃梅譜又以爲行褒生四子，幹、纂、翰、秔，或徑以爲適生秔，悉與祁譜不合，當從印本舊譜。

祁譜：盈生一子，從讜，遷湖南，諸譜並同。別譜乃謂盈有次子從發，爲率口派。考祁續譜，渾生郇，郇生從發，後人誤以墨絲牽于盈下也。

會里文簡公大昌修譜，自五世祖文新始。考祁續譜，澤早卒，弟澐擇族人子番爲之後，始居會里，曾孫立生四公，即文新之父也。文簡五世孫天經編慶源録，謂家藏元豐支書，載始遷會里祖至第七世文新墓，經理四至具存，與紹興官印支書並同，但缺名字行第，然則始遷祖即澤公無疑，惜當時未見祁續譜耳。會里裔孫明遠譜序云：文簡公時，元豐支書匿于長孫之才房下，故公弗之見，近天經得而補之，可以釋公遺憾矣。然非登載明白而主信于數世以上之遺籍，初何敢空言駕説犯先世之嚴誡哉？此言是矣，所惜者，誤以澤爲清，則猶未免有察焉弗精之病耳。

祁譜澐下不載所生。各派譜或謂澐生一子仲繁，爲祁門浮梁祖；或謂澐生四子，亮、蕪、寰、季，爲休寧汊口祖；或謂澐生二子，仲節、南節，爲休寧古城、陪郭祖。考祁續譜，澐生三子，長仲繁，將兵戍祁門、嚴湖諸處；次仲節、南節，將兵戍歙南古城及休寧。仲繁生二子，熺、燿。熺居祁門新府，生二子，承勳、承德；承勳生五子，令溫、令滔、令洭、令汾、令洙。燿還居汊口舊府，生承武，承武生旺，旺生二子，淮、沅，相繼爲巖將；淮生四子，亮、蕪、寰、季。此最有據。後人不見祁續譜，於祁門派脱去二世，謂令洭仕唐爲中奉大夫，又於令滔五子、令洭三子名悉加「承」字，以求合于祁之前譜。考唐百官志無中奉大夫階官，宋徽宗大觀年間初置，令洭生于唐而仕于汴宋之末，將二百歲矣。柏溪、程山譜五子、三子名並無「承」字，其誤甚明。於汊口譜徑書澐生四子，蓋徒以淮、沅與澐、淘官爲巖將，相同而名之，邊旁亦偶同也，中間脱去五世。以時計之，端明終于理宗之朝，而與朱子五世祖同行矣〔三〕。婺源、開化諸譜所載與祁續譜世次相同，但不知燿與承武之名，而謂汊口始遷祖及二世祖，俱忘諱字耳。

祁續譜：湘當巢賊亂後，分兵守婺源，官至檢校工部尚書；湘卒，子全禮代之，官至檢校御史中丞；全禮卒，弟全臯代之，官至御史大夫；全臯老，子遁代之，遁一名范，官至檢校户部尚書兼國子祭酒，入宋罷兵。蓋父子兄弟四世守婺源，以時與事證之，最爲有據。今婺源譜謂全皋無傳，全禮生嗣恭，嗣恭子思復生筠，筠子仁愿生范，天祐二年進士入官，全失其實。按：祁前譜於八房止於汾下書無子，如淘、如全皋下皆無所書，蓋已書于續譜而後人未之見也。遁之後人不知所出，或上泝于匡柔位下，或俯就于仁愿位下，皆非是。考澐拒黄巢在乾符五年，下迨天祐二年才二十七年。湘至范已六世，年數太促，世數太多，縱有舊譜相承，亦不能自信矣。蓋全禮下茂、芳、范、萌凡四昆弟，此一「范」也；全皋下遁止一身，亦嘗名范，此一「范」也。由前言之，則全禮下「范」乃此范之孫，由後言之，則全皋下「范」乃彼范之祖。後人不知而合爲一，其誤可勝言哉？周溪譜謂遁之子孫居彰睦蓮河，而忘此祖，却接范爲始祖，失其源流遠矣。樂平小彰睦裔孫宋貴溪教諭珽重編譜系，亦嘗置辨，大抵與周溪之説略同，惜其累經會譜，而莫或釐正之者。又婺源譜稱全禮爲本縣都督，考唐史，每道置都督，多大臣出領，一縣不應有此。郡志婺源在唐末嘗於腰灘蚺蛇港立都鎮，即今縣城，則全禮所領乃都鎮，譜誤以爲都督也。

婺源清源譜稱嗣逐始居清源，生承貴，承貴子仕修生利涉、利見。利涉子仁生克誠，克誠子邦彦生天則，即二十公。利見子侃生克敬，克敬子宗瑞生椿，即十九公，乃環溪所自出。今環溪譜稱嗣逐二子，長十九公、次二十公，中少六世。環溪裔孫潛夫作辨訛，以爲本宗譜稱湘公生唐咸通三年，下距椿公生晉天福十一年世次不遠，中間不能復容六世，其言可據。但淘公譜序稱行年七十，位不過巖將，且其所序皆天祐三年梁未篡唐以前之事，姑以是年爲始，等而上之七十年，則淘當生于文宗開成二年。湘本淘兄，乃下生于懿宗咸通三年，中隔武宗、宣宗兩朝，反少淘二十六歲。由此觀之，湘以下生年甲子亦未可據。然以乾符五年澐公起兵拒黄巢之年爲準，於咸通三年以上更加四十年，中間亦不能復容六世。故今定著從環溪譜，惟芟去湘公以下在唐諸祖生年月日，以從其實，則上下皆通。若從清源譜，則草庭、以文、林隱諸先達悉與今修譜之人同行，不可會矣。

婺源舊譜稱嗣恭長子思伯，一名仁愿，生四子，茂、芳、范、萌。次子思復，一名烈，生三子，簡、筠、籍。筠生三子，曰十一、曰興、曰護。續譜者誤以仁愿置筠下，又或改興爲仁興，以遷就之，皆非也。考長徑舊譜出于筠，且稱萌爲簡、籍兄弟，今從之。

祁譜八房，獨書汾無子。續譜書淘嘗以姪全禮爲子，後全禮守婺源，又以姪旭爲子，旭代爲巖將，兼領開化馬金嶺，卒，廟食龍山。生子玢，助防于歙，始遷河西。玢生四子，彦贇、彦樞、彦榕、彦材，爲槐塘諸派祖。別譜乃謂汾生四子，蓋誤以玢爲汾也。婺源種德坊、龍陂及開化、蔗溪所載並同。槐塘孟公會通譜亦自疑于汾無子，著其説于本支譜下，以俟後人。則今之考正，亦豈非孟公之志哉？

祁續譜：澐次子仲節鎮歙古城，仲節次子蘭生迪，字逢吉。今會通譜謂汾子彦榕，生延拓，世居河西。延拓子文昇生德曉，德曉子璿，生逢吉，爲休寧簿。子照，始居休寧。比祁續譜多三世。考山斗舊譜，有後周廣順二年祭逢吉文，上距乾符五年澐公起兵拒巢之時才七十八年，自汾至逢吉已七世，世次與年數太相懸絶。又以事證之，澐季子南節鎮休寧，子孫居陪郭，分居小東門，先墓多在東山。今山斗舊譜載逢吉葬小東門外，子照遂居小東門，再遷山斗，逢吉夫人葬東山，又嘗有屋在陪郭。是必仲節、南節二公之後，當時慶弔相通，故墓宅相隣如此。若以爲遠自河西而來，大非其實。又迪十世孫安節，世忠録稱其嘉定中應募，爲路鈐王德所舉，詔特以其名授征西安節招討使。按宋史傳，王德乃建、紹名將，下迨嘉定，死已久矣。唐宋招撫、招討使皆宰執大臣出領，豈有一人應募即授此任？考宋季道傳朝野雜録，嘉泰、開禧中用兵于金，以趙淳爲京西招撫使，下納粟補官之令，帳前總轄王德和上應募若干人，詔悉隸京西招撫司，置遊擊義士軍，授正將、副將、統領之官。蓋後人誤以王德和爲王德，安節本授京西招撫司遊擊義士軍副將兼統領，而誤以爲征西安節招討使也。

續溪坊市譜稱出于沚，云沚二子，盈一作蘭，旭一作藥。旭仕唐爲金鄉尹，遷績溪，葬周藤塢。悉與諸譜不同。惟文清公古城宗祖墓銘、會里小彰睦諸譜及祁續譜，澐公子仲節始居歙古城，生一子焕。焕生三子，藥、蘭、蕙。則坊市譜所稱盈、旭即藥、蘭者，其實四人，强之爲兩人也。按：旭本東密巖將，非尹金鄉，本葬開化龍山，非周藤塢。疑坊市舊譜不見藥、蘭所出，因以附盈、旭之下，遂失之。又諦考其前後，亦多可疑。如稱藥尹金鄉在唐光化元年，惟玩編譜在後唐清泰元年，上下相距僅四十年，而藥與惟玩相隔六世；盧藩續譜在後周顯德間，上下相距僅二十七年，而惟玩與盧藩亦相隔六世；且所載子孫，每代不下數十百人，無嗣者什九。蓋續譜者本欲侈大其族，而不意反滋觀者之惑也。獨元儒方玄成及長史公重訂坊市譜，拳拳望其後人旁會諸譜，正其闕失，前輩虛心求益之意藹然可以想見，比之偏執自是、力戰公議者不同。故今以諸譜定著，芟其所當芟，存其所當存，庶幾可還其舊，而兩賢之目亦將瞑于地下矣。

富溪裔孫常，元朝印本譜稱出于渝，云渝與兄澐同時起兵避難，生一子榮，葬古墓山。考榮即涼之孫、鸞之子、杬之弟，後人誤屬渝下。以事推之，渝即涼也。涼亦澐、淘伯叔兄弟，同出篁墩，後人拘于八房之説，强躋之澐、淘之間，盡以涼事書渝下，而又脱去一世，誤矣。端明珌公銘富溪程用之墓，謂富溪由臨溪而後散，又謂祖壟在古墓山。杭本臨溪之祖，與榮正同所出，而古墓山之説亦與譜合。後來續譜者謂富溪遷自汊口，又謂榮有兄弟三人，分居閔口，與宋誌元譜全相戾矣。婺源龍陂、種德坊、開化、蔗溪諸譜謂閔口程氏舊分七大房，建昌雪樓之派其一也，若閔口舊程氏自當出此，乃爲得之。

吴門譜謂端爲吴越營田使，生承珤，承珤生立信，立信生師孟。今考蘇舜欽所撰立信墓志，曾祖仕錢氏爲營田使，祖徙籍於蘇，父高遁不仕，中間脱去一世，宜從墓志。

樂平杭橋譜：僖三世孫承憲生溥，溥生翺，翺生完，完生泰含，泰含生通二，通二生沆，沆生剛愍公振。考汪端明藻所撰剛愍公碑，云曾祖承憲、祖溥、父翺，以公貴贈朝請大夫。無完，至沆四世，當以碑爲正。

祁續譜：開化北原及黟南山派出于百之，百之生承鐸。各譜或以爲珍第九子清生專，專生宗邁，宗邁生承鐸；或以爲渾孫亘，亘生專。皆非是。蓋百之字宗邁，其子又以「承」字爲行，合于祁之前譜，待制俱亦有譜辨，謂無清、專二世。

祁續譜：茂生承穆，承穆生二子，長大公、次二公。大生十九公，十九公生二子，長四公、次七公。七生二子，長念五、次念六。念六生二子，長復、次興。興生進，進生蕩。別譜謂承穆生蕩，中脱六世。蕩，羅田上市祖，其先有副使思敬，嘗與龍首山、小彰睦會同，稱其世掌世忠祠事。

印本譜以鸞爲浮梁東鄉程山祖，今程山譜稱出于仲繁，此必有本。但謂令洙生承德，承德九世生宋龍圖瑀。以世次考之，瑀與汉口端明珌同行，瑀終于北宋之末，珌終于南宋之末，年數懸絶而輩行同。又所譜於令滔、令滙諸子名並無「承」字，則承德亦不得爲令洙之子。別譜或稱令洙世系無考，或稱令洙爲黟、歙程氏祖，皆爲未得其實。考程山出仲繁子熺，乃爲得之。

淳安程氏譜稱出于忠壯別子文燦，云文燦爲鄱陽丞，子孫遷嚴州，又謂休寧會里文簡公大昌皆出其下。非也。考祁續譜百之下承鐸，生利見，利見生相，遷睦州青溪，宜以此爲正。

祁門程村譜：琬生逵，與黟南山同遷自開化，宜祖百之。但祁續譜及北原舊譜琬生億，億生安世、安僖。安世生舜，安僖生逵。中間脱去億與安僖二世，宜從祁續譜。

績溪仁里譜出于槐塘，云文清公兄元定，子宏祖、瞻祖、辛祖，乃績溪派所從出。宏祖無嗣，以瞻祖子相字仲和爲之繼，官至宣慰副使，生一子燧。考宋呂左史撰文清公父宣義墓誌，元定實先父死，而誌無瞻祖、辛祖之名。又考元楊剛中撰宣慰墓誌，稱宏祖無子，文清公擇族人有能子爲之繼。績溪程里積慶譜：藥十一世孫夢龍生二子，有能、有爲。有能次子仲和，宣慰副使，生一子燧。數説不同。然槐塘舊譜云文清公從兄元龍二子，瞻祖、辛祖。仁里舊譜云瞻祖、辛祖，一名有能、有爲，相出繼宏祖。今定著從舊譜及墓銘。

婺源種德坊譜云出德玄之後。考宋史傳，德玄鄭州滎澤人，善醫術，太宗朝歷官翰林使，今種德坊程氏尚世其醫。此必汴宋之末從南渡者。但謂德玄上出于湘與全皋，則恐未然。蓋湘與全皋子孫未有北徙者，而祁譜别有鄭州房，本上程之後，德玄當出于此。意其後人因僑居婺源之久，遂誤與土著者同祖也。譜後同源異派圖一卷，可取甚多。如稱淘爲十三公，旭爲四公，且云淘後子孫居開化龍山及歙縣槐塘，最與祁續譜相合，開化、蔗溪譜所載亦同。

婺源城东、城西譜皆稱出于南溪房尚書彦光，考達可印本譜並無遷婺源者；城東譜有子益、子壽、子文三人；城西譜有繼善者，本名饒。考彰睦元朝舊譜，則子益、子壽、子文實出于遁公位下，考祁譜，則饒實出于翰公位下，其於南溪了無相涉。大抵各家舊譜多散失于兵燹，爲子孫者不能窮探博訪以求真是之歸，以意推之，反失其實。

孝侯「三世不修譜」之訓，可不戒哉？孝侯諱鼇，漢歷侯黑之孫也。今諸譜以爲江北延祖，亦誤。

辨龍山譜稱沚公始遷開化及所載諸錯誤

按：休寧東密巖自黄巢亂後，定置巖將一人，澐始爲之，弟淘嗣之，繼子旭又嗣之，旭從子杭又嗣之，杭從孫淮、沅又嗣之。凡六更傳襲。至宋開寶八年滅南唐，巖兵始解。考郡志及祁譜，澐爲巖將兼領開化馬金嶺防拓等事，歷世因之，皆開軍府于東密。至旭之世，疑開化事有重于休寧者，遂移軍府于龍山，則始遷開化者，旭也。今龍山譜謂沚以巢賊之亂走開化，至龍山息肩弛擔，因卜築焉，土人呼爲下擔十三祖。其言大失其實。下擔之名，在在有之，豈皆因避亂而息肩弛擔於彼者？澐公據東密，正以保全宗族，乃使其兄流離異縣而不復相通，可乎？又謂沚父珍公葬本里孔望塢。自今觀之，珍公之卒在澐公爲巖將之前，未遭離亂，當葬篁墩；在澐公爲巖將之後，已經貴顯，必擇善地於休、歙之境，無緣先葬於他鄉數百里之外。雖曰開化乃其所部，揆之人情，亦不應舍近求遠如此。唐、宋以來金石之文，古人多葬其父于宦所。旭公既移軍府于開化，則孔望塢之墓或者淘公，譜誤以爲珍公也。祁續譜開化諸房：一房旭，生二子，宥、玢。宥居龍山，玢遷槐塘。宥生二子，旦、讓。旦生四子，忠、香、靖、竦。讓生二子，效、升。升居上湖。一房百之，遷白沙，生承鐸，承鐸生寵，寵生六子，輔、堯、宥、宣、宏、密。密生三子，京、効、天叙，天叙曾孫克一嘗修宗系。考婺源龍陂、開化、蔗溪、樂平、小彰睦諸譜並同。今龍山譜乃謂讓生三子，輔堯、球、琮；又謂汾生二子，效、升。錯亂舛誤，不可勝道。竊意龍山之祖實出玢之兄宥，舊譜失書，遂與白沙譜相出入，而不虞後人之考訂也。獨其族人在元有講書名介者爲譜圖說，曰：「譜書不可以家之所藏自宗主，天下之事亦至於理而止耳，介何敢附會其説乎？」斯言誠不易之論也。

辨仲節徙居歙之古城山非休寧古城巖

按：宋丞相文清公撰休寧古城巖宗祖墓銘云：澐公子仲節當同光元年棄弓矢、置田宅，依休寧外家趙氏，遂居古城巖。明年，弟南節又遷邑之陪郭。仲節卒，葬古城巖北園。娶金氏，葬乾明觀北園。由是，凡居古城巖者，悉稱仲節之後。而古城巖譜又謂：仲節自黄墩來休寧，行李四十餘擔，隨行親僕僅五人，是時仲節年將四十，尚未婚娶。以今考之，澐公起兵據東密巖以拒黄巢保州里，楊行密承制授兵馬副統帥，開府于歙，兄弟子姪悉典兵柄，分鎮列邑，威勢赫然，如古封建之諸侯，無緣二子獨退守田野、依棲無聊若羈人焉。其可疑一也。陪郭裔孫峴至正五年譜，累累言仲節以光化元年遷居歙城西南古城山，明年南節又遷休寧陪郭。以史、譜參考，澐公以唐僖宗乾符五年禦巢，仲節、南節嘗爲兵馬先鋒，其年當二三十歲矣。昭宗光化元年分居二處，上距乾符五年才二十年，正當澐公棄背之後。若依古城巖譜及墓銘，以爲後唐莊宗同光二年，則上下相距將五十年，仲節、南節當七八十歲矣，而譜以爲是時仲節年將四十尚未婚娶。其可疑二也。墓銘及陪郭譜皆謂仲節娶金氏，葬乾明觀後。乾明在郡治東，如以爲休寧古城巖，則吾邑從古及今即無此觀。其可疑三也。竊意古城山乃歙、休之交，去帥府不遠，去黄墩祖墓又近，故仲節居之。休寧自來爲徽富縣，東密又在境中，當時必有別宅，故南節居之。揆之於理，度之以勢，休寧古城巖或者亦出黄墩，但非仲節之後，恐將來以文清公此文益以傳疑，故訂之。按：古城山在歙西南，意當時屯戍之地，故稍西則爲古城關，然岩鎮東南又有古城岩，最奇險，今有古岩寺存焉。

文清公碑稱仲節生焕，焕生三子，藥、蘭、蕙。蕙生三子，承議、承諫、承諭。近考富溪印本譜，稱諒公位下嚴，生三子，沇，一名仲節；汶，一名南節。沇生恩，恩生令。令生三子，承議、承詢、承謀，並遷古城。疑「承諫」、「承諭」即「承詢」、「承謀」之誤，而仲節果非休寧古城祖也。其書沇、汶雙名，蓋與績溪譜「盈」、「旭」一名「藥」、「蘭」之説同爲一誤。

辨德興祖琮即唐忠臣宗楚諸譜更置之誤

按：德興南溪房達可印本譜云：先世有諱琮者，以從僖宗幸蜀，官至司徒，其孫銀青光禄大夫彦光，世爲德興銀山鎮將，嘗有南唐保大二年奏狀云：祖父某昔在京國，累從龍鑾，黄巢犯闕，隨駕西行，受封扈駕功臣檢校司徒，遺分符竹。又云：祖父初則共集義旅，固護鄉閭，兵收狂寇，即命没軍，蓋緣奉上無私，所以不顧身首。又有宋咸淳二年子孫祭文稱爲「招討相公」者，其事與名絶不見于史書傳記，嘗竊疑之。後因大會諸譜，諦考其故，乃知「琮」之爲「宗楚」，而譜誤更之也。考唐書，廣明元年十二月黄巢入長安，僖宗走興元入蜀，以左僕射鳳翔節度使鄭畋爲京城四面諸軍都統，刑部尚書涇原節度使程宗楚爲副都統，會兵討賊。是即奏狀所稱「黄巢犯闕，隨駕西行，受封扈駕功臣，遺分符竹」、祭文所稱「招討相公」者也。中和元年四月，官軍大破黄巢，收復長安，巢走還襲之，殺副都統程宗楚，是即奏狀所稱「兵收狂寇，即命没軍，奉上無私，不顧身首」者也。由是觀之，琮即宗楚無疑。然譜之所以更其名者，則以新安程氏多出纂祖之後，祁譜載纂四子，瓊、璹、珍、璫，而德興房不見宗楚所出，遂去「楚」字加「玉」字旁，以强躋于四子之間，不知宗楚之名顯載于史，而家乘、遺事又足以證之，更其所不當更，附其所不當附，其失輕重之倫甚矣。載考祁譜，有雒陽房一派，云諱忠建者，實晉上程侯咸十五世孫，仕唐爲涇原節度使；同時有程宗楚者，不能言其昭穆，忠建以同姓之故收籍牙内，遂秉節鉞。且稱其二子，全暉、全曜，全曜子渥。夫宗楚本出新安，轉遷德興，祁以不能自言昭穆之故，輒置諸雒陽派中。蓋祁每見仕江北者，即書之爲江北房。如滄州節度使日華本中山人，即書之爲滄州房也。德興譜琮二孫，彦輝、彦光，而祁以爲二子，全輝、全曜。渥本宗楚之從祖，而祁反置全曜之下，亦徒見五代史有全暉之名、舊譜有渥之名而雜揉以成之也。觀祁世譜序，自謂所得歙人程士忠、程立兩家譜，文字漫滅，因考史傳，别爲世譜，譜成，出之太早，又爲好事者離析卷帙，遷附臆説，理出厚誣。其所言如此，則亦何怪其錯亂之不至於此哉？所惜者，達可不能正祁之失，而復有所貿易，幾使一代節義之臣、一家忠烈之祖至于淪没而無聞，予故表而出之，匪獨以慰其子孫，亦使有司有所據而崇奉其烝嘗、汛掃其塋域，以爲天下後世之勸云耳。

辨婺源種德坊德興海口樂平東湖及湖州四程氏皆自西北來遷非出忠壯公後

按：江南諸程多祖忠壯公，然亦有自西北轉遷江南者，或自爲譜，或遂稱忠壯公後，以予所見諸譜而參訂之，凡四焉。其一婺源種德坊程氏，本宋翰林使德玄之後。考史傳，德玄，鄭州滎澤人，善醫術，子孫至今世其業。其一德興海口程氏，本宋沙隨先生迥之後。考傳記，迥，寧陵人，南渡時爲德興丞，因家海口。女適董氏，董氏世祀之，稱已無後，然端明珌公文集有跋，云及見沙隨之孫仲熊，海口之程疑尚有在者。其一樂平東湖程氏，本宋榮州觀察使恭愍公迪之後。考史傳，迪，河南人，父博古，戰死熙河，追封忠惠王，立廟杭州，號旌忠。子昌寓，爲鼎澧鎮撫使，亦死于戰，追封威顯侯，賜葬樂平東湖，其事略見于小彰睦之譜。今歙縣黄坑寺故有程氏祠堂，中奉程氏累代神主，其間封爵謚號，略與東湖相似而不著其諱。訪其譜，失于兵燹，而後來者遂謂其名爲坤厚，其事略不見于史書傳記。疑東湖子孫有遷休寧者，久而忘其祖烈，續譜者見其名位猶存于祠主，爲之飣餖其事以實之，而又或小有增損于祠主之上以成其説歟？其一湖州程氏，本宋龍圖閣學士忠文公公許之後。考史傳，公許，蜀通義人，其居蜀遠在忠壯之前，南宋始居湖州，子孫在元有名郇者，官終婺源知州，嘗與汉口族人往還，爲作世忠祠記。蓋此程氏前三派，則北宋之末隨高宗而南者。後一派則南宋之時出蜀江而東者，皆非忠壯之後也。然婺源有翰林應奉以文子孫，又有翰林使德玄子孫，兩公職銜皆侍從也。德興有端蒙先生子孫，又有沙隨先生子孫，兩公師友皆文公也。樂平有侍郎剛愍公振之子孫，又有觀察使愍公迪之子孫，兩公皆以忠節著，謚號略同也。湖州有龍圖閣學士休寧文簡公大昌子孫，又有龍圖閣學士通義忠文公公許子孫，兩公並以碩儒顯，官位略等也。則安知其後人，不有互祖其祖而莫之辨者乎？故今定著統宗世譜，而詳書其事，庶將來者少免於「崇韜拜墓」之譏云耳。

辨河南程氏新居休寧建康陪郭程氏舊居休寧及遷徙承繼之由

按：文簡太中子姪十有八人，靖康末惟文簡曾孫禮問、孚問，伊川子端中、端彦從高宗南渡，居池州及建康，其餘則皆留居伊、洛而未及行與夫避亂四出而不可知者也。既定居池州、建康，子孫多至十有一房，朝廷又屢有褒録之典，可謂中興矣。而端彦子暘，生謙之，爲徽州直學，嘗與朱子通書。謙之生源，源生振孫，振孫子正學、志學。正學生祉，田宅在休寧，而陪郭小東門程氏特盛，乃以銓量請爲休寧尉，既老而相依以居。此河南程氏之新居休寧者。

馬光祖之守建康也，剏明道書院，擇池州房伊川五世孫偃孫，俾奉明道之祀。蓋端中子㳺生節之，節之子濤即偃孫之父。當時禮官定議以節之至偃孫三世單傳，宜令三世並繼明道長子端懿、長孫昂後，會偃孫早世無子，制使姚希得又取建康房文簡七世孫幼學繼之。蓋孚問生舜人，舜人子安卿生子材，即幼學之父。此河南程氏之居建康者。

初忠壯十四世孫澐次子南節始自篁墩遷休寧陪郭。南節子宣生承敬，承敬子宿生昭。昭子全生先，先子永奇分居小東門。永奇生瑜，瑜子九使生四公。四公子六三，無嗣，以志學子榮秀繼。榮秀生文賁、季熒。祉居休寧，無子，而季熒繼之。此篁墩程氏之舊居休寧者。宋、元之季，池州最受兵，而兩城皆嘗被屠，由是程氏子孫在池及建康者，今無聞焉。陪郭小東門程氏舊分十三房，兵革以來存者三房，其餘蕩析不能復返桑梓，而季熒之後亦無聞焉。

近世凡程氏號稱有譜者，轉相授受，傳寫譌舛最多。其甚者，一謂河南房出于節之，以爲節之生烈，烈生珪浩，珪浩生海，海生興，興生德用，即河南房之所從出。然節之一位，三世單傳，當宋之時已經申請移繼明道居建康矣，安得復有謂名烈者？考之伊川長孫易生原之，原之子漸生叔浩，叔浩子梅生興，興子德用實河南房之祖，但莫知其所以自南徂北之由。蓋續譜者誤以漸爲烈，以叔浩爲珪浩，以梅爲海；而不知韻書本無「烈」字，且叔浩與叔仍、叔儀，梅與權、模、杞、梓爲聯行之足證也。一謂休寧房出于文簡八世孫祉，又謂出于滎秀。祉嘗居休寧，當時墓宅具存，續譜者不知伊川六世孫正學無嗣，而祉實來繼，祉復無嗣，而陪郭孫季熒來繼，兩失書之，故以爲文簡之後耳。其以滎秀爲祉繼子，則又續譜者不能審「滎」、「熒」，「秀」、「季」字形相近而誤屬於祉公之下也。

右譜辨一編，舊雜置譜圖之下。然譜圖既散之族人，不敢剩傳以虞妄者之冒承支系，隨毀其梓。獨念此辨頗有裨於程氏總譜，而又未敢以自是也，因撮于終編，以俟後之君子云。

元季開化龍山上湖房裔孫斗嘗至率口宗人洪遠家會譜，留序云：「宋元豐中景德房祁撰世譜三十卷，同時河西房璇又刊正其本爲十五卷，二本世次不同，所詳者，二人之親系耳，若於他房，或書之而失其實，由是後世子孫各出家書，與二本特相矛盾。斗以江浙憲使程公若晦之命來新安訪諸族，將合各房之書參考之，以決累世之疑，他日定本刻梓，當以一本寄洪遠，使藏爲家之信史。」味其言如此，而後未有聞焉，則前人固有與不肖同志者矣，惜乎其志之不克竟也。

予編統宗譜，據樂平石城譜云，忠壯十四世孫之柔子振生輝，輝子録生處疑，處疑子朗生成觀，成觀子忠舍生博文，博文子若稷、若英，若稷生起宗，即建陽大夫，獲友于朱子者。近見樂平杭橋舊譜於鄉貢進士楷，云之柔子勤生處疑，處疑子朗生齊，齊子律生拱辰，拱辰子博文生若稷、若英。之柔弟之祥生廣，廣子正元生承憲、承休，承憲子溥生翱，翱子振，即侍郎剛愍公；承休子中行生該，該子順生汝玉，汝玉子起宗。其不同如此。疑杭橋舊譜爲正，謹復志之，不敢以統宗譜既成而略之也。成化甲辰二月朔敏政書。

校勘記

〔一〕乃知姓纂漏書祖吴都亭侯普六字　「祖」，原闕，據程氏貽範集丁集補。

〔二〕「壯公二十二子可疑」至「昔範西範比陳留譜多一人蓋昔」　此段原闕，即原卷十二第三頁，據國圖本補。

〔三〕而與朱子五世祖同行矣　「朱子」，四庫本作「宋初」。

篁墩程先生文集卷十三

記

月河梵苑記

月河梵苑在朝陽關南苜蓿園之西，苑之池亭小景爲都城最。苑後爲一粟軒，軒名曾西墅學士題。軒前峙以巨石，西闢小門，門隱花石屏。屏北爲聚星亭，亭四面爲欄檻，以息遊者。亭東石盆池，高三尺强，玄質白章，中凸而坎其旁，云夏用以沉李浮瓜者。亭之前後皆盆石，石多崑山、大湖、靈璧、錦川之屬。亭少西爲石橋。橋西爲雨花臺，上建石鼓三。臺北爲草舍一楹，曰希古，桑樞甕牖，中設藤床、石枕及古瓦、塤篪之類。草舍東聚石爲假山，四峰曰雲根、曰蒼雪峰、曰小金山、曰璧峰。下爲石池，接竹以溜泉。泉水涓涓，自峰頂而下，竟日不竭，僧指爲水戲。臺南爲石方池，貯水養蓮。池南入小牖，爲槐屋，古樗一株，枝柯四布，蔭于階除，俗呼「龍爪槐」，中列蠻墩四。槐屋南爲小亭，中庋鸚鵡石，其重二百斤，色淨緑，蓋石之似玉者。凡亭、屋、臺、池四圍皆編竹爲藩，詰屈相通，花樹多碧梧、萬年松及海棠、海榴之類。自一粟折南以東爲老圃，圃之門曰曦光。曦光北爲窨春，冬月以藏花卉。窨春東爲春意亭，亭四周皆榆、杜、桑、柳，叢列密布，遊者穿小逕，傴僂以行。亭東爲板凳橋。橋東爲彈琴處，中置石琴，刻其上曰「蒼雪山人作」。西爲下棋處，少北爲獨木橋，折而西曰蒼雪亭。亭下爲擊壤處，皆薙草除地，爲坐石三。踰下棋處爲小石浮圖。浮圖之東循陂陁而上，凡十餘弓，爲灰堆山。山上爲聚景亭，亭上望北山及宫闕，歷歷可指。亭東隙地植竹數挺，曰竹塢。下山少南，門曰看清。入看清結松爲亭，踰松亭爲觀瀾處。自聚景而南，地勢轉斗，如大堤。遠望月河之水自城北逶迤而來，下觸斷岸，有聲潺潺。别爲短墻以障風雨，曰考槃榭。出看清西渡小石橋，行叢薄中，回望二茅亭，環以葦樊，隱映如畫。盤旋而北，未至曦光〔二〕，結老木爲門，曰野芳。出曦光少南爲蝸居。蝸居東爲北山晚翠樓，樓上望北山，視聚景尤勝。出樓後爲石級，乃至樓下。蓋樓據高阜爲之，故下視若洞然。樓下爲北牕，牕縣藤藍，僧每坐其中以嬉，蓋番物也。樓角出小墉爲梅屋，盆梅一株，花時聚觀者甚盛。梅屋東爲蘭室，室中蒔蘭，前有千葉碧桃，尤北方所未有者。

苑主道深，播州人，楊氏子，性疏秀，通儒書。宣德中住西山蒼雪庵，賜號圓融顯密宗師，而自稱蒼雪山人。後歸老，乃營此自娱，諧者頗寡，而獨與予善，故輒記之以示夫未遊者。

天順甲申春三月上巳日記。

宋丞相程文清公墓祠記

歙之古城關有昭孝積慶寺，宋丞相程文清公元鳳之祠墓在焉。初，公之葬也，建寺營墳，皆出朝典，一時哀榮之盛，故老猶能道之。蓋于今二百年矣。寺既燬于元季，贍墳田亦爲前住僧所私鬻。公六世孫孟、億兩人者，大懼祠之寢廢，乃捐己貲贖田歸寺，又與今住僧常貴募財力鳩工，寺爲正堂三間，左右掖室二間，以舊祠湫隘，歲時不能容子孫之展謁，增葺五間。門廡、厨廩、賓舍、僧房，次第告完，繚以樊墻，塗以丹堊，始事于某年某月某日，畢工于某年某月某日。積久之弊，一旦中興，比之舊觀，不替益隆矣。億之子熙以予同姓之親，求記其成，將使後來者謹嗣之。

予待罪史官，嘗考見文清公之平生矣。公相理宗不二年，適丁大全逐董槐謀相傾奪，公覺而去之。度宗初再入時，賈似道爲首相，公與議不協，凡三月而罷，清名峻節，凛然爲叔季全人。而丁之南遷也，自溺死于藤江，賈亦竄于漳以死，其名節不足道，而一死不得正丘首，況祠墓乎？況能保之於異代之後乎？然則一寺之新，事雖微，而世之鑒戒存焉，豈直一家一鄉之觀美而已哉！

孟雅有文學，極力蒐訪先世遺事，因類次文清公所受宸翰及奏議爲明良慶會録以傳。億勇于爲義，嘗建樓以奉理宗御書，功與祠等。熙舉鄉進士，同知汀州府，綽有政聲。其從子儀、從孫寬又先後舉于鄉。蓋文清之澤未斬也。文清兩夫人，别葬歙之禮莊，亦有昭孝景福寺，今廢矣。寺之田存者六十畝，與積慶所存者共百畝云。

河間府真武廟記

我太祖高皇帝定鼎之初，大正祀典，而金陵所存者十廟，真武之神居其一。我太宗文皇帝潛龍于燕，入正大統，而真武之祠在武當者尤盛。蓋燕之境北方，而真武北方之神，所以陰翊我文皇者，其功甚大，宜真武之顯有廟于今日也歟！

河間故有真武廟，在城中北隅，莫或知其所從起。惟梁間有題名，知爲元大德中所建。每郡有水旱疫癘則禱，禱輒應。而歲久，廟日就于圮，太守賈侯忠暨郡寮諸公力謀葺之，乃俾道士王慶雲主祀事，且鳩工重建神宇、門屋及鐘樓若干楹，爲從臣十有四。復以予故邦人，託上舍何君隆求記其成。

予聞知青龍、朱雀、白虎、玄武之名見于曲禮，朱子以謂指四方之星形似而言，蓋師行則畫于旗旐之上，以象天而示武，非實有四物者若是其獰然可畏、儼然可象也。蓋以角爲角、心爲心、尾爲尾，故謂之青龍；以參有四足如虎，故謂之白虎；以翼如翼、井如冠，而軫如項下之嗉，故謂之朱雀；以虛、危如龜，而騰蛇在虛、危度之下，故謂之玄武。詩註所謂「鳥隼曰旟，龜蛇曰旐」，楊子雲所謂「龍虎鳥龜」是已。夫位在北方，故曰玄，身有鱗甲，故曰武。至宋真宗始避聖祖諱，改「玄」爲「真」〔二〕。夫四方之星，取其形似而畫于旗旐之上，以象天而示武，亦必有神主之。矧其精之燦然列于上者，定四時以全民用，畫分野以正疆域，示先徵以垂世戒，自古聖王莫弗重之。則隨其方之所在而祀之，以爲祝釐之地，亦禮之以義起者也。或乃謂祀禮莫大于六宗，而幽禜所以祭星辰，其祀蓋天子所主，而庶人不得僭者。今廟于一郡，掌于巫祝，於禮顧弗悖乎？是固一說。然禮尊天而親地，庶人得以祀后土，而司命與爟之祭在古可通于民間，則斯廟之設，亦弗悖于禮矣。

河間爲北方大郡，而真武以其方之神廟食其土而福其人，事蓋不可不書。賈侯爲郡而嚴于事神，慶雲能任是役以不負郡侯爲民祈報之意，事皆得附書，故輒記其始末而推本二聖之意于首，且繫之以詩，使凡蒧事于斯者，當益敬、益共以致夫「神而明之」之義，無褻焉。詩曰：

瀛城之北，有祠穹窿。誰其居之，玄帝之宫。帝時下臨，火旗雲馬。邦人具瞻，拜舞驚詫。有龜盤盤，有蛇蜿蜿。協贊化樞，虚危之間。歘火飛廉，悉帝所部。駕風鞭霆，翊我玄度。備凶無凶，瀛人告荒。惟帝之賜，時雨時暘。沴氣氤氲，病我瀛土。轉毗爲祥，惟帝之暇。嚴嚴新祀，有寢有堂。邦人來享，鐘聲鍠鍠。時和歲豐，惟帝攸賴。眷我邦人，敬共無怠。湯湯瀛水，日夜趨東。惠流無窮，惟帝之功。

承澤堂記

新安之胡，其先出於青州。在晉有諱宥者，爲新安太守，愛黟南山水之勝，始家黟之横岡。至諱明星，爲梁太常卿，天監中家居，有闢壤、穿渠之功，去今蓋千餘歲。而民仰其利、思其人，遂相與祠于横岡之上。其事見郡志。子孫在宋有嵩、崇兄弟者，同舉進士第。其後繼繼不絶。迨我朝有伯安者，年九十餘受冠帶之令。其弟仕林起明經，爲廣宗尹，嘗扁其堂曰「承澤」。永樂間，堂圮不治，屬之他姓。而仕林之弟以佐力以亢宗起廢爲志，命其子榮捐貲以復之。既又得周王所書「承澤堂」三大字，揭諸堂楣，睿藻焕然，鄉人改觀，以爲故家文獻之足徵也。榮上京師，請記于予。

予聞「君子之澤，五世而斬」，孟子之言，亦據夫理勢之大約耳。苟有人焉，其功被于後世者不淺，則其澤亦不能隨其服窮而遽亡，若太常君是已。夫當南北分裂之際，立國江左者專崇佛事、競詞藻，上下化之，靡然成風。而太常君獨於其時拳拳于農畝，講求水利以濟乎鄉之人，亦可謂不群之士矣。惜乎其所施者僅以惠一隅，而不足以及天下，其所得者僅以善其身，不足以挽一時之頹俗。顧又史逸其名，平生大節，天下後世泯然無聞，是故有以見當時所崇競者不在此，豈非君子之不幸哉！然其子孫傳數十世、歷八百餘年而家聲不墜，愈久益振，處者有壽，出者有禄，則天所以報君子，亦固有在此而不在彼者。胡氏嗣人登斯堂也，仰而思之，尚益毖懋以纘先烈、裕後昆，則太常君之澤未艾，而斯堂之名，將與黟南山水相高于百代之下，無有窮已。

同年會記

成化丙申春，今天子郊祀既成，百官皆有賜假。吾榜之士乃以上元後四日會于城東報恩僧舍，會者幾百人。是冬無雪，天子齋祈，既雪而烈風間作，郊回風止。會之日，春陰熹微，天氣清淑，列坐以齒，核肴旅陳，教坊又盛張樂以佐酒。酒酣，各賦一詩留席上，相顧甚懽。薄莫分散。

噫，丙戌今天子臨軒第一科，收士三百五十有三人，可謂盛矣。然自戌抵申，十年之間，仕于兩京者、于州縣者，奉使于四方者，以事在告者、陟者、黜者、物故者，不可枚舉，而兹會未及其半焉。升黜離合之不常如此。雖然，同年有會，豈徒以惜景光、叙間闊？所以重其出而事君之日同也。今百人者，各守一官，謹毋失職，而又當夫國家閒暇，時和歲豐，得相與晤言于一堂之上，以求樂夫宦成而仰拜天子之明賜，獨非幸與？繼是以往，凡在遠外者固將入補京秩，然仕于内者亦且以年勞晉陟于臺省、卿佐、藩臬、郡長，則後會之際，或加盛焉？或加少焉？皆不可知。後之人把玩其詩而追思其歲月，不可無記。斯會也，主醵事者兵科給事中翟廷光、工部員外郎張志學。會之最長者南京太僕丞馬克毅，最少者敏政也。

朝陽樓記

汪隱君彦德父嘗闢樓于故第之東，以居其子上舍文明。時文明尚爲學諸生也，每平旦之交，坐以候日，但見雲濤洶湧之中，赤輪上升，天海爲之一赭，顧其樓之内外，晴光燦然，不自知其身之在何境也。隱君乃顔之曰「朝陽」，而以記來屬。

予聞而異之曰：朝陽一出，萬方具瞻，家得見之而人得有之。隱君乃獨以名其樓，不亦泛乎？是必有不泛者存焉。古之君子多取象于物以致乎儆戒，隱君之意，固非苟以其得日之先、居趾之在東而姑以名之也。夫仁義之理，天所賦于人，未有不完且美者。及其長也，私欲蠹之，始有戕其天而貿貿焉者矣。使一旦私欲退而天理復歸于我，豈不猶之朝陽升而群氛却掃者乎？聖賢之微辭奥旨，未易窺也。有求之昧昧焉，如夜行之人，使一旦刮垢磨光，而群言不啻若其自口出，豈不猶之朝陽升而萬景呈露者乎？隱君之所以願其子者如此，可謂切矣。

抑予聞人之生莫重于君、親，古之論忠者曰「向日」，論孝者曰「愛日」，然則文明之學成而行之于家、推之于國，亦當無忘于斯樓可也。或又曰：隱君篤于教子，而文明之名顯，其所以名、字之者，亦不爲無意。夫易之離有文明之象，而説卦曰「離爲日」，蓋隱君期其子以文章顯于文明之朝也。其言頗與名樓之意合，因并及之。

王朔州政績記

成化丙申知朔州王君上其九載之績于京師，州之父老請留不獲，相與詣朔之衛鎮撫前鄉進士章丘薛端，請狀君之政，求記于史氏，用以繫民之思。

朔，大同屬州，古鄯陽郡地也。西連東勝、受降諸城，南迤寧武、雁門兩關，東隣宣府，北控大漠，適大同、延綏之衝。二邊有事，兵即道此。州有中貴人及將官守禦，而大同、山西内外守臣、撫按、臺臣皆在管内，前後爲州者多不克終。蓋西北州號難治者，朔爲稱首。

君至，首詣學，學初罷于己巳之變，既復，而學田多爲兵民所私有，事遠人更，無寘意者。君慨然曰：「學校興，則其餘可從而理也。」即究所嘗私有學地者，令以差出材甓，鳩工修學，學遂完美，邊人改觀。又預簡兵民子弟之俊秀者，俾附學，躬督教之。舉于鄉者歲不乏，至或以經魁省士、取大科。君嘗苦旱，齋沐禱境内諸神及三塔嵬龍祠，雨隨至，民無大饑。而州之貧民負官租者百餘人，先有停徵之令。成化癸巳，部使者忽來，發火牌于州縣，州縣懼罪，不復恤民。君方至自入覲，有盧玉林者闌訴曰：「民父年八十，妻哺兩歲兒，皆在獄。産已罄矣，願鬻妻子以贖父。」君惻然縱之。時吏目車玉被首木監徵，泣持不可。君曰：「汝爲民父母，忍坐視其斃邪？」即日規措二千餘石，民出繫大讙，遥望州門泣拜不能起。君一一厚撫之，且免其徭役。

洪武、永樂中，爲里凡四十。景泰中，併爲八，户口耗而田尚在。君以民艱，日召人佈種，令畝出糲粱三升，秋送預備倉，餘地儘民力墾，官給種牛。已而公無負租，私有畜積，鄰郡多來就食者。民避己巳之難，走山南，多不復歸，遺田爲戍卒所侵，而責租于土著，民力愈困。君隨加詢督，遣人四招之，復業者千餘户。男婦及萬口，州二册，有著令，而胥吏乘機溷其間，民日訴之。君召衆前，面詰其户實，上中下者别爲手册，州與里各貯其一。遇徵納，則量所定地里遠近、租税多寡均之給印帖，具起存、撥留之數以諭民，使里書不得私增損，凡諸色悉準是，民甚便之。俗健訟，君受理無過三日者，獄屢空。上官入境，訟武官者尤甚，率委君覆之。而武官多横人，惡攖之，時戍卒走京師訟其參將虎噬地方十事，事及中貴人，君一一上之，由是武官爲之斂迹，上官益因以是直君。

密下守倫將官宋澄失機事，君具言澄敗狀，而澄預求爲之地，君厲色曰：「爾孤任使一方被累，尚可幸免邪？」澄卒以是伏罪。丁亥春，虜猝近邊，時都督張某駐朔，以城外民衆軍寡，咻君往撫之，而令將官張鼎嬰城。君徑揖出，民遮馬曰：「虜情叵測。」君曰：「其如城外生靈何？」疾開城西門，烽火夾道，放入男女數萬人，畜産倍之。達曙虜至，無所掠而去。總戎者乃大恧。州兵民褫居，而管兵者弗戢士，多去爲盜。榆次縣民部公帑赴大同，道受劫，君即時發健兒，密授之方，悉捕之。管兵者弗知。遺賊相聞散走，境内肅然。

山西藩司歲計芻粟十餘萬，預峙于朔，以應軍需。而太原、平陽諸郡縣輦金來輸納者，道雁門輒爲豪家所要，謂之包納，來者不復預事，惟俟期取文書。包納者得金，轉費于媱酗，陷輸納者或至死。坊庾官貪墨被挾，或虚給文書，事即露，獲重辟。君廉其弊，自監護之，豪家以不得志騰謗，君弗爲動也，久之乃定。後朝廷遣臺官鉤考諸路邊儲，多虚折被繫，惟朔羨餘以萬計。每西師宿境上及虜使往來，終其去，民不告勞。城禁歲久，不復嚴整，會有言此宜屬之有司正官者，事下君。凡易兵之老穉孱有疾者，出官所私役者，甚衆，浚修塘隍，撤新樓櫓，虜自是亦不敢潛使諜者覘城中，朔城遂爲西路第一。

君寡嗜好，廨西隙地構屋三楹，植葵菊階下，榜曰「宦隱」。庚寅夏，葵忽開並蒂者數十，觀者嘆賞，以爲惠政所致。君兩入覲，皆賜璽書還治。而前後巡撫、都憲若東安李公、大名王公、三山林公、滁陰董公、雲間張公、金臺殷公，凡以奏檄留之者再四。吏部以君書上最，請誥以榮之，而進同知懷慶府事。

噫！古稱循吏，自漢以來可數也。世降俗下，人才益難。爲守令者以集事爲能而不復恤民，知恤民矣而事廢不治，人兩病之。其甚者，虐黷以取敗，行賂而求升，儌倖一時，受譏君子。孰有處難劇之地而獲去思如王君者哉？事宜書之，以爲世勸。

君名用賓，字汝弼，華亭人。其父墨庵先生德新國初徙寧夏。君性廉介，是是非非，不婞婣，善爲歌詩。景泰癸酉以書經魁鄉闈，遊太學甚久。既入吏部銓試，居首選，筮仕于朔，而後此顯擢未艾也。若端之與人爲善，州之父老能不忘其守之德，皆良民，事宜得附書。

蔓庵記

武進陸君安之即所居之南園築一庵以處，庵之四圍皆喬木古松，高挺離立，而蒼藤細葛，上嫋旁綴，若蛟龍蜿蜒，勢與所麗者俱升。君坐庵中，鳴琴讀書之暇，顧而樂之曰：「是有類于我也夫。」題其楣曰「蔓庵」。

過者疑之曰：「夫蔓爲之性也[三]，柔矣。蓋非藉于物之高且大者，不能受風日、涵露澤以自立焉，先民固嘗以之喻匪人，君子何取于是？」君曰：「不然，是所謂同行而異情者也。自先子南樂君以儒業我後人，吾兄元之暨兩弟順之、和之、從子廉伯先後取甲科、列部署、居館閣，相與植吾家者，如喬木古松，其本甚固。而吾以病散之軀，得休休焉家食以自豫者，亦蔓而已矣。彼有夤緣以徼富貴利達于苟得者，一蔓也，豈吾庵之云？」聽者憮然曰：「陸君，固有道者哉！」

君之處于鄉也，性廉而行獨，燕會不樂聲伎，出内不欺孺子，不佞佛以徇俗，一鄉之善歸焉。而君終不以處士自高，伈伈低首曰：「我之有立者，父兄之庇也，弟子之相成也。」跡是觀之，有道者與孝、弟、慈三者之行，蓋備矣。蔓哉，蔓哉！君誠有取于是。雖然，世降俗漓，將不有溯家勢而弗安分者乎，有家自相妒而矯激以立異者乎？行斯庵也，諟斯名也，可以知儆矣。四方士聞君之風，多詠歌之，而走與廉伯進同年也，又同事于史局、講筵最久，述所獲于君者，爲蔓庵記。

篁墩書舍記

程之先望北方，至諱元譚者從晉南渡守新安，有治蹟，受代爲民所請留，蒙賜第郡之黄墩，子孫因留居焉。其十二葉孫梁將軍忠壯公靈洗，以布衣起義兵禦侯景，土人德其全郡之功，亦祀于黄墩，宋號其廟曰世忠，其胤愈盛，故凡新安之程皆祖太守、宗忠壯，且號黄墩程氏。予家亦出黄墩，而考諸譜及郡志，莫知墩之所以名者。近得一説，云黄墩之「黄」本

「篁」字，以其地多産竹，故名。至黄巢之亂，所過無噍類，獨以「黄」爲己姓，凡州里山川以「黄」名者，輒斂兵不犯。程之避地于此者，因更「篁」爲「黄」，以求免禍，歲久而習焉。予獨慨夫循吏忠臣賜第廟食之所，而污于僭亂之姓七百餘年，卒無覺其非者，因大書「篁墩」二字，揭諸故廬，且借重于作者一言，使後世知此地之獲復舊名自予始云。

世肖坊記

績溪程傅佐時以太學生中成化丁酉京闈秋試，郡縣大夫相與大書表其門曰「世肖之坊」，以勵其鄉之人，鄉之人在京師者聞之，以告予，曰：「惟程氏爲徽著姓，居六邑者代不乏人，而佐時晚出，將亢厥宗，世澤之流，久而益嗇。他鄉外姓，固不足以知之，敢上于太史氏以請。」

初，天順中，佐時之從父有克和者，以鄉進士館于予，予兄事之。既而舉銓士第一人，同知汀州，爲時良吏。成化初，佐時之從子有寬者，又館于予，既而以詩經舉南畿秋試第二人。蓋予方喜佐時亦出館中，則承諸鄉人之意爲之記曰：

先太守公元譚當東晉初爲新安，有惠政，受代之際，民請留之，因家是邦。傳十有二世，而得梁將軍忠壯公靈洗，起義兵以拒侯景，保鄉州，廟食至今，子孫不下萬指。其居歙之槐塘者，有宋丞相文清公元鳳，巋然一族之望，從子宏祖始别居績溪之仁里，則佐時之所自出者也。宏祖以文清公蔭爲淮東制置司總幹，其再世有浙東宣慰副使相，三世有忠顯校尉燧，四世有昌化簿景高，皆以故官之裔仕元。五世有晉江典史福祖，六世有嶧縣丞鄒容，皆小試于國朝。七世有道軒處士守悦，則佐時之先君子也。蓋績溪之程，自宋以降，伯叔昆季，舉不失故家文獻之風，而科名又發軔于佐時，此郡縣大夫所爲名坊者與？

雖然，名坊之意，固謂其世有宦業，書于公府，載于家乘，足以繼先烈、啓後賢，是未知其本者。惟我太守、忠壯以來，代有家法，忠厚孝友，不淪胥于流俗。而槐塘一族，至文清公益修明之，道軒君嘗戒諸子以毋析居，佐時與弟儒、倫奉訓惟謹，故其家有遺訓之堂、聚愛之樓，一時名士詠而傳之。佐時有四從弟曰侍、康、愈、文，一從子曰祚，亦皆以學行自奮。夫以累世敦本如此，其末流之所延施，理固有致人爵之榮、食天禄之入者矣，然則克肖之業在此而不在彼者，豈獨我族人當知之？寬之從父儀、從兄玠，亦前後舉于鄉，方與佐時同上禮部，其得雋而入對天子之庭，階此以往，固有可以前卜者哉！是歲冬十有一月下澣記。

樂清軒記

凡宦處京師者，每退朝各入其所署中，低首伈伈，圖了公事，抵暮方四散，僕僕走馬，歸其私寓。蓋其甚者有督責之憂而不敢樂，其次者有案牘之勞而不暇樂，藉有一日之閒，則又不過舉盃酒、叙契闊，慼然使人無復清思也，奚其樂？既樂而清，蓋獨吾曹官翰林者有之。翰林所職，皆經幃、史館兼輔東朝，而法從之臣隸内閣者，更分東西兩房，日直禁中。東房所職者，古今圖籍及制誥之録副；西房所職者，書四方詔勅及正字。所職皆清要而無督責之憂也，所與皆文字而無案牘之勞也。其官清，其人又清，則何往而非樂？

署典籍事吏部員外郎河南焦君廷粲在東房最久，最爲前後閣老所禮愛，而與翰林諸君子交益厚。廷粲嘗構一軒於所居之傍，高廣不踰丈，四窻虚敞，左琴右書，環植花竹，蓋軒之内外，無長物焉。廷粲之父錦衣公年八十有四矣，兄弟九人，時集軒中，以次爲壽，所過從者多吾曹也。興到則投壺賦詩，以各適其所適，蓋軒之往來無惡賓焉。因榜其楣曰「樂清」，信斯軒也、斯人也，庶幾其稱情矣。

廷粲博雅而好文，察其志泊乎其無慕，入其家肅乎其無譁，蓋日樂乎斯軒，而有以見夫古人蟬蜕污濁之中、浮游埃壒之表者，皆我師也。然則非夫人之爲高，雖有此清，弗樂之矣。雖然，使吾曹之與廷粲得相從，免於督責之憂、案牘之勞，而優游逸豫，以幸享此清樂於供奉之餘，真上賜哉！然則斯軒雖小，亦不可以無記。

遊九龍池記

成化戊戌春二月二十四日，有事于西陵。自昌平抵齋所，日未午，因約商懋衡、李世賢兩太史尋九龍池。跨馬迤西山而南，絶小磵，磵水騰沸石齒間，馬爲之前却。踰磵望前峰，趨之失道，徑茂林入灌莽中，遇樵者指示，乃並高阜東南行。不五里，忽聞鷄犬聲出谷中，相顧異之。俯瞰得委巷草舍，隱然成村。詢之，乃陵卒所居，池適在其南。未至池，石瀨濺濺北流入溝塍，稍寬處輒有蒲芷菆翳，鵝鴽泳游其間。下馬自朱門入，池方廣踰十丈，重垣護之，覆以黄甓，石琢九龍首，箝西垣下，呀然張頦，噴泉沫入池，有聲泠然相應。池上石壁千仞，巉削如斧鑿痕，泉脉出其中。山脚爲小石方井，識泉源。檜竹桃柳夾池東西，一峰蒼然峙其南，池中影沉沉紺寒。門稍東爲月闢洩水，水淙淙出。闢東爲小渠，過石梁乃縈迴匝入山下田，即前所見者。予與兩太史命從者下石磴，以碗承龍口泉飲一勺，味甘爽，毛骨森然。聽陵卒道文廟駐蹕泉上事，久之乃去。馬上往反，人得詩八章。是月二十五日記。

嵩縣重修程氏兩夫子祠記

河南程氏兩夫子之故宅，在嵩之陸渾，勝國時嘗即其地以建廟，貌比闕里焉，更代而罷。景泰乙亥，有詔復之，且求兩夫子之後，得十五世孫克仁者，授翰林五經博士，世其官以奉祀，著爲令。蓋於今二十有四年矣。

祠因於舊而成之速，庳隘弗稱，日久寖弊。河南左布政使祁門程泰參政時，行部至嵩，晉謁祠下，退而嘆曰：惟我兩夫子之道，實上繼孔、孟不傳之統，而神靈所奉，乃爾弗虔，其何以本政化、厲來學，副先朝崇報之盛心？乃議興修，且發廩爲之倡。吏民聞風，以爲盛舉也，樂應之。以成化戊戌八月壬寅啓工，拓其地，弘其規，中構堂以奉兩夫子，後增寢堂，左右各爲齋廬，繚以周垣，而闢重門。以是歲十二月癸巳次第落成，山川相輝，過者改觀。適監察御史祁門程宏奉命巡按河南，嘉之，遂相與行舍菜禮，揭虔妥靈，且具書京師，請爲之記。

走聞古者鄉先生没而祭於社，其事蓋以義起，而歷代誦法之弗敢後也。兩夫子中興絶學，以幸萬世，非經生學士與夫建功一時一方者比。由宋以來，雖定祀孔庭自國學以通于天下，而專祠之在故鄉者，宜益嚴也。矧冠舃之藏，不遠伊邇，高山景行之思，其孰無之？而歷時滋久，莫或任起廢之責，布政君乃以遠宗後學獨倡爲之，使官于斯者政有所鄉方，生于斯者學有所成式，以仰成我列聖興道善俗之意，其賢于世吏顧弗遠哉？

走考之家譜，兩夫子之先實徽人，出梁將軍忠壯公靈洗之後。蓋自徽遷中山，又自中山遷河南，見于歐陽公所爲程文簡公先德之銘。靖康末，文簡及伊川兩房子孫從高宗渡江居池州，一還居徽之休寧。當時録用之牒、追爵之詞、表墓之文具存可考也，而明道之後無聞焉。宋淳熙間，金陵書院嘗取伊川五世孫繼明道奉祀事，再期而殤，又以文簡七世孫承之，則明道之後疑有居金陵者矣。然博士君乃近出于嵩産之所，推擇何與？豈金之中世亂定來歸，或南北既同之際有返桑梓而求不失其世守者與？皆不可知矣。

走幸出伊川近族，又與御史、布政兩君同祖忠壯公，皆竊誦兩夫子之遺書以求自立于世，則於祠事可容力者，其何敢不勉？布政君起景泰甲戌進士，歷户部主事、郎中，佐廣西、河南二藩以至方伯，敬厚醇謹，有聞于時。而此舉益見其知本，事宜書其歲月于石，俾後人有徵焉，以圖繼其志而弗隳也。預事有司及諸嘗助義者，悉附名其後。乃若兩夫子之言行與學者求道之方，則遺書具在，炳如日星，兹弗敢贅云。

夜度兩關記

予謁告南歸，以成化戊戌冬十月十六日過大鎗嶺，抵大柳樹驛。時日過午矣，不欲但已，問驛吏，吏紿言「雖晚，尚可及滁州也」。上馬行三十里，稍稍聞從者言前有清流關，頗險惡多虎，心識之。抵關已昏黑，退無所止，即遣人驅山下郵卒，挾銅鉦束燎以行。山口兩峰夾峙，高數百尋，仰視不極。石棧嶇嵚，悉下馬累肩而上，仍相約有警即前後呼譟爲應。適有大星光煜煜自東西流，寒風暴起，束燎皆滅，四山草木，蕭颯有聲。由是人人自危，相呼譟不已，銅鉦鬨發，山谷響動。行六七里，及山頂，忽見月出如爛銀盤，照耀無際，始舉手相慶。然下山猶心悸不能定者久之。予默計此關，乃趙點檢破南唐、擒其二將處，兹遊雖險，而奇當爲平生絶冠。

夜二鼓，抵滁陽。十七日午過全椒，趨和州，自幸脱險即夷，無復置慮。行四十里，渡後河，見面山隱隱，問從者，云當陟此乃至和州香林院。已而日冉冉過峰後，馬入山嘴，巒岫迴合，桑田秩秩，凡數村，儼若武陵、仇池，方以爲喜。既暮，入益深，山益多，草木塞道，杳不知其所窮，始大駭汗。過野廟，遇老叟，問此何山。曰：「古昭關也，去香林尚三十餘里，宜急行。」前山有火起者，乃烈原以驅虎也。時銅鉦、束燎皆不及備，傍山涉磵，怪石如林，馬爲之辟易。衆以爲伏虎，却顧反走，顛仆枕籍，呼聲甚微，雖强之大譟，不能也。良久乃起，循複嶺以行，諦視崖塹，深不可測，磵水潺潺，與風疾徐。仰見星斗滿天，自分恐不可免，且念伍員昔嘗厄于此關，豈惡地固應爾邪？盡二鼓，抵香林，燈下恍然自失如更生者。噫！予以離親之久，諸所弗計，冒險夜行，度二關，犯虎穴，雖瀕危而幸免焉，其亦可謂不審也已。謹志之，以爲後戒。

遊齊雲巖記〔四〕

環休寧縣山皆平遠，不足以當大觀。出縣西三十里，至白嶽嶺，山始高，峰始奇。石路盤迴如線，不能容馬。遊者肩輿緣梯而升，至以雙組曳前後。其甚處，輒下行拊背，或彳亍不能成步。自白嶽西南行五里至桃源嶺，重厓夾峙，上結小屋以臨風雨，曰中和亭。立亭心，下視已數百仞，野田茅屋，秩秩如畫。亭下二巨石蹲伏，色黧黑，中有白質成突晴，曰石鼉塢。塢旁大壑深不得其底，但聞水聲濺濺出草樹間，曰桃花磵。循磵南行里餘，至獨聳巖，蒼然峭壁，橫截一山。近西乃有石罅，方廣若門，蓋天造以通遊者。門首石楠一株，其大數圍，四顧門下諸石，如伏犀馴象，不可狎玩。入石門，東南聯巖如城，懸石四覆，勢欲飛墜。其第一曰彌陀巖，巖屋不踰丈。第二曰觀音巖，視彌陀稍劣，前一石色正緑，昂喙而𩣡尾，曰鸜鵒石。第三曰羅漢洞，稍加大焉，二石龍循洞門旁出，鱗骨隱隱蹴之，疑爲石子所砌，諦視之，石肉相黏，復意其爲真龍也。洞深二十餘里，束炬東出，可抵縣之藍渡溪，然愈入愈狹，莫敢爲之導者。第四曰龍王巖，視觀音加劣，巖上飛泉灑灑，落厓下如雨，四時不竭，曰珍珠簾。瀦水沸散于西磵，曰龍池。泉西巘有虎迹如泥淖所印者，曰黑虎岑。黑虎西行折南里餘，至車𢪛嶺，其峻視白嶽倍之。車𢪛南二里餘至玄武觀，觀後一山，突起如屏，倚天正立，所謂齊雲巖也。古松數十，夭矯如虬龍，皆數百年物。觀左一峰，曰石鼓，右一峰，曰石鐘，夾屏兩峰，曰輦輅，皆以其形名。觀前溪水如帶，委蛇而東，爲石橋以渡。南直觀門數百步，一峰挺然拔出莽蒼中，不與群山相屬，曰香爐峰。橋西數百步，高厓中斷，一小峰離立磵下，曰捨身崖。崖西二里餘，五峰差列，如群仙冠珮下天際以向齊雲，曰五老峰。峰西北聞有沉香洞，人跡罕至，草木蒙翳，時有蛇虎潛其中，不能往也。遊者始入，率以白嶽爲高，至桃源，則白嶽已在其下，至車𢪛，則桃源又下，至齊雲，則車𢪛益下。於此以見天之高、地之迴，杳不知身之在何境也。

舊碑云：宋寶慶丁亥，有道士天谷子自黟北來居彌陀巖，一日見異人，相與語曰：前山高空，可移隱於彼。天谷子許之，如約訪其處，已有塑像在焉。土人驚異往觀，以爲類玄武之神，因刱道院。已丑弗戒于火，淳祐辛酉大雷雨裂石壞屋，而神像巋然者獨存，香火日盛。跡其事若不經，然山靈所鍾，亦疑其有不依形而立者。予獨慨兹山之勝，淪于窮鄉下邑，而不當夫周原廣陸之間以名天下，爰志其概，以貽好事者，且以繫他日故山之思，而又慨予文之不工，不足爲兹山之幸也。

齊山書舍記

金華王君允達世居義烏青巖山之下，青巖有支山，自東陽小龍門逶迤而來，曰齊山。君家食時，嘗登而樂之，曰：「是亦足以居我矣。」因即山構舍若干楹而藏修其中。已而業成出應有司，遂擢進士第，且從政四方矣。而不能忘情于是山，乃上書天子，願得教官鄉里，將畢其志。而事下吏部，弗果行。凡與君厚善者，多爲齊山書舍之記，慰君之思，而君復不鄙予言，虚卷首以請焉。

噫！諸君子之言學則詳矣，而又何待於予哉？雖然，竊聞之「道在邇而求諸遠，事在易而求諸難」，則言者多而聽者厭，非責善之道也。昔者孔氏之子孫，蓋得諸過庭詩禮之訓，而漸漬之，迨秦、漢之間，闕里之下乃猶事弦誦而不失其世守，何哉？見聞近而易爲功也。王君之曾大父待制忠文公當勝國時，結屋讀書于縣之華川之上，其後遂以文章名天下。國朝龍興，銜使命以諭滇南，不屈，人到于今稱之。蓋平生之所學成就其忠如此。忠文之子博士公憤其先人之死難也，蓋有繼志之齋，日奉其遺書，以求不墜其業，遂復以文章名一時，而服韋茹素，且有終身之喪，子孫相承，食不重肉。蓋平生之所學成就其孝如此。夫忠孝，士節之大者。雖繫諸性分之本然，而居業之方、致道之所，亦豈得無助哉？此華川、繼志之所爲堂，而齊山之所爲構焉者與！

君誠有故家文獻之風，言温而氣和，其所養亦充矣。矧國家承平百餘年，禮樂明備，教化興行，固無事乎危身之忠、憤世之孝。然士君子平生誦法孔氏而欲有所成就於文章、事業之間，則緣忠孝以爲義者尚多也。傳不云乎，「子歸而求之，有餘師」，然則王君於此，可不勉哉？忠文、博士之澤，若此其近也。取諸見聞，若此其易也。傳其心不泥其迹，而又馴致乎遠且難焉，則兹山、兹人，遂將與華川、繼志之名鼎峙而爲不朽也已。

休寧烏龍山汪越公廟田記

唐歙州總管越國汪公有廟在歙之烏聊山，始貞觀己亥，著于令甲，歷代因之，號其廟曰忠烈。屬邑之人走乞靈無虚日，又各即其地爲行祠。其在休寧烏龍山者，莫知所從起。烏龍據汊川之上，琅水東出，璜水南下，至此而合，北流底于淛溪。山形蜿蜒，泝流而上，峭壁斷厓皆黑色，不可正視，山因以名而廟占其勝，故其神益靈，而人尊奉之者不懈益虔。越公遠孫居汊川者曰永莊，以祠出衆力之所成，因時修葺，而闕世守之規非便，乃以成化丁酉於廟之左買地爲屋三楹，置守者居之。又割田若干畝贍其用，諏日告于廟下，以諗其族與其鄉之人。有耆而儒者曰程君士儀嘉其志，具以白，請記之石以明示後，俾來者謹嗣之。予時方謁告南歸，嘗伏拜烏聊之祠，得忠烈紀實與前代之記讀之，竊病其叙隋、唐之際與越公之事舉有弗當於心者，思有所紀述而未能也，則爲之言曰：

煬之不道，古未有也。弑其父而烝其御，竭四海之力以事遠夷，委棄其宗社而荒于禽色，殺僇諫士，迷不知返。故朱子綱目於大業之盗，悉以「起兵」書之而不曰反，明人得而誅之也；於煬之死，書「隋人弑其君廣」而不曰帝，非共主也。誠以天下未有無父之國，故討賊之法不得不嚴如此。越公生當其時，蓋有西向問罪之志，而力弗逮，乃以一旅之衆，仗劍而興，全有六州以待湯、武之出，其得民心如秦之吴芮，非叛吏也。罪人斯得，唐公入關，天下之大勢已合，不可以逞，則奉而歸諸有道，使民免于戰鬭死亡之苦，其知機達變如漢之竇融，非降虜也。出處之正、名節之完，苟有良史如班、范者，必將列諸吴、竇之間，君子從而予之矣。顧新、舊史皆不立傳，遂使越公之迹世莫得詳，而記其廟者又不能於此是正，爲公一昌言之，乃獨規規於禦灾捍患之常與其生榮死哀之末，紆其詞，婉其意，有若爲公諱者，誠不考之過也。

仰惟我高皇帝以胡元竊據中夏，起兵江、淮，復還舊物。而即位之初，大正祀典，淫昏之祠，一切報罷。徽之所存，惟越公及梁將軍忠壯程公二廟。忠壯當侯景之亂，倡義舉兵肅清鄉郡，湘東王繹傳檄四方，則間道奉表，請以兵從，卒之賊平而民免于難。蓋忠壯之拒景，越公之貳隋，同一討罪之義也；忠壯之奉繹，越公之與唐，同一救民之心也。高皇帝考其事而並録之，所以扶天常、立人極，由一州而推之天下，使人凛然知撥亂反正之爲功，其有關于世教大矣，豈私于二公者哉？二公之子孫半徽郡，又蔓衍于四方，此仆而彼興，前屈而後伸，他姓終莫與之抗，亦有非人力所能爲者，豈忠勳之家、神明之胄，天固有以默相之歟？

永莊讀書好義，宗黨稱之，此舉尤見其知本，非餘子可及。士儀與予皆出忠壯公後，蓋於汪有世講之好云。

寄寄亭記〔五〕

户部主事邵君文敬理餉事于清口，得隙地于公署之南偏，中爲高丘，襍植桃柳，引水環之，而結亭其上，將以「寄寄」名之。予方自謁告還朝，出清口，文敬逆而致之亭中，舉酒相屬曰：「吾亭適成而先生辱臨之，兹亦不可不謂之遇矣。先生寧能恝然無所寄意而去邪？」

酒半，請所以名之之意。文敬曰：「清口之理餉事者，率歲一更，視公署若傳舍。然以吾之不能久於此也，故以是名之。亭一寄也，我一寄也。」予曰：「子獨知夫寄寄云爾，有不可寄寄者，子知之乎？人生天地間，如海粟、如風蓬、如旦暮之蜉蝣，回視夫身外之物，將有不勝其寄者。則雖如雍門之哀、峴山之感，且不暇矣，而又何暇於名亭？若君子則不然。方其出也，不敢以其身之如寄而付諸事于不問，蓋隨其所寄之任而以能副爲賢。子之治清口也，日坐公署之上，簿書相仍，吏卒内向，固不可委而去之。其必思上之人所以寄於我者何如，於是竭心思，費詞説，日不暇給，求所以副之。退而少閒，悠然登亭，命筆賦詩，引觴獨酌，以幸忘其終日之勞焉。斯時也，其又知夫子之寄於亭乎？亭之寄於子乎？夫盡其所受寄者而後享此寄寄之樂，固君子所不廢也。」

文敬曰：「先生之言是已。而建亭之初心，則偶然耳。必以此寄之意而文彼寄之亭，何如？」予不覺舉白以浮文敬曰：「有是哉？子輩享一歲之樂者，得名其亭爲寄寄。若我之北歸，風帆在泊，役夫追呼，徒得從子於此徇一日之樂，則雖謂之寄寄亦可也。」遂撫掌而記之。

校勘記

〔一〕未至曦光　「光」，原作「先」，據四庫本改，下文「出曦光」同。

〔二〕改玄爲真　「玄」，原作「宗」，據篁墩程先生文粹卷五改。

〔三〕夫蔓爲之性也　「爲之」，四庫本作「之爲」。

〔四〕弘治休寧志卷十九此篇署：「成化十四年戊戌冬十二月二十五日休寧程敏政記。」

〔五〕明正德刻本邵半江詩卷末此篇署：「成化歲己亥春三月賜進士及第奉直大夫左春坊左諭德同修國史經筵官新安程敏政撰。」

篁墩程先生文集卷十四

記

休寧縣儒學先聖廟重修記

高皇帝初下江南，嘗駐蹕徽郡，分兵以靖屬邑，拯輯其民人而教養之，德意優渥在人心者，猶一日也。休寧爲徽劇縣，其廟學則肇遷于宋，中更于元，入國朝以來又百餘年，興修不常，勢漸以圮。成化己亥，監察御史上饒婁公以提學至，方以教之未洽爲虞，視廟不治，曰：「當有任其責者。」已而監察御史淯川黄公以巡按至，曰：「廟之不修，士無所景行，而民不知向方，何以出治？是誠不可但已。」乃屬之同知金城張英。維時兵部尚書兼左副都御史三原王公受詔巡撫南畿，張君乃與推官舞陽楊宣圖上其事，王公是之，曰：「政教之責，聖天子所以命我者。宜亟爲之，勿怠。」張君受命，規措不遑，而知府武邑王勤以朝事至自北京，通判南海婁琮以餉事至自南京，議以克合。張君乃親至休寧，與知縣新昌俞深擇日祭告，庀材鳩工，重作大成殿，弘麗高敞，加于舊觀遠甚。飾先聖先師之像，更神座之木以石，易宫墻之土以甓，東西廡、戟門、神廚及儒學重門、科名坊表，次第撤而新之。繕兩齋以居生徒，復企德堂以祀鄉賢，工出于募，不徵調于夫家；材出于勸，不支費于公帑。始庚子夏六月，訖是歲冬十一月。舍菜禮成，觀者如堵。於是教諭莆田王原雍、訓導定海陳泰、安吉章泓具以白走，曰：「願有記焉。」

於戲！孔子之道，治化之所由出者也。中古以來，士不知道，往往判心迹而味義利之辨，故學流于異端，治終于雜霸。下之則競葩藻、任文法，偃然以儒吏自當于世，而不知其去道遠矣。至宋河南程氏、考亭朱氏者出，而後斯道復明，故三賢者悉得從祀，而其先世皆出徽郡，見于載籍，可考也。今天子日御經筵，非聖賢之書不以進讀，又加崇孔子之祀，比于郊社，再修闕里廟庭，而慎擇其宗子，其隆師重學有如此者，宜觀風之臣有以體上心、率群牧加惠學宫，以冀治化之大成也與，豈非一時之盛哉！雖然，求孔子之道，必自程、朱始。矧其故鄉，大聖人嘗辱臨之，則凡學於斯者，可弗敬乎？誦其法言，仰其德容，力以聖賢爲師而勿變于流俗，言學則本于經術，言政則純于王道，使天下之人稱其淵源爲有所自，慕其過化爲有所先，則庶幾無負于盛世君臣相與圖治、興化之心。不然，廟學之修，直觀美焉耳，於道何有哉？

走本邑後學，且程氏遠裔，故竊誦其所聞以告來者。王公名恕，正統戊辰進士，起翰林庶吉士至今官。公忠體國，爲時名卿。婁公名謙，黄公名傑，皆成化丙戌進士。通敏直諒，如一人焉。其名與位，蓋方進未已。王君以下，皆起科名，歷郡縣，淑慎有聲。而張君舉此大役，爲之有道，民不與聞，其政益可推見云。

績溪縣重修曹渡橋記

績溪界宣、徽之境，環縣皆聯巖複嶺，四顧渺然，幾不可窮。每春夏，水暴作，自諸山磵奔駛而出，匯于縣西之曹渡，逕府治之北，折迤而東，以達錢塘渡。東去縣若干里，西去府若干里，舊有橋以通往來，久而傾圮，有司以其費之鉅而成之蘼也，率因舊補新，苟焉而已。遇歲漲，則行者病涉，而近民亦恒苦于修葺云。臨海吴君珏以進士知縣事之明年，以爲是終不可但已，乃請于知府武邑王勤、同知金城張英、通判南海婁琮、推官舞陽楊宣，諸公是之。方議榷材鳩工，而歙之巨室殷文清者名好義，聞郡縣之有是舉也，願獨力爲之，不以勤官而役民，郡縣大夫嘉慰之，許焉。

文清乃卜日肇工，爲橋若干，洞高若干尺，長若干丈，廣若干尺，石堊堅良，制加于舊，蓋首尾踰幾月而告成。過者大説，居者改觀，以爲郡縣大夫平日以道使民，而民應之如此其速。於是吴君走書請予記之。

往者予謁告馳驛還休寧，道績溪，適過曹渡，見甃者、斲者、墁者、畚以鍤者，櫛比于水次，而橋身若垂虹隱起，凌空高厲，予心異之。蓋當是時已悉殷氏之名、吴君之政與府公不遺餘力于深山長谷之中，因是竚立徘徊，久之而後去。然則樹石勒文以告後來，俾謹嗣之，實有利益於我徽人，不可辭也。

竊聞子産相鄭，而以其乘輿濟人於溱、洧，君子譏之。孔明相蜀，橋梁道路無不繕治，而民不告勞，君子以爲幾於先王之政。誠以先王之政細大具舉，而無一事之不在於民也。若曹渡之橋，一細事耳，郡縣大夫猶急爲之，則事之大於此者，其理可知。文清一部民耳，因諸公恤下之故，慨然不惜重貲而圖永利，與衆共之，則其餘之不煩於驅使而可以理諭，又可知矣。自是以還，凡往來者安行其上而無厲揭之虞，其官與民樂處其旁而免于歲修月葺之擾，實皆出于郡縣大夫之經度，而殷氏之力居多焉，豈可不知所自哉？是宜記。

殷之先有雄甫者，當勝國時刱臨溪橋及築良于堨于績溪，民至今便之。國朝永樂中，臨溪橋壞，雄甫四世孫執中、五世孫雲訊相繼修復。景泰中丁歲饑，雲訊之子伯禎、伯祥輸粟千石助官賑民，受冠帶之旌。既又伐石砌郡東路二十餘里，鑿井建亭，割田置守。而文清則伯祥之子也，亦嘗致名馬于邊，受旌于其父。其累世好義，實有可以勵俗者，因附著之。

趙氏祠堂記

禮之廢也，祭爲甚。蓋中古以來，諸侯卿大夫率無廟以奉其先人，而況其下者乎？至文公朱子制家禮，易廟爲祠堂，使事力可通乎上下，而禮易行。然當時僅講授于師生間里之間，其説未廣也。我文廟班性理諸書，嘉惠臣人，然後家禮行天下。三二十年來，卿大夫家稍垂意于禮，而士庶間亦有聞焉，豈非禮教之不易洽而然與！

常熟趙氏世以產雄其鄉，至德巽君益讀書好義，乃遵家禮之制立祠堂，蓋凡慶弔之節，自是有所據而可行；親疎之族，自是有所萃而不散。祠堂立，而趙氏之世望日著，家範日嚴，禮之有益于人也如此。德巽君卒，其嗣子璧既以奉祧而遞遷之，來請予記。

予聞報本追遠，民德斯厚，富而好禮，君子所難。以一祠堂言之，材木瓦甓之工不足以侔燕居遊榭之侈，籩豆罍爵之儀不足以齒建齋設醮之費，然世之人恒樂爲彼而不爲此，則賢不肖何如哉？古禮之不可復，厚俗之不可挽，有由然已。若趙氏父以禮倡其家，而子率之，豈非賢哉？其將識我先皇以禮迪民之意，而遂能起廢于一家者乎？由一家一人而占之海内庶姓，則夫甄聖化而興起者，將幾人焉。是誠不可無記。雖然，禮有本有文。趙氏之祀，必世守之，器服之等威、祼獻之節度，以時而加葺之，久且習焉，不患其不文也。若本之弗察，則亦何尚于祠？夫孝敬，祭之本也。孝無悖于德，敬無斁于禮，則上世罔不歆假，後人有所持循，君子嘉予之，而鄉黨取法焉，其斯可矣。趙氏子孫，尚勖之哉！

趙之先汴人，隨宋南遷，占籍于常熟之雙鳳鄉。今祠所奉者四世，曰子安、曰孟吉，皆隱德弗仕；曰文敏、曰德巽，皆用恩例得冠帶，復其家。至璧而産益充，尚義彌篤，授官承事郎，比命士云。

績溪縣城隍廟記

明有禮樂以維民生，幽有鬼神以司民命，此亘古及今不易之理也。我太祖高皇帝一海内、正疆域、設官守，即大正祀典，而城隍之神著于令甲，曰：廟必視其郡邑之廳事高廣爲差，郡守貳邑令佐必先誓于廟而後視篆，有事于山川則載其主以合食于壇，有事于厲則位其主于中押群祀焉。凡誓廟之語、祀厲之文，皆出高皇帝所親定，惓惓于禮樂幽明之間，其大旨，則惟欲神人合德以爲民福，而戒夫人之不職者獲罪于神爲民病也。走嘗敬誦之而仰嘆曰：「嗚呼！嚴哉。」

徽之績溪故有城隍廟，在邑之東北隅，歲久而弊。前令佐雖以時加葺之，然莫有任起廢之責者。晉江江君復來爲丞，累攝令事，約己惠人，知祀典之重，迺以新廟倡其民，民翕然應之，富者樂助以貲，貧者樂效以力。會進士臨海吴珏、郭紝前後來爲令，同寅協恭，政以大洽。而典史江津程剛又克贊之，遂作中堂五間以奉神，又作東西廊爲堂之翼，作内外門嚴堂之限，凡龕坐几案之設，法所宜有者靡一不具。經始于成化乙未冬十二月，訖工于壬寅春正月，爲之以漸而人不勞、費不乏。蕆事之旦，神用顧歆。於是其士民因予族姪鄉貢進士傅來徵文記其成。

走考之城隍之祀不經見，蓋萌于唐而漸盛于宋、元，先儒嘗疑其祀與社爲複者。然竊以謂穀本在木行之數，禹並列之爲六府，所以重民之食也。若城隍與社之祀，隨所在而各致其隆，豈非重民之衛乎？夫中霤、門、井之有功一家，坊、水庸、郵表畷之有功一鄉，禮尚祀之，而況高城深池之有功于一郡一邑者哉？我高皇帝以大聖之德爲神人主而當制作之任，一令之行，一禁之止，諸侯服采，百神效職。首舉城隍之祀而貴之，使與郡邑長吏分幽明之治，禮以義起，遂爲著令。則今有民社之寄者，亦惟仰遵聖訓，求盡其職，無愧于神而福其民人，斯爲善乎！雖然，古之善言治者，其從事于禮樂幽明之間，有本有文。嚴飾其廟貌、整潔其豆登者，其文也；律己以公而滅其私、舉民以直而錯其枉者，其本也。本末兼盡，神人相孚，而後可與遂民生、立民命，大聖人制禮恤祀之意，亦庶幾其弗畔也。有事于廟者，可不敬歟！

江君爲績溪將九年，嘗新其學宫，凡興利除害有裨于邑政者猶多，以非與祠事，兹不著。

休寧汊口世忠行祠記

古忠臣烈士，有儁功大惠于世，有國者必崇祀之，著于令。有家者常祀之外，亦别有先祖一祀，著于禮。禮、法並行，不可偏廢，而況有儁功大惠于世者，置弗祀之，可乎？專祠矣，而復祀于家則褻，置弗祀則簡。於是中古以來，有行祠之設，卜地爲之。其制視公祠則殺，視家禮則隆，亦猶民間不敢僭稱社稷而曰義社也。

我新安程氏之先世祖曰梁將軍忠壯公，諱靈洗，嘗手殪妖蜃以脱居人于墊溺，又嘗起義拒侯景以全活其民人于僭亂，其後事陳，長握重兵，居上游，戮叛將，却戎虜，其功益著而惠益弘。其没也，鄉人思之，相與祀于故居篁墩，有禱輒應。自宋以來，列之祀典，號曰世忠之廟，國朝因之。公子孫最多，散處郡之六邑，又蔓衍于旁郡。每一聚處，不下數十千指，輒爲公行祠，便祇謁，由是公行祠布東南，若休寧汊口者，其一也。

初，公子開府威悼公文季代領父衆，死節于周。十四世孫御史中丞都使公澐，唐廣明中復起義拒黄巢，世守東密巖，事載郡志。東密巖者，距汊口最近。中丞十四世孫端明殿學士贈少師珌，宋嘉定中倡休、歙族人捐田入篁墩廟，每歲合一鄉六社之人迎神至汊口祀焉。入元，以遠弗便，端明三世從孫中山府判願學始倡族人作行祠于溪西幹龍山。元季兵燹，祠漸以弊。國朝宣德初，中山從子賞延、從孫安等改作于武堂山。久之，又以禱祈弗便，仍葺舊祠妥神，規制弗稱。乃成化己亥冬，賞延三世從孫隆明請於其從祖弁，鳩工重作，廟貌始嚴以備，不簡不褻，隆殺得宜。隆諸弟隱、充又議以威悼、都使兩公，實能嗣忠壯之遺烈，威悼嘗侑食篁墩，都使又汊口始遷祖。於是充作威悼公之像于左，隱作都使公之像于右，祠成，以記來請。

敏政嘗以會族至汊口，得伏拜祠下，諾而記之。嗚呼！古忠臣烈士祠于公者，其家或無宗譜之可尋；蕃有後者，其名又非祭法之所載。求其有儁功大惠，進受國烝、退享家之饋食至千有餘年之久如我公者，世豈多見哉？自兹以往，合族于是，則昭穆益明而宗祊不墜；有禱于是，則雨暘益時而粢盛不乏。肸蠁之所通，流澤之所被，靈一家而及乎一鄉，福雲仍而及乎異姓，則行祠之設不懈益虔，遂將與篁墩之專祠相高，而起廢之功、嗣葺之歲月，固不可無述也。

祁門善和程氏重修報慈庵祠宇記

人能致其子之孝者必慈，慕其親之慈而求所以報之者必孝。慈孝立則百行從之，人道成而世教興、民俗厚矣。觀吾祁門善和程氏所謂報慈庵祠宇者，有感焉。

按譜：宋南渡初，有處士諱秩者，娶余氏，卒葬所居和溪之南。四子：伯源、伯椿、伯彦、伯祥，立墓祠用以奉祀。紹興十七年，上其情于朝，特賜額曰「報慈」，蓋嘉其孝云。譜不載處士夫婦父子行事之詳，獨其子孫守報慈之祀至今不衰，意非慈孝之德勤其身、教成于家而足感人者，烏能然哉？

徽之程氏皆出晉本郡太守元譚之後，太守十二世孫是爲梁將軍忠壯公靈洗，忠壯十四世孫是爲唐御史中丞都使公澐，都使長子唐户部尚書仲繁别居饒之浮梁，尚書曾孫宋中奉大夫令涯還居祁門善和里，處士則大夫五世孫也。伯源兄弟嘗推始遷之義，列祀中奉以下諸祖于報慈，入田以飯僧，每歲清明蒇事，則燕享以合族，蓋三百年矣。諸房子孫之生毓者日蕃，庵之傾圮、田之朘剥者日甚。天順中，處士十三世孫韓府左長史顯以致仕歸〔一〕，慨然倡族人復割田隸庵中，以成化庚寅大新程氏之祠，功未究而卒。從弟廣東按察副使宏、子河南左布政使泰又本其志，并新其庵。住山僧會真瑞以其徒世食于程氏，亦效力焉。落成，其族人以予同出都使公後，俾長史諸孫儒學生旻等具始末請記。

嗚呼！慈孝之德，命于天，性于己，固不繫庵宇之廢興。然目覩夫先世烝嘗之所在，裴徊過之，漫不加省，則孝子慈孫，固有不能契然于中者矣。此長史公兄弟父子一倡此舉，而族之人争先應之者乎；秉彝好德之心，不謀而協固如是乎；繼自今始，凡有事于斯者，篤先世慈孝之行而毋忘乎興廢起墜之功，善之所臻，將由一家以及一鄉，民德益厚，而程氏之望將益著乎！

舊傳：處士之配實丞相汪公伯彦夫人之姪，故因丞相之請得「報慈」之額。謂程、汪爲瓜葛，有無不可知。然考之史，紹興十一年汪已病死，至十七年始請庵額，上距汪之去世已六年，且處士既汪公内姪之壻，乃名其子爲伯彦，誠有不可詰者。竊意伯源兄弟以布衣而捐田刱庵以報其親，雖於道未有聞，其孝誠自當有動乎上之人者，其非出汪公之力益明甚，因並及之。

休寧山斗世忠行祠記

惟程氏之先望廣平，始趙忠誠君嬰；再望新安，始晉本郡太守元譚，而盛于梁將軍忠壯公靈洗。忠壯廟食于郡，號世忠。其十四世曰澐，唐歙州都知兵馬使，守東密巖，有全郡之功，子孫散居休寧。四世曰迪，宋主本縣簿，有及民之惠。子處士思明，定居縣西南六十里下宅林，更其地曰山斗。聚處五百年，無兵燹之罹；雲仍四千指，無遷逐之譴。然歲時追祀其先，合食其宗，展敬修睦之地，隘莫能容。景泰甲戌，處士十六世孫天方、治方慨然與其群從子遇霖、英蔭、應宥相地于所居西北雙溪之上，作世忠行祠，負庚向甲，爲地四畝有畸。卜于神以吉，謀于衆以協，鳩金庀工。爲中堂五間，奉忠誠、太守、忠壯三公，嚴所自出也；都使祔于左，尊大宗也；處士祔于右，重始遷也。未畢工，值歲大侵，五人者相繼物故。迨成化戊子，治方之子宗興，天方之子宗振、宗雲，英蔭之弟紹宗，遇霖之子存剛、存繹以先世棲神之所，刱其始不可不究其終，再倡其族，爲東西兩廡各三間以藏祭器，前堂五間、横舍十二間以序團拜，門屋七間，鑿其旁以居守者，又爲堂于横舍之旁各三間以奉鄉社。蓋自甲戌抵戊子，閱寒暑十四，更歷祖孫三世，然後祠克大成，先靈以妥，衆心以萃，若山斗程氏之敦本繼志，在吾宗豈多見哉！

走於山斗同出都使公後，壬寅之春，以會族至焉。觀其地則山水蔚然，峙者如斗，流者如帶，精英翕聚，風土厚完，曰：「此非我程氏之所爲奠居者歟！」拜其庭則祖宗赫然，定國者以勞，勤事者以死，史策昭彰，冠劍如故，曰：「此非我程氏之所爲受祀者歟！」燕其堂則昭穆秩然，老者坐，少者立，情洽而樂，禮成而散，曰：「此非我程氏之所爲保族者歟！」蓋走所見世忠行祠，其境之勝與其家法之可觀，誠未有過山斗者。於是遇霖季子存綬具祠事首末與群從永堅、天相等來請記。

嗚呼！詩不云乎，「毋念爾祖，聿修厥德」。先祠之立，豈徒云爾？撫宗祊之再興，仰前修之不易，爲子孫者尚思勉焉。學以致用，爲良臣，俾忠勳著于國；耕而隱處，爲良士，俾孝弟成于家。則庶幾山斗之名、世忠之祀相爲無窮，而程氏之澤未艾也。若夫棟宇高廣、丹堊焜煌、鐘鼓在陳、豆登維旅，以取足于事神、奉祖之間，則觀美焉耳，豈所望于故家文獻之後者哉？

休寧重修二程夫子祠記〔二〕

走少於程氏譜中得雲峰胡氏所爲兩夫子祠記讀之，即慨然有起廢之志，而力未能也。成化壬寅春，既除先襄毅公之服，因發書以告巡按侍御上饒婁公，婁公復書許之。然切懼空言無益于事實，乃考訂兩夫子家世南北遷徙之詳以授教諭莆田楊君元，俾與諸生吴超、孫兆輝等上之縣。時安成歐陽君方受命來爲令，諸務未遑，獨以此爲興道善俗之首事，即上之府，府上之行臺，行臺遂以公移下郡縣修復之。

歐陽君之得請也，與走躬相地于大成殿東，得鄉賢祠遺址，稍斥之，廣五丈有畸，長如廣之數而倍其半，庀材召工，擇縣之殷碩者四人，曰金希傑、閔士拱、蘇文章、汪奉干，俾與耆老蘇文玘、夏文雅日監莅之。諸人者能嚮風承德，節縮浮費以畢力于公家。中爲兩夫子專祠四楹，又别爲遺愛堂列祀宋丞相吕公大防而下，又别爲鄉賢堂，列祀唐御史中丞程公澐而下，榜其門曰企德。像主之制，龕座之飾，既堅既好，靡一不具。肇工于夏六月十七日，訖工于冬十二月二十四日。歐陽君率僚屬暨師生行釋菜禮告成，衣冠父老，遠近畢集，以爲希闊盛事復見于今，咸舉手相慶。

走惟兩夫子倡明斯道于河、洛之間，從游之士比隆鄒、魯，然獨龜山楊氏以江南諸生號稱高第，兩夫子嘗送之歸而有「道南」之嘆。蓋龜山三傳得文公朱子于吾郡之婺源，則兩夫子道學淵源之盛在新安久矣。據程氏譜，兩夫子之先本梁將軍忠壯公靈洗之裔，見于歐陽文忠公碑；至宋南渡，而伊川先生子孫悉居池州，一遷休寧，休寧陪郭之程互嘗繼絶；馬光祖守建康，立明道書院，又擇于池州房，使奉明道之祀。當時録蔭之制牒、繼絶之公移、文公草廬諸賢之書劄題識具存，則兩夫子流裔承傳之真在新安亦久矣。夫爲士者誦遺書而不知其師，爲後者奉墜緒而不知其祖，是雖典籍滅裂于回禄之餘，人物銷鑠于兵革之後，而亦不考之過也。今廟貌有嚴，俎豆載興，仰焉臨之以宣聖之尊，俯焉重之以諸賢之侑。凡生于斯、學于斯、宦于斯者，可不以兩夫子之道敬自勉乎？敬勉之而有得焉，則庶幾新安之名重有聞於天下，而此祠爲不徒立也已！

雖然，是舉也，非婁公心主于上，非歐陽君力任于下，則亦有不能相須而成者，是不可不記之以告後來。婁公名謙，與走同舉丙戌進士，最有志于正學。奉勑董學政于江南，所至以表章先哲爲心，足占其所養。歐陽君名旦，辛丑進士，以春秋魁鄉試及禮闈，蓋通經學古之士，故爲政知所先務如此。

唐歙州兵馬先鋒使程府君墓記〔三〕

府君姓程氏，諱南節，行萬二。其先自東晉新安太守元譚賜第歙之篁墩，子孫聚居，積久彌盛。至鎮西將軍開府儀同三司忠壯公靈洗，遂大顯于梁、陳之間。忠壯殁而爲神，廟食至今。十四傳至府君之考諱澐，唐歙州都知兵馬使東密巖將兼馬金嶺防拓等事金紫光禄大夫檢校左散騎常侍兼御史中丞上柱國。母夫人趙氏，生三子，府君其季也。

唐乾符中，黄巢倡亂，府君佐父起義兵保休寧東密巖以拒群盜，捍鄉里，每戰必爲前鋒，賊畏憚之。時陶雅爲江南都招討使，開府于歙，承制授都使公父子兄弟官爵，俾分屯要害，爲行營聲援。由是群盜次第削平，府君之功居多。府君歷官歙州兵馬先鋒使銀青光禄大夫檢校左領軍衛大將軍上騎都尉，嘗自以一軍屯休寧，遂定居縣之陪郭。天祐中薨，與夫人曹氏合葬縣東南三里許壩裏之原，負巳面亥。子一人，曰宣行文一，葬縣之東山，失其爵位。自文一公四傳至宋開州團練使贈太尉全，有孫三人，曰帶御器械永正，以官居杭州，曰格齋先生永奇，曰鄉貢進士永彰。格齋子將仕郎瑜，當紹興經界嘗畫正府君之兆域。鄉貢七傳至元處士峴，當延祐經理，又倡族人捐田以贍府君之塋。將仕之後，嘗與伊川先生子孫從南渡者通譜，互相擇繼，蓋七傳至萬户追封安定侯忠愍公國勝，則敏政之高祖也。又三傳至兵部尚書贈太子少保襄毅公信，則敏政之考也。上距府君十九世矣，距府君之葬五百六十年矣。

考程氏贍塋録，至元九年嘗有不肖子私鬻墳山于汪氏，厥後程、汪聯姻，乃取贍塋支費贖之以歸。國朝以來，墓鄰有曹、吴、王、金四姓者，復相紿售，叢葬墓之四隅。於是敏政兄弟又以價贖還餘山之失業者，以絶爭端，并勘明其兆域而助以棺殮之資，俾舉其侵瘞者以去。惟府君爲我陪郭程氏傳業起家之祖，子孫不下二千餘指，顧其劍佩之藏，乃一再侵于異姓，守奉弗虔，致驚先靈，豈非嗣世者之責歟！敏政不揆，合諸房子孫樹表墓前，大書其爵位，又礱石墓上，追記其世次履歷之祥如此，俾後來者相與謹之，以毋自陷于不孝之罪。凡經理墳山畝步字號，悉附著于石陰。

德興瀘口程氏世忠行祠碑陰記〔四〕

惟程氏先世祖梁將軍忠壯公廟在新安篁墩者，宋賜額曰世忠，蓋以公爲趙忠誠君嬰之裔，而其子都督威悼公文季又爲將死節于周也。德興瀘口故有世忠行祠，在瀘川書院之東。始建于裔孫宋嘉興推官良祐，加葺于登仕郎可大，再葺于今鄉貢進士崧之父永寧與其諸族人之力。初，登仕君議以忠壯十七世孫唐檢校刑部尚書涇原節度使贈司徒宗楚會諸道兵討巢賊、復兩京，戰没，有大忠勳于國家，實始遷德興之祖。司徒生金紫光禄大夫行饒州司馬勛，總鄉兵捍衢、饒、信三州；傳其子銀青光禄大夫檢校禮部尚書兼御史大夫彦光，兼守銀山鎮；再傳其孫指揮將使克柔，兼守白沙鎮。凡三世有功德于鄉邦，將使又始遷瀘口之祖。乃定著以忠壯爲專祠，而以司徒、金紫、銀青、將使四公侑焉。始建祠事，具裔孫宋黄梅縣簿遂之記，而登仕與再葺祠事未有記者，貢士君以會族至休寧，請書其碑陰。

惟縣簿公發揮「忠」字之義已詳，不容復贊，於「世」字之義疑有未盡者，因掇拾而申之曰：

嗚呼！甚哉，世其忠之爲難也。昔裴矩佞于隋、忠于唐，一身反覆且不自保，而況于世乎？石碏忠矣，叛生于其子；霍光忠矣，弑出于其妻。一家乖盭且不相知，而況于累世乎？若父傳其子，祖詔其孫，有靖寇保民之功，有危身奉上之節，至于累葉而不渝，則自秦、漢以下求如程氏者可數也。上之人寵嘉之，亦豈私于程氏者哉？所以風勸天下後世之爲人臣者大矣。貢士君父子生百世之下，慨仰先德，倡其族人再新祠宇，使有所據，以奉烝嘗、序昭穆，非寤寐興起于百世之上者，其能然乎？是宜識其歲月以告來者。然竊聞之，穆王之命君牙曰：「世篤忠貞。」大雅美宣王之臣韓侯、申伯、尹吉甫、南仲，必本其先世忠勳爲言，誠以繫君父之倫、明家國之盛，非示誇詡也。爲程氏子孫者可不勉歟！繼自今始，守其家法無愧于祖考之烈如史册之所載者，又進而求諸古訓無愧于聖賢之業、如詩書之所稱者，則其有光于此之祠也，不既大乎！

程氏貽範集目録後記

右程氏貽範集三十卷，敏政之所編也。甲集第一至第七卷，爲王言及公移，間附以識跋之文，則以事相聯屬，勢不可分也。乙集第一至第二十卷，爲行實、傳誌、碑表之類，亦間以記、序等作附焉。丙集一卷，爲像贊，有未備者稍以奠章、輓詞之類補之。丁集一卷，爲譜辨，訂其異也。戊集一卷，爲譜號，要其同也。

初，敏政最究心譜學，嘗請于先襄毅公會諸宗族，積之二十年，理淆伐舛，得可會者四十四房，定爲統宗世譜二十卷，刻梓以傳。又嘗見文簡公所序世録有貽範集之名，竊意當宋盛時，此集爲程門大備之書，更代以來亡矣。心誠惜之，因廣蒐博采，追成貽範集一百卷。顧其篇帙浩繁，事力弗及，乃先掇其要且益以諸房所藏者爲五集如右。集各爲卷目而虛其尾者，以俟後賢之有續，未敢取足于此也。行實如傳、誌、碑、表多互見，惟舊闕而新有所得、舊誤而新有所訂者録之。禮以諱事神，而於王言則名，尊君也；史傳、公移則名，示不敢私也。凡訂誤出于不肖一得之見，以「按」字別之；其在先正文字下者分書，示不敢專也。繕寫成，奉以告諸先廟，嗣刻之以輔世譜而傳焉。

嗚呼！家之有範，猶國之有典乎。臣人於國而能守其典則忠，子孫於家而能守其範則孝，舍是皆世之所大棄也。惟我程氏，其先仁義之德、文武之功、性命道德之言，所以貽後者甚遠，殊方異姓且誦法之，而況氣體之所傳、祠墓之所在、家乘譜牒之足徵者如是乎？凡我後人，奉前烈之餘矩，其必上思所紹，下思所述，以求不失乎文獻之傳，庶幾此集、此名爲無負哉！詩云「永言孝思，孝思維則」，可不勉歟！

休寧縣方興寺重修記

新安舊志休寧在前代寺額之可見者不下四十餘，國朝洪武初悉釐正之，休寧所存者，普滿、建初、方興寺及仁王院，號四叢林，以諸小庵院分隸焉。惟方興所轄嘉祥、富昨等十餘處，比三叢林爲多。夫上通名于有司，而下有聽令服役之人，遇事則具文移受成于官府，隱然吏民之職也； 率其徒從事于佛教，執經請業而考其成，有弗律者罷遣之，截然師生之義也。 夫如是，則令甲之所存，或不幸而有水火之虞，勢固有不得不興者哉。

方興寺在縣南三十五里臨溪街，街分上中下，居民數百家，而寺當上街之上。 予嘗往遊焉，汊川帶其前，洶然有聲以下，合于潮源之水。 東密巖峙其後，絶壁如城，上方廣，有唐御史中丞都使程公澐起兵拒黄巢故壘。 竊意其山川靈秀之所鍾，必有攸在，則寺之神將保境禦寇之時〔五〕，有效靈協順之舉，故數百年來出入兵燹之交而巋然獨存者乎？ 寺有鄉先生宋左史吕公午所題鐘銘，端明程公珌所撰碑記。 左史嘗攻史嵩之，端明以經授理宗，皆一代名臣，而於此寺不恡于執筆，惓惓如此，將其神亦或當水旱疾疫之災、虫虎螟螣之患，鄉人固有禱焉而答之弗爽者乎？

寺嘗兩厄于回禄，住山普雲上人者皆以獨力成之。 中爲佛殿，翼以兩廊，左右爲真君、伽藍二祠，後爲法堂丈室與凡倉庾庖湢之所，供器像設靡一不具。 又自割田若干畝以助嘗住，節縮浮費，用成偉觀。 兹殆無愧于吏民之職者邪？ 予又聞雲事其師勝公最孝，勝抱疾久，雲奉之無倦色； 其卒也，哀毁過禮。 兹殆有聞于師生之義者邪？ 嗚呼！ 世降俗偷，士號讀書知禮者或悖其所事，有官守者或視其治爲傳舍，漫弗省以貽艱于後來。 彼浮屠者何所授，亦何所藉而兼有之？ 則雲之精修苦行，固叢林中之難得者歟？

雲，汪氏子，與予宗人逸民游，最善，因爲之請曰：「願一言以示來者。」夫以兹寺之神與山合靈，爲民福甚遠，疑禮之而不爲佞，興之而不爲侈，書之而不爲誣，又況吾先世之嘗徼惠于斯，以成戡亂之功者乎？遂不辭而記之。若寺之廢興在先朝者，自有金石之刻可互考，兹不贅。

嘉興縣東塔寺四進士題名記

嘉禾郡城東有寺曰東塔〔六〕，其境幽夐，無塵鞅之擾而有園池竹樹之盛，可以業進修、備游息，蓋君子樂之而喜紛華者所不屑也。郡人包君汝調以歲壬午領鄉薦，與其弟汝和讀書寺中。戊子，汝和薦于鄉，遂與汝調同登戊戌進士第。汝調之外兄曰陳君明遇，以歲辛卯領鄉薦，亦與其門人常君汝仁讀書寺中。庚子汝仁薦于鄉，復與明遇同登辛丑進士第。蓋包君以兄弟、陳常二君以師生藏修于是，游息于是者首尾二十年，以次升于鄉而舉于天子之庭，棣萼相輝，衣鉢相承，實一郡衣冠之盛而肇跡于東塔，不可無紀，於是伐石題名以告來者。會陳君受命出佐新安，以記爲屬。

予惟士必有堅定之志然後可與有爲，夫其進遊于庠序而退屏于無人之境，却家累，遠市闤，相與切劘其所學而一不以世故嬰其心者，豈必於富貴利達而爲是汲汲者哉？學之不篤則見之不審、用之不弘，雖得雋于一第，而處己接物、居官莅政之間，失所據而士非其士者多矣。傳曰：「凡事豫則立。」又曰：「非靜無以成學。」其斯之謂歟？昔宋范文正公讀書長白山僧舍，斷虀畫粥以自勵，其後卒成峻功、建大名，説者謂三代以下人材未有踰范公者。跡是觀之，世豈可以無志而偃然以士自名者哉？嗚呼！「處江湖之遠則憂其君，居廟堂之上則憂其民」，此不易之論也。今四君子者，或進位朝省，或出領郡邑，名位之來，若水涌山出，蓋未可量，而皆不忘其藏修游息之故地，其不忘初志從可知矣。後之人指其名，數其實，使嘉禾之東塔與范公之長白遂相望于百代之上，爲士之美談，豈直一郡之盛而已乎？予又聞之，唐韋肇登第後，偶題名于慈恩寺之雁塔，遂成故事。而肇之名未有聞，意皆出于一時之矜詡，非所望于志士者，故不援之以爲例也。

包君兄名鼎，弟名鼐，陳君名良，常君名麟，居同里，業同經。是爲記。

旌德縣重修王山禪定寺記

寧國，舊宣州也，山環其四境，多古蹟。其在屬縣旌德六十里者，曰王山，禪定寺據其麓。地非孔道，幽敻靚深；有林居之樂，無俗鞅之擾。剏始宋建炎中，久而益隳，舊石刻漫漶，不可以句，故其蹟泯焉。國朝正統中，有欲振之者，以其費大而役繁也中沮。景泰甲戌，縣耆宿吕昱等以新安釋以顯方住旌德甘露寺，知足以謀，力足以任，且其地於禪定若東西鄰，乃往語之故，議以克合。以顯使其弟子普智相與募而圖之，鳩工庀材，不日雲集。拓其趾，宏其規，中作大雄殿以嚴事佛，後爲方丈以居住山，旁爲兩堂，左以奉給孤長者，右以奉達磨大師。像設莊嚴，門墻堅好，法所宜有者細大畢具。至天順甲申十年矣，而功始克究。縣大夫以其成之難也，不欲以畀匪人，事傳京師。成化壬辰，釋昌聰承檄而來居。久之，群行胥服，邑人大歡，山若增而高，境若闢而新。以是役之不可無紀也，謁予記。

予觀元之終業，所在兵燹，城邑爲墟，弦誦之聲不復有聞，而況釋子之宫乎？天命真人起兵渡江，首開府太平，以寧國爲輔郡，由是槁者蘇，仆者起，山川草木咸被其澤。故雖一寺之微、一僧之弱有所恃而幸存若兹山者，豈非高皇帝之賜哉？事宜記。聰號大愚，本旌德世家子，入大慈恩寺禮妙勝惠濟國師及僧録右街雪峰上人，所與者皆一時中貴人，勢可以富貴而不屑也，皤然來歸處于兹山之下，粗衣糲食，與猿鳥爲伍，其清修苦行可與厲世之湛酣者，亦宜記。

嗚呼！後之人，居其成功而念其難也，尚以聰之心行爲法，謹嗣而慎守之，以無忘天地之德，其庶幾乎薌燈之續、衣鉢之承，寺與山俱，境以人勝。不然，則雖有修廢補墜之功，觀美焉耳，於其法何有哉？

校勘記

〔一〕處士十三世孫韓府左長史顯以致仕歸　「世孫」下原衍「顯」字，據程氏貽範集乙集卷十九明故朝列大夫韓府左長史致仕程公行狀刪。

〔二〕篁墩程先生文粹卷六此篇署：「成化十九年龍集癸卯春正月望日休寧陪郭裔孫敏政謹記。」

〔三〕程氏貽範集乙集卷四此篇署：「成化十八年歲次壬寅冬十二月既望十九世孫賜進士及第奉訓大夫左春坊左諭德同修國史經筵官兼太子講讀官敏政記并書。」

〔四〕程氏貽範集乙集卷三此篇題作「碑陰記」，署：「成化壬寅長至節賜進士及第奉訓大夫左春坊左諭德同修國史經筵官兼太子講讀官休寧裔孫敏政謹書。」

〔五〕則寺之神將保境禦寇之時　「寺」，原作「峙」，據四庫本改。

〔六〕嘉禾郡城東有寺曰東塔　「郡」，原作「寺」，據四庫本改。

篁墩程先生文集卷十五

記

婺源胡氏明經書院重修記

婺源縣北三十里地曰考川，胡氏世居之。胡之先曰昌翼者，嘗讀書其所居西山之麓。唐末舉明經，遭亂不仕終其身，鄉人號「明經府君」，署其族曰「明經胡氏」，習稱之至今。元皇慶中，府君十四世孫龍泉簿淀暨其弟承事郎澄即西山故址建屋捐田，以教養其族與其鄉之人，聘其從父雲峰先生炳文入主教事，得予額明經書院，隸有司，而草廬先生吴公實紀其成。計一時弦誦之盛，蓋甲于東南。元季，書院毁于兵，經殘教弛者百二十年。府君二十一世孫今鄉貢進士濬慨然思興復之，族之人亦協謀捐貲以應之者。既相與言於知縣丁君祐、教諭陳君簡，上于提調學校御史婁君謙、巡按御史胡君漢，咸嘉予之，而亦樂出俸金以贊之者。乃卜日鳩工集材，中作堂爲講道之所，左爲祠以奉雲峰先生，右爲室以居諸生之肄業者，前爲門屋，繚以周垣。經始于成化庚子九月朔日，落成于丙午十月望日。舍菜之辰，衣冠畢集，山川改觀，草木增輝，而明經書院一旦復焉，不替益隆矣。濬與其族之人將圖所以永之者，求續書之。走嘗以事至婺源，見草廬先生之記刻尚存，疑非後學所敢僭。辭之再三，弗獲，則掇拾所聞於父師者以告曰：

嗚呼！道原于天、性于人，具于聖人之六經。經也者，聖人修道之教，而人所以爲窮理盡性、明善誠身之學者也。自性學既微，六經常爲空言，于天下凡師之所以授徒，上之所以取士者，亦徒曰明經，而經反晦者千餘年。至宋，兩程夫子始得聖學于遺經，紫陽夫子實嗣其傳。其説經以詔來學，於易、於春秋、於詩，皆手筆也；於書、於禮、於樂，則指授其及門之士；而學、庸、語、孟四書所以爲治經之階梯者，又皆焕乎炳如，無復遺憾。夫然後天下後世之人，知明經將以復性，而足致夫體用一原、隱微無間之極功，回視夫託空言以矜口耳、釣聲利于一時者，其侮聖叛經亦云甚矣。嗟夫！六經明晦，而世道之隆汙繫焉。

洪惟我朝一以明經用人養士而不雜以他道，永樂中，又表彰六經及程、朱之書嘉惠學者，列聖惓惓思得真儒以佐化理，經之明固有日乎！惟程、朱之先皆出新安，而朱子又婺産也。雲峰先生近私淑之，其家學淵源既有所從來，而書院又昉於此乎！復之爲師、爲弟子者〔一〕，其勿墮於俗學之陋爲應世之資，必窮理明善以求經之明，盡性誠身以求經之所以明，將見真儒復出于程、朱之鄉，淑其身以及人，躋斯世于唐、虞、三代爲天下先，則明經書院之立爲大有功於世教也，豈不盛哉！走鄉之末學，竊有慕于明經之風，不敢不勉，故輒書之以附草廬先生之後，既以自愧，亦以自幸云。

西湖聯句詩卷後記

予自歙北上京師道浙，浙之仕而顯者多故人或同年友，坐是爲湖山之遊無虛日。憲副張公廷芳獨以行部吴興後至，迺以三月三日復請予入湖，而約大參左君時翊、憲副李君若虛、僉憲江君廷緒與俱。維時春雨未收，湖光荏苒，樓臺出没于烟雲杳靄之間，魚鳥翔泳，行歌相答，蔚有殊意。殆蘇子所謂晴好而雨亦奇者，非虛語也。因請與四君子聯句，用紀勝遊，約人起一句，次第爲之，當五章。而廷芳、若虛吟興俱鋭，必以十爲期。遂自蘇堤上孤山，踰六橋，問靈芝寺，憩藕花居，抵淨慈寺而返，城門燈火相望，而吾詩十章無弗成者。於是四君子請各書一通藏之，俾予記其事於簡末。

惟古人以上巳修禊於水上，而蘭亭之會，風流至今，莫有繼者。今兹之會，本以爲祖道而設，適當其時，景與心融，言由趣發，有不自知其所止者，亦豈非一時之勝哉！廷芳家山西，時翊、若虛家江右，廷緒家蜀，而予家歙，其所居甚遠。四君子者，或佐于藩，或佐于臬，典兵守，司學政，各有分地，而予亦將有供奉之役于館閣之間，宦轍甚異。乃得尋一日之樂於湖上，其酬酢也無嫌，其笑談也無忌，情雖友朋，親若昆弟，則此遊誠不可無詩，而此詩誠不可棄也。他日宦成，或分陟各方，或進陟臺省，而予幸竊祿散地，時展卷讀之，如即其景、見其人，雖不能無聚散離合之感，而考切問學、激勵功名之心隱然溢於言外，則是詩也，又不獨若留連光景者而已。

遺愛亭記

成化丙午秋，有詔徵諸進士之爲郡縣有聲者，知休寧縣事安成歐陽君在選中。惟時縣之士民悵然如失所依庇，將請于上攀留之。有言于傍者曰：「聖天子起衆賢以佐化理，霈膏澤于天下。君等進用則吾人之幸方有大焉，顧可以一邑之故而久勞賢者于外哉？」於是相與拜送君于縣東門外，即其地爲亭，礱石其中，載君之蹟，走書京師，請予記。

予縣人，以憂家居，目君之政，誠有大過人者，不可以謭薄辭。蓋君之始至也，麥秋未卜而雪下盈咫，民大驩曰：「天其或者以賢侯福吾人哉！」相與號曰「随車雪」，播之詠歌。而歲連熟，野無荒萊，民無流殍，養老備凶，咸以罔缺。君性明敏，視篆才兩月而決訟百餘，皆犁然愜人心，且主于厚風化、崇禮讓，雖素譁與强不義者，亦退聽無後言。賦册之上，君所部獨親覈，不以屬吏，其等差雖有常制，而君每稱停之，不少徇，曰：「民命所繫也。」

徽治萬山中，盜無從起，即起無不獲，而近世長民者務姑息，盜以滋蔓，無敢發者。君毅然因其發根治之，獲二十餘人，惟黠者逸其二，益嚴捕斬之令，卒獲之乃已，豬其居，而隣境亦輯，無夜警焉。其他若行鄉約之禮，防回禄之變，禁息女之戕，規條戒飭皆可爲法。踰年政成，乃重新學宫，政餘坐公館，進諸生相與講授。而縣人知君用春秋魁兩試，多遣子弟入學，君益發燈火筆札之費佐之。

二程子先世本休寧，舊祠淪廢，君復作于孔殿之東，考鄉賢自唐御史中丞程公澐而下二十人，名宦自宋丞相吕公大防而下十六人，爲兩祠，且言于朝，著之祀典。又表章宋孝子查待制及尚書金忠肅公之墓，以風鄉人。治益閒暇，乃更以餘力考訂縣志若干卷梓行，甫成而君被召，不可留矣。

予每以古循吏之名見于史者不多得，而中世以來，號能吏者多刻覈，號儒吏者多迂疎，去古益遠。若能者無刻覈之爲，儒者無迂疎之弊，皆吏之難也，而況兼之若歐陽君者哉？

使世吏皆歐陽君，而民生有不遂、士風有不興者鮮矣。今君進于朝，將有臺憲之擢，振華履亨，自今伊始。其功名與之俱升，則所謂吾人之幸有大焉者，不有驗于異日哉？山川相望，輿馬交道，過而誦其事者將不慨然有感於斯曰：「此百世之甘棠所在，盍相與謹之！」則一亭雖小，而風示乎四方之爲令者大且遠矣。

君名旦，字子相，其先與文忠公同所自出，即休寧之政可以得其爲人。作亭礱石皆縣人之志，而任其役者，耆老汪彦從、金希傑、蘇文彰輩；具其蹟者，儒學生吴文蔭、陳鰲。事得附書。

文會軒記

儀賓易水王君司言搆一軒于賜第之東偏，其廣不踰丈，虚其四窻，而欄檻其兩傍以待坐者。其前後皆嘉木翠竹，晻藹而靚深，隔以葦樊，帶以蔬畦，有山林蕭散之趣，蓋不知闤闠之爲喧、戚里之爲華也。司言好文學，喜交遊，日從搢紳大夫觴詠其中，因題其楣曰「文會」。

或曰：「文會者，孔子勉人進學之意。今司言已貴矣，固無待於學，而所會者又未嘗從事乎修詞誦法之間也。」予曰：「不煩於此而有得於彼者，其善學乎？斯之所來會者率賢人君子，所聞者多嘉言懿行，闃然以謔而不爲虐，陶然以醉而不爲湎，雅哉其無齷齪之言，達哉其無矯飾之容，則司言取友之良、樂人之善，所薰炙以成其器者將不可勝用矣。學止於修詞誦法而已哉？」

司言之父青陽令君本太學知名士，故司言有得乎家庭，脱紈綺之習而敬章甫，略金紫之貴而慕真率，雅歌投壺，不知聲伎之爲工，蔬食豆羹，不知粱肉之爲侈。由是士林愛之，日與之游而不厭也。宋駙馬都尉王晉卿讀書能文，與蘇、黄諸名公相友善，世傳有西園雅集之圖，其一時賓從之盛尚可想也。司言於晉卿姓同貴同，所好樂亦同，惜文會之説，無蘇、黄者爲發揮之而諉之於予，予安能使斯軒如西園之不朽也哉？

臨安縣牧愛橋記

成化辛丑之秋，鄉進士古歙方君早廷授知臨安縣事。臨安，蓋杭屬之一邑。君之至也，歲比不登，官政多廢而民瘵未蘇。君乃舉積弊而一新之，撫其民，使有所藉而不困，一縣翕然，强者以歛，弱者以立，而再歲乃登。君曰：「是亦足爲政矣。」間出劭農于縣東一里許，見民之病涉良苦，進而問之，則對曰：「此爲長橋之地，上通宣、歙，下接餘、杭，大溪水自天目而下，勢駛且延。昔人以長橋名地而實無橋，或架以板，或濟以航，因陋就簡而莫之顧者。」君停車憮然久之。時有竹林橋，亦且廢矣。君乃中分縣之殷實而好義者，諭之意，俾會工計材以圖兩橋。橋可以興事，則又擢董之者有所剥削其中而敗吾役，俾矢于神而後即工。時親往督之，以稽其力之勤惰與其工之精觕者。經始于癸卯之夏，落成于甲辰之冬，而長橋以成，爲石洞凡七，既好既堅，官不以費，下不以勞，而舉盛事、成偉觀于久廢之後也甚易，非君有勤政恤民之心，蓋不足致此。於是臨安之民駱瑾等感君之惠甚大，請以「牧愛」名是橋，琢石其傍而以記請予。

徽之地誌，臨安實吴越王錢氏發跡之鄉，釋、老之宫相望于境，當時縻費以重困民者，不啻鉅萬，將頽而拯之，已隳而興之，又出于後世之所謂良有司者不無也。顧一橋之役，所以病民者甚久，而無或容心焉，何哉？聖學既湮，王政不作，士之涖官者徼利益爲身計而莫與惠人，謹簿書覬官資而莫與力政，其有慕于彼而忽于此，無足怪者。若方君之於臨安，法所當爲者，次第舉行，不遺餘力。又以義倡其民，而民樂應之，不惑於流俗之妄而有得于先王拯溺濟涉之遺意，其賢于人也甚遠。是宜書之以續于地誌，以告後之爲縣者，俾繼其志而加葺焉。

竹林橋者，在縣西一里許，爲石洞凡九。其役與費，不下長橋，事宜得附書。君與予同出新安，故永樂進士湖廣參議懋德先生之子。先生清德正學，可方古人，最名有家法，而君又濟之俊爽之資、通練之才，故施於有政可觀如此，名位所到，蓋未艾云。

具慶堂記

績溪處士胡君以德嘗延師于家塾以教其三子，甚嚴，曰：「是或當有成者。」間得「具慶堂」三字，因揭之楣間，蓋隐然有取于進士登科録中語也。成化癸卯，仲子文光果以一經領南畿鄉薦，遂登甲辰進士第，克符處士命名之説。明年，文光遇恩例得賜歸省于績溪，將與其兄弟稱壽于斯堂，以昭其初命，以記爲託。

予聞昔者王晉公家有三槐之堂，一傳而得仲子魏公，卒以勳德顯。樂平程氏有登瀛之閣，一傳而得建陽大夫起宗，卒以宦學著。企之于前，副之于後，不爽焉，何哉？交力于善云爾。彼誠力于善，則雖無所企之，而天亦豈能恝然不有以副之哉？

胡氏之先曰常侍府君，當晉東渡，來居績溪，傳世既遠，族大且蕃。至國朝曰彦申，嘗領洪武己卯鄉薦，未仕而卒，蓄德不施，以貽後昆。其子本立嗣德弗墜，而處士益以敬正，有聞于鄉，與其内君聯德偕老。跡是觀之，其先世之力于善也久矣。以堂構取必于天，而天契之也宜矣。

雖然，吾將有進于文光者。魏公之相其君也，天下謂之大雅，聞其風者變浮薄爲重厚，人到于今頌之，非士所當志者歟？建陽大夫獲見朱子，聞聖賢之緒論，朱子稱其寛易愛人，而爵之崇庳又不足計，非士所當學者歟？勖哉文光，尚志而願學焉，善其身以及人，則二親樂之，享耄耋期頤之壽，荷汪濊貤封之寵，胡氏之族益華，而績溪之人益勸，安知斯堂之不與三槐、登瀛並稱于百代之上也哉！惜乎王氏之堂蘇公子瞻銘之，程氏之閣馬公子才記之，高文盛事，足以相當，而予言不工，不足爲胡氏之重也。

棣萼聯輝樓記

婺源之北二舍許，有地曰桃溪，潘氏世居之。潘之彦曰瑛者，尤以力善聞其鄉。兄弟四人，子姪十有八人，族日以蕃，而所居日隘以圮。於是本其父兄存日之志，與二弟祥、珏協議，相地于舊廬之西，以薙以闢，以築以構，爰作樓居，四面相環，以楹計者六十，諏日落成而入居之，高敞靚深，人與屋稱。其鄉之長者相與燕賀而嘉嘆曰：「非篤友于之義，僇力同心，蓋不足臻此。」爲題其楣曰「棣萼聯輝」，而潘氏兄弟求所以發其義者於予。

予聞諸古人必有所足法而後有所名，非直以資美談、示榮觀而已。詩不云乎，「兄及弟矣，式相好矣，無相猶矣」，又不云乎，「常棣之華，鄂不韡韡。凡今之人，莫如兄弟」。夫其頌考室而首及於弟兄，與同氣而取象于常棣，則詩人之意可知矣。若潘氏之樓，名之者得善頌之體，當之者有求益之心，豈不可尚也哉！於戲！世之人備嘗苦辛以植門户者何限？亦豈不欲其後之昌且遠也？至其子之兄弟，則以和而興者什一，以戾而斁者什九，予未始不三復經言而竊喜潘氏之近出于吾鄉也。

雖然，上焉有大衾長枕之樂見于花萼之樓而弗克終，下焉有摛詞繪句之工見于花萼之集而不聞道，所謂美談榮觀者類如此。撫其名而責之於義，何有哉？潘之父曰烱資君，生朱子之鄉而不商以求富、隱以釣名，獨以耕讀遺其子，故瑛、祥淳朴質茂，可以當孝弟力田之選。珏以明經舉進士、通朝籍，蓋潘氏之居一新而慶益弘、名益著，豈非弟兄以和而興之明驗也哉！

予於進士有一日之長，故記而爲之語曰：「上致味乎古訓，中求副乎鄉評，而下視儆乎不足法者，則所以爲斯樓之重當不止此。承先烈、啓後昆，在潘氏弟兄，烏可以不自力乎！」

太湖縣便民倉記

安慶之屬邑曰太湖，舊有便民倉，在其隣邑懷寧石牌之境，故尚書周文襄公巡撫時所定也。倉距其邑治八十里，距其邑之長寧、景寧二鄉三百里。征賦之期，山河水涸，民不勝負任之勞。而轉運之際，莅者、請者皆不便焉。蓋民數以聞其令與守，而久未有所處也。

雲中徐君傑以成化甲辰來知府事，方以民瘼下詢。而鹽山王侯界適爲縣，新政之餘，即以廉是倉之困民矣，乃相地之可徙者，得之石山潭，去邑治三十里，負山面河，通舟楫，轉運輸納，彼此適均。耆舊亦相傳周公蓋嘗屬意于此，因請于徐君。君諏其詳，慨然曰：「是誠不可已者！」即上其事于巡撫都憲南海李公。復親履其地，顧瞻徘徊，而吏民擁候以千計，蓋疑君之尚有所持也。君慰諭之，而决志以命王侯，掄材鳩工，夷其地形，繚以坊墉，限以門廡，每里倉各一區，莅有廳，候有庋，廥次不紊，職守孔嚴。經始于丙午夏四月，落成于冬十月。役人歌呼，行者相慶，以爲積久之困一日而蠲之，非我賢守令不足致此。於是進士懷寧丁君榮本其父老之志，請予記。

嗚呼！私家一物，處非其所，則其心焦然弗寧，況國之征賦、民之財力所在，顧可坐視而不爲之地哉？昔人固有改作長府見非聖門，然亦謂事之得已者耳。若事不獲已，拳其利害之重輕可以暫勞而永逸，則雖怨生刺興亦不敢恤，況出于民之樂爲者哉？獨以上下數十年，歷守貳與令丞何限，視民之利病莫或究心，非徐君協群議而主之于上，王侯坐己責而任之于下，求其有濟難矣。繼之爲郡邑者，心其心而謹葺之，俾勿壞，斯民之惠寧有窮已哉！然則斯倉也，去思繫焉，誠不可以不書，亦使夫新廨宇以圖便私，飾厨傳以取悦過客，興釋、老之宫以徼福後來者，聞之有警也。

徐君起進士，爲刑部主事員外郎，介慎有聲，王君起鄉貢，筮仕即能副其守以利民，皆遠到之器，而其政之可書者當不止此云。

溪山行樂記

婺源大畈有隱君子曰汪鼎實氏，嘗往來于鏞溪山水之間，行且歌曰：「鏞之水兮，清且紆。俯漪漣兮，可竿而漁。狎群鷗以終日兮，其樂只且。」又歌曰：「鏞之山兮，秀而縈。撫石田兮，可耒而耕。飯吾牛以卒歲兮，樂誰與爭？」歌已，或坐茂樹引壺觴以自適，洋洋然有遺世獨立之意。

或見而異之，曰：「吾子之遊樂乎？然吾竊有以語子者。昔阿衡、尚父之未遇而耕釣于莘、渭之上也，固將有田翁漁子相樂終其身，其後卒應湯之聘與文王之載，起而成尊主庇民之功。中世以還，仁人志士亦莫不然，蓋非徒隱之云爾。吾子喜問學、負才識，又出于簪纓詩礼之家，年且遲莫矣，不思有所立于世而自放于溪山，毋乃左乎？」汪君曰：「不然，隱顯之跡雖殊，而有不可泥者。方今明天子在上，薄海内外，賢智奮庸，彙進偕升，不可勝用，其何有于一夫？且世方以捷逕爲榮，詭遇爲巧，稍知耻者有所不爲，而況迂散者哉？然則逍遥容與，嘯傲乎山之坳、水之澨，專一丘一壑而有之以歌詠太平爲盛世之幸民，其所得不亦侈乎，而又何羡乎此樂之不能已也？乃若窺鳶魚之趣，適仁智之性，以自得于溪雲山月之外，則聖門至樂存焉，末學烏足以知之。」

問者莫能詰，間以告予，予曰：「汪君鼎實，蓋嘗聞其爲人，觀其顧名而以梅軒自揭，是豈悠悠者哉？殆賢而隱者。」因述其語以爲記。

恩壽堂記

刑部主事祁門孫君德容祿不逮其父，而有母在堂無恙也。成化丁未之夏，今天子加隆聖母，推恩寰區，凡在廷之臣有親者，舉得被貤封之典，德容與焉。於是獲贈其父承直郎如其官，母李氏封太安人，壽七十矣，七月乙卯，實初度之辰，德容以不克歸奉一觴爲歉，鄉之大夫士在京師者本其志，爲扁其堂曰恩壽，請予記之而寓歸爲太安人慶焉。

予觀今之仕者，非三載不得推恩，而宦績之成數又不可知，則其親之獲恩者恒難也。縱三載宦成，而親之年亦不可必，則夫壽與恩會者益加鮮矣。孰有如德容之官未兩月，而恩壽並隆于母氏者哉？然觀易之稱慶也本于積善，洪範之論壽也主于好德，世固未有舍德、善而言壽與慶者。

祁門李氏族最盛，因姓其地曰李源。太安人承世澤之餘，生有至行。其未嫁也，奉其父仕忠處士、母葉孺人甚孝，率姆訓肄女紅甚勤。爲令女。仕忠處士鍾愛之，不欲以妻凡庸，得休寧雙溪孫氏子文衍而納贅焉，即封君也。處士器君，以家政委之，太安人亦克相之。時姑已歿，舅所居相隔一舍許，歲時問候、孝養之誠與父均。既老，與封君謀所以爲久計者，卜里之玉溪之上，遷孫氏之族來合居之，綜理百務，咸得其宜。爲淑妻。太安人子僅德容一人，恒恐其孤弱而無成，遣從明師，督教之甚力。德容奉命惟謹，遂以春秋舉進士高第，克顯其親。爲智母。

惟太安人之賢，實過于人，故無待于循資，不煩于陳乞，而受褒嘉之寵，開七袠之年于一旦，驗之易、範所謂善慶德壽者不誣已。鄉人艷之而以恩壽名堂，宜哉！矧德容才美而行端，名位所加，將有大焉，則由太安人以累進于高品之封，由七十而峻躋于上壽之域，龍章鳳帔，光照家庭，鶴髮朱顏，歡生尊俎，使鄉之爲母者有企于太安人之賢，爲子者有感于德容之孝，其所爲斯堂之重者，不既大乎？予與德容生同郡，樂其有親而又目覩聖朝慈孝之澤之爲盛也，輒記之不辭。

臨城縣重修儒學記

臨城縣儒學在正統中嘗一再建，取具苟完，歲久益弊，雖數更其令，而莫或究心者。成化甲辰之歲，鄉進士婺源張君清受命來知其縣事，首謁夫子廟，退即學宫延見師生，顧而嘆曰：「是豈可以爲故常而諉其責于後人及此哉？」首割其常禄以倡興修。邑士夫與好義者聞之，咸樂助以和。積歲餘，而材力具足，不以勤吏民訌部使者之聽，乃建明倫堂，崇二十八尺有畸，廣四十五尺有畸，左右爲兩齋各十有二楹，齋之末爲門屋各六楹，齋之後爲諸生藏修之室五十六楹，堂之後别爲寢室，以備歲丁齋祓之制。繚以垣墉，飾以丹堊，焕乎炳如，地若改闢。經始丁未春二月，訖工于秋八月。張君又率師生舍菜告成，觀者如堵，以爲學宫一新，而人才蔚興、民俗美好伊始自今。於是教諭鄧君竇具其事以請記。

予於張君獲有同鄉之好，竊喜其政之知所先也，爲之言曰：近世之號吏治者可知已，一切以文法從事，而置風教于可緩稍。有識者亦姑曰：「士貴乎誦書業文耳，其居之新與弊也，何尤？」若是者，尚可與論治邪？泮宫作而「采芹」之頌出，學校廢而「子衿」之刺興。彼誠以爲學之隆替而世之治忽存焉爾。

臨城爲畿内大邑，儼如古子男之國，而際夫重熙累洽之運，被列聖之化最先且久，顧可使夫弦誦之堂，有愧于魯哉？然非張君之才、之識出乎世吏之上，則亦不足以致此。雖然，學校之所謂重者，有本有文。興修者，文也，其本則何如？在士之求復其性而已。蓋其説莫備于曾子之書，而學之不以爲常談者幾希也。曾子傳之子思，曰修道莫先于率性；子思傳之孟氏，曰謹庠序必申之以孝弟。其説一也，豈若後世徒事乎口耳，以取足于文辭利達之間爲得哉？復其性以基之，所謂文辭者足以明道，所謂利達者足以匡時，而天下之治可以復古矣，豈不益有重于新學哉？此邦人士之責也。

張君生朱子之鄉，誦服其遺書，不爲苟簡之習。其治臨城也，律己之嚴、接下之誠，守之甚固，而部使者及大府有難集之事、難決之訟，必諉之。其於學校，又不獨興修而已，親課諸生，爲之講授，敦諭作興，士風益振，臨城人以爲百年來未有也。鄧君嘗分教朱子之鄉，友于張君甚稔，斯舉也，與典史馬君德、訓導任君道實相其事。而儒學生王璽、趙琦，鄉老侯玘、陳明咸與有勞，法得附書。是爲記。

友恭堂記

我休寧之人，多勤生而務本，無浪宕武斷之習，故率以行義聞東南。邑中舊家十餘，而胡氏居其一。胡氏之先疑韜能不施，類欲以安遺後人，故卒無以考見其世業，獨其子弟所謂勤生而務本者，往往有之。曰庭華其兄，庭俊其弟，獲以友恭聞，鄉人蓋嘗以「友恭」名其堂。比者庭俊來京師，因語及之，而請記焉。

予往時獲識庭俊之大父孟貴翁，嘗飲于斯堂，翁時年七十餘矣，貌肅而言温，市之老成人也。其父永端甫尤殷碩簡樸，能拓其産而大之，一時巧捷者多不能及，不幸中道物故。而庭俊兄弟實克承之，上奉其大父及其母，或主於家，或客於外，塤倡篪和，相好而不相猶，蓋邑之善爲兄者當不遺庭華，善爲弟者當不遺庭俊矣，非胡氏賢子弟邪？

夫家之興衰繫於兄弟之和盭，尚矣。然和而興者什一，盭而衰者什九。故見于經則有「鶺鴒」、「常棣」之詩，見于傳則有「鬩墻」、「紾臂」之戒，見于史則有孝義獨行之名。若楊之椿、津，崔之孝芬、孝暐，柳之公綽、公權，誠落落可數，而又況夫所禀有知愚，所遭有幸不幸，以大聖而不得於弟若有庳者，不得於兄若管叔者，豈非難哉？此予記胡氏之堂不能無憾于斯也。

雖然，秉彝好德之心，命于天，性于人，非强之而然。則胡氏弟兄相睦之行，亦何必有佔畢鉛槧之功然後可相習而能，有衣纓鍾鼎之華然後可相觀而善哉？跡是論之，亦何必有奇絶不可繼之事而後足以當「友恭」之名哉？見取于鄉評，增輝于家乘，進而示勸于旌善之亭，若胡氏弟兄者斯可矣，予又安能不爲鄉人子弟喜談而樂書之哉？竊獨念夫始勤而終忽者，人之常態也，故又爲友恭堂詩四章，既以嘉之，亦以勉之。庭俊尚歸語庭華，相與敬聽而勿以予言爲無當，則鄉人所望于賢者，庶幾其有成也。詩云：

惟兄之友兮，惟弟之恭兮。疾行先長，惕尔衷兮。弗恭之人，抑自暴而莫予恫兮。

惟弟之恭兮，惟兄之友兮。恃長凌弱，失尔守兮。弗友之人，抑自棄而莫予咎兮。

惟兄之友兮，惟弟之恭兮。既友既恭，德之崇兮，家之隆兮。繄古之人，其孰從兮？

惟弟之弗恭兮，惟兄之弗友兮。弗恭弗友，德之否兮，家之醜兮。彼今之人，將焉取兮？

壽慈樓記

歙王村王君友璿之母程孺人，出于歙西下滽程氏而歸于王村，爲社生處士之配。生友璿而處士卒，孺人能以節義居其身，以勤儉殖其家，以耕讀訓成其子及其孫三人，蓋姻族稱之無間言。而友璿亦孝養備至，爰以成化丙午鼎新其居，特爲樓以奉母而致其隆焉。

樓成之明年，孺人壽屆八十，孟冬六日，始生之辰也，舉酒于新堂，畢會親黨爲孺人壽。有起而言者曰：「淇水之澳，有慈竹焉。其性孤直，不可撓也。凌雪霜、排風日而色不爲之少變，有歲寒之操焉。種之所延，實高且蕃，其頭角崢崢然，世比之龍孫，不爲過也。若程孺人者，得無似之乎？其節清以峻，其歲樂以長，其胤昌以大，請比德于是而以『壽慈』名其樓，可乎？」衆客讙然以爲莫宜于是者，流聞京師。

予觀古賢婦哲母，未有不本于端一貞淑之行，涉幽憂而茹苦辛，可以致門閥之新、享耄耋之樂、受子孫甘旨之奉者。諸君子有尚齒好德之心，而以「壽慈」名王氏之樓，亦可謂稱情矣夫。

予嘗過王村，覽觀林壑之勝，獲友王氏佳子弟而竊聞孺人之賢甚久。且新安之程，皆祖梁將軍忠壯公，忠壯廟食篁墩湖上，今數百年，而下濂之地又相望焉，然則孺人之所從來者遠矣。身益健，心益休，踰八望九而躋于上壽之域，歲舉酒于新堂而致隆于斯樓者未艾也，豈非一鄉之盛事哉？

禮部司務方君良弼之子經，友璿君之壻也，請記其事以壽孺人，而予於良弼亦託有姻戚之義，輒書之不辭。

瘦石野亭春集圖記

瘦石野亭春集，集者十四人。集之爲主人者，鄉進士長洲徐中行；取而圖之者，其友杜身之。圖之爲人物者，其巾服，或官、或士、或隱；其起居，或坐、或立、或行；其情之所適，或捉筆而書、或展卷而吟、或隱几而思、或袖手而觀、或凭闌而顧、或相携而語、或聽歌而興；其侍從之所職，或釣魚、或濡墨、或随步、或執薰茗、或捧壺矢、或進卷册。其林木，則有碧松，有絳桃，有垂楊，有叢竹幽花可擷，豐草可藉。其居止，則有碉流環之，有磐石踞之，有苔逕緣之，有及肩之墻，有容膝之軒，有行庖以供，有板橋以渡。其器用，則有石床，有磁墩，有髹几，有古罍爵，有古彝鼎，有囊琴，有盆峰，可憑可憩，可觴可爇，可撫可翫。諦視之，則溪雲之浩浩若可以盪目，野水之濺濺若可以清耳，又怳然若與諸君子在花香樹影之間，而聞語笑之聲於溪雲野水之外，雖蘭亭之勝、西園之雅，有不啻過者，亦奇矣哉！

中行之爲人介而癯，如削玉、如立鶴，故以瘦石自名。而其所抱負，真有特立獨行之操，其爲詩又清新俊逸，若可以脱塵鞅而飽風露者，故身之爲此圖，寫其一時賓友之盛，因以見中行之爲人。然予之所望于中行者，豈如此而已乎？是集也，予亦在數，故輒爲之記。

碧雲深處記

丞狄道縣事洛陽周公之謝政而歸也，嘗營别墅于洛之郊，挹嵐翠于軒窻，斷塵氛于庭户，竹樹晻靄，連陰無隙，合而題之曰「碧雲深處」。公樂居之甚久，然未有爲之記者。於是公壽七十餘矣，兩寄詩以爲言。顧後學小子，不足以窺公，而又念老成耆舊勤惓之意，不可以終佛也，則爲之言曰：

古君子之連類取喻，豈苟焉者哉？殆必有所爲矣。彼雲之爲物，其始也，出膚寸而雨天下以澤群植，君子之進而行其道也；其終也，斂藏于巖穴舒卷自如而不言功，君子之退而善其身也。公以賢良受薦而興佐一邑之政，有及民之惠，可計日以進於通顯之列矣，乃厭簿書之勞，起尋壑經丘之志，高風峻節，出流輩甚遠。其有取于雲以自輔，豈不稱情也哉！昔靖節君解彭澤印即歸柴桑，愛雲之無心出岫而見于詞；陶弘景隱居勾曲山，私雲以自怡説而不以贈人。蓋雲之見遇于名流勝士如此。以今觀之，公歸自峽，以詩酒自娱，不復問世事，思置其身于農夫漁父之間，蓋有慕于靖節；而年愈高，氣愈健，朱顔白髮，笑傲溪山，又將有得於觀頤自養之誼如勾曲外史者，其壽未艾也。此「碧雲深處」之所以得名也歟？

公名端儀，故侍御安慶太守公之子，閣老贈太師南陽李文達公之内之弟。有子瑀，選尚親藩貴主，而文達者予之外舅也。瑀每以朝賀至京，得聞公起居而莫獲奉几杖、聽教言，恒以爲歉。文達公子尚寶卿璋、錦衣百户玠尤爲公請記甚力，則書以畀瑀，用復于公，因以致向仰之私焉。

祁門善和程氏世墳記〔二〕

我新安之爲郡也，自昔少兵燹之虞，故生其間者，樂耕勤學而重祠墓。且其重之也甚力，鳩族而守之有定約，合譜而識之有定所。或侵焉，則併力而訟之，積歲傾家，不直不已。

其間自唐、宋來名大族者，邑以十數，我程氏號最蕃。曰篁墩程氏，皆祖晉新安太守元譚，宗梁將軍忠壯公靈洗。其居祁門者，祖唐御史中丞澐，宗户部尚書仲繁，仲繁禦黄巢之亂，始來居之，再徙浮梁，蓋篁墩小宗也。居善和里者，祖宋中奉大夫令涯，還自浮梁，中興其家，又祁門之小宗也。

自中奉大夫以上至太守府君，其祠墓或有司所掌，或諸房所業，雖相通而莫相一。自中奉以下九世，爲墓十有二，則善和程氏世守之。每歲時相與展省，祀中奉以下于報慈庵，蒇事合食，長幼咸在，自宋迄今。然墓多荒而不治者，子孫雖蕃，莫爲之倡。於是曰貫、曰玄祐、曰珪者，慨然協議，倡族人爲之。兩易寒暑，以克就工，各立石于上，識其官爵名諱，而以狀來請書之。

嗚呼！禮莫大于報本。祠者，神靈之所棲；墓者，體魄之所藏。爲子孫者，忍坐視其將圮而不加之意哉？故曰：「君子反古復始，不忘其所由生也。」然勢有所不能者，以官爲家而墓無所與守，親盡則祧而祀無所與共。更代之後，兵燹之交，傳者蓋不能無疑于舜塚；而孔子少孤，不知其墓，問于聊曼父之母，乃則合葬于防。然則爲人後者，思有所恃以保其祠墓于數百載上，豈非事之所甚難者哉，豈非人之所甚幸者哉？是宜有書以示後來者矣。

中奉之母胡夫人葬里之下東山。中奉葬里之楊坑上塚，其子和州僉判津祔。津之子十三機宜貴昂葬里之汪村園。貴昂之子穎葬住後郭背塢口。穎之子宿葬里之下村。宿之子㮊又葬汪村園，其配余氏葬其右之宋家塢，報慈庵在焉。㮊之子伯彦葬楊坑八畝段。伯彦之子汝弼葬伯溪，汝霖葬巧坑，汝訓葬伏村，皆在邑八都之境。而今之居善和者，三房子孫居多且貴。蓋汝弼之後有廣東按察副使宏，汝霖之後有韓府長史顯暨其子河南布政使泰，汝訓之後有兵科給事中原佐暨其弟刑部郎中宗顯。貫則泰之弟，與玄祐、珪爲群從，而其子昊亦賜進士出身矣。善地所鍾，是或一道，然非本其先之所積，則亦莫能致焉。後之人，履塋域而翦其荆棘，袷祠堂而餕其俎豆，將不油然以興、惕然以警，嗣其志而謹葺之，以求附于禮「不忘其所生」之義哉！

予於善和之程，實同所自出，既通譜矣，又嘗記其所謂報慈庵者，故於先系不復贅，特致詳于墓事。凡族人預有勞費于兹役者，悉附名其陰。

懷鳳堂記

北海仇君東之以薦起爲訓導有年矣。其所居在都城北，甚僻，往還甚寡，然數辱過予，凡經史所扣擊，下至稗官小説，無不立應，發而爲古文詞，力追秦、漢及唐、宋數大家，不作近代語，其論事後成敗若何，悉有見，誠使出而用世，必可觀。然君性迂且廉，故所如輒不合，坐以困，亦終不自沮也。其學益勇，間以「懷鳳」名所居之堂。

或者疑之，曰：「古賢聖之可以尚志者，不有大哉？乃獨以其姓之同、位之下，而於季智乎取之，多見其庳且隘也。」予曰：「不然。君子之爲道也，行遠登高，必有所從始，豈若世之偃然不慚、驀自附于古人而卒無以副其實哉？武侯，王者之佐，自比管、樂；子美，詩人，顧以稷、卨自許。天下後世之公論，豈可誣也？而況季智之未可易視哉？群璫柄國，趨者瀾倒，顯晦裕如而不以鷹鸇自處，獨王涣知之，不敢以枳棘處之。自處者世不以爲矜，處之者世不以爲比，季智固不可及，而涣亦可謂難也！然則安知夫世之人不有如涣之知君者哉？知君而以爲孔明、管、樂，不知君而以爲子美、稷、卨，其於君也何尤？」

然予獨有感焉。鳳之爲物，不常有也，當虞、周時僅一再見，顧後世史册所書，或五見，或三十九見，何鳳之不憚煩，而爲世之褻翫若此哉？殆有贋鳳焉，烏可不懼邪？予與君交厚善，蓋嘗坐君之堂，壯其志必有所從始以底于高遠，仇氏之真鳳，將未亡邪？矧今天子嗣位，比德舜、文以幾于隆古之治，寤寐英賢若飢渴，然則君子之顯晦不有時乎哉！其音足以中律吕，其文足以儀殿庭，其德足以昭聖人，而興吉士若君輩者，行將見之，則君之堂且將名于時、誦于後，而家世之祥益大矣。

慕椿養萱記

人子之於親，生則養，殁則思，皆根于性而無待於强焉者也。然有忽于其殁而遺親者矣，於是聖人「有事亡如存」之教；有簡于其生而悖親者矣，於是先正有「祭豐不如養薄」之警。二者交盡，然後可以言孝，而克盡者恒難也。

吾鄉有范禎氏，早失其父景純甫，追思之不忘，與弟祺、禮、初、禕養其母趙孺人甚力。間來京師，語其情于所知者，爲顔其堂曰「慕椿養萱」，而以記請，殆有所志于孝者歟？然吾聞之，慕非徒慕，養非徒養而已。禮：親之所以爲思者五，居處笑語之思其粗也，而嗜爲切；親之所以爲養者二，口體之養不可缺，而志爲大。雖古之人邈乎難及，而性之所發，今之人豈有異乎？患不爲耳。

范氏世居休寧，林塘之右族。予不及識景純甫，然聞其樂善循理，以「友恭」自名，范之彦也。既殁，而趙孺人持家有道，訓育五子以不墜其夫君之業，賢明人也。然則子之升斯堂也，目斯名也，因父之所嗜與母之所志，随力之可及以爲慕、以爲養，少企于古之人而求副其實，俾殁者享其致慤而益安，生者樂其承順而益壽，豈不足爲范之佳子、休寧之良士也哉！

禎生有美質，嘗講學于君子，當有所立以顯其親者。其從弟祤館甥于予，故於范有姻好，而記不以辭也。

校勘記

〔一〕復之爲師爲弟子者　「復」，四庫本作「後」。

〔二〕祁門善和程氏譜足徵録卷二此篇署：「成化丁未歲季冬朔休寧陪郭宗人敏政記。」